최근의 현대 언어학적 논의를 반영한

중급 신약성경
헬라어 문법

장성민

한국성서학연구소
KOREA INSTITUTE OF BIBLICAL STUDIES

최근의 현대 언어학적 논의를 반영한

중급 신약성경 헬라어 문법 / 장성민 지음

An Intermediate Grammar of the Greek New Testament

Publishing House Korea Institute of Biblical Studies

Seoul, Korea

ISBN 978-89-86015-98-0 93230

이 도서의 국립중앙도서관 출판예정도서목록(CIP)은 서지정보유통지원시스템 홈페이지(http://seoji.nl.go.kr)와 국가자료공동목록시스템(http://www.nl.go.kr/kolisnet)에서 이용하실 수 있습니다(CIP제어번호: CIP2018032541).

목차

추천사

장흥길
(장로회신학대학교 교수[신약학])

본서의 저자 장성민 박사는 추천사를 쓰는 필자와 각별한 사이다. 저자는 필자가 1997년 이래 신약학 교수로 섬기고 있는 장로회신학대학교 신학대학원에서 필자에게 헬라어를 수학하였으며, 동 대학교 대학원 석사 과정에서 신약학을 전공한 뒤, 필자의 지도를 받아 2014년 같은 대학원에서 "마가의 '비밀 모티브' 연구–마가의 기독론 및 십자가 추종 윤리와의 상관관계를 중심으로"라는 제목으로 박사학위를 취득하였다. 그뿐만이 아니라, 저자는 2006년 이래로 필자가 소장으로 섬기고 있는 한국성서학연구소에서 지금까지 선임연구원으로 일하고 있는, 한국교회와 신학계의 귀한 인재이다. 그동안 필자의 책임으로 한국성서학연구소에서 한국교회를 위한 성서학 정론지로서 계절마다 출판되는 『성서마당』에 저자가 연재해 왔던 중급 헬라어 문법들을 엮고 정리하여, 마침내 『현대 언어학적 논의를 반영한 중급 신약성경 헬라어 문법』이라는 서명(書名)으로 세상에서 빛을 보게 되었다.

이 책의 특징은, 서명이 보여 주듯이, 본서가 현대 언어학적 논의를 반영한 중급 헬라어 문법서라는 점이다. 이런 관점에서, 본서는 국내에서 출판된 다른 헬라어 문법서와 차별화된다. 여기서 '현대 언어학'이라 함은, 20세기 초 스위스 출신의 언어학자 겸 기호학자인 소쉬르(F. de Saussure, 1857-1913년)의 기념비적 연구를 기점으로 태동된 현대적 의미의 언어학으로, 기존의 '역사-비교 언어학'과는 구별되는 언어학을 가리킨다. 현대의 신약성경 헬라어 연구는 바로 이러한 현대 언어학적 논의를 계기로 새롭게 활기를 띠고 있다. 이러한 현대 언어학적 논의는 무엇보다도 신약성경 헬라어의 '시제'를 새롭게 이해하는 데에 적지 않은 영향을 미쳤다.

지금까지도 신약성경 헬라어 문법에 관한 표준서로는 흔히 BDR로 알려진, 블라스(Friedrich Blass)와 데브룬너(Albert Debrunner)가 공저(共著)하고 레코프(Friedrich Rehkopf)가 개정 작업을 한 『신약성경 그리스어 문법(*Grammatik des neutestamentlichen Griechisch*)』(Göttingen: V. & R., [19]2012)을 들 수 있다. 이는 고전 헬라어를 기준으로 삼아, 헬레니즘 시대 헬라어의 한 줄기인 신약성경 헬라어의 문법 체계를 평가적으로 서술한 문법서다. 특히, 이는 시제를 이해하는 핵심 개념으로 '동작의 종류'(*Aktionsart*)를 제시하였다. 다시 말하면, 헬라어 동사의 시제-형태들이 변별적으로 표현하는 의미는 '시간'이 아니라, 일회적 동작, 진행적 동작, 반복적 동작, 완결적 동작 등의 '동작의 종류'라는 것이다.

이에 반해, 현대 언어학의 논의를 적극적으로 수용하는 최근의 학자들은 기존의 역사-비교 언어학적 접근 방식을 지양(止揚)하고, 신약성경 헬라어를 독특한 위상어(register)로 보면서 그 자체의 고유한 성격을 강조한다. 이를 주장하는 언어학자들에 의하면, 신약성경 헬라어를 포함하는 '코이네(koine) 헬라어'는 결코 고전 헬라어에 비해 정밀함이나 문법 체계가 상대적으로 열등한 언어가 아니다. 오히려, 그것은 그 나름대로의 고유한 체계를 갖춘 '별개의 게임'이다. 게다가, 시제와 관련하여서도 이들은, 이른 바 '동사상 이론(Verbal-Aspect Theory)'을 중심으로 헬라어 시제-형태들의 문법적 의미를 설명한다. 그에 따르면, '헬라어 시제-형태'라는 형태론적 수단은 해당 동작이나 상황을 바라보는 '저자 내지는 화자(話者)의 주관적 관점', 즉 '동작상(aspect)'을 문법적으로 표현하는 방식이다.

이처럼, 본서는 기존의 표준 문법서와는 구별되는 현대적 논의의 몇 가지 특징적 차이를 고려하면서, 그와 함께 '동작상'(aspect)과 '동작의 종류'(*Aktionsart*)가 상호배타적인 개념이 아니라 서로 다른 범주에 속할 뿐이라는 점을 강조한다. 이를 언어학적으로 표현한다면, 전자(前者)는 '의미론(意味論)'적 범주에 속하고, 후자(後者)는 '화용론(話用論)'적 범주에 속한다. 헬라어 시제-형태에 본래적으로 내재된 의미가 '동작상'이라면, 이 시제-형태는 실제 사용되는 과정에서 주변의 문맥적 요소들과 어우러져 다채로운 '동작의 종류'를 표현한다.

이런 점을 고려하여, 본서는 각 시제-형태를 이해하기 위해서, 해당 시제-형태에 고유하게 내재된 '동작상'을 출발점으로 삼아, 그것이 구체적인 본문 안에서 어떻게 사용되는지 파악하고, 그런 다음 해당 시제-형태가 표현하는 동작의 종류가 무엇인지를 파악하는 순서를 따를 것을 제안한다. 본서는 이러한 견지에서 시제, 태, 법, 분사, 부정사 등을 차례로 설명하고 다양한 용례와 관련 논점들을 설명한다.

앞에서 언급하였듯이, 필자는 본서가 신약성경 헬라어의 기초 문법을 공부한 다음, 신약 원전(原典)인 헬라어 신약성경을 보다 깊이 있게 이해하기 위해 심화 학습을 찾는 학습자에게 더없이 좋은 길잡이가 될 수 있을 것으로 확신한다.

2018년 가을 연지골에서,

이 책을 추천하는 이, 장흥길

머리말

신약학 석사과정을 밟을 때 일이다. 수업조교로 도와드리던 교수님께서 헬라어 강의를 맡으셔서 매일 수업에 참여하였다. 수업 시간마다 수강생들이 제출한 연습 문제 풀이 과제를 검토해야 했던 탓에, 뜻밖에도 그 시간들은 헬라어 기초 문법을 새롭게 정리하는 좋은 계기가 되었다. 그렇게 (본의 아니게) 기초 문법을 '섭렵'한 후, 기대에 부풀어 본격적으로 헬라어 원전(原典)을 읽겠노라 마음을 먹었고, 평소 관심을 두었던 마가복음을 먼저 읽기로 하였다. 하지만 복음서 첫 장의 처음 열한 절을 읽기가 무섭게 καὶ εὐθὺς τὸ πνεῦμα αὐτὸν ἐκβάλλει εἰς τὴν ἔρημονς(막 1:12, "그리고 즉시 성령이 그를 광야로 몰아냈다")라는 흥미롭고도 기묘한 문장을 접하게 되었고, 그 순간 기초 문법을 '섭렵'했노라 자부하던 한 때의 자신감이 한없이 초라해지는 것을 느꼈다.

이 문장에서 ἐκβάλλει (ἐκβάλλω [to cast out]의 현재, 능동태, 직설법, 3인칭, 단수)라는 기이한 어휘가 채택되었다는 것도 낯설었지만, 기초 문법 수준에서는 도무지 '과거'의 사건을 묘사하는 서사문에 '현재'라는 시제-형태가 채용되었다는 사실을 해독할 방도가 없었던 것이다. 잠시 동안의 좌절감을 뒤로 하고 이런저런 자료들을 뒤지던 차에, 막 기초 문법을 익힌 초학도의 수준에서는 생경하기 그지없는 '역사적 현재'(historical present)라는 용법을 접하게 되었고, 아울러 한 저명한 마가복음 전문가도 한때 유사한 난관에 봉착해 있었음을 알게 되었다(앵커바이블 시리즈의 『마가복음』을 집필한 J. Marcus는 주석 서문에서 헬라어 현재 시제-형태가 '역사적 현재' 등으로 다채롭게 쓰인다는 사실을 알고 깊이 안도했다는 소감을 피력한다).

이 일을 계기로 기초 문법이 원전에 대한 열의를 불러일으킬지언정, 그것에 대한 즐거운 독해(讀解)를 보증해 주는 것은 아니라는 사실을 절감하였다. 다행히 이 좌절의 경험은 이후 꾸준히 헬라어에 관심을 두고 관련 자료들을 살펴보는 자양분이 되었다. 본서는 비슷한 난관에 봉착하였으나 마땅히 그 난관을 뚫고 나갈 방도를 찾지 못해 힘겹게 분투하는 학인(學人)들을 위한 소박한 안내서다. 모쪼록 이 어설픈 시도가 말씀에 대한 열의로 원전과 씨름하는 분들에게 작은 도움이라도 되길 기대한다.

다소 장황한 서명(書名)이 잘 보여주듯이, 이 책은 현대 언어학적 논의들을 반영한 문법서다. 20세기 초에 발흥한 현대적인 의미의 언어학은 신약성경 헬라어를 포함한 헬라어 이해 전반에 적지 않은 영향을 미쳤는데, 실제로 1989-90년을 거치면서 헬라어 '시제'를 설명하는 데 현대 언어학적 논의를 적극 반영한 중요한 박사학위 논문들이 포터(S.E. Porter)와 패닝(B.M. Fanning)에 의해서 연이어 출간되었다. 이들은 그간 간헐적으로만 제기되던 헬라어 시제-형태에 대한 새로운 이해를 '시제' 관련 논의의 중심부로 호출하여, 결국 '동사상 이론'(Verbal-Aspect Theory)과 관련한 논쟁을 촉발시켰다.

헬라어 시제-형태에 관한 기존의 표준적인 설명은 헬라 저자/화자가 시제-형태를 선별(選別)하는 근본적인 의도가 *Aktionsart*(동작의 종류 / 'the kind of action')를 변별적으로 표현하려는 데 있다는 것이었다. 이에 반해 '동사상 이론'에 동조하는 일군의 학자들은 그것이

'동작상'(aspect)라고 주장하면서, 기왕의 아성에 도전장을 내밀었다. 더욱이 논쟁이 진행되는 과정에서 다양한 현대 언어학 이론으로 무장한 학자들이 속속 참전하면서, 이 전장(戰場)에서는 기존의 비교-언어학적 설명을 선호하는 진영과 현대 언어학적 해석을 선호하는 진영이 치열하게 전투를 벌이고 있는 형국이다(여기에 성서학자와 문학 비평가들이 가세하여 이 전투는 점점 더 복잡한 양상을 띠고 있다).

하지만 내게 이 전투는 마치 진흙탕에 빠진 마차를 끄집어내려고 각기 다른 방향에서 용을 쓰면서 서로를 향해 비난의 화살을 날리고 있는 것처럼 보인다. 외려 서로 힘을 합치면 어느 방향으로든 마차를 안전한 곳으로 견인할 수 있겠다는 말이다. 일견 두 이론은 서로 다른 주장을 펼치는 것 같지만, '동사상 이론'이 의미론적 차원에 주목하고 있는 데 반해 *Aktionsart*를 중시하는 입장은 화용론적 차원에 초점을 맞추고 있을 따름이다. 그러니 자기만 옳다고 서로를 향해 뱃성을 낼 것이 아니라, 각자의 장점을 존중하고 자기만의 단점을 인정하면서 더 나은 이해에 도달하기 위해 함께 뱃심을 들일 일이다. 아래에서는 이러한 입장에서 최근의 현대 언어학적 논의를 대폭 수용하고 적극 소개하면서도 기존의 설명 방식도 십분 고려하려 애를 썼다. 영민한 독자 여러분들의 비판적인 판단과 아낌없는 편달(鞭撻)을 기대한다.

다만, 이 지면을 빌어 한 가지 일러둘 것이 있다. 그것은 본문에서 줄곧 '시간적인 의미'를 머금고 있는 듯 오해를 불러일으킬 수 있는 '시제'(時制) 대신 '시제-형태'(tense-form)이라는 용어를 사용한다는 점이다. 이 용어는 단순히 각 '시제'의 형태론적 차이를 지시하려는 의도에서 채택한 것일 뿐, 그 어떤 문법적 의미를 전달하려는 것은 아니다. 아래에서 전개할 짧지 않은 설명을 단순화시켜 말하자면, 헬라어 '시제'는 '시간'이 아니라 동작상이나 *Aktionsart*를 변별적으로 표현하기 위해서 선별되는데, 기왕에 각 '시제'에 붙어 있는 이름들(현재, 부정과거, 미완료, 미래, 완료 등)은 이 핵심적인 내용을 불식시키고 독자들로 하여금 자꾸 '시간적인 의미'를 떠올리게 한다. 이에 궁여지책으로 각 '시제'를 형태론적 차이에 의거하여 '시제-형태'라고 칭함으로써 이러한 오해를 재차 불식시키고자 한 것이다. 독자 편에서의 넓은 아량과 이해를 기대한다.

이 책은 한국성서학연구소에서 계간으로 발행하는 성서학 정론지 『성서마당』에 연재한 헬라어 문법을 기초로 한다. 하지만 원고를 정리하면서 연재 당시에는 진지하게 고려하지 않았던 현대 언어학적 논의들을 적극 수용하여, 관련 내용을 대폭 수정, 보완하였다. 연재의 기회를 허락해 주셨을 뿐 아니라, 늘 성실과 애정으로 지도해 주시는 은사(恩師) 장흥길 교수님께 충심으로 감사드린다. 아울러 원고를 미리 읽고 귀한 조언을 해 주신 장로회신학대학교 신학대학원의 전성현 전도사님과 감리교신학대학교 신학대학원의 김우종 전도사님께 깊이 감사드린다.

무엇보다 두 아이를 돌보느라 힘겨운 와중에도 집필 과정의 불편함을 참고 기다려준 사랑하는 아내 최선일과 눈물을 위로하는 선물 같은 두 아이 루하, 민하에게 사랑과 미안함, 고마움의 마음을 담아 이 책을 바친다. Ὑμεῖς ἐστε χαρὰ καὶ στέφανός μου.

2018년 9월

연못골에서, 장성민

약어표

AB	*Anchor Bible*
ABD	*Anchor Bible Dictionary*
AJP	*American Journal of Philology*
AYB	*Anchor Yale Bible*
BBR	*Bulletin for Biblical Research*
BDF	F. Blass, A. Debrunner and R.W. Funk, *A Greek Grammar of the New Testament*
BECNT	Baker Exegetical Commentary on the New Testament
BICS	*Bulletin of the Institute of Classical Studies*
BS	*Bibliotheca sacra*
CBQ	*Catholic Biblical Quarterly*
FN	*Filologia Neotestamentaria*
GTJ	*Grace Theological Journal*
ICC	*International Critical Commentary*
JBL	*Journal of Biblical Literature*
JETS	*Journal of the Evangelical Theological Society*
JSNT	*Journal for the Study of the New Testament*
JSNTSup	Journal for the Study of the New Testament Supplement Series
JTS	*The Journal of Theological Studies*
NICNT	The New International Commentary on the New Testament
NIGTC	The New International Greek Testament Commentary
NovT	*Novum Testamentum*

SBL	Society of Biblical Literature
TB	*Tyndale Bulletin*
WBC	Word Biblical Commentary
WUNT	Wissenschaftliche Untersuchungen zum Neuen Testament
ZNW	*Zeitschrift für die neutestamentliche Wissenschaft*

'시제'의 개념*

0. 신약성경 헬라어

1. '시제'의 문법적 개념 I

2. '시제'의 문법적 개념 II

* 제목에 홑 따옴표를 붙여 '시제'라고 표기한 이유는,
이 문법 용어가 아래에서 설명하는 내용을 적절하게 표현하기에
여러 가지로 오해의 소지가 있는 표제이기 때문이다.
아래에서는 '시제'라는 표제 하에 다양한 시제-형태들의 용법을 설명한다.

0. 신약성경 헬라어

본서는 '신약성경 헬라어'(New Testament Greek)의 문법을 다룬다. 역사적으로 볼 때, 신약성경 헬라어는 셈어의 영향과 초기 기독교 신학의 영향을 지대하게 받은 코이네 헬라어의 한 지류(支流)다.[1] 신약성경 헬라어가 포함된 총칭적인 개념으로서 헬라어는 가장 오래된 인도-유럽어들 가운데 하나이며, 지난 3,500여 년 동안 부침(浮沈)과 진화를 거듭해 온 역사적 언어다. 따라서 본격적으로 신약성경 헬라어를 다루기 전에, 본서가 다루고자 하는 대상으로서 신약성경 헬라어의 역사적 위상과 특징을 대략적으로 살펴보는 것이 필요할 것이다.

I. 코이네 헬라어 내에서 신약성경 헬라어의 위상

통상 κοινή로 약칭되는 코이네 헬라어의 정식 명칭은 κοινή διάλεκτος로서, '공용어 또는 널리 쓰이는 언어'(a language in common or widespread use)라는 뜻이다.[2] 이에 반해 종종 코이네 헬라어와 비

1) 헬라어의 역사적 발전 과정에 대한 상세한 설명을 위해서는 C.C. Caragounis, *The Development of Greek and the New Testament: Morphology, Syntax, Phonology, and Textual Transmission* (Grand Rapids: Baker Academic, 2006), 1-63을 보라.

2) C.F.D. Moule, *An Idiom Book of New Testament Greek* (New York: Cambridge

교되는 '고전 헬라어'(classical Greek)는 이른 바 '황금시대'(golden age)로 불리는 주전 4-5세기 아테네가 지중해 지역의 정치적 패권을 장악할 무렵에 쓰이던 아테네의 헬라어이다. 이전에는 도리스語(Doric), 아이올리스語(Aeolic), 이오니아語(Ionic) 등의 방언이 경합하고 있었는데, 5세기에 이르러 이오니아語에서 분화된 아티카語(Attic)가 문학 언어로서 최고의 권위를 획득하였다.[3] 아티카語는 소포클레스(Sophocles), 에우리피데스(Euripides) 등의 비극, 아리스토파네스(Aristophanes)의 희극, 투키디데스(Thucydides)와 크세노폰(Xenophon)의 역사, 플라톤(Plato)의 철학 등이 기록된 언어다. 엄밀하게 말해서 '고전 헬라어'란 앞서 언급한 여러 방언들을 통칭하는 것이지만, 통상적으로는 그리스 황금시대의 대문호들이 사용했던 아티카語를 일컫는다.

아테네의 상업적 성공과 아테네 작가들의 천재성 등에 힘입어 아티카語의 영향력은 점차 증대되어 갔다. 아테네 제국이 마케도니아 왕국의 지배를 받게 된 이후에도 이러한 영향력은 고스란히 남아 있었으며 오히려 정복자들조차 이 언어를 사용하였다. 더욱이 알렉산더 대왕이 동방 정벌을 통해 헬라제국을 건설하고 제국 전체를 헬라화하면서 헬라 문명과 헬라어를 전파함으로써 이 언어는 '세계적인 언어'(*Weltsprache*)가 되었다.

그러나 아티카語는 정복 과정에서 중요한 변화를 맞게 된다. 아티카語가 소규모 시민 집단이 배타적으로 사용하는 토착 방언이 아니라 범세계적인 언어가 되면서 매우 다양한 성격을 지닌

University Press, ²1959, repr. 1994), 1.

3) Daniel B. Wallace, *Greek Grammar Beyond the Basics* (Michigan: Grand Rapids, 1996), 14-17.

사람들의 의사소통 수단으로 발전함에 따라, 토착어만의 미묘함(subtleties)을 상실하고 언어의 명확성(explicitness)을 중시하는 방식으로 변모되어 간 것이다.[4] 그리고 바로 이러한 과정에서 뿌리가 되는 토착 방언(Attic)과 매우 다른 모습의 κοινή διάλεκτος가 형성된다. '헬레니즘 시대의 그리스어'(hellenistic Greek), 또는 '공용 그리스어'(common Greek)라고 불리는 '코이네'(Koine)는[5] 주전 1세기에 이르러 지중해 전역에서 통용되는 '공용어'(*lingua franca*)로서의 위상을 견고히 구축하게 된다. 이와 동시에 코이네가 지중해 지역의 공용어로서 위상을 구가할 당시, 고대 아테네의 황금시대와 정교한 고전 헬라어를 선호하는 작가들 사이에는 아티카식 고전 헬라어를 전범(典範)으로 삼아 문체적 엄격성을 중시하던 '문학적 헬라어'(Atticism)도 통용되고 있었다.[6]

과거에는 고전 헬라어나 신약성경이 기록될 당시 '문학적 헬라어'(Atticism)를 쓰던 그리스 작가들(Plutarch, Lucian, Dionysius of Halicarnasus, Aristides, Dio Chrysostom 등)의 작품이나 문체와 비교해서 신약성경 헬라어가 매우 다른 모습을 보이는 독특한 현상을 명쾌하

---

4) Wallace, *Greek Grammar Beyond the Basics*, 15. 우리는 이를 '간소화'라고 부를 수 있다. 다양한 '간소화의 현상들'을 위해서는 Maximilian Zerwick S.J./Joseph Smith S.J. (trans.), *Biblical Greek* (Scripta Pontificii Instituti Biblici; Roma: Editrice Pontificio Biblico, 1963), 161-64(§480-94)를 보라.

5) F. Blass and A. Debrunner/Robert W. Funk (trans. and rev.), *A Greek Grammar of the New Testament and Other Early Christian Literature* (Chicago: The University of Chicago Press, 1961), 1. 각주. 1. 이하 BDF로 약기(略記).

6) BDF, 2. 신약성경이 기록될 당시 일상 언어인 코이네와 문학적 언어인 Atticistic Greek가 대조를 이루던 전통은 오늘날까지도 이어져서 현대 헬라어는 여전히 두 종류로 병존한다. 이른 바 '문학적인 언어'라고 알려진 καθαρεύουσα와 '일상 언어'인 δημοτική가 그것이다.

게 설명하기 어려웠다. 일부 학자들은 이러한 차이를 히브리어나 아람어와 같은 셈어의 영향을 강하게 받은 유대식 헬라 사투리라고 설명하거나, 또는 아예 '전혀 다른 언어'("Holy Ghost Greek")라는 주장으로 해명하고자 했다.[7]

그러나 19세기 말엽에 고대 이집트의 쓰레기 더미에서 다량의 파피루스가 발견되면서, 이에 대한 연구가 진척됨에 따라 신약성경 헬라어의 위상을 둘러싼 두 가지 오해가 불식(拂拭)되었다. 이집트의 옥시린쿠스(Oxyrhynchus, 고대의 Behneseh) 등지에서 발견된 다량의 파피루스에 대한 심도 깊은 연구를 통해, 신약성경이 기록될 당시 통용되던 비문학적인 헬라어에 대한 연구가 활발하게 진행되면서 신약성경 헬라어는 당시 지중해 전역에서 널리 쓰이던 코이네 헬라어와 매우 유사하다는 사실이 점차 설득력을 얻게 된 것이다.[8]

하지만 근자에는 다시 신약성경 헬라어만의 독특성에 주목하여, 신약성경 헬라어를 당대의 코이네 헬라어와 무조건 등가적으로 이해하는 것을 경계하는 추세이다.[9] 무울(C.F.D. Moule)은 이러한 경향을 다음과 같이 요약적으로 설명한다.

"진자(振子)는 성서 헬라어를 '세속' 헬라어와 등치시키는 방향으로 지나

---

7) Wallace, *Greek Grammar Beyond the Basics*, 26.

8) 파피루스 발견 과정과 신약성경 헬라어와의 관련성에 대한 상세한 설명을 위해서는 J.H. Moulton and G. Milligan, *Vocabulary of the Greek Testament* (Peabody: Hendrickson Publishers, 1930), viii-xx를 참고하라.

9) Moule, *An Idiom Book of New Testament Greek*, 1-4; Wallace, *Greek Grammar Beyond the Basics*, 27-29; J.G. Machen, D.G. McCartney, *New Testament Greek for Beginners* (New Jersey: Pearson Education, [2]2004), 28-29.

치게 움직였다. 그러나 우리는 이 놀라운 발견(이집트에서 발견된 파피루스 문서들－필자 주)에 눈이 멀어 성서 헬라어가 여전히 모종의 특수성을 지니고 있다는 사실을 간과해서는 안 된다. 이러한 특수성은 부분적으로는 셈어의 영향을 받았기 때문이고, 부분적으로는 그리스도인들의 경험이라는 틀에 영향을 받았기 때문이다."[10]

신약성경 헬라어가 코이네 헬라어의 특징을 보여주고 있기는 하지만, 신약성경 헬라어가 받은 셈어(히브리어)의 영향도 결코 무시해서는 안 된다는 것이다.[11] 신약성경을 기록한 저자들은 대부분 유대인들이었으며 그들은 모두 구약성경의 언어인 히브리어에 많은 영향을 받았다. 언어에 관한 한 이들은 특히 칠십인역(LXX)의 영향을 강하게 받았는데, 히브리 성경의 헬라어 번역인 칠십인역은 저본(底本)의 언어인 히브리어로부터 영향을 받았다.

뿐만 아니라 전승사적으로 중요한 이스라엘 종교의 주요 요소들과 신약성경 저자들만의 독창성 등을 표현하기 위해서 새로운 어휘가 생성되거나 기존 어휘가 새로운 차원의 의미를 갖기도 했기 때문에, 신약성경 헬라어를 당대의 코이네 헬라어와 무조건 등가적으로 이해하는 것은 다소 무리가 있다. 신약성경이 가진 독특한 문체적 특징을 이해해야 하는 필요성이 여기에 있는 것이다. 이러한 이해는 현대 언어학적 통찰과도 제법 잘 부합한다.

---

10) Moule, *An Idiom Book of New Testament Greek*, 3-4.

11) 보다 상세한 연구사와 평가를 위해서는 S.E. Porter, "The Greek of the New Testament as A Disputed Area of Research" idem, *Studies in the Greek New Testament: Theory and Practice* (New York: Peter Langm 1996), 75-99를 보라.

II. 고유한 '위상어'로서 신약성경 헬라어

현대 언어학적 통찰 가운데 신약성경 헬라어의 위상과 관련하여 기억해야 할 중요한 주장은 모든 언어란 그 자체의 고유한 특성에 의거하여 공시적으로 파악되어야 한다는 것이다(아래 2장의 내용을 보라). 이러한 통찰에 따르면, 신약성경 헬라어는 고전 헬라어를 표준으로 삼아 파악해야 하는 열등한 언어가 아니라 그 자체의 게임 규칙을 보유한 독자적인 언어이다. 말하자면, 신약성경 헬라어는 헬레니즘 시대에 기독교 신앙을 공유한 자들이 소통의 도구로 활용했던 일종의 '위상어'(register)[12]일 따름이다!

결론적으로 말해서, 신약성경 헬라어란 헬레니즘 시대의 코이네 헬라어의 지류로서 공시적으로 파악되어야 하지만, 셈어로부터 받은 언어적 영향과 전승사를 통해 누적된 신학적 영향, 그리고 초기 기독교 신앙이라는 독특한 내용적 영향이 어우러져 표현된 고유하고 독특한 위상어라는 점도 아울러 기억해야 한다.

---

12) 현대 언어학적 개념으로서, 남녀, 인종, 연령, 직업 계층, 종교, 문화, 사회적 배경이나 개별 상황 등의 차이에 의하여 독특하게 쓰이는 소통 방식, 언어 습관, 어휘 등을 일컫는다. 여기에는 비교적 영구적인 방언이나 개인 언어로부터 지역, 시간, 사회적 지위 등에 따라 달라지는 언어적 습관이나 어휘, 소통 방식 등에 이르기까지 매우 다양한 종류가 포함된다. S.E. Porter, "The Ideational Metafuction and Register," idem, *Linguistic Analysis of the Greek New Testament: Studies in Tools, Methods and Practice* (Grand Rapids: Baker Academic, 2015), 145-58을 보라.

1. '시제'의 문법적 개념 I

– 현대 언어학이 태동하기 이전의 이해

Περὶ Ῥήματος.

Ῥῆμά ἐστι λέξις ἄπτωτος, ἐπιδεκτικὴ χρόνων τε καὶ προσώπων καὶ ἀριθμῶν, ἐνέργειαν ἢ πάθος παριστᾶσα. Παρέπεται δὲ τῷ ῥήματι ὀκτώ, ἐγκλίσεις, διαθέσεις, εἴδη, σχήματα, ἀριθμοί, πρόσωπα, χρόνοι, συζυγίαι. Ἐγκλίσεις μὲν οὖν εἰσι πέντε, ὁριστική, προστακτική, εὐκτική, ὑποτακτική, ἀπαρέμφατος. Διαθέσεις εἰσὶ τρεῖς, ἐνέργεια, πάθος, μεσότης·

Dionysius Thrax (c. 170-90 B.C.E., Τέχνη Γραμματική 13)

동사에 관하여.

동사는 격변화하지 않는 단어로서, 시간과 더불어 인칭과 수를 나타내고, 능동성과 수동성을 표현한다.

동사에는 여덟 가지가 수반된다: 법, 태, 양상, 형태, 수, 인칭, 시간, 활용.

그러므로 법은 다섯 가지다: 직설법, 명령법, 기원법, 가정법, 부정사.

태는 세 가지다: 능동태, 수동태, 중간태.[1]

헬라어 '시제'(tense)[2]의 문법적 개념을 정확히 이해하는 것은 헬

1) 인용한 문장은 주전 2세기 알렉산드리아의 학자였던 트락스(Dionysius Thrax)의 헬라어 문법책 가운데 동사 항목의 첫 부분이다. 번역은 필자의 것이며, 헬라어 본문은 독일 Augsburg 대학교의 고대 문헌 원문 제공 사이트인 Bibliotheca Augustana(www.hs-augsburg.de/~harsch/graeca/Chronologia/S_ante02/DionysiosThrax/dio_tech.html#13)에서 가져왔다. 해당 사이트가 인용하는 자료의 출처는 G. Uhlig (ed.), *Dionysius Thrax*, in: Grammatici Graeci I,1 (Lipsiae, 1883)이다.

2) 본서 전체를 통해 '시제'(tense)라는 용어와 각 '시제-형태들'(tense-forms)에

라어를 읽고 해석하는 첫걸음이다. 신약성경 저자들을 포함한 헬라 작가들이 다양한 '시제-형태들'(tense-forms)을 선택할 때, 독자들에게 전달하고자 하는 일차적인 의미는 무엇인가? 예컨대, 한 저자가 어떤 동작을 묘사하면서 부정과거가 아니라 현재 시제-형태를 선택했다면, 이를 통해 부각시키거나 전달하고자 하는 핵심적인 의미는 무엇인가? 좀 더 엄밀하게 다시 묻자면, 헬라어 시제-형태들에 '내재하는 의미'(inherent semantics)는 과연 무엇인가?[3] 국어나 영어에 익숙한 독자라면 주저하지 않고 '때[時]를 마름질[制]하여 매기는 것'(즉, 시간을 구별하는 것)이라고 답하겠지만, 헬라어의 경우는 사정이 그렇게 단순하지 않다.

헬라어에서 '현재'(present), '미완료'(imperfect), '부정과거'(aorist), '현재완료'(perfect), '과거완료'(pluperfect), '미래'(future) 따위의 시제-형태들에 담긴 의미론적 함의는 국어나 영어 등 우리에게 비교적 익숙한 언어의 시제 개념들과 사뭇 다르다. 따라서 헬라어를 읽을 때는 각 시제-형태들이 지닌 문법적 개념을 국어나 영어의 시제 개념들과 혼동하지 않는 것이 무엇보다 중요하다. 이 점에 주의하

붙은 전통적인 명칭들(현재, 미완료, 부정과거, 현재완료, 과거완료 등)은 '시간'을 암시하려는 의도 없이 중립적으로 사용된다. 이 용어들은 '형태론적 모양'(morphological form)에 붙은 이름일 뿐, 그것이 전달하는 의미론적 뜻이나 화용론적 함의를 대변하지 않는다. 아래에서는 '시간'이라는 함의를 지녔다는 인상을 주는 '시제' 대신, 주로 '시제-형태'라는 용어를 사용하겠다. Robert E. Picirilli, "The Meaning of the Tenses in New Testament Greek: Where Are We?" *JETS* 48/3(2005), 533, 각주 1; D.A. Carson, *Exegetical Fallacies* (Grand Rapids: Baker, 1996), 67 참조.

3) 아래, 2장, 'III, 6. 동사상과 화용론'의 논의를 보라. 이하에서 '내재하는,' '의미론적' 따위의 표현은 모두 문맥이나 실제 사용 과정에서 파악되는 화용론적 의미와 구별하여, 해당 시제-형태 자체에 본래적으로 포함된 함의를 지칭한다.

지 않으면, 독자가 익히 알고 있는 모국어의 시제 개념을 부지불식간에 헬라어 시제에 투영할 위험이 상존한다.

더욱이 라틴어로 '시간'을 뜻하는 *tempus*에서 유래한 '시제'(tense)라는 용어 자체가 헬라어의 시제 개념을 오해하게 만드는 또 하나의 이유이기도 하다. 우리말 '시제'(時制)나 영어 tense는 모두 '시간'(time)이라는 개념을 담고 있지만, 헬라어의 시제-형태들이 전달하고자 하는 일차적인 개념은 '시간'이 아니다. 단적으로 말하자면, 헬라어의 시제-형태들은 일차적으로 때[時]를 마름질[制]하기 위해 사용되지 않는다.

이런 탓에, 실제로 표준 문법서 저자들은 '시제'를 설명하기 전에 대개 탈도 많고 적절하지도 않은 이 문법 용어들을 두고 불만을 먼저 토로하곤 한다. 예컨대 체르빅(Maximilian Zerwick S.J.)은 시제를 설명하는 장(章)의 표제에 아예 인용부호를 붙인 후, 다음과 같이 해명한다. "이 장의 표제에서 '시제'라는 단어에 인용부호를 붙였다. 여기서 다룰 형태들이 부정확하게도 '시제'(tense)라고 불리는 탓이다."[4] 헬라어의 시제-형태들에 붙여진 명칭에 일관성이 전혀 없다고 비판하면서 로버트슨(A.T. Robertson)이 내뱉는 푸념은 차라리 체념에 가깝다. "이 명칭들은 이제 변경이 불가능하다. 매우 불만족스럽긴 해도 말이다."[5]

---

4) Zerwick S.J., *Biblical Greek*, 77(§240). 보다 상세한 논의는 S.E. Porter, *Verbal Aspect in the Greek of the New Testament with Reference to Tense and Mood* (Studies in Biblical Greek 1; New York: Peter Lang, 1989), 79-83을 보라.

5) A.T. Robertson, *A Grammar of the Greek New Testament in the Light of Historical Research* (Nashiville: Broadman Press, 1934), 826. 스태그(F. Stagg)는 자신의 유명한 논문에서 주석 과정에 aorist 시제가 남용되는 사례들을

그렇다면 헬라어 시제-형태들이 전달하려는 기본적인 의미는 무엇인가? 비교의 차원에서 먼저 국어의 시제 개념을 살펴보자.

I. 국어의 시제

국어에서 시제(時制)란 말뜻 그대로 "발화시점을 중심으로 앞뒤의 시간을 제한하는 문법 범주"다.[6] 아래의 예들은 이러한 점을 분명하게 보여준다.

(가) 아버지는 어제 부산으로 **떠나셨다**.(과거시제)

→ 떠나셨다 : 떠나(어간)+시(높임의 어미)+었(시제어미)+다(종결어미)

(나) 어머니는 지금 빨래를 **하신다**.(현재시제)

→ 하신다 : 하(어간)+시(높임의 어미)+ㄴ(시제어미)+다(종결어미)

(다) 내일도 비가 **오겠다**.(미래시제)

→ 오겠다 : 오(어간)+겠(시제어미)+다(종결어미)

(가)에서 아버지가 부산으로 떠나신 때(사건시)는 화자가 이 일을 언급하는 때(발화시)에 선행한다. 국어에서는 이처럼 사건시가 발화시에 앞서는 시간 제한법을 과거시제라고 한다. (나)의 경우 사건시와 발화시가 일치하고(현재시제), (다)의 경우는 사건시가 발화

비판하면서도, 역설적으로 aorist라는 명칭을 두고는 묘한 안도감을 표명한다. F. Stagg, "The Abused Aorist," *JBL* 92(1971), 222-23. 대안적인 주장으로는 S.E. Porter, "Tense Terminology and Greek Language Study: A Linguistic Re-Evaluation," in idem, *Studies in the New Testament* (New York: Peter Lang, 1996), 39-48을 보라.

6) 남기심, 고영근 공저, 『표준국어문법론』(서울: 탑출판사, 2011), 313-14.

시에 후행한다(미래시제). 이들 예처럼, 국어에서 시제는 주로 활용 어미에 의해서 표시되고, 그 쓰임은 대개 발화시를 기점으로 '시간'을 제한하거나 규정하는 것이다.7) 이와 같이 국어에서는 시제의 이름들(과거시제, 현재시제, 미래시제 등)과 그 쓰임이 비교적 정확하게 일치한다.8)

II. 헬라어의 '시제'

이와는 달리 신약성경 헬라어를 포함하여 인도-유럽 어족에서 시제의 본래 기능은 동작의 종류(*Aktionsarten*, kinds of action)나 저자/화자의 '관점'(points of view)을 나타내는 것이다.9) 발화 시점을 기준으로 과거 시점이나 현재 시점은 시제-형태가 아니라 주로 작품이 취하는 장르적 특성(예컨대, 역사적 서사 등)이나 본문에 등장하는 다양한 '시간 지시사'(temporal deixis), 즉 시간을 나타내는 부사,

---

7) 물론 경우에 따라서는 사건시를 나타내는 부사(밑줄)와 어울려 시제의 의미가 분명해지기도 한다. 남기심, 고영근, 『표준국어문법론』, 314.

8) 각 언어권마다 '시간'에 대한 이해가 상이하다는 사실은 모국어의 시제 개념을 다른 언어 이해 과정에 투영하는 오류와 그에 따른 어긋남의 심각성을 가중시킨다. 예컨대 이규호는 인도-유럽어가 일차원적인 시간관에 근거하는 반면, 우리말은 삼차원적인 시간관에 근거한다고 설명한다. 인도-유럽어의 시제가 일직선적인 시간의 흐름에 따라서 '이미' 없어진 과거와 '아직' 없는 미래, 그리고 추상적 현재로 나뉜다면, 우리말은 기억과 전승으로 살아 있는 과거와 희망과 기대로 살아 있는 미래, 그리고 과거에 의해 밑받침되고 미래를 지향하는 '살아 있는' 현재로 이루어져 있다는 것이다. 이규호의 설명의 진위여부와 무관하게 각 언어권 사이의 시간 개념 차이는 엄존한다. 김영근 편, 『언어철학』(단계 이규호 전집 제3권; 서울: 연세대학교 출판부, 2005), 93-96.

9) BDF, §318.

전치사, 격, 접속사, 문맥 등을 통해 표현된다.

그러나 본 장 서두에서 인용한 트락스(Thrax)의 예에서 보듯이, 헬라어 동사를 시간 개념에 의거하여 이해하려는 입장은 유구한 역사와 강고한 지지자들을 거느리고 있는 반면, 동작의 종류나 화자(저자)의 관점을 기준으로 시제를 이해하려는 접근 방식은 비교적 최근에 이르러서야 정립되었다. 그러므로 헬라어 시제-형태들의 의미론적 함의를 올바로 변별하기 위해서는, 간략하게나마 시제 이해의 역사를 살펴보는 것이 유익할 것이다.[10] 아래에서는 크게 시간(time), 동작의 종류(*Aktionsart*), 동작상(aspect)이라는 세 가지 입장으로 나누어 시제 이해의 역사를 일별(一瞥)하고, 결론적으로 헬라어 시제의 문법적 개념을 정리해 보겠다.

1. 시간(time)을 나타낸다는 입장

19세기 말엽에 *Aktionsart*(동작의 종류/본질)를 기준으로 헬라어 시제-형태들을 이해하려는 흐름이 일어나기 전까지, 학자들은 거의 전적으로 시간적인 전후 관계에 입각하여 헬라어 시제를 묘사해 왔

10) 연구사에 대한 상세한 논의를 위해서는 B.M. Fanning, *Verbal Aspect in New Testament* (Oxford Theological Monographs; Oxford: Clarendon Press, 1990), 8-50; Porter, *Verbal Aspect*, 17-65를 보라. 간략하지만 유익한 연구사를 위해서는 D.A. Carson, "An Introduction to the Porter/Fanning Debate," in *Biblical Greek Language and Linguistics*, ed. by S.E. Porter and D.A. Carson (JSNTSup. 80; Sheffield: JSOT Press, 1993) 18-21; R.J. Decker, *Temporal Deixis of the Greek Verb in the Gospel of Mark with Reference to Verbal Aspect* (Studies in Biblical Greek 10; New York: Peter Lang, 2001), 3-28; C.R. Campbell, *Basics of Verbal Aspect in Biblical Greek* (Grand Rapids: Zondervan, 2008), 26-33 등을 보라.

다. 예컨대, 헬라어에서 현재 시제-형태는 현재 시간을, 부정과거 시제-형태는 과거 시간을 표현하는 식이라는 설명이다. 이러한 흐름은 최소한 아리스토텔레스까지 소급된다. 그의 작품 가운데 하나인 『해석에 관하여』(Περὶ ἑρμηνείας)에 나오는 동사에 관한 정의("동사는 '시간'을 함의하는 것이다"[ῥῆμα δέ ἐστι τὸ προσσημαῖνον **χρόνον**, *De Interpretatione* 3])는 '시간'을 중심으로 시제를 이해하는 입장을 단적으로 보여준다.[11)]

헬라어의 시제-형태들이 주로 시간을 표현한다는 입장은 여전히 표준 문법서로 널리 인정받는 고전적인 저작들에서도 흔히 발견된다. 이러한 경향은 *Aktionsart*에 대한 논의가 점차 활성화되던 19세기 말엽까지도 지속되었다. 예를 들어, 비너(G.D. Winer)는 "부정과거는 단순 과거이며, 현재시제는 현재 시간을 표현한다"고 설명한다.[12)] 하버드의 고전어학자였던 굿윈(W.W. Goodwin)도 "이 시제들은 … '현재, 과거, 또는 미래'라는 동작의 시점을 지시한다"고 설명한다.[13)] 굿윈의 석좌를 계승했던 스마이스(H.W. Smyth) 역시 "시제들은 … 동작의 시점을 나타낸다"고 묘사하면서 동일한

---

11) 아리스토텔레스라는 사상사의 대가(大家)가 피력한 이해여서, 독자들은 베이컨(F. Bacon)이 경고한 '극장의 우상'에 쉽게 빠져들지도 모른다. 하지만 문법이 본격적으로 체계화된 것은 스토아학자들에 이르러서였고, 이마저도 초보 수준이었다. 포터(S.E. Porter)의 다음 평가를 보라: "의심할 여지없이 그들의 언어 사용 능력은 현대 학자들을 훨씬 능가하였지만, 불행히도 자신들의 언어를 묘사하려는 노력들은 초보적이었고 심지어 경우에 따라서는 오도하는 것이었다." Porter, *Verbal Aspect*, 20.

12) G.B. Winer/W.F. Moulton (trans. and ed.), *A Treatise on the Grammar of New Testament*, 3rd. ed. (Edinburgh: T.&T. Clark, 1882), 3. Decker, *Temporal Deixis of the Greek Verb*, 5에서 재인용.

13) W.W. Goodwin, *Syntax of the Moods and Tenses of the Greek Verb* (Ancient Language Resources; Eugene: Wipf and Stock Publishers, 1889), 7.

입장을 견지한다.[14] 국내에서 가장 널리 쓰이는 기초 헬라어 문법책의 저자인 메이첸(J.G. Machen)의 설명도 이와 조금도 다르지 않다: "'현재' 시제는 (직설법에서) 현재 시간을 언급한다."[15]

이러한 경향은 헬라어 시제를 지시하는 시간에 따라 '1차 시제'(primary tenses)와 '이차 시제'(secondary tenses)로 구별하는 데서 가장 뚜렷하게 드러난다.[16] 실제 문맥에서 어떻게 쓰이느냐에 따라 각 시제-형태가 전달하는 시간이 제각각이어서 이런 식으로 양분하는 것이 적절하지 않음에도, 과거 시간을 나타낸다는 뜻에서 '2차 시제'를 심지어 '역사적' 시제(*historical* tenses)라고 불리기도 한다.[17]

하지만 이러한 이해는 시간과 무관한 용법을 비롯하여 헬라어 시제가 표현하는 다양한 상황이나 동작의 방식들을 적절하게 설명하지 못한다는 근본적인 맹점(盲點)이 있다. 이는 이미 19세기 일부 비교 언어학자들이 제기한 근본적인 불만이기도 하였다.

2. 동작의 종류/성격(*Aktionsart*)을 나타낸다는 입장

19세기에 접어들면서 일부 문법학자들이 시간을 중심으로 시제

---

14) H.W. Smyth, *Greek Grammar* (Harvard University Press, 1920), 412(§1850).

15) Machen, *New Testament Greek for Beginners*, 41. 국내 저자들도 사정이 크게 다르지 않다. 예컨대, 장동수, 『헬라어 문법: 어형론과 문장론』(서울: 요단, 1999), 18, 63, 95 등에 나오는 각 시제에 대한 설명을 참조하라.

16) E.W. Burton, *Syntax of the Moods and Tenses in New Testament Greek* (Edinburgh: T&T Clark, 1989), 5; W.W. Goodwin, *A Greek Grammar* (Eugene: Wipf & Stock, 2003[1892]), 91(§448); idem, *Syntax of the Moods and Tenses*, 7(§21).

17) Goodwin, *Syntax of the Moods and Tenses*, 7.

를 이해하는 전통적인 입장에 점차 이의를 제기하기 시작하였다. 이에 따라 학자들은 '시간'이 아니라 '동작의 종류/성격'(*Aktionsart*)을 시제가 전달하는 기본적인 함의로 설명하기 시작했다. 헬라 작가들이 시제-형태를 구별하는 일차적인 이유는 '시간'이 아니라, 해당 시제-형태를 통해 표현되는 '동작의 종류'를 변별하기 위함이라는 것이다. 우리는 이를 헬라어 시제-형태에 대한 '새로운 탐구'(New Quest)라고 부를 수 있을 것이다.[18]

이러한 입장 선회의 주춧돌은 쿠르티우스(G. Curtius)가 놓았다. 그는 각 시제-형태들이 전달하는 의미를 표현하기 위해서 *Zeitstufe*(시간의 단계)와 더불어 *Zeitart*(시간의 종류)라는 용어를 고안하였다.[19] 쿠르티우스에 따르면 *Zeitstufe*는 외적인 시간을 지칭하는 반면 *Zeitart*는 지속적이냐(현재 어간), 완결되었느냐(완료 어간), 아니면 단순히 발생했느냐(부정과거 어간) 등의 내적인 구별을 나타내는 말이다.[20] 이로써 시제를 시간만이 아니라 해당 시제-형태가 표현하고자 하는 '동작의 종류'라는 견지에서 이해하려는 길이 열리게 된다.

이후 브루그만(K. Brugmann)이 1885년에 헬라어 문법책을 출간하면서 시제 이해의 방향을 *Aktionsart* 쪽으로 전환하는 결정적인 계기를 마련하였다. 그는 헬라어의 시제-형태들(특히 직설법을 제외

---

18) 마치 '역사적 예수 연구'의 역사에서 '새 탐구'(New Quest)에 속한 학자들이 기존의 역사적 회의주의를 극복하고 새로운 역사 연구에 매진한 것처럼, 이 시기의 비교언어학자들도 고전헬라어를 '진정성의 기준'으로 삼아 신약성경 헬라어에 대한 새로운 역사 연구에 매진하였다.

19) 쿠르티우스는 다수의 문법책을 집필하였으나 시제에 관한 논의는 주로 *Erläuterungen zu meiner griechischen Schulgrammatik* (Prague: F. Tempsky, 1863)에 수록되어 있다. 이 책은 G. Curtius/E. Abbott (trans.), *Elucidations of the Student's Greek Grammar* (London: John Murray, 1875)로 영역(英譯)되었다.

20) Curtius, *Elucidations*, 208-209.

한 서법들)이 시간보다는 동작의 종류를 표현한다고 주장하면서, 동사가 '객관적으로' 지시하거나 묘사하는 동작의 종류를 묘사하기 위해서 *Aktionsart*라는 용어를 고안해 냈다.21) 그의 설명은 직접 인용할 만한 가치가 있다.

> "이른 바 인도-유럽어의 동사들이 지닌 시제 체계는 본래 동사가 표현하는 동작 외부에 놓여 있는 현재, 과거, 미래라는 주관적인 시간 단계를 표현하는 용도가 아니다. 오히려 그것들은 '동작의 종류'(*Aktionsart*), 즉 동작이 이루어지는 방식을 특징짓는다."22)

브루그만은 *Aktionsart*가 동사의 어간(verbal stem)에 의해 결정되며, 그 결과 각 시제 어간은 각기 다른 동작 개념을 제시한다고 설명하였다. 이에 따라 그는 다음과 같은 6가지 동작의 종류를 제시한다: *punktuelle*(점적인 동작), *kursive*(진행적인 동작), *terminative*(완수된 동작), *iterative*(반복적인 동작), *perfektische*(완결적인 동작), *perfektive Aktion*([접두어에 의해] 완료화 된 동작).23) 이로써 시간 개념은 부차적인 것으로 물러나고, 동작의 종류가 헬라어 시제-형태가 표현하는 주된 요소로 부각되었다.

무엇보다 이 시기의 신약성경 헬라어 연구는 주로 통시적 관점에서 해당 언어의 역사적 발전 과정을 추적하는 역사-비교언어학(comparative philology)을 기본 입장으로 삼아 이루어졌다.24) 그 대표

---

21) K. Brugmann, *Griechische Grammatik. II.i: Lautlehre, Stammbildungs und Flexionslehre, Syntax* (Munich: C.H. Beck, 1885, [4]1913), 538.

22) Brugmann, *Griechische Grammatik*, 469 (§529). Decker, *Temporal Deixis of the Greek Verb*, 163, 각주 8에서 재인용. 따옴표를 통한 강조는 저자의 것.

23) Brugmann, *Griechische Grammatik*, 471-72.

24) 19세기의 언어학은 특히 인도의 고전어인 산스크리트어(Sanskrit)의 발

적인 예가 바로 블라스(F. Blass)의 저서였다. 탁월한 고전학자였던 블라스는 고전 헬라어에 대한 풍부한 지식을 바탕으로 신약성경 헬라어를 면밀하게 조사한 후 『신약성경 헬라어 문법』(*Grammatik des neutestamentlichen Griechisch*[1896])이라는 기념비적인 저서를 출간하였다.[25] 그가 밝힌 저술 목적과 방법론은 "헬라어의 전반적인 역사 안에서 [신약성경 헬라어]의 적절한 위치를 파악함으로써" 고전 헬라어의 문법 체계에 비추어 신약성경 헬라어의 변화상을 (역사적으로) 서술하는 것이었다.[26]

블라스 역시 브루그만의 체계를 따르면서 헬라어 시제-형태들을 시간보다는 '동작의 종류'라는 관점에서 설명한다.[27] 그는 다음

견과 함께 인도-유럽어의 유사성이 확인되면서 이들 언어들 간의 친족 관계와 계통을 파악하려는 관심에 의해 추동되었다. 이 시기의 역사-비교언어학적 연구 경향에 대한 상세한 논의를 위해서는 R.H. Robins/박수영 옮김, 『언어학의 사상사』(서울: 도서출판 역락, 2004), 47-74; 박시현, 『함께 하는 언어학입문』(서울: 한국외국어대학교출판부, 2006), 67-110; Porter, *Verbal Aspect*, 53-61 등을 보라.

25) 이 저서는 블라스 생전(生前)에 3판까지 출간되었고, 이후 비교언어학자인 데브룬너(A. Debrunner)에 의해 10판까지 개정되었다. '예수 세미나'(Jesus Seminar)를 창립한 것으로 더 유명한 펑크(R. Funk)는 이 10판을 영역(英譯)하여 F. Blass and A. Debrunner/Robert W. Funk (trans. and rev.), *A Greek Grammar of the New Testament and Other Early Christian Literature* (Chicago: The University of Chicago Press, 1961)로 출판하였는데, 이를 통상 BDF라고 부른다. 독일어판은 이후 레코프(F. Rehkopf)에 의해 지속적으로 개정되었으며, 통상 BDR이라고 부른다. 현재 19판(2012년)까지 출간되었다.

26) BDF, 1.

27) 비록 번역본이긴 해도, BDF는 영어권 문법서 최초로 동사 어간의 본래적 기능을 설명하면서 *Aktionsart*라는 개념 이외에 aspect라는 용어도 사용한다(§318). 하지만 두 용어를 거의 동의어처럼 쓰면서 실제 설명에서는 *Aktionsart*만을 배타적으로 사용한다. 그러므로 BDF가 이른바 '동사상 이론'(verbal aspect theory)을 본격적으로 전개한다고 보기는 어

과 같은 다섯 가지 *Aktionsarten*을 가장 중요한 것들로 제시한다: '점적인/순간적인 동작'(punctiliar[28]/momentary[부정과거 어간]), '지속적/선적/진행적인 동작'(durative/linear/progressive[현재 어간]), '반복적인 동작' (iterative[현재 어간]), '완결적 동작'(perfective[현재완료 어간]), '완료화된 동작'(perfectivizing[전치사를 통해]).[29] 아울러 시간적인 의미는 주로 직설법에서만 나타나고, 직설법을 제외한 서법들(가정법, 명령법, 기원법, 부정사, 분사 등)에서는 오직 '상대적인 시간'(relative time)만 나타난다고 설명한다.[30]

이러한 설명에 따르면 현재 어간의 시제-형태들(현재, 미완료)은 반복적, 지속적, 진행적 동작을 나타내고, 부정과거 어간의 시제-형태(부정과거)는 일회적, 순간적 동작을 나타내며, 완료 어간의 시제-형태들(현재완료, 과거완료)은 과거의 일회적 동작의 결과가 발화 시점까지 지속되는 상황을 나타낸다.[31]

이처럼 1) 헬라어 시제-형태들이 전달하는 일차적인 의미는 해당 어간으로 표현되는 객관적인 '동작의 종류'이며, 2) 시간적인 의미는 오로지 부차적이거나(직설법의 경우) 거의 나타나지 않는다(직설법 이외의 서법)는 이해는 이후 오랫동안(거의 한 세기 동안!) 시제

렵다. Decker, *Temporal Deixis of the Greek Verb*, 8-9의 평가를 보라.

28) '순간적인'이라고 번역된 punctiliar는 문자적으로 '어느 시점의, 혹은 어느 시점과 관련된'(of or relating to a point of time)이라는 의미로서, 어떤 동작/상황이 punctiliar하다는 것은 해당 동사로 표현되는 동작이나 상황이 지속적이냐 반복적이냐에 관심을 두는 것이 아니라 마치 스냅 사진을 촬영하듯이 단순히 어느 시점의 동작이나 상황을 순간적으로 묘사한다는 뜻이다. Wallace, *Greek Grammar Beyond the Basics*, 554-55.

29) BDF, §318.

30) BDF, §318.

31) BDF, §319-334.

-형태의 문법적 개념을 설명하는 표준적인 견해로 자리 잡게 된다. 요컨대, 이 견해에 따르면 헬라어의 시제-형태들은 일차적으로 '동작의 종류'를, 부차적으로 '시간'을 문법적으로 표현하는 방식인 셈이다. 실제로 19세기말과 20세기 초, 중엽에 저술된 대다수의 표준 문법책들은 브루그만과 블라스가 닦아 놓은 길을 따라 거의 동일한 방식의 설명을 제시한다.[32)]

그럼에도 표준적인 문법서들이 제시하는 실제 '동작의 종류들'(*Aktionstarten*)은 전술한 것처럼 그렇게 단순 명확하지 않다. 오히려 각 시제-형태들에 따라 다양한 동작의 종류들이 제안된다. 예컨대 체르빅은 부정과거 시제가 통상 '점적'(punctiliar)인 동작을 묘사하지만, 여기에 더해서 개시적(inceptive), 총체적(global, 이는 부정과거 시제가 표현하는 기본적인 *Aktionsart*와 정면으로 배치된다!), 결과적(effective), 선취적(proleptic), 격언적(gnomic), 미래적(futuristic) 부정과거 등으로 불리는 다양한 특별 용법들이 나타난다고 설명한다.[33)] 이렇듯 '통상적인 *Aktionsart*/예외적인 특수 용법들'이라는 틀은 실제로 대다수의 표준 문법서들이 공유하는 설명 방식이다.

하지만 이런 설명 방식은 단일한 시제-형태가 어떻게 다양한 동작의 종류들과 그에 따른 '의미들'을 나타내는지 설명하기가 어

---

32) Burton, *Syntax of the Moods and Tenses*, 6-7; J.H. Moulton, *A Grammar of New Testament Greek*, vol. I, *Prolegomena* (Edinburgh: T.&T. Clark, 1908), 108-51; Robertson, *A Grammar of the Greek New Testament*, 823-25; C.F.D. Moule, *An Idiom Book of New Testament Greek*, 5-6; Zerwick S.J., *Biblical Greek*, 77(§240).

33) Zerwick S.J., *Biblical Greek*, 78-90(§242-69). 또한, BDF, §332에 나오는 '복합적 부정과거'(complexive aorist)에 관한 설명도 보라. BDF의 설명에 따르면, 이러한 용법의 부정과거는 완결된 '선적인 동작'(행 28:30)이나 '반복적인 동작'(고후 11:25)을 나타내기 위해서 사용된다! Robertson, *A Grammar of the Greek New Testament,* 831-34의 설명도 보라.

렵다. 이는 마치 '정상과학'이 자신들이 내세우는 가설과 부합하는 다수의 사례들을 인정하고, 가설에 부합하지 않는 소수의 사례들을 예외로 치부하는 것과 비슷하다.[34] 이에 따라 일부 학자들은 각 시제-형태들에 '내재하는 의미'(inherent semantics)와 해당 시제-형태들이 사용되는 '의미론적 상황'(semantic situation)을 구별해야 한다고 해명하기도 하지만,[35] 여전히 각 시제의 형태론적 특징과 이 보다 훨씬 다양한 실제 화용론적 사례들 사이에 논리적으로 어떤 관계가 있는지를 설명하지는 못한다.[36]

이에 따라 학자들은 자연스럽게 '더 나은 가설'(즉, 실제 사례들을 더 많이 포괄하는 가설)을 추구하게 되었고, 헬라어 시제-형태들이 지닌 '고유한 의미'를 파악하려는 시도들이 제출되었다.[37] 아울러 20세기 초 소쉬르(F. de Saussure)에 의해 현대적인 의미의 언어학이 태동하면서 신약성경 헬라어 이해 전반에 다양한 영향을 미치게 되었고, 결과적으로 시제-형태에 대한 설명에도 큰 변화가 생겨났다. 저자/화자의 주관적 관점을 나타내는 '동작상'(aspect)을 중심으로 헬라어 시제-형태를 이해해야 한다는 새로운 흐름이 생겨난 것이다. 다음 장에서 이를 좀 더 구체적으로 살펴보자.

---

34) T. Kuhn, *The Structure of Scientific Revolutions*, 2nd. ed. (Chicago: University of Chicago Press, 1970).

35) 예컨대, Robertson, *A Grammar of the Greek New Testament*, 821-910.

36) Porter, *Verbal Aspect*, 33-34.

37) 이미 체르빅은 '시제-형태'의 본질적 요소는 '동사상'이라고 주장하면서, 시제-형태들의 선택은 객관적인 현실보다는 화자의 필요(needs)에 따라 결정된다고 설명한다. Zerwick S.J., *Biblical Greek*, 77(§240).

2. '시제'의 문법적 개념 II

– '동사상 이론'(Verbal-Aspect Theory)을 중심으로

20세기 초 신약성경 헬라어 연구에 있어서는 여전히 '*Aktionsart*'를 중심으로 시제-형태들의 문법적 의미를 이해하려는 흐름이 맹위(猛威)를 떨치고 있는 사이, 언어학 분야에서는 기존의 비교 언어학(comparative philology)과는 분명하게 구별되는 새로운 방법론에 입각한 현대 언어학(modern linguistics)이 대두되고 있었다. 이른 바 '고전 문법 시대'를 뒤로 하고 바야흐로 현대적 의미의 언어학이 태동한 것이다.[1] 이러한 흐름은 헬라어 연구에도 지대한 영향을 미쳤다. 특히 현대 언어학의 통찰들을 적극 수용하여 신약성경 헬라어 이해에 반영한 일부 학자들이, 시제-형태의 문법적 의미에 관한 기존의 이해도 '동작상'(aspect)[2]을 중심으로 하는 새로운 이

1) 소쉬르는 자기 이전의 언어학사를 일별하면서, 이전 시기를 언어학이라고 불리던 학문의 대상을 기준으로 문법시대, 문헌학 시대, 비교문법 시대로 나눈다. F. de Saussure/최승언 역, 『일반언어학 강의』(서울: 민음사, 2006), 3-9.

2) 별도의 언급이 없는 한, 아래에서 '동작상'은 aspect를, '동사상'은 verbal aspect를 지칭한다. '동작상'은 동사로 표현되는 동작이나 상황에 대한

해로 재차 선회(旋回)해야 한다고 주장하기 시작하였다.

아래에서는 헬라어 시제-형태들이 일차적으로 '동작상'(aspect)을 나타낸다는 입장을 살펴보기 전에, 먼저 이러한 이해의 배경이 되는 현대 언어학의 태동과 주요 주장들을 일별(一瞥)하겠다. 그런 후에 이른 바 '동사상 이론'(verbal aspect theory)의 요지를 소개하고, 결론을 갈음하여 헬라어 시제의 문법적 개념을 종합적으로 정리하도록 하겠다.

I. 현대 언어학의 태동

현대적인 의미의 언어학(modern linguistics)이 태동하는 과정에 결정적인 산파노릇은 단연 소쉬르(F. de Saussure)가 감당하였다. 소쉬르는 당시 역사-비교 언어학의 중심지였던 라이프치히(Leipzig)를 떠나 제네바로 귀향(歸鄕)한 후, 1907-1911년 사이의 여러 학기 동안 제네바대학에서 '일반 언어학 강의'를 진행하였다. 소쉬르 사후(死後)에 몇몇 제자들에 의해서 이 강의의 강의안이 『일반 언어학 강의』(*Cours de linguistique générale*)라는 제목으로 출간됨으로써 구조주의 언어학의 견고한 토대가 놓이게 되었다.[3)]

소쉬르는 이 강의를 통해 랑그(langue)/빠롤(parole), 기표(signifiant)/기의(signifié), 공시태(synchronie)/통시태(diachronie), 형식(forme)/실질(sub-

---

저자/화자의 관점을 가리키고, 동사상은 시제-형태를 통해 표현되는 동작상을 지칭한다.

3) F. de Saussure/C. Bally, A. Sechehaye (eds.), *Cours de linguistique générale* (Lausanne-Paris, 1916). 우리말 번역은 앞의 각주에서 언급한 최승언의 것을 참고하였다.

stance), 계열체 관계(rapports paradigmatiques)/통합체 관계(rapports syntagmatiques) 등 구조주의 언어학의 근간을 형성하는 기본적인 이항대립 개념들을 제시하면서, 무엇보다 공시적 연구에 우위를 두었다. 19세기 역사-비교 언어학에서 중시하던 통시적 연구 방법을 과감하게 버리고 공시적 접근을 강조함으로써, 언어 이해에 있어서 근본적인 패러다임 전환을 시도한 것이다.

그는 모든 개별언어가 '구조'로서 파악되어야 한다고 주장하였다. 추상적, 어휘적, 음운적 체계로서 랑그(langue)는 언어의 본질을 이루는 구성 요소가 아니라, 이들 요소들 간의 상호관계(대조, 차이 등)라는 것이다.[4] 그는 언어 이해의 핵심 개념인 '구조'를 기차 연결망과 장기(將棋)의 말 비유를 통해 설명한다. 사람들은 제네바-파리행 급행열차를 유럽 철도 연결망의 전체 체계 안의 위치로 파악하는 것이지, 기차 자체의 특징(증기기관차인지, 객차가 몇 량인지 여부 등)에 기초해서 인지하지 않는다.[5] 또한 장기판 위의 장기의 말들도 그것이 지닌 특징(재료나 외관 등)이 아니라, 장기판에서 담당하는 역할이나 성격에 의해 규정된다.[6]

말하자면, 한 언어에서 어떤 문법적 요소(명사, 동사 따위)는 해당 언어의 전체 문법 체계 내에서 다른 요소들과의 대조, 차이라는 관계 속에서 파악되어야 하지, 그 요소 자체의 내재적 특징에 주목하려 해서는 안 된다는 주장이다. 아울러 이러한 주장은 한 언어의 문법적 요소는 다른 언어의 유사한 문법적 요소에 비추어 이해할 것이 아니라, 그것과 별개로 자체 체계 내에서 이해되어

4) Robins, 『언어학의 사상사』, 81.
5) Saussure, 『일반언어학 강의』, 151.
6) Saussure, 『일반언어학 강의』, 122-23.

야 한다는 뜻이기도 하다.[7]

언어를 이렇듯 구조 개념에 입각하여 이해하는 것은 소쉬르가 강조한 공시적 접근과도 직접적으로 연결된다. 소쉬르는 장기 놀이하는 사람의 입장을 들어 이를 비유적으로 설명한다. 즉 장기 놀이가 어느 정도 진행된 상태에서 놀이를 이어받아 장기를 두는 사람에게 중요한 것은 현재 진행 중인 놀이의 상황이지, 그 전에 다른 참가자가 품었던 복안(腹案)이나 전략과 같은 과거의 놀이 상황이 아니다.[8] 매번 진행되는 장기 놀이 상황은 장기 말들의 각기 다른 새로운 조합일 뿐이어서, 그 장기 놀이를 이해하는 일은 이전에 진행된 장기 놀이 상황과 무관하다. 말하자면, "모든 언어는 독특한 구조 또는 체계이며, 각 요소들은 순전히 동일한 언어 체계 내의 다른 요소들과의 관계 속에서만 의의를 갖는다"는 것이다.[9]

이를 헬라어라는 언어 이해에 대입하자면, 신약성경 헬라어도 이전 시대의 고전 헬라어(Classical Greek[이전의 장기 놀이 진행 상황])나 이후 시대의 라틴어를 기준으로 삼아 비교 언어학적으로 검토할 것이 아니라,[10] 헬레니즘 시대의 헬라어(Hellenistic Greek[당면한 장기

---

7) 예를 들어 독일어의 여격은 다른 세 격과 구별되는 전체 격 체계 속에서 의미를 갖는 것이지, 라틴어나 헬라어 등 다른 언어의 격 체계와 비교해서 파악되어서는 안 된다.

8) Saussure, 『일반언어학 강의』, 123. 박시현, 『함께 하는 언어학입문』, 84-85도 참조.

9) C. Peter and M. Turner, *Linguistics & Biblical Interpretation* (Downers Grove: Harper & Row, 1989), 26.

10) 이러한 상황을 두고 멕케이(K.L. McKay)는 이렇게 단언한다: "나는 헬라어 구문 연구가 라틴어라는 '몽학선생'의 후견에서 벗어나 자신만의 자유로운 유산을 향유해야 한다고 확신한다." K.L McKay, "Synxat in

놀이 진행 상황])라는 당대의 언어 상황과 신약성경 헬라어 자체의 체계(구조)에 입각하여 독립적으로 이해해야 한다는 뜻이다.[11]

이후 현대 언어학은 철학적 전제와 방법론, 지역에 따라 다양한 학파로 분화되어 갔지만, 대체로 소쉬르가 구축해 놓은 길에서 크게 벗어나지 않는다.[12] 특히 언어학은 규범적(prescriptive)이기보다 기술적(descriptive)이어야 하며, 언어의 구조와 체계를 통시적이 아니라 공시적으로 파악해야 한다는 점에서는 대체적인 합의를 형성하고 있다.[13]

II. '동사상 이론'(Verbal-Aspect Theory)의 대두

현대 언어학의 이러한 주장들은 자연스럽게 신약성경 헬라어에 대한 이해에도 적지 않은 변화를 가져왔다. 이러한 국면 전환을 헬라어 시제-형태 연구에 있어서 '제3탐구'(Third Quest)라고 불러도 무방할 것이다.[14] 말하자면, 이러한 주장의 핵심 논점은 신약성경

Exegesis," *Tyndale Bulletin* 23 (1972) 57. 강조는 원문의 것.

11) 하지만 교수 학습 과정의 효율성 때문인지 몰라도, 헬라어 문법 체계를 저자의 모국어 문법 체계에 비추어 설명하는 방식은 여전히 각광을 받고 있다. 예를 들어 W.D. Mounce, *Basics of Biblical Greek Grammar*, 3rd. ed. (Grand Rapids: Zondervan, 2009); J. Duff, *The Elements of New Testament Greek*, 3rd ed. (Cambridge: Cambridge University Press, 2005)를 보라.

12) "기실 소쉬르는 여러 언어학파 가운데 한 학파의 아버지가 아니다; 어떤 공시적 언어를 각 구성요소들이 서로간의 대조를 통해 규정되는 체계라고 이해하는 한, 우리는 모두 소쉬르의 후예라고 해야 할 정도다." G. Sampson, *Schools of Linguistics* (Stanford: Stanford University Press, 1980), 48. Decker, *Temporal Deixis of the Greek Verb*, 165, 각주 29에서 재인용.

13) S.E. Porter, "Studying Ancient Languages from a Modern Linguistic Perspective: Essential Terms and Terminology," *FN* 2(1989), 151-54.

헬라어를 고전 헬라어라는 '진정성 기준'에 의거하여 서술하지 말고, 헬레니즘 시대의 헬라어라는 당대 언어 상황의 일부로 간주하여 그 자체를 공시적으로 파악하자는 데 있다.

아울러 이러한 선회(旋回) 과정은, 19세기에 비교 언어학자들의 시제-형태의 기본 개념을 시간으로 이해하는 데 불만을 제기하면서 그 대안으로 *Aktionsart*를 제시한 것과 유사한 상황이 재현되면서 더욱 가속화 되었다. 시간 개념과 마찬가지로 *Aktionsart*도 동사 시제-형태들과 실제 용례들 사이의 의미론적 관계가 모호하며, 시제-형태들이 표현하는 다양한 상황을 충분히 설명하지 못한다는 비판적 인식이 생겨나기 시작한 것이다.[15)]

연구사적으로 볼 때, 이러한 비판은 거의 반세기 전인 1971년에 이미 스태그(F. Stagg)에 의해 제기되었다. 그는 "남용되는 부정과거"("The Abused Aorist")라는 유명한 논문에서 신약성경에 쓰이는 부정과거(aorist)의 경우를 주로 살피면서, *Aktionsart* 개념을 모든 부정과거 용례에 일괄적으로 적용할 경우 주석적으로 해당 본문에 과도한 짐을 지울 수 있다고 경고하였다.[16)] 이 개념에 부합하지

14) 마치 '역사적 예수 연구'의 역사에서 '제3탐구'(Third Quest)에 속한 학자들이 당대의 유대교라는 맥락에서 나사렛 예수를 이해하려는 입장에 서 있는 것처럼, 현대 언어학의 통찰을 수용하여 신약성경 헬라어를 이해하려는 학자들은 고전 헬라어라는 '진정성의 기준'을 버리고, 신약성경 헬라어를 그 자체로 '공시적으로' 파악하려 한다고 볼 수 있다.

15) S.E. Porter, *Idioms of the Greek New Testament*, 2nd. ed. (Biblical Language 2: Greek; Sheffield: Sheffield Academic Press, 1994), 27.

16) F. Stagg, "The Abused Aorist," *JBL* 92(1971), 222-31. 스태그는 aorist가 표현하는 *Aktionsart*를 '일회적'(once-for-all)이라고 규정한 뒤, 여기에 해당하지 않는 예외들을 다수 제시한다. 예를 들어, 막 1:11의 ἐν σοὶ εὐδόκησα는 "내가 '한때' 너를 사랑하였다"가 아니라 문맥상 단순히 "내가 너를 사랑한다"이며, aorist가 연이어 나오는 고후 11:24-25의 회고담

않는 예외들의 규모가 무시할 수 없을 만큼 상당한데도, 저명한 학자들조차 주석하고자 하는 용례에 *Aktionsart* 개념을 일괄적으로 적용하는 바람에 치명적인 주석적 오류를 범한다는 것이다.[17)]

그럼에도 스태그는 다수의 문법학자들이 이러한 점을 이미 인지하고 있다고 지적하면서,[18)] 시제-형태의 '내재적 의미'(semantics)와 그것이 사용되는 '문맥적 상황'(semantic situations)을 세심하게 구별할 필요가 있다는 정도의 온건한 조언을 제기할 뿐 *Aktionsart*를 대체할 새로운 문법 개념을 제시하지는 않는다.

이러한 상황에 대한 대안으로 제시된 것이 바로 '동사상 이론'(Verbal-Aspect Theory)이다. 신약성경 헬라어 문법에 국한하자면, 동작상 관련 논의는 맥케이(K.L. McKay)에 의해 처음 시작되었다.[19)] 그는 1960년대 중반부터 줄곧 헬라어의 시제-형태들을 *Aktionsart*가 아니라 동작상(aspect)의 관점에서 이해해야 한다고 주장해 왔다.[20)]

(사십에 하나를 감한 매를 다섯 번 '맞았고'[ἔλαβον], 몽둥이로 세 번 '맞았으며'[ἐρραβδίσθην], … 세 번 '파선을 당했으며'[ἐναυάγησα] …)도 이러한 이해와 전혀 어울리지 않는다고 설명한다(228). 요 2:20; 눅 19:13도 보라. 또한 유사한 논리의 C.R. Smith, "Errant Aorist Interpreters," *GTJ* 2(1981), 205-26; D.L. Mathewson, "The Abused Present," *BBR* 23/3 (2013), 343-63도 참조.

17) 그가 예로 드는 학자들은 부셋(W. Bousset)을 위시하여, 슈나켄부르크(R. Schnackenburg), 예레미아스(J. Jeremias), 브라운(R.E. Brown), 와일더(A.N. Wilder), 다드(C.H. Dodd), 모리스(L. Morris) 챨스(R.H. Charles), 샌더스(J.A. Sanders) 등을 망라한다.

18) Stagg, "The Abused Aorist," 228-31.

19) 구조주의 언어학에서는 B. Comrie, C. Bache, Z. Vendler, C.S. Smith 등이 이미 이러한 문제를 제기해 왔다. Porter, *Verbal Aspect*, 39-50; Decker, *Temporal Deixis of the Greek Verb*, 14-17을 보라.

20) K.L. Mckay, "The Use of the Ancient Greek Perfect Down to the End of the Second Century," *BICS* 12(1965), 1-21. 맥케이는 이 논문을 시작으

그러나 본격적인 논의는 포터(S.E. Porter)와 패닝(B.M. Fanning)이 거의 같은 시기에 헬라어 동사상을 주제로 박사학위 논문을 출간하면서 촉발되었다.[21] 이후 관련 논쟁은 올센(M. Olsen),[22] 데커(R.J. Decker),[23] 에반스(T.V. Evans),[24] 캠벨(C.R. Campbell)[25] 등에 의해 활발하고도 생산적으로 진행되고 있다.[26] 세부적인 사안들에 있어서는 상당한 입장 차이를 보이기도 하지만, 이 논쟁에 참여하는 대다수의 학자들은 헬라어 시제-형태를 기본적으로 동작상(aspect)에 의거해서 이해해야 한다는 점에 있어서 광범위한 의견 일치를

로 이후 꾸준히 동일한 주제에 관한 연구 결과들을 제출하였다.

21) Fanning, *Verbal Aspect*; Porter, *Verbal Aspect*. 두 저자는 꽤나 유사한 결론에 도달하지만, 서로의 연구 과정을 사전에 인지하지 못했다고 한다.

22) M.B. Olsen, *A Semantic and Pragmatic Model of Lexical and Grammatical Aspect* (Outstanding Dissertations in Linguistics; New York: Garland, 1997).

23) Decker, *Temporal Deixis of the Greek Verb*.

24) T.V. Evans, *Verbal Syntax in the Greek Pentateuch: Natural Greek Usage and Hebrew Interference* (Oxford: Oxford University Press, 2001).

25) C.R. Campbell, *Verbal Aspect, the Indicative Mood, and Narrative: Soundings in the Greek of the New Testament* (Studies in Biblical Greek 13; New York: Peter Lang, 2007); idem, *Basics of Verbal Aspect*.

26) 연구사와 평가를 위해서는 S.E. Porter and J.T. Reed, "Greek Grammar Since BDF: A Retrospective and Prospective Analysis," *FN* 4 (1991), 143-64; D.A. Carson, "An Introduction to the Porter/Fanning Debate," in *Biblical Greek Language and Linguistics: Open Questions in Current Research*, ed. by S.E. Porter and D.A. Carson (JSNTSup. 80; Sheffield: Sheffield Academic, 1993), 18-25; Picirilli, "The Meaning of the Tenses," 533-55; Caragounis, *The Development of Greek and the New Testament*, 316-36; 스탠리 E. 포터, "그리스어 문법과 구문론," in S. McKnight and G.R. Osborne(편)/송일 옮김, 『현대 신약성서 연구』(서울: 새물결플러스, 2018), 147-95; G.E. Lamb, "Verbal Aspect, *Aktionsart*, and the Greek New Testament: The Approaches of Constantine R. Campbell and Stanley E. Porter," *Presbyterion* 43(2017), 95-130 등을 보라.

보여준다. 무엇보다 이들은 동작상에 의거해서 시제-형태들을 이해하는 것이 *Aktionsart*에 의거한 이해보다 실제 용례들을 훨씬 더 많이 포괄하거나, 기존 설명에서 예외로 분류된 용례들을 더 일관되게 설명할 수 있다고 본다. 모든 가설은 가능한 많은 사례들을 포괄적으로 설명할 수 있어야 하며, '동사상 이론'이 기존의 이론에 비해서 이러한 조건을 더 잘 충족시킨다는 것이다.[27)]

오랫동안 성서 언어 분야에서 교수해 온 피치릴리(R.E. Picirilli)는 그간의 논의 상황을 정리하면서 '동사상 이론'의 기본 논점들을 여섯 가지로 요약하는데, 아래에서는 그의 설명을 기본적인 범주로 삼아 이 이론의 핵심 주장들을 정리해 보겠다.[28)]

III. '동사상 이론'의 기본 논점들

'동사상 이론'에 동조하는 학자들은 크게 다음의 여섯 가지 논점을 두고 활발한 논의를 진행하고 있다: 동작상의 개념, 시제-형태와 시간, 주관적 선택으로서 동사상, 대립항들(oppositions) 사이의 선택으로서 동사상, 본문(서사) 내의 두드러짐(prominence), 동사상과 화용론(pragmatics).

이 이론에 동조하는 학자들은 저마다 구체적인 사안에서 분명한 입장 차이를 보이고는 있지만, '동작의 종류'를 중심으로 한 기존의 이해를 벗어나 새로운 길을 모색한다는 점에서 공통점을 지닌다. 물론 이 이론이 기존의 설명을 대체해야 하는 것은 아니

---

27) Porter, *Verbal Aspect*, 4-7.

28) Picirilli, "The Meaning of the Tenses," 535-41.

며, 아직 보편적인 지지를 받고 있지도 못하다.[29] 하지만 분명 기존의 설명이 지닌 약점을 상당부분 보완해 주고 있기 때문에 이 이론에 귀 기울일 만한 충분한 이유가 있다.

1. 동작상(aspect)의 개념

'동사상 이론'의 요점은 헬라어의 시제-형태들이 *Aktionsart*가 아니라 '동작상'(aspect)을 보여준다는 것이다. 여기에서 핵심은 동작상이 해당 동작이나 상황을 보는(평가하는) 저자/화자의 '주관적 관점'(points of view)이라는 사실이다(아래의 '다. 주관적 선택으로서 동사상' 항목을 보라).[30] 패닝은 이를 다음과 같이 정의한다:

> "동작상(aspect)은 해당 동사가 묘사하는 행위나 조건과 관련하여 화자의 초점이나 관점을 반영하는 문법적 범주이다. 동작상은 상황 자체의 실질적 또는 인지적 성격과 무관하게, 사건을 바라보는 관점이나 그것에 대한 묘사를 보여준다."[31]

---

29) 2005년에 피치릴리의 논문을 준비하면서 개인적으로 조사한 결과, 자신이 아는 중급헬라어 교수 대다수가 이 주제를 제대로 알지 못했으며 관련 논의를 이해하더라도 전통적인 입장에 가까운 패닝의 설명을 지지했다고 한다. Picirilli, "The Meaning of the Tenses," 554.

30) *BDF*, §318; K.L. McKay, *Greek Grammar for Students: A Concise Grammar of Classical Attic with Special Reference to Aspect in the Verb* (Canberra: Australian National University, 1974), 136; B. Comrie, *Aspect: An Introduction to the Study of Verbal Aspect and Related Problems* (Cambridge Textbooks in Linguistics; Cambridge: Cambridge University Press, 1976), 4; Campbell, *Verbal Aspect*, 8-9 등.

31) Fanning, *Verbal Aspect*, 84-85.

패닝은 이러한 정의를 통해 동사가 언급하는 동작이나 상황의 객관적 성격과 그것을 묘사하는 저자의 관점을 구별한다. 동사상은 이 가운데에서 저자의 관점을 표현하는 문법적 범주라는 것이다. 다소 복잡하긴 하지만, 포터도 이와 유사한 정의를 제시한다:

> "헬라어에서, 동사상(verbal aspect)이란 화자나 저자가 동사 체계 내에서 특정 시제-형태를 선택함으로써 어떤 동작에 대한 자신의 관점을 문법화 하는(즉, 단어 형태를 선택해서 어떤 의미를 표상하는) 의미론적(의미) 범주로 정의된다."[32)]

이처럼 포터 역시 동사상이 저자의 '주관적 관점'을 나타낸다고 정의한다. 이에 따라 포터는 다음과 같은 세 가지 동사상을 제안한다: '미완결적'(imperfective), '완결적'(perfective), '상태적'(stative).[33)] 이 중에서 미완결적 동작상은 현재와 미완료 시제-형태에 의해서, 완결적 동작상은 부정과거 시제-형태에 의해서, 그리고 상태적 동작상은 완료 시제-형태에 의해서 표현된다.[34)]

---

32) Porter, *Idioms of the Greek New Testament*, 20-21. Porter, *Verbal Aspect*, 88의 정의는 좀 더 난해하고 복잡하다: "헬라어 동사상은 해당 동작의 전개 상황을 어떻게 이해할 것이냐를 두고 저자가 내린 합리적이고 주관적인 선택(reasoned subjective choice)을 문법화하기 위해서 시제 체계라는 그물망 내의 유의미한 대립항들을 활용하는 구문론적, 의미론적 범주(동사의 형태를 통해 구현되는)이다." 포터는 이러한 정의 정의를 통해 '주관적'이라는 표현이 '자의적'이라는 인상을 준다는 점을 불식시키고자 했다고 밝힌다.

33) Porter, *Verbal Aspect*, 89; idem, *Idioms of the Greek New Testament*, 21-22. '상태적' 상을 동사상의 일종으로 볼 것이냐(즉, 의미론의 범주로 볼 것이냐), *Aktionsart*의 일종으로 볼 것이냐(즉, 화용론의 범주로 볼 것이냐)를 두고 학자들 사이에 적지 않은 논란이 있는 것이 사실이다. 아래 '6. 동사상과 화용론'의 논의를 보라.

미완결적 동작상(imperfective aspect)은 저자나 화자가 해당 동작을 내부적인 관점에서 바라보는 것으로서(internally), 자연스럽게 '진행 중인 과정으로'(as in progress) 파악하는 것이다.

예를 들어 마가복음 4장 14절 이하의 ὁ σπείρων τὸν λόγον **σπείρει**. … ὅπου **σπείρεται** ὁ λόγος …(뿌리는 자는 말씀을 뿌린다 … 말씀이 뿌려질 때 …)에서, 예수는 씨 뿌리는 자 비유(4:3-8)를 해설하면서 미완결적 동작상인 σπείρει/σπείρεται(σπείρω의 현재 능동태/수동태)를 활용하여 마치 이 비유가 상징하는 상황이 제자들의 면전에서 펼쳐지는 것처럼 묘사한다.[35]

이는 주로 완결적 동작상(부정과거)으로 묘사된 비유 자체와 분명한 대조를 이룬다.

이에 반해 완결적 동작상(perfective aspect)은 저자나 화자가 해당 동작을 외부적인 관점에서 바라보는 것으로서(externally), 단순히 또는 전체로서(as a whole) 파악하는 것이다. 여기에서는 해당 동작이 '실제로' 어떻게 일어나느냐는 중요하지 않다. 즉 순간적이거나 일회적이냐, 아니면 일정 시간 지속되거나 반복되느냐는 전혀 문제가 되지 않는다.

예컨대 로마서 5장 14절의 **ἐβασίλευσεν** ὁ θάνατος ἀπὸ 'Αδὰμ μέχρι

34) 미래시제는 헬라어 동사 체계에서 매우 독특한 위치를 점하고 있다. 기본적으로 미래시제는 동사상의 특징을 잘 보여주지 않으며, 동사상 이론에서 잘 논의되지 않는다. 그럼에도 미래 시제는 시간을 함의한다기보다 '기대'를 표현하는 시제이다. Porter, *Verbal Aspect*, 404-39; idem, *Idioms of the Greek New Testament*, 43 이하의 논의를 보라.

35) Campbell, *Basics of Verbal Aspect*, 40-41.

Mωϋσέως("사망이 아담으로부터 모세까지 왕노릇하였다")에서 완결적 동작상인 ἐβασίλευσεν(βασιλεύω의 부정과거 시제-형태)은 아담으로부터 모세에 이르는 전체 과정을 '통째로' 파악하는 바울의 주관적 관점을 표현한다.

아울러 상태적 동작상(stative aspect)은 저자나 화자가 발화 당시 해당 동작이나 사건의 상태(a state of being)에 초점을 맞춘다.[36)]

로마서 4장 14절의 εἰ … οἱ ἐκ νόμου κληρονόμοι, **κεκένωται** ἡ πίστις καὶ **κατήργηται** ἡ ἐπαγγελία("만일 그들이 율법의 상속자라면, 믿음은 헛되고 약속은 무효다")에서, 상태적 동작상인 κεκένωται(κε- νόω의 현재 완료 수동태)와 κατήργηται(καταργέω의 현재 완료 수동태)는 발화 당시(또는 발화자가 상정하는 상황) 믿음과 약속의 상태를 잘 표현한다.[37)]

학자들은 통상 이사첸코(A.V. Isachenko)의 퍼레이드 비유를 인용하여 이러한 사정을 설명한다.[38)] 이사첸코는 동작상의 의미를 설명하면서 TV 뉴스 기자가 퍼레이드 장면을 중계하는 상황을 유비적인 예로 제시한다. 기자가 중계용 헬기를 타고 퍼레이드가 진행되는 상공에서 그 장면을 보고 있다면, 그는 퍼레이드를 외

36) Porter, *Idioms of the Greek New Testament*, 21-22.

37) Porter, *Idioms of the Greek New Testament*, 42.

38) Picirilli, "The Meaning of the Tenses," 536; Porter, *Idioms of the Greek New Testament*, 24; idem, *Verbal Aspect*, 91; Wallace, *The Basics of New Testament Syntax*, 216; C.R. Campbell, *Advances in the Study of Greek: New Insights for Reading the New Testament* (Grand Rapids: Zondervan, 2015), 106-107; Lamb, "Verbal Aspect, *Aktionsart*," 119 등. 이 비유의 출처는 A.V. Isachenko, *Grammaticheskij Stroj Russkogo Jazyka v. Sopostavvlenii so Slovatskim*, Morfologija II (Bratislava: The Slovak Academy of Sciences Press, 1960)이다.

부에서 직관적으로 보는 셈이다. 이 경우 기자의 관점은 퍼레이드를 단일하고 온전한 전체로서 '통째로' 보고 있다는 의미에서 '완결적'(perfective)이다. 기자는 퍼레이드 '외부'에 있으며, 처음부터 끝까지 전체를 한꺼번에 고려한다. 이와 달리 기자가 거리에 자리를 잡고 면전에서 퍼레이드가 지나가는 장면을 중계한다면, 이 경우 기자의 관점은 퍼레이드에 몰두한 채 그것의 전개 과정에 주목한다는 점에서 '미완결적'(imperfective)이다. 기자는 퍼레이드 '내부'에 있으며, 퍼레이드는 기자에게 '진행적인 것'으로 경험된다. 한편, 퍼레이드 기획자는 퍼레이드를 '통째로' 보면서 동시에 그것과 관련된 복합적인 제요소를 모두 고려한다. 이 경우 기획자의 관점은 특정 부분에 몰두하거나, 전체를 통째로 보기보다, 퍼레이드의 현황에 주목한다는 의미에서 '상태적'(stative)이다.

물론 이러한 유비가 동작상의 차이를 정확히 드러내 주는 것은 아니지만, 적어도 동일한 사건이나 동작을 보는 독특한 관점들을 변별하는 데는 도움이 된다.

예를 들어 동일한 부활 사건을 두고 로마서 8장 11절은 완결적 동작상(ἐγείραντος)을, 고린도후서 1장 9절은 미완결적 동작상(ἐγείροντι)을, 디모데후서 2장 8절은 상태적 동작상(ἐγηγερμένον)을 사용하는데, 이를 통해 동일한 사건을 보는 각기 다른 관점과 강조점을 확인할 수 있다.[39)]

39) Porter, *Idioms of the Greek New Testament*, 24. 롬 8:11은 부활 사건 자체를 '통째로' 언급하며, 고후 1:9는 바울이 처한 상황과 직접 관련된 하나님의 속성을, 딤후 2:8은 예수 그리스도의 '상태'를 표현한다.

2. 시제-형태와 시간

'동사상 이론'이 '시간'이나 *Aktionsart*를 기준으로 시제-형태들을 설명하는 기존의 입장과 구별되는 가장 큰 특징은 헬라어 시제-형태들이 시간적 함의와 무관하다는 주장이다. 포터는 이사첸코의 유비를 소개한 후 곧바로 이러한 설명이 함의하는 바를 다음과 같이 설명한다:

> "여기에서 외적인 시간 언급은 요점이 아니다. 예컨대, 완결적 동작상에 반드시 내재적인(inherent) 과거 개념이 내포되어야 하는 것은 아니다. 그러므로 완결적 동작상을 표현하기 위해서 과거 시간을 언급하는 듯한 암시를 주는 '완결된'(completed)이라는 용어보다는 '온전한'(complete)이라는 용어를 사용하였다."[40]

시제-형태 자체는 시간과 관련한 정보를 전혀 제공하지 않는다는 말이다. 말하자면, "시간은 형태론적으로(즉, 시제-형태에 의해) 표현되는 것이 아니라, 문맥에 의해 결정된다."[41] 오히려 헬라어에서 시간 개념은 문맥이나 본문에 나타나는 이러저러한 '지시사들'(deictic indicators), 예컨대 부사, 장르, 역사적 언급 등을 통해서 파악되거나 전달된다.[42]

직설법을 제외한 서법에서 시제-형태는 시간 개념과 무관하거나 기껏해야 '상대적인 시간(relative time)만을 나타낸다는 설명은

40) Porter, *Verbal Aspect*, 91.

41) K.L. McKay, "Time and Aspect in New Testament Greek," *NovT* 34(1992), 226.

42) Porter, *Idioms of the Greek New Testament*, 25-26. 실제로 데커는 포터의 논지를 마가복음 전체에 적용하여 이를 입증하는 박사학위 논문을 제출하기도 하였다. Decker, *Temporal Deixis of the Greek Verb*.

이미 *Aktionsart*를 강조한 시대부터 다양한 방식으로 개진되어 왔으나,[43] 다수의 '동사상 이론' 주창자들은 직설법에서조차 시제-형태는 시간 개념과 무관하다고 주장한다는 점에서 기존 설명들과 분명한 차이를 보인다.[44] 시제-형태는 직설법을 포함한 그 어떤 법에서건 시간과는 아무런 상관이 없다는 것이다.

'동작의 종류'를 기준으로 시제-형태를 이해하려는 학자들은 직설법이 부차적이지만 그 자체로 시간적 의미를 갖는다고 보는 반면, '동사상 이론'에 동조하는 학자들은 대부분 직설법에서도 시제-형태는 형태론적 차원(즉 내재적으로)에서 시간적 의미를 내포하지 않는다고 설명한다. 오히려 시제-형태들은 본문(서사) 내의 두드러짐(prominence)의 정도에서 서로 구별되거나, 다른 시제-형태들과의 대립적인 관계(opposition) 속에서 해당 시제-형태만의 독특한 함의를 변별적으로 드러낸다고 주장한다.

3. 주관적 선택으로서 동사상

전술했듯이, 앞서 인용한 동사상에 관한 여러 정의에서 핵심적

---

43) *BDF*, §318; Burton, *Syntax of the Moods and Tenses*, 6-7; Moulton, *A Grammar of New Testament Greek*, vol. I, *Prolegomena*, 108-51; Robertson, *A Grammar of the Greek New Testament*, 823-25; Moule, *An Idiom Book of New Testament Greek*, 5-6; Zerwick, *Biblical Greek*, 77(§240) 등.

44) 이 지점에서 대표적인 동사상 이론 주창자인 패닝은 동료들과 길을 달리한다. Fanning, *Verbal Aspect*, 323. 주로 패팅을 따르는 월레스도 동일한 입장이다. Caragounis, *The Development of Greek and the New Testament*, 316-36; Wallace, *Greek Grammar Beyond the Basics*, 504-12에 나오는 반론을 참조하라.

인 개념 가운데 하나는 '주관성'(subjectivity)이다. 헬라어 시제-형태들이 변별적으로 나타내는 동작상은 해당 동작이나 사건에 대한 객관적인 묘사가 아니라, 그 동작이나 사건을 바라보는 저자/화자의 주관적 관점이다.[45] 이 점은 통상 "동작이 객관적으로 벌어지는 방식을 묘사한다"고 이해되는 *Aktionsart* 개념과 분명한 대조를 이룬다.[46] 피치릴리는 이를 다음과 같이 설명한다:

> "*Aktionart* 개념은 … 객관적인 현실 속에서 어떤 행동이 '실제로' 벌어지는 방식에 초점을 맞춘다: 선적이냐 점적이냐, 반복적이냐, 의도적이냐, 기동적이냐, 결과적이냐 등. 시제들은 그 자체로 그러한 요소들을 언급하지 않는다; 오히려 화자가 해당 동작(이나 상태)을 보기로 선택한 방식을 지시할 따름이다."[47]

모든 동사들은 일정한 시제-형태를 지녀야 하므로, 저자/화자는 동사나 동사 상당어구들(분사, 부정사 등)을 사용할 때마다 동작상을 선택하여 해당 동사가 표현하는 상황에 대한 자신의 관점을 특정(特定)해야 한다. 이러한 선택은 헬라어 동사 체계의 상호관계적인 그물망 안에서 이루어지며, 저자 편에서 갖는 세 가지 관점, 즉 '완결적,' '미완결적,' '상태적' 관점/평가들 가운데 하나를 표현한다.[48]

---

45) Campbell, *Verbal Aspect*, 11.

46) Porter, *Idioms of the Greek New Testament*, 27.

47) Picirilli, "The Meaning of the Tenses," 537. 홑따옴표를 통한 강조는 필자의 것.

48) Decker, *Temporal Deixis of the Greek Verb*, 21.

4. 대립항들(oppositions) 사이의 선택으로서 동사상

동작상의 선택이 헬라어 동사 체계의 상호관계적인 그물망 안에서 이루어진다는 설명은 현대 구조주의 언어학의 중요한 통찰을 반영한 것이다. 어떤 장기 말의 '의미'가 장기 판 전체의 게임 현황과 다른 말들과의 관계에 비추어 파악되어야 하듯이, 특정 시제-형태가 표현하고자 하는 동작상은 다른 동작상과의 관계에 비추어 이해되어야 한다. 예컨대 포터는 헬라어 시제 체계를 "유의미한 대립항들의 그물망"이라고 설명하는데,49) 이 체계 내에서 각 시제는 각기 다른 '무게감'을 갖는다. 이는 서양장기(chess)에서 퀸(queen)이나 킹(king)의 무게감이 비숍(bishop)이나 나이트(Knight)의 무게감과 다른 것과 같은 이치이다.

포터의 설명에 따르면, 헬라어에서 가장 무게감이 떨어지는 시제-형태는 완결적 동작상인 부정과거이며, 미완결적 동작상인 현재와 미완료, 그리고 상태적 동작상인 완료 순으로 무게감이 증가한다.50) 이에 따라 각 시제-형태들은 두 쌍의 이항대립적인 조합을 형성하는데, 먼저 완료 시제(상태적 동작상)는 현재/부정과거(미완결적 동작상/완결적 동작상)와 대립항을 형성하고, 다시 현재 시제와 부정과거 시제가 대립항을 형성한다.51) 이러한 대립항들의 그물망 안에서 각 시제-형태들은 다층적인 상대적 무게감 차이를 갖게 되는 것이다.

저자/화자가 특정 시제-형태를 선택한다는 말은 곧 다른 시제-

49) Porter, *Verbal Aspect*, 88.

50) Porter, *Idioms of the Greek New Testament*, 22; idem, *Verbal Aspect*, 89-90.

51) Porter, *Verbal Aspect*, 90.

형태를 배제한다는 뜻이기도 하다.[52] 따라서 저자/화자는, 가장 무게감이 적다는 뜻에서 '초기 설정 시제'(default tense)라고 할 수 있는 부정과거 시제-형태를 기본으로 삼아,[53] 무게감 있는 상황을 표현하고 싶은 정도에 따라 미완결적 동작상과 상태적 동작상을 차례로 선택해 나간다.[54]

저자/화자는 이러한 선택과 배제를 통해 본문(서사) 내에서 각 동작이나 사건이 두드러지는 정도에 차등을 두게 되고, 결국 특정 동작은 더 많이 부각되고 다른 동작은 상대적으로 덜 두드러지는 입체적인 굴곡과 높낮이를 만들어낸다.

5. 본문(서사) 내의 두드러짐(prominence)

각 시제-형태가 표현하는 동작상이 무게감에 있어서 차이를 보인다는 이해는 해당 본문(서사) 내의 제 요소들이 보여주는 '두드

---

52) Porter, *Idioms of the Greek New Testament*, 22.

53) 사실상 부정과거 시제-형태는 강조나 세부 묘사 등을 위해서 특별히 다른 시제-형태를 활용할 필요가 없을 때 선택하는 기본적인 시제-형태이다. Robertson, *A Grammar of the Greek New Testament*, 831.

54) Picirilli, "The Meaning of the Tenses," 538; Porter, *Idioms of the Greek New Testament*, 22. 포터는 이를 다음과 같은 도표로 알기 쉽게 설명한다 (Porter, *Verbal Aspect*, 90):

동사상 ⟶ | (+)완결적(→부정과거)
　　　　　| (−)완결적 ⟶ | (+)미완결적(→현재/미완료)
　　　　　　　　　　　　| (−)상태적(→현재완료/과거완료)

물론 이러한 절차가 늘 의식적으로 이루어지는 것은 아니지만, 시제-형태들의 선택에 따라 결과적으로 본문은 다채로운 입체적 형태를 취하게 된다.

러짐'(prominence/salience) 정도를 파악하는 데 열쇠가 된다.[55] 담론 분석(discourse analysis)에서 흔히 언급되는 본문(서사) 내의 '두드러짐'이란 "화자/저자가 본문 내의 중요한 주제나 모티프에 청자/독자의 이목을 집중시키는 수단"을 일컫는데,[56] 다수의 학자들은 헬라어에서 동사상이 이러한 두드러짐을 표현하는 중요 수단들 가운데 하나라고 주장한다.

서사와 비-서사를 막론하고, 모든 글은 나름대로의 입체감을 갖는다. 만일 어떤 담론에 아무런 두드러짐이 없다면, 그 담론은 따분하고 밋밋하며 산만할 뿐, 그 어떤 정보도 활성화시키지 못할 것이다. 롱에이커(R. Longacre)는 이러한 상황을 다음과 같이 재치있게 표현한다:

> "담론의 모든 부분이 동일하게 두드러져 있다면, 결국 극도의 난해함만 남게 된다. 그 결과는 검정색 종이 한 장을 들이대면서 이렇게 말하는 것과 다르지 않다, '이것은 검정색 낙타가 한밤중에 검정색 사막을 건너가는 그림이다.'"[57]

---

55) 언어학자들은 본문 내의 두드러짐을 통상 'markedness'라고 부르는데, 이는 본문 내 다른 요소들과의 관계 속에서 파악해야 하는 상대적인 개념이다. 기존의 이해는 문어(文語)의 경우 주로 '어순'에, 구어(口語)의 경우 주로 억양이나 강세에 기초해 있었다. J.T. Reed and R.A. Reese, "Verbal Aspect, Discourse Prominence, and the Letter of Jude," *FN* 9 (1996), 186; Lamb, "Verbal Aspect, *Aktionsart*," 101-102; Porter, *Idioms of the Greek New Testament*, 311의 설명을 보라.

56) Reed and Reese, "Verbal Aspect, Discourse Prominence," 185. 리드와 리즈는 '두드러짐'을 다음과 같이 정의한다: "두드러짐은 해당 담화의 의미론적이며 문법적인 요소들로서, 본문 내의 특정 주제들, 개념들, 또는 모티프들을 다른 것들에 비해 다소간 의미론적으로나 화용론적으로 중요하게 부각시키는 데 기여하는 것들이다"(186).

57) R.E. Longacre, "Discourse Peak as Zone of Turbulence," in *Beyond the Sentence:*

물론 헬라어의 시제-형태가 그 자체로 두드러짐의 정도를 함의하는 것은 아니다. 말하자면 두드러짐은 형태론 자체의 기능이 아니라, 해당 형태가 본문 내에서 어떻게 쓰이느냐라는 화용론 차원의 문제이다. 그럼에도 다수의 학자들은, 두드러짐의 관점에서 볼 때 헬라어 시제-형태가 본문 내에서 각기 다른 역할을 담당한다는 데 동의한다.

비-서사적인 담론의 경우 본문은 '배경'(background), '주제'(theme), '초점'(focus)이라는 세 가지 '상대적인'[58] 두드러짐의 수준을 보여준다.[59] 주된 논증을 뒷받침하는 부수적인 설명이나 요약 등의 '배경'은 주로 무게감이 가장 떨어지는 완결적 동작상(부정과거)으로 표현된다. 이에 반해 저자가 전달하고자 하는 주된 정보인 '주제'는 통상 이보다 무게감이 있는 미완결적 동작상(현재, 미완료)으로 표현된다. 마지막으로 독자나 청자의 관심을 사로잡기 위한 장치인 '초점'은 흔히 가장 무게감이 있는 상태적 동작상(현재완료, 과거완료)으로 표현된다.[60]

Discourse and Sentential Form, ed. by J.R. Wirth (Ann Arbor: Karona, 1985), 83. Reed and Reese, "Verbal Aspect, Discourse Prominence," 186에서 재인용.

58) 즉, 절대적인 수준이 아니라 각 수준들 간의 관계망 속에서 비로소 파악되는 비교 차원의 수준이라는 뜻이다.

59) K. Callow, *Discourse Considerations in Translating the Word of God* (Grand Rapids: Zondervan, 1974), 63-65.

60) Reed and Reese, "Verbal Aspect, Discourse Prominence," 187-89. 예컨대 스티븐스는 이를 미완료 시제-형태에 적용하여 바울서신의 담론 수준(planes of discourse)을 분석한다. C. Stevens, "Markedness, Prominence, and the Pauline Imperfect Tense-Form: Testing the Binary and Tripartite Planes of Discourse Models," *Conversations with the Biblical World* 34 (2014), 171-202.

서사의 경우 실질적인 스토리라인과 이를 뒷받침하거나 보완하는 부수적인 요소들, 주요 인물 묘사나 강조점 등이 구분되는데, 각 시제-형태들이 이와 같은 서사의 각기 다른 수위들(planes)을 표현하는 데 사용된다. 캠벨은 이를 '거리감'(remoteness)이라는 개념을 사용하여,[61] 포터는 '배경'(background), '전경'(foreground), '최전경'(frontground)이라는 개념을 사용하여 설명한다.[62] 완결적 동작상은 거리감이 가장 먼(즉, 배경이 되는) 상으로서 서사의 기본적인 스토리라인을 표현한다.[63] 미완결적 동작상은 거리감이 상대적으로 가까운(즉, 전경이 되는) 상으로서 중요한 인물상을 그려내거나 적절한 서사적 절정, 보충적이거나 구체적인 상황 등을 표현한다.[64] 상태적 동작상은 가장 가까운(즉, 최전경이 되는) 상으로서 해당 요소를 보다 구체적이고 확정적이며 복합적인 방식으로 표현한다.[65]

이를 앞서 소개한 퍼레이드 장면과 연결시켜 생각하면, 이는 마치 중계화면이 줌인(zoom in)과 줌아웃(zoom out) 과정을 반복하면서 다양한 관점(거리)에서 퍼레이드를 소개하는 것과 유사하다. 이렇듯 전형적인 서사에서 완결적 동작상(부정과거)은 기본적인 스토리라인을, 미완결적 동작상(현재, 미완료)은 중요한 인물 묘사나

61) Campbell, *Basics of Verbal Aspect*, 37-38; idem, *Verbal Aspect*, 14-16.

62) Porter, *Idioms of the Greek New Testament*, 23; idem, *Verbal Aspect*, 92-93.

63) Porter, *Idioms of the Greek New Testament*, 23; Campbell, *Basics of Verbal Aspect*, 38.

64) Porter, *Idioms of the Greek New Testament*, 23; idem, *Verbal Aspect*, 92; Campbell, *Basics of Verbal Aspect*, 42-44.

65) Porter, *Idioms of the Greek New Testament*, 23; idem, *Verbal Aspect*, 92; Campbell, *Basics of Verbal Aspect*, 51-52

주목해야 할 세부 묘사를, 상태적 동작상(현재완료, 과거완료)은 특별한 관심이나 매우 구체적인 요점을 표현한다.[66]

6. 동사상과 화용론(pragmatics)

무엇보다 이와 같은 논의는 헬라어 시제-형태들의 용례에 관한 이해에서 '내재적 의미'(inherent semantics)와 '의미론적 상황'(semantic situations), 또는 '의미론'(semantics)과 '화용론'(pragmatics)을 면밀하게 구별해야 할 필요가 있음을 강력하게 시사한다.[67] 전술한 바와 같이, 이러한 문제의식은 이미 '동작의 종류'(*Aktionsart*)를 중심으로 헬라어 시제-형태를 설명할 때부터 간헐적으로나마 꾸준히 제기되었다.

예컨대 통상 '선적'(linear)인 동작을 묘사한다고 이해되는 현재 시제-형태가 실제로는 '진행적' 동작/사건을 묘사하는 데에만 쓰이지 않고, 개시적(inceptive), 반복적(iterative), 역사적(historical), 의도적(conative), 격언적(gnomic), 미래적(futuristic) 현재 등으로 불리는 다양한 용례로 나타난다.[68] 그러므로 이렇듯 다양한 용례들을 일률적으로 특정한 '동작의 종류'(이 경우는 'linear')에 포함시키는 것은 결국 자기 모순적인 설명이 되어 버린다.

---

66) Decker, *Temporal Deixis of the Greek Verb*, 22; Campbell, *Basics of Verbal Aspect*, 38-39, 42-43; Porter, *Idioms of the Greek New Testament*, 302-303.

67) Porter, *Verbal Aspect*, 102-107; Campbell, *Basics of Verbal Aspect*, 22-24; Wallace, *Greek Grammar Beyond the Basics*, 499-500.

68) Stagg, "The Abused Aorist," 222-31; Smith, "Errant Aorist Interpreters," 205-26; Mathewson, "The Abused Present," 343-63 등 참조.

이에 따라 *Aktionsart*에 의거하여 시제-형태들을 설명해온 기존의 학자들은 시제-형태가 가진 '의미'(semantics)와 그것이 사용되는 '의미론적 상황'(semantic situations)을 구별해야 한다고 조언하면서, 통상 이러한 다양한 용례들을 '특별 용법'으로 따로 분류해 왔다(앞 장의 해당 논의를 보라). 하지만 사실 이 모든 설명은 각 시제-형태들이 지닌 내재적인 기능이 아니라, 해당 시제-형태가 사용된 문맥으로부터 '해석적으로' 도출된 것이다. 말하자면, 시제-형태들이 본래부터 특별 용법들로 분류되는 다양한 의미를 자체적으로(즉 '내재적으로') 가진 것이 아니라, 그것들이 본문 내에서 화용되는 과정에서 이러저러한 문맥적 요소들과 어우러져 결과적으로 특별한 의미들을 나타내게 된 것이다. 따라서 헬라어 시제-형태들을 공정하게 취급하기 위해서는 '내재적인 의미'와 '문맥적인 의미'를 구별해야 한다.

결국, 헬라어 시제-형태들이 전달하고자 하는 기본적인 의미를 파악하는 작업은 "헬라어 시제 용례들의 '본질적인 의미론적 요소들을 규정하는 것'"이며,[69] 이는 다양한 문맥을 통해 결과적으로 구현되는 '화용론적 함의'(pragmatic implicature)와 구별되어야 한다. 포터는 이를 '코드'(code)와 '텍스트'(text)로 구분하여 설명한다. '텍스트'를 구성하는 다양한 언어학적 요소들(명사, 형용사, 다양한 불변화사 등. 물론 시제-형태들도 그 가운데 하나이다)을 '코드'라고 부른다면, 이것들은 그 자체로 '내재적 의미'를 간직하고 있다. 하지만 이 '코드'들이 형성하는 '텍스트'는 마치 장기판처럼 일종의 네트워크이고, 각 코드들은 그 텍스트 내의 쓰임에 따라 '내재적 의미'를

69) Porter, *Verbal Aspect*, 82. 홑따옴표를 통한 강조는 필자의 것.

넘어서는 '화용론적 함의'를 갖게 되는 것이다.[70]

이를 '동작상'과 *Aktionsart*에 적용하면 다음과 같이 표현할 수 있다. 즉, '동작상'은 각 시제-형태들(코드)에 내재하는 고유한 의미이고, *Aktionsart*는 이 코드들이 텍스트 내에서 화용되면서 다양한 문맥적 요소들과 어울려 구현되는 결과적 의미이다. 이런 뜻에서 각 시제-형태에 내재된 '동작상'이 취소불가능하며 변하지 않는 고정적 의미라면, 화용론의 결과인 *Aktionsart*는 문맥에 따라 얼마든지 취소되거나 변화 가능한 유동적 의미이다.[71]

결론적으로 말해서, 헬라어 시제-형태들은 기본적으로 '동작상'을 표현하지만, 각 시제-형태들이 본문 내에서 실제로 사용되는 과정에서 이러저러한 문맥적 요소들과 어울려 결과적으로 여러 가지 *Aktionsart*로 구현되는 것이다.[72] 물론 헬라어 시제-형태의 의미를 설명하는 이 두 가지 기본적인 기준은 상호배타적이지 않다. 전술한 바와 같이, 그저 범주가 다를 따름이다. 하나는 의미론에, 다른 하나는 화용론에 속한다.

---

70) Porter, *Verbal Aspect*, 103. 또한 동사를 포함한 각 '단어들'이 어떻게 의미를 만들어내는가에 관해서는 J.P. Louw, "How Do Words Mean－If They Do?" *FN* 4 (1991), 125-42의 탁월한 논의를 보라.

71) Porter, *Verbal Aspect*, 104; Campbell, *Verbal Aspect*, 24-28. 따라서 동사상이 표현하는 '두드러짐'(prominence)도 화용론적 차원에서 이해하는 것이 마땅하다.

72) 이러한 의미에서 패닝은 *Aktionsart*를 '절차적 특징'(procedural character)이라고 규정한다. Fanning, *Verbal Aspect*, 31. 또한 Decker, *Temporal Deixis of the Greek Verb*, 19 이하의 설명도 보라. 이와 유사하게 캠벨도 특정 동사의 *Aktionsart*는 시제-형태에 내재된 동사상의 의미(semantics), 어휘(lexeme)의 특성, 문맥(context)이 한데 어우러져 만들어진다고 설명한다. Campbell, *Basics of Verbal Aspect*, 62.

IV. 결론: 헬라어 시제-형태의 문법적 의미

이제까지의 논의를 정리하면 다음과 같다:

1) '동사상 이론'은 *Aktionsart*가 아니라 '동작상'을 중심으로 헬라어 시제-형태들의 문법적 의미를 설명한다.
2) 시세 형태들이라는 형태론적인 수단은 해당 동작이나 상황을 바라보는 저자/화자의 주관적 관점, 즉 동작상(aspect)을 문법적으로 표현하는 방식이다. 이는 시제-형태들이 형성하는 이항대립 체계를 고려하여 구조적으로 이해되어야 한다.
3) '동작상'(aspect)과 '동작의 종류'(*Aktionsart*)는 상호배타적인 개념이 아니라 서로 다른 범주에 속할 뿐이다. 저자는 의미론적 범주에 속하고, 후자는 화용론적 범주에 속한다.[73]
4) 화용론의 차원에서, '동작상'은 본문이나 서사 내의 두드러짐(강조) 정도를 달리 표현하기 위해서 활용될 수 있다.
5) 각 시제-형태를 이해하기 위해서는 해당 시제-형태에 고유하게 내재된 '동작상'을 출발점으로 삼아 그것이 구체적인 텍스트 내에서 어떻게 쓰이는지 파악한 후 해당 시제-형태가 표현하는 *Aktionsart*가 무엇인지를 파악하는 순서를 따르는 것이 좋다.[74]

그렇다면 헬라어 시제-형태의 문법적 의미는 무엇인가? 우리는

73) 시류적인 예를 들어 설명하자면, 휴대전화의 본래적(내재적) 기능은 소통 수단을 제공하는 것이지만 화용론적으로는 멋진 액세서리로 쓰이기도 하는 것과 같은 이치이다.

74) 여기에 '동작상과 시간의 관계'라는 내용을 추가할 수 있다.

이미 1장 서두에서 "헬라어 시제-형태들에 '내재하는 의미'(inherent semantics)는 과연 무엇인가?"라는 질문을 제기하였다. 이제까지의 논의에 비추어 보자면, 질문에 대한 답은 '동작상'(aspect)이라고 할 수 있다. 헬라어 동사 시제-형태들이 전달하는 일차적인 의미는 해당 동작을 바라보는 저자/화자의 관점이다. 하지만 질문을 조금 달리하여, "헬라어 시제-형태들이 실제로 표현하는 '화용론적 함의'(pragmatic implicature)는 무엇인가?"라고 묻는다면, 이에 대하여는 다양한 형태의 '동작의 종류/본질'(*Aktionsart*)이라고 답할 수 있다.

결국, "헬라어 시제-형태들이 전달하는 의미는 무엇인가?"라는 애초의 질문에는 의미론과 화용론이라는 두 가지 차원의 물음이 혼재되어 있었던 셈이다. *Aktionsart*를 중심으로 시제-형태들을 설명해 온 기존의 입장은 각 시제-형태들이 결과적으로 구현하는 '화용론적 함의들' 가운데 다수의 용례들에 해당하는 *Aktionsart*를 그 시제의 본래적인 의미로 규정한 후, 나머지 용례들을 특별 용법으로 분류해 왔다. 이에 반해 동작상을 중심으로 시제-형태들을 설명하려는 새로운 입장은 '동사상'(verbal aspect)을 출발점으로 삼아 결국 *Aktionsart*에 이르는 길을 제시한다고 볼 수 있다.[75] 포터는 이러한 사정을 다음과 같이 묘사한다:

> "전통적인 설명(*Aktionsart*를 중심으로 하는 설명－필자 주)은 화용론의 차원에서 파악된 기본적인 용례를 해당 시제-형태의 내재적 의미를 규정하는 주된 특징으로 보았다. 더욱이 이러한 판단은 흔히 절대적 시제를 바탕으로 하였다. 반면 여기에서 제시하는 설명은 본질적인 의미론적 특징들이 화용론적 용례의 범위를 지배한다고 본다."[76]

75) Porter, *Verbal Aspect*, 105.

이는 전적으로 방향의 문제다. 다양한 사례들에서 출발하여 어떤 원리에 도달하느냐, 아니면 기본적인 원리에서 출발하여 다양한 사례들에 도달하느냐의 문제라는 말이다. 달리 표현하자면, 결과적으로 파악된 화용론적 의미들을 출발점으로 삼아 해당 시제의 본질적 의미를 귀납적으로 규정하느냐, 아니면 해당 시제-형태가 지닌 내재적 의미를 출발점으로 삼아 다양한 화용론적 의미들을 연역적으로 파악해 가느냐의 문제인 셈이다.

그런 의미에서 두 입장은 결코 상호배타적이지 않다. 다만 헬라어 시제-형태들이 구현하는 사례들을 서로 반대 방향에서 파악하고 있을 따름이다. 따라서 헬라어 시제-형태를 깊이 있게 이해하기 위해서는 두 가지 설명 체계를 공히 수용하면서 각 설명 체계가 제시하는 구체적인 내용을 차근차근 숙지해 나가는 수밖에 없다. 그럼에도 헬라어 시제-형태를 올바로 해석하기 위해서는, 각 시제-형태에 내재된 동사상의 의미를 출발점으로 삼은 후 문맥에 따른 화용론적 함의를 차례로 파악해 나가는 식으로 해석의 방향과 절차를 설정함이 좋을 것이다.[77]

---

76) Porter, *Verbal Aspect*, 104.

77) 또 한 가지 고려할 사항은 헬라어 동사가 지닌 어휘적 의미이다. 어떤 동사의 경우, 어휘적 의미 자체가 일부 동사상과 무관한 경우도 있기 때문이다. B.L. Merkle, "The Abused Aspect: Neglecting the Influence of a Verb's Lexical Meaning on Tense-Form Choice," *BBR* 26/1(2016), 57-74를 보라. 어휘적 의미를 위해서는, 신약성경 헬라어의 어휘적 특성과 범주를 의미론적 영역들(semantic domains)에 의거하여 분류한 사전인 J.P. Louw and E.A. Nida, *Greek-English Lexicon of the New Testament Based on Semantic Domains*, 2 vols. (Broadway: United Bible Society, 1989); idem, *Lexical Semantics of the Greek New Testament* (SBL Resources for Biblical Study 25; Atlanta, Georgia: Scholars Press, 1992)를 참고하라.

'시제'(Χρόνος)

3. 현재 시제-형태
4. 미완료 시제-형태
5. 부정과거 시제-형태
6. 미래 시제-형태
7. 현재완료 시제-형태
8. 과거완료 시제-형태

3. 현재 시제-형태

(Present Tense-form)

이제까지 우리는 먼저 비교-언어학적 견지에서 신약성경 헬라어가 가지는 역사적 위상(位相)을 간략하게 살펴보고, 이어서 '시간(time),' '동작상(aspect),' 그리고 '동작의 종류'(*Aktionsart*)라는 개념을 잣대로 헬라어의 시제-형태를 설명해 온 그간의 연구사를 일별해 보았다. 이번 장부터는 신약성경 헬라어 각 시제-형태의 구체적인 용례들을 하나씩 살펴보도록 하겠다.

이 장에서는 먼저 '현재 시제-형태'(Present Tense-form)[1]를 살핀다. 물론 본 장에서 다루는 시제-형태들은 대체로 저자/화자의 확언적인 태도를 표현하는 직설법(Indicative)이다.[2] 여타의 의존적인 서법(명령법, 가정법, 기원법)이나 분사, 부정사 등은 별도의 장을 할애하여 따로 다루겠다.

---

1) '현재 시제-형태'(present tense-form)란 신약성경 시제 체계 내에서 통상 '현재 시제'라고 명명되는 형태론적 모양(morphological form)을 지칭할 뿐, 내재적으로 '현재'라는 시간적 의미를 지녔다는 뜻은 아니다. 앞의 1장, "시제의 문법적 개념 I," 각주 2의 설명을 보라.

2) '법'(mood)의 개념에 관하여는 아래 해당 장의 설명을 보라.

I. 내재적 의미: 현재 시제-형태의 기본 용법

'동작상'(aspect)의 관점에서 보자면 현재 시제-형태는 미완결적 동작상(imperfective aspect)으로서, 저자/화자가 해당 동작이나 상황을 '내부에서'(from the inside) 바라보는 경우에 주로 사용된다. 이 사첸코의 비유로 설명하자면, 저자/화자는 마치 퍼레이드 현장에 있으면서 면전에서 퍼레이드가 펼쳐지는 것처럼 자신이 언급하는 동작이나 상황을 바라본다.

따라서 현재 시제-형태를 선택하여 어떤 동작이나 상황을 묘사할 경우, 저자는 그 동작이나 상황이 객관적으로 전개되는 방식과는 무관하게, 그리고 "시점이나 종점을 염두에 두지 않고,"[3] 해당 동작이나 상황이 현재 진행 중이거나 자기 면전에서 펼쳐지는 것으로 간주한다.[4] 이처럼 현재 시제-형태가 머금고 있는 '내재적 의미'는 '미완결적 동작상,' 즉 객관적 정황과는 무관하게 저자가 해당 동작이나 상황을 진행 중인 것으로 본다는 점이다.[5]

이와는 달리 '동작의 종류'(*Aktionsart*)라는 견지에서 보자면, 미완결적 동작상인 현재 시제-형태는 텍스트 내의 다양한 문맥적 요소들과 어우러져 결과적으로 '선적'(linear)인 동작이나 상황, 즉 진행적(progressive)이거나 반복적(iterative)이거나 지속적(durative)인 행위나 정황을 표현한다.[6] 하지만 이는 시제-형태 자체가 머금고 있는 내재적 의미라기보다 화용론적 함의이다.

---

3) Fanning, *Verbal Aspect*, 103.

4) Porter, *Idioms of the Greek New Testament*, 29.

5) Campbell, *Verbal Aspect*, 35; Porter, *Idioms of the Greek New Testament*, 21, 29.

6) BDF, §318.

II. 화용론적 용례들

현재 시제-형태가 내재적으로는 동작이나 상황을 내부에서 바라보는 저자의 관점을 담고 있지만, 이것이 실제 텍스트에서 사용될 때는 자연스럽게 이러저러한 문맥적 요소들과 어우러지게 된다. 그 결과 현재 시제-형태는 다양한 '동작의 종류'(*Aktionsart*) 또는 상황을 표현하기도 하고, 텍스트 내에서 두드러짐의 상대적인 차이를 나타내게 된다. 물론 동작이나 상황이 객관적으로 일어나는 방식을 지칭하는 *Aktionsart*와 텍스트 내의 상대적인 무게감 차이를 가리키는 '두드러짐'은 각기 다른 범주이므로, 이 두 가지 의미나 용법이 상호 배타적인 것은 결코 아니다. 예컨대, 현재 시제-형태는 화용론적으로 얼마든지 '두드러진 진행적 동작' 따위를 표현할 수 있다는 말이다.

아래의 예들은 현재 시제-형태가 보여주는 대표적인 화용론적 용례들이다. 다만, 이 용례들을 지칭하기 위해서 편의상 *Aktionsart*를 중심으로 시제-형태를 설명하는 학자들이 이른 바 '특별 용법들'에 부여한 명칭들을 참고하였다.

1. 서사와 비-서사 텍스트에서의 기능

현재 시제-형태가 과거 사건들을 언급하는 장르인 서사(narrative)에 사용될 경우, 서사의 여러 층위들 중에서 직간접 화법으로 묘사되는 각종 대화(discourse)나 저자적인 주석, 인물 묘사 등 전면(foreground)에 두드러지게 부각되는 층위를 표현한다.[7)]

예를 들어 마가복음 2장 1-5절에서 마가는 부정과거 시제-형태를 활용하여 기본적인 서사 라인을 서술하는 반면(소문이 났다[ἠκούσθη], 모여들었다[συνήχθησαν], 지붕을 뜯었다[ἀπεστέγασαν] 등), 현재 시제-형태를 활용하여서는 보다 중요하고 주목해야 할 상황을 언급한다([새로운 인물들이] 등장했다[ἔρχονται], [예수가 환자에게] 말했다[λέγει]). 이러한 시제-형태 선택을 통해 마가는 주목해야 할 요소를 기본 스토리라인에 비해 더욱 두드러지게 만든다.

반면 현재 시제-형태가 서신(epistle) 등의 비-서사적인 담론이나 논증을 위한 텍스트에 사용될 경우, 흔히 저자/화자가 전달하려는 주된 정보인 '주제'를 표현한다. 비-서사적인 담론을 담은 텍스트는 통상 '배경'(background), '주제'(theme), '초점'(focus)이라는 세 가지 '상대적인' 두드러짐의 수준을 보여주는데,[8] 현재 시제-형태는 이 가운데에서 주로 '주제'를 표현하는 데 사용된다.[9]

예를 들어 로마서 5장 1-2절에서 바울은 부정과거 시제-형태를 활용하여 자신과 독자들이 공유하는 전제를 제시한 다음(의롭게 되었다[δικαιωθέντες]), 현재 시제-형태를 활용하여 그 전제에 기초하여 강조하고자 하는 주제를 표현한다(평화를 누린다[ἔχομεν], 기뻐한다[καυχώμεθα]). 이 단락에서 '칭의'라는 공통의 전제는 배면(背面)으로 물러나 있는 반면, '화평'이라는 주제는 현재 시제-형태를 매개로 전면(前面)에 돋을새김 되어 있다.[10]

---

7) Porter, *Verbal Aspect*, 92-93; idem, *Idioms of the Greek New Testament*, 23; Campbell, *Basics of Verbal Aspect*, 42-43.

8) Callow, *Discourse Considerations*, 63-65.

9) J.T. Reed and R.A. Reese, "Verbal Aspect, Discourse Prominence, and the Letter of Jude," *FN* 9 (1996), 181-99는 이러한 인식에 입각하여 유다서의 담론 수준을 분석하고, 관련 난제에 나름대로의 대안을 제시한다.

2. 진행적 현재(the Progressive Present)

현재 시제-형태가 머금고 있는 미완결적 동작상이라는 내재적 의미는 '*Aktionsart*'라는 측면에서도 본문 내에서 고스란히 구현된다. 즉 현재 시제-형태는 흔히 화용론적으로도 실제 진행 중이거나 반복적인 동작을 나타낸다. 현재 시제-형태의 이런 화용론적 용례를 가장 잘 보여주는 것이 '진행적 현재'이다.

예를 들어 마태복음 25장 8절의 αἱ λαμπάδες ἡμῶν **σβέννυνται** (σβέννυμι [to extinguish, to quench]의 현재, 능동태, "우리의 등불이 꺼져가고 있다")나 갈라디아서 1장 6절의 θαυμάζω ὅτι οὕτως ταχέως **μετατίθεσθε** (μετατίθημι[to transfer, to change, to turn away]의 현재, 능동태) ἀπὸ τοῦ καλέσαντος ὑμᾶς("너희를 부르신 그분으로부터 너희가 그토록 속히 떠나가고 있다는 것이 나는 놀랍다")에서 현재 시제-형태는 모두 진행적 의미를 표현한다.[11] 두 본문은 저자/화자가 해당 상황을 진행 중인 것으로 간주하고 있음을 잘 보여준다.

이렇듯 현재 시제-형태가 지닌 내재적인 의미를 고려할 때, 신

10) Porter, *Idioms of the Greek New Testament*, 23.

11) NIV는 이러한 의미를 잘 살린다: "I marvel that you *are turning away* so soon from Him who called you"(이탤릭체를 통한 강조는 필자의 것). 물론 이러한 진행적 현재가 우리말에서 항상 '진행형'(progressive form)으로 자연스럽게 번역되는 것은 아니다. 어떤 동사들은 자체적으로 진행적인 의미를 내포하고 있으며, 진행의 의미를 특별히 강조하는 경우를 제외하면 진행형으로 사용되지 않는다. 따라서 위의 예에서 θαυμάζω(to marvel)도 '진행적 현재'지만 단순히 '놀랍다'로 번역하는 것이 가장 자연스러우며, 이 경우에도 동사 자체가 진행 중인 동작이라는 개념을 충분히 내포하고 있다. 특히 상태를 나타내는 동사의 경우 이를 진행형으로 번역하지 않는 것이 더 자연스럽다. Burton, *Syntax of the Moods and Tenses*, 8 참조.

약성경에 나타나는 현재 시제-형태 용례들 가운데 상당수는 아래에서 논의될 특별한 용례들보다는 우선 '진행적인 현재'로 해석하는 것이 자연스럽다.[12)]

3. 그 외의 화용론적 용례들

'동작의 종류'라는 견지에서 보건 '동작상'이라는 관점에서 보건, 현재 시제-형태는 기본적으로 '진행 중인 동작/상황'을 묘사한다. 그러나 실제로는 문맥적인 요소들과 어우러져 아래에서 제시되는 것과 같은 다양한 의미를 나타낸다. 여기서는 현재 시제-형태 자체가 아래에서 제시되는 의미들을 자체적으로 머금고 있는 것이 아니라, 해당 동사가 문맥적 요소들과 어우러져 그런 식의 화용론적 함의로 귀결된 것임을 재차 강조해 둘 필요가 있다.[13)]

이러한 용례들은 자주 등장하지 않으며, 몇몇 경우들을 제외하고는 현재 시제-형태의 기본 의미와 크게 상충하지도 않으므로,[14)]

---

12) Moule, *An Idiom Book of New Testament Greek*, 7.

13) Louw, "How Do Words Mean?," 125-42를 보라. 의미(meaning), 곧 화용론적 함의(pragmatic implicature)는 "의미론적 특징들, 또는 의미론적 요소들의 모둠"으로서, 개별 단어는 그 의미에 기여할 뿐이다(139).

14) 따라서 로버트슨(A.T. Robertson)의 분류법은 논란의 여지가 많다. 그는 시제를 아예 *Aktionsart*에 따라 일회적 동작(punctiliar action), 지속적 동작(durative[linear] action), 완료된 동작(perfective state of the action)으로 구분하면서, 현재 시제-형태의 기본 용례들과 차이나는 용법들(격언적 현재[the Gnomic Present], 역사적 현재[the Historical Present], 미래적 현재[the Futuristic Present])을 '일회적 동작'(Punctiliar Action)의 하위 항목에 포함시켜 '부정현재'(Punctiliar[Aoristic] Present)라는 표제로 서술한다. Robertson, *A Grammar of the Greek New Testament*, lii-liii의 목차와 해

현재 시제-형태들이 사용된 본문의 정확한 함의와 취지, 어감을 파악하기 위해서는 문맥을 면밀히 살펴보는 습관을 길러야 한다.

가. 의도를 나타내는 현재(The Conative Present)

현재 시제-형태는 경우에 따라 시도되었지만 성취되지 못한 동작을 나타내기도 한다. 하지만 이러한 의미는 현재 시제-형태만의 독특한 용법으로 간주되어서는 안 된다. 오히려 화용론적으로 볼 때, 이러한 용례는 미완결적 동작상을 나타내는 모든 시제-형태들의 자연스러운 귀결이다. 말하자면, "'의도를 나타내는 현재'는 단지 '진행적 현재'의 일종일 따름"이다.[15]

이 용례가 자연스러운 화용론적 귀결인 이유는 자체적으로 '노력'(effort)이나 '의지'(will) 등의 의미를 내포하는 동사가 미완결적 동작상을 나타내는 시제-형태(현재, 미완료)로 사용될 경우, 그 시제-형태가 머금은 내재적인 의미로 인해 자연스럽게 '시도'(attempt)라는 개념을 내포하게 되기 때문이다.[16] 결국 현재 시제-형태와 더불어 현재 어간을 공유하는 모든 동사 형태들(다른 서법, 분사, 부정사 등)은 본래 진행 중인 동작을 나타내므로, 시도나 의향을 표현하는 동사들은 화용론적으로 언제든지 '시도되었으나 미완결된 동작'을 표현할 수 있다고 봐야 한다.

당 항목들을 보라.

15) Burton, *Syntax of the Moods and Tenses*, 8.

16) Burton, *Syntax of the Moods and Tenses*, 8. 따라서 이러한 용법은 "지속적인 동작이 일어났지만 그 동작이 완료되지는 않았다"는 개념과 긴밀하게 결속되어 있을 경우에 흔히 나타나며, 미완료가 이러한 용례를 훨씬 더 자주 보여준다. BDF, §319.

예를 들어 요한복음 10장 32절의 διὰ ποῖον αὐτῶν ἔργον **λιθάζετε** (λιθάζω [to throw stone]의 현재, 능동태) με;("그것들 중에 어떤 일로 인하여 너희들은 나를 돌로 치려 하느냐?")나 갈라디아서 5장 4절의 οἵτινες ἐν νόμῳ **δικαιοῦσθε**(δικαιόω [to justify]의 현재, 수동태, "율법으로 의롭게 되려는 너희들")는 시도했지만 발화 시점에서 여전히 완료되지 못한 상황을 표현한다. 특히 이 경우는 시제-형태 자체로 '시도'라는 의미가 없지만, '미완결적'이라는 동작상과 전후 문맥이 절묘하게 어우러져 결과적으로 이러한 화용론적 함의를 만들어 낸 것이다.

나. 일반적 혹은 격언적 현재(The General or Gnomic Present)[17)]

현재 시제-형태는 문맥상 관습적인 행동들이나 일반적인 진리를 표현하기도 한다. 이는 통상적으로나 정기적으로 반복되는 동작/상황이 현재 시제-형태로 표현되는 경우에 나타나는 화용론적 의미이다.[18)] 무엇보다 이 경우는 문맥적으로 시간 지시사(temporal deixis)가 전혀 나타나지 않을 때가 잦다.[19)]

예컨대 마태복음 7장 17절의 πᾶν δένδρον ἀγαθὸν καρποὺς καλοὺς **ποιεῖ**(ποιέω[to do]의 현재, 능동태, "모든 선한 나무는 좋은 열매들을

17) 통상 '격언적'이라고 번역되는 'gnomic'은 격언(maxim)이나 의견(고전 7:25), 사전 지식(몬 14 참조) 등을 뜻하는 γνώμη에서 온 말이다. Moule, *An Idiom Book of New Testament Greek*, 8.

18) Porter, *Idioms of the Greek New Testament*, 32; Robertson, *A Grammar of the Greek New Testament*, 880; Wallace, *Greek Grammar Beyond the Basics*, 520. 이러한 용례는 '반복적 현재'(the Iterative Present)로 불리기도 한다.

19) 그런 의미에서 시간과 무관한 용례이기도 하며, 동시에 시제-형태가 시간과 무관하다는 '동사상 이론'과 가장 잘 부합하는 용례이다. Porter, *Idioms of the Greek New Testament*, 32-33; Wallace, *Greek Grammar Beyond the Basics*, 523.

맺는다")나 고린도후서 9장 7절의 ἱλαρὸν γὰρ δότην ἀγαπᾷ (ἀγαπάω [to love]의 현재, 능동태) ὁ θεός("하나님은 즐겨내는 자를 사랑하신다")에서 현재 시제-형태는 일반적인 진리나 속성을 표현한다(마 5:14-15; 롬 2:1-8; 약 1:13-15 등도 참조).

다. 부정(不定)[20] 현재(The Aoristic Present)

현재 시제-형태는 때로 일회적인 사건(a simple event)으로 여겨지는 행동이나 사건을 표현하기도 한다.[21] 이 경우, 해당 동사가 현재 시제-형태를 취하기는 했으나 그 자체로 진행의 의미를 갖지는 않을 때가 잦다.[22] 시제-형태의 동작상은 미완결적이지만, 어휘의 특성상 진행의 의미가 표현되지 않는 것이다. 따라서 시제-형태가 머금은 동작상은 미완결적이지만 결과적으로 *Aktionsart*는 '점적인'(punctiliar) 것으로 나타난다.[23] 이러한 동사로 표현되는 행동은 거의 대부분 발화 행위 자체와 동일하거나, 그 행위를 통해 즉각적으로 발생한다.[24]

---

20) Aoristic Present를 '부정 현재'라고 한 이유는 통사 '단순과거'라고 번역되는 Aorist가 '규정된'을 의미하는 말인 ὅριστος(ὁρίζω, to determine)와 반대의 의미를 가진 접두어 ἀ-가 합성된 ἀόριστος(undefined, without boundaries)에서 나온 말로서, 그 자체로 동작의 성격이 규정되어 있지 않다는 의미이기 때문이다. 이러한 의미에서 '부정과거'로 번역되기도 하지만 'aorist'라는 말 자체에 '과거'라는 의미는 포함되어 있지 않다. Burton, *Syntax of the Moods and Tenses*, 9.

21) Burton, *Syntax of the Moods and Tenses*, 9.

22) 그러므로 동작상이나 화용론적 의미를 파악할 때 어휘 자체의 의미도 중요한 요소로 작용한다. Merkle, "The Abused Aspect," 57-74를 보라.

23) BDF, §320.

24) Burton, *Syntax of the Moods and Tenses*, 9.

예컨대 사도행전 16장 18절의 **παραγγέλλω**(παραγγέλλω [to command]의 현재, 능동태) σοι ἐν ὀνόματι Ἰησοῦ Χριστοῦ("예수 그리스도의 이름으로 내가 네게 명령한다"), 마가복음 2장 5절의 **ἀφίενταί**(ἀφίημι [to let go, to permit, to forgive]의 현재, 수동태) σου αἱ ἁμαρτίαι('너의 죄들이 용서되었다'), 사도행전 9장 34절의 **ἰᾶταί**(ἰάομαι[to heal]의 현재, 중간태) σε Ἰησοῦς Χριστός('예수 그리스도께서 너를 고치신다') 등이 이러한 용법을 잘 보여준다.

이 용례들에서 사용된 동사들은 그 자체로 진행의 의미가 없거나, 단번에 이루어지는 행위들이다. 물론 이 경우도 진행의 의미는 없지만, 서사적으로는 두드러져 있다는 점을 기억해야 한다.

라. 역사적 현재(The Historical Present)

현재 시제-형태는 화자가 어떤 사건을 마치 현장에 함께 있는 것처럼 생생하게 묘사하는 데 사용되기도 한다.[25] 특히 이러한 용례가 과거 사건을 다루는 서사 형식에 자주 등장하는 탓에, 시제-형태에 시간적인 의미가 내재되어 있다고 보는 학자들은 현재 시간을 지시하는 시제-형태(현재)가 과거 시간을 지시하는 시제-형태(부정과거) 대신 사용되어 생생한 현장감을 표현한다고 설명한다.[26] '역사적 현재'(the *Historical/Historic* Present)라는 명칭도 바로 이

25) BDF, §321; Burton, *Syntax of the Moods and Tenses*, 9; Moule, *An Idiom Book of New Testament Greek*, 7.

26) Fanning, *Verbal Aspect*, 226-29; Wallace, *Greek Grammar Beyond the Basics*, 526-27. 흥미로운 사실은 BDF가 해당 용례와 관련하여 제시하는 설명이다: "역사적 현재는 화자가 마치 현장에 있는 것처럼 상상하는 사건들을 묘사하는 생생한 서사에서 부정과거를 대체하기도 한다; **현재 시**

러한 이해를 반영한 것이다.

하지만 시제-형태가 동작상을 문법화하고, 현재 시제-형태는 내부적인 관점에서 해당 동작이나 상황을 표현한다는 점을 기억하면, 이러한 용례는 현재 시제-형태가 '두드러짐'을 표현하는 가장 분명한 예라고 할 수 있다.[27] 특히 '거리감'(remoteness)으로 서사의 입체성을 설명하는 입장에서 보자면, 이는 과거를 현재로 가져오는 시간 이동(time-slip)의 차원이 아니라 관점 상의 '근접성'을 표현하는 미완결적 동작상의 전형적인 용례로 간주되어야 한다.[28] 따라서 '역사적 현재'가 전달하는 서사적 생생함(vividness)이란 어떤 상황이나 사건을 '그때'(then)로부터 '지금'(now)으로 가져오는 시간적 생생함이 아니라, '거기'(there)로부터 '여기'(here)로 가져오는 공간적 생생함이다.[29]

아울러 서사에서 사용되는 현재 시제-형태는 경우에 따라 서사적인 흐름의 변화나 새로운 단락의 도입, 주요 국면 전환 등을 나타내기 위해서 사용되기도 한다.[30]

제-형태임에도 *Aktionsart*는 통상 점적인(punctiliar) 것으로 유지된다"(굵은 글씨체를 통한 강조는 필자의 것). 시간적인 '생생함'을 위해서 현재 시제-형태가 자신만의 고유한 *Aktionsart*를 포기하면서까지 부정과거 시제-형태를 대체하기도 한다는 것이다. 하지만 이러한 설명은 각 시제-형태만의 독특한 *Aktionsart*를 강조하는 입장에서 시간을 강조하는 입장으로 퇴행했다는 점에서 자기 모순적이다.

27) Porter, *Idioms of the Greek New Testament*, 31.

28) Porter, *Verbal Aspect*, 189-98; Campbell, *Verbal Aspect*, 57-75에 나오는 상세한 논의를 보라.

29) 시간적 대립항(past vs. non-past)을 공간적 대립항(remote vs. non-remote)의 특정 용례로 이해해야 한다는 취지의 주장은 J. Lyons, *Semantics*, vol. 2 (Cambridge: Cambridge University Press, 1977), 819-20에 나오는 것이며, 이 핵심 개념은 Porter, *Verbal Aspect*, 207에서 재인용하였다.

예를 들어 마가복음 15장 17절의 καὶ **ἐνδιδύσκουσιν**(ἐνδιδύσκω [to dress]의 현재, 능동태) αὐτὸν πορφύραν("그리고 그들은 그에게 자색 옷을 입혔다")은 '거리감'의 견지에서 볼 때 독자들에게 이 장면을 최대한 가깝게 줌인(zoom in)한다. 이와 달리 마가복음 11장 27절의 καὶ **ἔρχονται** (ἔρχομαι [to go, come]의 현재, 중간태) πάλιν εἰς Ἰεροσόλυμα("그리고 그들은 다시 예루살렘으로 들어갔다")는 중요한 서사적 전환점을 표시한다. 누가복음 8장 49절의 ἔτι αὐτοῦ λαλοῦντος **ἔρχεταί**(ἔρχομαι [to go, come]의 현재, 중간태) τις παρὰ τοῦ ἀρχισυναγώγου("그가 아직 말씀하고 계실 때, 어떤 사람이 회당장의 집으로부터 왔다")도 서사적인 전환점을 표시한다. 이러한 용례는 복음서, 특히 마가복음과 요한복음에 매우 자주 나타난다(막 1:12, 21, 30; 3:31; 5:15; 6:1; 9:2; 요 1:29; 19:9 등 참조).[31]

마. 미래를 표현하는 현재(The Present for the Future)

유사한 방식으로, 현재 시제-형태는 흔히 시간적으로 미래의 사건을 생생하게 묘사하기도 한다.[32] 하지만 이 경우도 미래 시제-

30) J.W. Voelz, *Mark 1:1-8:26* (Concordia Commentary; Saint Louis: Concordia Publishing House, 2013), 18-21; Porter, *Verbal Aspect*, 192, 196; Fanning, *Verbal Aspect*, 226-39; Campbell, *Basics of Verbal Aspect*, 66; R. Buth, "Mark's Use of the Historical Present," *Notes on Translations* 65(1977), 7-13; C.D. Osburn, "The Historical Present in Mark as a Text-Critical Criterion," *Bib* 64(1983), 486-500. 이와 관련하여 마커스(J. Marcus)가 자신의 주석에서 피력하는 흥미로운 소회도 보라. J. Marcus/류호영, 장성민 공역, 『마가복음 I』(서울: CLC, 2016), 143-44.

31) Campbell, *Verbal Aspect*, 64-71. 캠벨은 이러한 용례가 나오는 문헌 전체를 고려하면 '역사적 현재'라고 불리는 용례가 각별한 중요성을 띠는 것은 아니지만, 적어도 마가복음과 요한복음에서는 서사 진행과 두드러짐을 표현하는 데 매우 중요한 역할을 한다고 평가한다.

32) BDF, §323; Burton, *Syntax of the Moods and Tenses*, 9; Moule, *An Idiom*

형태로 표현되어야 할 동작이나 상황을 생생함을 위해서 현재 시제-형태로 대체했다기보다, 본래 현재 시제-형태로 표현된 동작이나 상황이 문맥상 미래의 일로 해석되는 것으로 봐야 한다. 즉, 헬라 저자들은 현재 시제-형태와 미래 시제-형태를 무작위로 혼용하는 것이 아니라, 각기 고유한 목적에 따라 선별적으로 사용한다고 봐야 한다는 말이다.[33]

따라서 이 경우도 '역사적 현재'와 마찬가지로 생생함을 위해서 미래의 시간을 현재로 가져오는 '시간 이동 용법'이 아니라, 해당 동작이나 상황에 더 접근함으로써 생생함과 현장감을 증폭시키는 '공간 이동 용법'이다. 이 역시 서사적/주제적으로 해당 동작이나 상황을 한껏 돋을새김 하는 현재 시제-형태의 전형적인 용법인 셈이다.[34] 실제로 이런 용례의 현재 시제-형태들은 미래 시제-형태들과 비교해서 서사적/주제적으로 더 강조되며, 화자/저자 편에서 보다 더 분명한 확신을 나타내는 어조를 띠게 된다.[35]

예를 들어 마가복음 9장 31절의 ὁ υἱὸς τοῦ ἀνθρώπου **παραδίδοται** (παραδίδωμι [to hand over, to betray]의 현재, 수동태) εἰς χεῖρας ἀνθρώπων("인자가 사람들의 손에 넘겨질 것이다")는 장차 전개될 상황에 대한 예수 자신의 확신에 찬 예상을 표현한다. 또한 마태복음 26장 18절의 ὁ καιρός μου ἐγγύς ἐστιν, πρὸς σὲ **ποιῶ** (ποιέω [to do, to

---

Book of New Testament Greek, 7.

33) Burton, *Syntax of the Moods and Tenses*, 10.

34) 다시 한 번 여기서 헬라어 시제-형태들이 그 자체적으로 시간적인 의미를 가지느냐 여부가 논점이 된다. 위의 2장, 동사상 이론에서 시간 개념에 관한 설명을 보라.

35) BDF, §323; Moule, *An Idiom Book of New Testament Greek*, 7; Porter, *Idioms of the Greek New Testament*, 32.

make]의 현재, 능동태) τὸ πάσχα μετὰ τῶν μαθητῶν μου("나의 시간이 다가왔다. 나는 내 제자들과 함께 네 집에서 유월절을 지킬 것이다")도 명절을 지킬 것이라는 확신을 강조한다(또한 눅 3:16; 요 4:25; 11:11; 롬 6:9; 고전 16:5; 고후 13:1 등도 보라).

특히 요한계시록 22장 20절의 ναί, **ἔρχομαι**(ἔρχομαι [to go, come]의 현재, 중간태) ταχύ("그래, 나는 속히 올 것이다")는 문맥상 ταχύ('속히')라는 시간 지시사 덕분에 ἔρχομαι를 충분히 미래의 일로 해석할 수 있다. 그러므로 여기에서 쓰인 현재 시제-형태는 시간적인 차원에서 미래 시제-형태를 대신해서 쓰였다기보다, 장차 '올 사건'을 마치 면전에서 펼쳐지고 있는 것처럼 묘사할 정도로 확신하는 화자의 관점/태도를 한껏 강조한다고 볼 수 있다. 굳이 시간적인 차원에서 설명하자면, ἔρχομαι가 돋을새김 하는 함의는 '오는 사건'이 '미래'에 있을 것이라는 게 아니라 그 일이 반드시 일어날 것이라는 '현재적' 확신이다.

바. 여전히 진행 중인 과거의 동작을 표현하는 현재(The Present of past Action still in progress)

현재 시제-형태가 지속을 의미하거나 과거의 시간을 지시하는 부사적인 표현과 함께 쓰일 경우, 과거의 어느 시점에 시작되었지만 발화시점에 여전히 진행 중인 동작을 묘사하기 위해서 사용되기도 한다.[36] 시제-형태에 시간적인 의미가 내재되어 있다고 보는 학자들은 이러한 용례를 완료 시제-형태와 구별하여 설명하는

---

36) Wallace, *Greek Grammar Beyond the Basics*, 519.

데 어려움을 겪어왔다. 둘 다 '과거'의 행위나 동작(의 결과)이 '현재'에도 지속되는 상황을 표현하는 것처럼 보이기 때문이다.

하지만 시제-형태가 일차적으로 동작상을 표현한다는 점을 기억하면, 이 역시 미완결적 동작상을 나타내는 현재 시제-형태의 자연스러운 용례라고 할 수 있다. 특히 이러한 용례에는 통상 과거 시점을 나타내는 시간 지시사들이 함께 쓰이기 때문에,[37] 과거에 시작된 것임에도 그 동작이 아직 완결되지 않은 것으로 보는 저자의 관점이 현재 시제-형태를 통해 더욱 선명하게 드러난다. 동작의 시점은 분명 과거(또는 과거로부터 현재까지)이나, 저자의 관점은 현재에 맞추어져 있는 것이다.

> 예를 들어 사도행전 15장 21절의 Μωϋσῆς γὰρ ἐκ γενεῶν ἀρχαίων κατὰ πόλιν τοὺς κηρύσσοντας αὐτὸν **ἔχει**(ἔχω [to have, to hold]의 현재, 능동태, "예로부터 각 도시마다 모세를 선포하는 자들이 있었다")에서 현재 시제-형태인 ἔχει는 과거에 시작되어 현재에도 지속되고 있는 동작을 나타낸다(또한 눅 13:7의 ἔρχομαι, 15:29의 δευλεύω, 요 5:6의 ἔχει 등도 참조).[38]

여기에서 중요한 점은 저자인 누가가 이 상황을 과거로부터 현재까지 '통째로' 보지 않고, 오히려 '내부로부터' 보아서 이 상황이

---

37) Wallace, *Greek Grammar Beyond the Basics*, 519; Burton, *Syntax of the Moods and Tenses*, 10.

38) 여기에서도 현재 시제-형태인 ἔχει는 시간적인 차원에서 부정과거 시제-형태를 대신하여 쓰인 것이 아니라, 저자의 관점을 표현하기 위해서 쓰였다고 봐야한다. ἔχει가 과거로부터 이어져 온 동작이라는 사실은 '예로부터'(ἐκ γενεῶν ἀρχαίων)라는 시간 지시사를 통해 문맥적으로 충분히 파악가능하다.

여전히 진행 중에 있음을 강조한다는 사실이다(현재 시제-형태의 분사인 κηρύσσοντας도 참조하라). 이사첸코의 퍼레이드 비유를 다시 활용하자면, 퍼레이드 현장에 있는 기자는 이 퍼레이드가 과거로부터 이어져 온 것임을 잘 알지만, 그것을 내부적인 관점에서 보아 자기 면전에서 펼쳐지고 있는 것으로 보도할 수 있는 것과 같다.

사. 완곡어법 형태(Periphrastic Form of the Present)

신약성경 헬라어의 분명한 특징들 중의 하나는 현재 시제-형태나 완료 시제-형태의 분사로 구성된 완곡어법 형태가 자주 나타난다는 것이다. 이는 통상 εἰμί[to be]의 여러 시제-형태 및 법과 함께 쓰이는데(드물게 ὑπάρχω[to exist]나 γίνομαι[to become]와 함께 사용되기도 함), 상대적으로 현재 시제-형태의 완곡어법 형태는 드물게 나타난다.[39]

대표적인 예는 마태복음 1장 23절의 καὶ καλέσουσιν τὸ ὄνομα αὐτοῦ Ἐμμανουήλ, ὅ **ἐστιν μεθερμηνευόμενον**(μεθερμηνεύω [to translate]의 현재, 수동태, 분사) μεθ' ἡμῶν ὁ θεός는 "그리고 그의 이름은 임마누엘이라고 할 것이다. 그것은 하나님이 우리와 함께 계신다로 번역된다"라는 뜻으로서, 여기에서 ἐστιν μεθερμηνευόμενον는 μεθερμηνεύω의 현재 수동태 직설법을 완곡하게 표현한 것이다.
또한 고린도후서 9장 12절의 ἡ διακονία τῆς λειτουργίας ταύτης οὐ μόνον **ἐστὶν προσαναπληροῦσα** (προσαναπληρόω [to supply]의 현재, 능동태, 분사) τὰ ὑστερήματα τῶν ἁγίων, ἀλλὰ καὶ **περισσεύουσα** (περισσεύω [to abound, be rich]의 현재, 능동태, 분사) διὰ πολλῶν εὐχαριστιῶν τῷ

39) BDF, §354; Burton, *Syntax of the Moods and Tenses*, 11(§20).

θεῷ는 "이 의연금을 통한 섬김은 성도들의 궁핍을 채워줄 뿐 아니라, 많은 사람들이 하나님께 감사드림으로써 더욱 풍성해지고 있다"라는 뜻으로서, 바울은 이러한 상황이 자기 면전에서 현재형으로 펼쳐지고 있음을 강조한다(그 외에 마 5:25; 막 5:41; 15:22, 34; 요 1:41[앞의 38절과 비교해 보라]; 행 4:36; 고후 6:14[γίνομαι와 함께] 등도 참조).

하지만 조동사(통상 εἰμί, 경우에 따라서는 γίνομαι[40])와 분사 사이에 분사를 직접 수식하는 어구를 제외한 다른 어구가 올 경우, 완곡어법으로 볼 것이 아니라 두 동사를 별개로 봐야 한다(이 경우 분사는 서술적으로 쓰인다).[41] 구문의 차이는 무시할 수 없는 의미 차이를 가져오기 때문에, 매번 세심한 주의를 기울여 둘 사이를 구분해야 한다.

예를 들어 통상 현재 시제-형태의 완곡어법 형태라고 분류되는[42] 고린도후서 2장 17절의 οὐ γάρ **ἐσμεν** ὡς οἱ πολλοὶ **καπηλεύοντες** (καπηλεύω [to trade in, peddle]의 현재, 능동태, 분사) τὸν λόγον τοῦ θεοῦ는 "많은 사람들이 하나님의 말씀을 팔고 있는데, 우리는 그들과 같지 않다"라는 뜻으로서, 여기에서 현재분사인 καπηλεύοντες는 능동태 직설법을 완곡하게 표현한 것이 아니라 단순히 서술적으로 쓰였다.

---

40) BDF, §354. 현재 분사와 현재 완료 분사와 함께 간혹 다양한 시제-형태의 γίνομαι가 쓰이기도 한다.

41) Porter, *Idioms of the Greek New Testament*, 45-46.

42) Burton, *Syntax of the Moods and Tenses*, 11(§20); Wallace, *Greek Grammar Beyond the Basics*, 648. Moule, *An Idiom Book of New Testament Greek*, 17은 단순한 현재 시제-형태와 완곡어법 사이의 의미 차이가 정확히 무엇인지 의구심을 제기한다. 하지만 이러한 의구심은 분사를 서술적인 의미로 해석하면 말끔히 해소된다.

이와는 달리 미완료 시제-형태나 미래 시제-형태와 함께 쓰이는 완곡어법은 진행의 의미를 강조하기도 하는데,[43] 이에 대해서는 해당 시제-형태와 '분사' 부분에서 좀 더 자세하게 다루도록 하겠다.

결론적으로, 위의 용례들이 보여주듯이 현재 시제-형태의 다양한 용법들은 기본적으로 미완결적 동작상이라는 내재적 의미에 기초한 화용론적 함의인 '진행적 현재'로부터 파생된 것들이다. 그러므로 미완결적 동작상을 표현하는 현재 시제-형태의 기본적인 용례는 우선적으로 '진행적 현재'라는 점을 염두에 두면서도, 문맥을 통해 그 정확한 함의와 취지, 어감 등을 면밀히 파악할 필요가 있다.

---

43) BDF, §353.

4. 미완료 시제-형태

(Imperfect Tense-form)

미완료 시제-형태와 관련하여, '시간'을 기준으로 시제-형태의 의미를 분별하려는 학자들이 강조하는 모토는 "미완료란 현재의 과거형"(the Imperfect is the preterite of the Present)이라는 것이다.[1] 이러한 설명의 요지는 미완료 시제-형태와 현재 시제-형태의 차이가 오로지 '시간'에 있다는 주장이다. 하지만 '*Aktionsart*'나 '동작상'을 기준으로 시제-형태의 의미를 변별하려는 학자들에게 두 시제-형태 사이의 객관적/내재적 의미 차이는 전혀 없다. *Aktionsart*의 견지에서 볼 때도 미완료 시제-형태와 현재 시제-형태는 공히 '선적인'(linear) 동작을 표현하며, 바로 이 지점에서 부정과거와 구별된다.[2] 동작상의 관점에서 볼 때도 미완료 시제-형태는 현재 시제-형태와 마찬가지로 미완결적 동작상을 머금고 있다.

그렇다면 두 시제-형태의 차이는 단지 그것이 지칭하는 '시간'

1) Porter, *Verbal Aspect*, 207. "미완료는 과거의 진행 중인 동작을 표현하기 위해서 사용된다." Burton, *Syntax of the Moods and Tenses*, 12.

2) BDF, 169(해당 설명은 별도 항목으로 분류되어 있지 않다).

에 있는가? 앞서 현재 시제-형태가 실제 텍스트 내에서 나타내는 다양한 화용론적 함의들에서도 확인했듯이, 현재 시제-형태는 문맥상 단지 현재뿐 아니라 과거나 미래의 시간도 지시할 수 있다. 다만 그 강조점이 시간이 아니라 동작상에 놓여 있을 따름이다. 아래에서 살펴보겠지만 미완료 시제-형태도 사정은 마찬가지이다. 따라서 두 시제-형태의 차이를 '시간'에서 찾는 것은 옳지 않다.[3]

물론 미완료 시제-형태는 실제로 과거를 지칭하는 텍스트에서 주로 사용된다.[4] 하지만 이러한 현상(과거 시점을 지칭함)이 미완료 시제-형태의 본질(미완결적 동작상을 나타냄)을 보여주는 것은 아니다. 오히려 현재 시제-형태와 미완료 시제-형태의 차이는 기능적인 데 있다. 두 시제-형태는 서사나 논증에서 각기 다른 기능을 수행하면서, 거리감(remoteness)과 두드러짐(prominence)에 있어서 상대적인 차이를 나타낸다.

I. 내재적 의미: 미완료 시제-형태의 기본 용법

'동작상'(aspect)의 관점에서 보자면 미완료 시제-형태는 현재 시제-형태와 마찬가지로 미완결적 동작상(imperfective aspect)으로서, 저자/화자가 해당 동작이나 상황을 '내부에서'(from the inside) 바라

---

3) 예컨대 Moule, *An Idiom Book of New Testament Greek*, 8-9; Zerwick, S.J., *Biblical Greek*, 91(§270)이 두 시제-형태의 차이를 '시간'에서 찾는다.

4) 형태론적으로 볼 때, 미완료 시제-형태는 현재-어간(present stem)에 접두모음(augment)과 2차적 인칭어미(secondary endings)가 추가되어 체적(bulk)이 커진 모양이며, 주로 과거를 나타내는 문맥에서 쓰인다. Porter, *Idioms of the Greek New Testament*, 34.

보는 경우에 주로 사용된다(이사첸코의 비유를 다시 생각해 보라). 따라서 미완료 시제-형태가 지닌 '내재적 의미'는 현재 시제-형태와 동일하게 '미완결적 동작상,' 즉 객관적 정황과는 무관하게 저자가 해당 동작이나 상황이 진행 중인 것으로 본다는 점이다.[5)]

'동작의 종류'(*Aktionsart*)라는 견지에서 보더라도 미완결적 동작상인 미완료 시제-형태는 현재 시제-형태와 마찬가지로 다양한 문맥적 요소들과 어우러져 '선적'(linear)인 동작, 즉 진행적(progressive)이거나 반복적(iterative)이거나 지속적(durative)인 동작을 표현한다.[6)]

통계적으로 볼 때, 서사적인 텍스트에 사용되는 미완료는 서사 중에 등장하는 담론(discourse)보다는 서사 자체에 압도적으로 자주 쓰인다.[7)] 미완료 시제-형태가 이렇게 과거 사건들을 언급하는 장르인 서사(narrative)에 사용될 경우, 현재 시제-형태나 부정과거 시제-형태와 다른 기능을 수행한다. 미완료 시제-형태는 현재 시제-형태에 비해 두드러짐이 덜하며, 관점 상으로도 거리감을 표현한다.[8)] 이른 바 "거리감 있는 미완결성"(remote imperfectivity)을 표현하

---

5) Campbell, *Verbal Aspect*, 84-85; Porter, *Idioms of the Greek New Testament*, 21. 동작상과 관련하여 가장 중요한 용례들 가운데 하나는 미완료 시제-형태가 '사실과 반대되는 조건문'(second class conditional)에 쓰이는 경우이다. 신약성경에서는 이러한 형태의 조건문에 부정과거 시제-형태가 함께 쓰이는데, 통상 이를 시간적인 차이로 설명해 왔다. 하지만 이는 동작상의 차이로 이해하는 것이 더 자연스럽다. 구문적 특징과 의미론적 차이점 등을 포함한 자세한 설명은 아래의 '16장, 종속절에서의 서법(4)'에 나오는 해당 설명을 보라.

6) BDF, 169; Moule, *An Idiom Book of New Testament Greek*, 8-9; Zerwick, S.J., *Biblical Greek*, 91(§270); Burton, *Syntax of the Moods and Tenses*, 12.

7) Campbell, *Verbal Aspect*, 79-81. 캠벨의 통계에 따르면, 누가복음에 나오는 미완료 시제-형태의 전체 용례 가운데 약 90%가, 요한복음에 나오는 전체 용례 가운데 약 82%가 서사 자체에 쓰인다.

는 셈이다.[9] 또한 사건 자체를 단순히 '통째로' 언급하는 부정과거 시제-형태와 달리 미완료 시제-형태는 해당 사건의 진행 과정을 상술한다.[10]

II. 화용론적 용례들

미완료 시제-형태는 현재 시제-형태와 마찬가지로 내재적으로 해당 동작이나 상황을 내부에서 바라보는 관점을 담고 있지만, 이것이 실제 텍스트에서 사용될 때는 자연스럽게 이러저러한 문맥적 요소들과 어우러지게 된다. 그 결과 미완료 시제-형태는 다양한 동작의 종류(*Aktionsart*), 또는 상황을 표현하기도 하고, 텍스트 내에서 상대적인 두드러짐 차이를 나타내게 된다. 다만 현재 시제-형태와 비교할 때 기능적인 차이를 보여준다. 아래는 미완료 시제-형태가 보여주는 대표적인 화용론적 용례들이다.

1. 서사와 비-서사 텍스트에서의 기능

미완료 시제-형태가 과거 사건들을 언급하는 장르인 서사(narrative)에 사용될 경우, 주로 부가적인 자료들(offline material)을 도입하거나 거리감이 있는 동작/상황을 표현한다.[11]

---

8) Porter, *Verbal Aspect*, 207; Campbell, *Verbal Aspect*, 84-85.

9) Campbell, *Verbal Aspect*, 85.

10) Goodwin, *Syntax of the Moods and Tenses*, 11-12(§35); Porter, *Idioms of the Greek New Testament*, 34.

예를 들어 마가복음 3장 20-21절에서 마가는 현재 시제-형태를 활용하여 장면을 도입하고 주요 상황을 묘사하는 반면(그가 [집으로] 들어갔다[ἔρχεται], [무리가] 다시 모여들었다[συνέρχεται] 등), 미완료 시제-형태를 활용하여서는 부가적인 자료인 예수의 친척들의 상황 인식을 소개한다([예수가 미쳤다고] 말했다[ἔλεγον]). 이러한 시제-형태 선택을 통해 마가는 스토리라인 상에서 주목해야 할 요소와 부가적인 요소를 면밀하게 구별한다.[12]

미완료 시제-형태가 서신(epistle) 등 비-서사적인 담론이나 논증을 위한 텍스트에 사용될 경우, 흔히 저자/화자가 전달하려는 주된 정보인 주제를 표현한다. 전술했듯이, 비-서사적인 텍스트는 통상 '배경'(background), '주제'(theme), '초점'(focus)이라는 세 가지 '상대적인' 두드러짐의 수준을 보여주는데, 미완료 시제-형태는 현재 시제-형태와 더불어 주로 '주제'를 표현하는 데 사용된다.[13]

예를 들어, 빌레몬서 12-13절에서 바울은 빌레몬에게 오네시모를 보내게 된 전후 사정을 설명하면서 부정과거 시제-형태, 미완료 시제-형태, 현재 시제-형태(부정사와 가정법)를 동시에 사용한다. 먼저 12절에서는 부정과거 시제-형태를 활용하여 오네시모를 보낸 상황 자체를 언급하고(보냈다[ἀνέπεμψα]), 13절에서는 미완료 시제-형태를 활용하여 보내기 이전의 의향(意向)을 묘사하며(원했다[ἐβουλόμην]), 끝으로 바람의 내용은 현재 시제-형태로 표현한다([곁에] 두기를[κατέχειν], 섬기도록[διακονῇ]).

---

11) Porter, *Verbal Aspect*, 207-208; Campbell, *Basics of Verbal Aspect*, 62; idem, *Verbal Aspect*, 84-85.

12) Voelz, *Mark 1:1-8:26*, 18-20; Porter, *Verbal Aspect*, 208.

13) Reed Reese, "Verbal Aspect, Discourse Prominence," 189.

각 시제-형태들이 쓰인 순서를 고려할 때, 본문에는 두드러짐이 점증(漸增)하는 흥미로운 현상이 나타난다. 바울은 이러한 시제-형태 선택을 통해 자신이 실제로 바라는 것이 무엇인지를 은근히 부각시킨다.[14)]

하지만 전술한 바와 같이, 미완료 시제-형태는 현재 시제-형태에 비해 두드러짐이 덜하며, 관점 상으로도 거리감을 표현한다.

예를 들어 에베소서 5장 3-4절에서 에베소서 저자는 긍정적인 진술인 καθὼς **πρέπει** (πρέπω [to be fitting, proper]의 현재, 직설법) ἁγίοις("그것이 성도들에게 합당한 것처럼 말입니다")에서는 현재 시제-형태를 사용하고, 부정적인 진술인 ἃ οὐκ **ἀνῆκεν** (ἀνήχω [to be fit, proper]의 미완료, 직설법, "그것은 어울리지 않습니다")에서는 미완료 시제-형태를 사용한다. 시간 개념을 중시하는 전통적인 문법 체계로 보자면, πρέπει는 현재 시제-형태인 현재 시간을, 미완료 시제-형태인 ἀνῆκεν은 과거 시간을 지칭한다. 하지만 이는 전후 문맥상 불가능하다.[15)] 이에 따라 다양한 방식의 설명이 제시되었지만,[16)] 에베소서 저자가 여기에서 두 시제-형태를 구별한 "특별한 이유"를 설득력 있게 제시하지는 못했다.[17)] 오히려

14) Stevens, "Markedness, Prominence, and the Pauline Imperfect Tense-Form," 188-89. 아울러 여기서 사용된 미완료는 이른 바 '바람을 표현하는 미완료'(Desiderative Imperfect)이다. BDF, § 359(1); Porter, *Idioms of the Greek New Testament*, 35; Moule, *An Idiom Book of New Testament Greek*, 9.

15) 특히 3-5절은 이른 바 교차대구 구조(chiastic structure)를 이루고 있어서 두 시제-형태 간의 시간 차이를 상정하기가 더욱 어렵다. S.E. Poerter, ""Ἴστε γινώσκοντες in Ephesians 5:5: Does Chiasm Solve a Problem?," *ZNW* 81 (1990), 270-76을 보라.

16) BDF, §358; E. Best, *A Critical and Exegetical Commentary on Ephesians* (ICC; Edinburgh: T&T Clark, 1998), 480; Burton, *Syntax of the Moods and Tenses*, 15(§32) 등을 보라.

17) M. Barth, *Ephesians: Translation and Commentary on Chapters 1-3 and 4-6*, 2 vols. (Garden City: Doubleday, 1974), 562.

이 경우는 두 시제-형태 사이의 '거리감'이나 '두드러짐' 차이로 보는 것이 가장 자연스럽다. 말하자면, 에베소서 저자는 긍정적인 진술은 상대적으로 더 두드러지는 현재 시제-형태로, 부정적인 진술은 상대적으로 덜 두드러지는 미완료 시제-형태로 표현함으로써 독자들로 하여금 둘 사이에 거리감을 느끼게 하는 효과를 기대한 셈이다.[18]

이러한 두드러짐 차이는 저자/화자가 자신의 전달하고자 하는 상황이나 내용을 좀 더 섬세하고 정확히 묘사할 수 있는 다양한 선택지를 제공하며, 서사나 서신의 '두드러짐' 정도를 훨씬 다채롭고 풍부하게 만든다.[19] 저자/화자는 이러한 선택지들을 활용하여 깜깜한 밤에 검은 사막을 건너는 검정 낙타가 아니라, 밝은 대낮에 초원을 거니는 사자의 모습을 묘사할 수도 있는 것이다.

2. 진행적 미완료(The Progressive Imperfect)

이 용례는 화용론적 차원에서 '진행적 현재'라는 용례와 동일하다. 즉 현재 시제-형태의 경우와 마찬가지로, 미완료 시제-형태가 머금고 있는 미완결적 동작상이라는 내재적 의미는 '*Aktionsart*'라는 측면에서도 본문 내에서 고스란히 구현된다. 미완료 시제-형태는 흔히 화용론적으로도 실제 진행 중이거나 반복적인 동작을 나타

18) Stevens, "Markedness, Prominence, and the Pauline Imperfect Tense-Form," 201. 또 하나의 가능한 설명이 '격언적 미완료'(Gnomic Imperfect)인데, 이는 미완료 시제-형태의 특성상 불필요하다. Wallace, *Greek Grammar Beyond the Basics*, 546; 특히 각주 17을 보라.

19) 저자/화자가 '두드러짐'을 위해서 활용할 수 있는 선택지는 이 외에도 어순(語順), 법(mood), 태(voice), 각종 부사 등 매우 다양하다.

내는 것이다.[20] 미완료 시제-형태의 이런 화용론적 용례를 가장 잘 보여주는 것이 '진행적 미완료'이다.

예를 들어 마가복음 12장 41절의 καὶ πολλοὶ πλούσιοι **ἔβαλλον** (βάλλω [to throw, to put]의 미완료, 능동태) πολλά는 "그리고 많은 부자들이 많이 던져 넣고 있었다"라는 뜻이다. 또한 요한복음 11장 36절의 Ἴδε πῶς **ἐφίλει** (φιλέω [to love, to have affection for, to like]의 미완료, 능동태) αὐτόν은 "보라! 그가 그를 얼마나 사랑하는지!"라는 뜻이다.[21] 특히 마가복음 6장 41절은 오병이어 기적을 수행하는 예수를 묘사하면서 부정과거 시제-형태(축사했다[εὐλόγησεν], [떡을] 뗐다[κατέκλασεν])와 미완료 시제-형태(나눠주었다[**ἐδίδου**])를 함께 사용한다. 이를 통해 마가는 축복하는 행위나 빵을 떼는 행위와 달리 빵을 나눠주는 행위는 청중들의 면전에서 진행 중이라는 사실을 부각시킨다.[22]

위의 예에서 알 수 있는 바와 같이, 미완료 시제-형태의 불변하는 의미론적 요소는 진행 중인 동작을 표현한다는 점이다. 하지만 현재 시제-형태와 마찬가지로 미완료 시제-형태도 문맥적

---

20) BDF, 169; Burton, *Syntax of the Moods and Tenses*, 12; Moule, *An Idiom Book of New Testament Greek*, 8; Zerwick, S.J., *Biblical Greek*, 91(§270) 등.

21) 현재 시제-형태와 마찬가지로, 진행적 미완료가 우리말로도 항상 '진행형'으로 가장 잘 번역되는 것은 아니다. 즉, 위의 예에서 동사 ἐφίλει (φιλέω[to love, to have affection for, to like]의 미완료)는 '진행적 미완료'지만 단순히 '그가 사랑하였다'로 번역하는 것이 가장 자연스럽다. 헬라어의 진행적 미완료가 진행 중인 동작을 나타내기 위해 사용되지만, 동작을 나타내는 동사가 아니라 상태를 나타내는 동사의 경우 이를 진행형으로 번역하지 않는 것이 더 자연스럽다. 그러나 영어나 우리말 번역이 '진행형'이 아니라고 하더라도, 헬라어 미완료에 담긴 '진행적 시상'을 염두에 두어야함은 물론이다. Burton, *Syntax of the Moods and Tenses*, 12.

22) Zerwick, S.J., *Biblical Greek*, 91(§271); Voelz, *Mark 1:1-8:26*, 423.

요소들과 어우러지면서 다양한 화용론적 함의를 갖게 된다.

3. 그 외의 화용론적 용례들

현재 시제-형태와 마찬가지로 미완료 시제-형태는 기본적으로 진행 중인 동작을 묘사하기 위해서 사용되지만, 다음에서 제시되는 것과 같은 특별한 용례로 나타나기도 한다. 그러나 이러한 용법들은 그리 자주 등장하지 않으며, 미완료 시제-형태의 기본 의미와 상충하지도 않으므로[23] 미완료 시제-형태들이 사용된 본문의 정확한 취지, 의미, 어감을 파악하기 위해서는 해당 구절이 놓인 문맥을 면밀히 살펴보는 습관을 길러야 한다.

가. 의도를 나타내는 미완료(The Conative Present)

미완료 시제-형태는 현재 시제-형태와 마찬가지로 경우에 따라 시도되었지만 성취되지 못한 동작을 표현하기도 한다.[24] 하지만

---

23) 여기에서 재차 로버트슨(A.T. Robertson)의 시제 구분이 지닌 문제점을 지적하지 않을 수 없다. 그는 시제를 '일회적인 동작'(Punctiliar Action), '지속적인 동작'(Durative[Linear] Action), '완료된 동작'(Perfective State of the Action)으로 구분하여 서술하는데, 미완료 시제-형태는 기본 개념과 아울러 특별한 용례까지 모두 '지속적인 동작'(Durative[Linear] Action)이라는 항목 아래 일괄 서술한다. Robertson, *A Grammar of the Greek New Testament*, liii.

24) BDF, §326; Goodwin, *Syntax of the Moods and Tenses*, 11-12(§36); Burton, *Syntax of the Moods and Tenses*, 12; Moule, *An Idiom Book of New Testament Greek*, 9; Zerwick, S.J., *Biblical Greek*, 92(§273).

이는 미완료 시제-형태의 고유한 용법이 아니라, 단지 화용론적 귀결일 뿐이다(현재 시제-형태의 해당 용례 설명 참조).

예를 들어 마태복음 3장 14절의 ὁ δὲ Ἰωάννης **διεκώλυεν**(διακωλύω [to prevent]의 미완료, 능동태) αὐτὸν은 "요한이 그(예수)를 만류하였다(그러나 실제로는 막지 못했다)"라는 뜻이며, 누가복음 1장 59절의 **ἐκάλουν** (καλέω [to call]의 미완료, 능동태) αὐτὸ ἐπὶ τῷ ὀνόματι τοῦ πατρὸς αὐτοῦ Ζαχαρίαν은 "그들은 그(세례 요한)를 그의 아버지의 이름에 따라 사가랴로 부르려고 하였다(그러나 실제로는 그렇게 하지 못했다)"라는 뜻으로서, 시도되었지만 성취되지 못한 동작을 표현한다(막 9:38; 행 7:26 등도 참조).

나. 동작의 시작을 나타내는 미완료(The Inceptive Imperfect)

미완료 시제-형태는 문맥상 동작의 개시를 표현하기도 한다. 특히 상태나 지속적인 동작을 표현하는 동사들은 이런 용례로 자주 쓰이며, 실제로 신약성경에서 흔히 나타난다.[25]

예를 들어 마가복음 1장 21절의 τοῖς σάββασιν εἰσελθὼν εἰς τὴν συναγωγὴν **ἐδίδασκεν**(διδάσκω [to teach]의 미완료, 능동태)은 "그(예수)는 안식일에 회당으로 들어가서 가르치기 시작했다"라는 뜻으로 '가르치고 있었다'는 의미가 아니라 '가르치는 행동을 시작했다'라는 뜻이다.[26]

---

25) Moule, *An Idiom Book of New Testament Greek*, 9. 이는 '기동(起動)적 미완료'(ingressive imperfect)로 불리기도 한다.

26) R.G. Bratcher and E.A. Nida, *A Handbook on the Gospel of Mark* (New York: United Bible Society, 1961), 44.

참고로 부정과거 시제-형태도 동일한 용례로 나타나는데, 둘 사이의 차이는 미완료 시제-형태가 개시 이후의 진행적 동작을 강조한다면, 부정과거 시제-형태는 동작의 지속에 대해서는 아무런 규정을 하지 않고 단지 시점만을 강조한다는 데 있다.[27] 말하자면, 서사의 기본적인 뼈대를 표현하는 "부정과거는 커튼을 들어 올리고, 미완료는 연극을 이어가는 것"이다.[28]

다. 반복적인 동작을 나타내는 미완료(The Iterative Imperfect)

미완료 시제-형태는 반복적/습관적 동작을 표현하기도 한다.[29]

예를 들어 누가복음 21장 37절의 τὰς δὲ νύκτας ἐξερχόμενος **ηὐλίζετο** (αὐλίζομαι [to spend the night, to lodge]의 미완료, 능동태) εἰς τὸ ὄρος τὸ καλούμενον Ἐλαιῶν은 "그(예수)는 밤이면 감람산이라고 불리는 산으로 나가서 밤을 보내곤 하였다"라는 뜻이며,[30] 사도행전 3장 2절의 ὃν **ἐτίθουν**(τίθημι [to place]의 미완료, 능동태) καθ' ἡμέραν πρὸς τὴν θύραν τοῦ ἱεροῦ는 "사람들이 그를 날마다 성전의 문 앞에 두곤 하였다"라는

27) BDF, §318(1), §331.

28) Robertson, *A Grammar of the Greek New Testament*, 838.

29) BDF, §325; Porter, *Idioms of the Greek New Testament*, 34; Moule, *An Idiom Book of New Testament Greek*, 9.

30) 누가복음 21장 37절에서는 '반복적인 동작을 나타내는 미완료'로 사용된 ηὐλίζετο가 완곡어법 형태인 "ἦν⋯διδάσκων"과 함께 사용되었다는 데 주목할 필요가 있다. 주동사를 미완료 시제-형태(ἐδιδάσκεν)로 표현하지 않고 εἰμί 동사의 미완료 시제-형태와 현재분사를 함께 사용하여 완곡어법으로 표현하는 것은 동작의 진행적인 의미를 보다 강조하기 위함이며, 이는 이어지는 미완료 시제-형태가 반복적인 동작을 나타내기 위해 사용되었다는 점을 더욱 분명히 보여준다.

뜻이다.

그러나 이러한 용례는 미완료 시제-형태가 가진 진행적인 의미로부터 크게 벗어나는 것은 아니며, 동시에 용례상으로도 미완료 시제-형태의 정규적이고 기본적인 용법과 엄밀하게 구별되지 않는다. 다만, 반복적인 동작을 나타내는 용례와 일반적인 용례를 구별하는 것은 다른 언어로 번역할 경우 문맥의 의미를 보다 분명히 살리는 데 도움이 된다.[31)]

라. 소망이나 기원을 나타내는 미완료(The desiderative Imperfect)

미완료 시제-형태는 화자가 어느 시점에 느낀 적이 있으나, 발화 당시에는 이루어질 것이라고 확신하지 못하는 소망이나 바람을 에둘러 표현하기 위해 관용적으로 사용되기도 한다.[32)] 여기에는 βούλομαι(to wish), θέλω(to want) 등의 특정 동사가 사용된다.[33)]

예를 들어 사도행전 25장 22절의 **ἐβουλόμην** (βούλομαι [to wish, to be willing]의 미완료, 능동태) καὶ αὐτὸς τοῦ ἀνθρώπου ἀκοῦσαι는 "나도 그 사람의 말을 듣고 싶소!"라는 현재의 소망을 나타내며, 로마서 9장 3절의 **ηὐχόμην** (εὔχομαι [to pray, to wish]의 미완료, 능동태) γὰρ ἀνάθεμα εἶναι αὐτὸς ἐγὼ ἀπὸ τοῦ Χριστοῦ ὑπὲρ τῶν ἀδελφῶν μου는 "나 자신이 형제를 위하여 저주를 받아 그리스도로부터 (끊어지기를) 기도한다"

31) Moule, *An Idiom Book of New Testament Greek*, 9.

32) BDF, § 359(1); Moule, *An Idiom Book of New Testament Greek*, 9; Porter, *Idioms of the Greek New Testament*, 35.

33) BDF, § 359(2).

라는 뜻으로, 바울의 바람을 에둘러 표현한 것이다.

여기서 다시 한 번 헬라어 시제-형태와 시간의 관계를 생각해 볼 필요가 있다. 시제-형태가 지닌 시간 개념을 중시하는 학자들은 현재의 소망을 과거 시제로 표현한 이유를 화자가 그 소망이 이루어지지 못할 것이라고 여기기 때문이라고 설명해 왔다. 하지만 이러한 용례는 소망이나 기원을 표현하는 진술을 보다 부드럽게 하거나 모호하게 만들거나 보다 예의를 갖춘 겸양적인 표현이 되게 한다.[34] 특히 불경스러운 표현이나 저주가 주는 충격을 완화시켜 표현하는 로마서 9장 3절은 이러한 용법을 잘 보여준다.

뿐만 아니라 이러한 용례가 미완료 시제-형태가 머금은 본래의 개념으로부터 이탈했다고 생각할 필요도 없다. 이면에 놓인 문맥상의 전후 사정이 어떻든지 간에, 이 용법은 결과적으로 화자의 현재적인 소망이나 심리적인 상태를 나타내고 있기 때문이다.[35]

---

34) Moule, *An Idiom Book of New Testament Greek*, 9.

35) 우리말도 사정이 비슷하다. 누군가를 만나고 싶어 하던 사람이 실제로 그 사람을 만날 수 있는 기회를 주선하려는 또 다른 누군가에게 '그 동안 줄곧 그 사람을 보고 싶었다'라고 말한다면, 이 때의 '보고 싶었다'라는 표현은 과거의 심정인가 현재의 심정인가? '보고 싶었다'라는 표현에 담긴 실질적인 내용은 과거의 심정을 표현하는 것이지만, 기실 이 경우는 '현재 그 사람을 만나고 싶다'라는 의미이다. 따라서 소망을 나타내는 미완료는 실질적으로는 과거의 소망을 표현하고 있지만 동시에 현재의 심정을 나타내고 있다고 볼 수 있으며, 번역에서도 이러한 사정을 십분 살릴 필요가 있다. 이러한 의미에서 버튼은 이를 전형적인 '진행적 미완료'로 분류한다. Burton, *Syntax of the Moods and Tenses*, 15-16(§33).

마. 미완료의 완곡어법 형태(Periphrastic Form of the Imperfect)

신약성경에서 현재 시제-형태를 활용한 완곡어법은 상대적으로 드물게 나타나는 반면, 미완료 시제-형태를 활용한 완곡어법은 매우 자주 나타나며, 특히 과거의 사건을 서술하는 책들(복음서, 사도행전)에 빈번하게 나타난다. 미완료 시제-형태를 활용하는 완곡어법 구문을 εἰμί[to be]의 미완료 시제-형태와 주동사의 현재 분사 형태를 결합함으로써 만들어진다.[36] 이러한 완곡어법 형태가 단순한 형태의 미완료와 다른 점은 지속적이거나 반복적인 동작을 더욱 강조한다는 점이다. 하지만 강조의 효과는 εἰμί 동사 때문이 아니라(εἰμι는 동작상에 있어서 모호하다), 함께 쓰이는 현재 시제-형태의 분사 때문이다.[37] 현재 시제-형태의 분사가 지닌 미완결적 동작상이 이러한 효과를 초래하는 것이다.

예를 들어 마가복음 10장 32절의 καὶ **ἦν προάγων** (προάγω [to lead forth]의 현재, 능동태, 분사) αὐτοὺς ὁ Ἰησοῦς ('예수가 그들 앞서 걸어가고 있었다')에서 ἦν προάγων은 προάγω의 미완료 직설법을 완곡하게 표현하는 완곡어법이며, 동작이 지속되고 있음을 한층 강조한다(그 외에 마 7:29; 막 1:22; 5:5; 9:4 10:32; 눅 4:20, 31; 5:17; 13:10; 19:47; 요 13:23; 행 1:10; 2:2; 8:1; 22:19; 고후 5:19; 갈 1:22 등도 참조).

하지만 다른 완곡어법 구조와 마찬가지로 미완료 시제-형태 완곡어법 구문의 경우도 조동사(통상 εἰμί)와 분사 사이에 분사를 직

---

36) 구문의 특성상 εἰμί 동사와 분사 사이에 분사를 직접 수식하는 요소 외에 다른 요소가 끼어들지 않는다(골 3:1; 막 1:13 참조).

37) Porter, *Idioms of the Greek New Testament*, 45.

접 수식하는 어구를 제외한 다른 어구가 오면, 이를 완곡어법으로 볼 것이 아니라 서술적 용법의 분사로 봐야 한다.[38] 두 구문의 차이는 무시할 수 없는 의미 차이를 가져오기 때문에, 매번 세심한 주의를 기울여 둘 사이를 면밀하게 구분해야 한다.

특히 조동사와 분사 사이에 주어가 나오거나, 시간이나 장소 등을 지칭하는 어구가 분사가 아니라 조동사를 수식할 때는 완곡어법 구문이 아니므로 주의해야 한다. 반대로 분사의 목적어나 분사를 수식하는 어구가 조동사와 분사 사이에 올 경우에는 완곡어법이다. 아래의 예들은 각 용례들의 차이를 잘 보여준다.

먼저 마가복음 1장 13절의 καὶ **ἦν** ἐν τῇ ἐρήμῳ τεσσεράκοντα ἡμέρας **πειραζόμενος** (πειράζω [to test]의 현재, 수동태, 분사) ὑπὸ τοῦ σατανᾶ는 "그리고 그는 40일 동안 광야에 있었고, 사탄에게 시험을 받았다"라는 뜻이다. 여기에서 장소를 지칭하는 ἐν τῇ ἐρήμῳ('광야에')는 조동사인 ἦν을 수식한다고 보는 것이 자연스럽지만, 시간을 지칭하는 τεσσεράκοντα ἡμέρας(40일 동안)는 조동사인 ἦν을 수식한다고 볼 수도 있고("그는 40일 동안 광야에 있었고, 사탄에게 시험을 받았다") 이어지는 분사인 πειραζόμενος를 수식한다고 볼 수도 있다("그는 40일 동안 광야에서 사탄에게 시험을 받았다"). 어느 것을 수식한다고 볼 것이냐에 따라(즉, 완곡어법으로 볼 것이냐 여부에 따라), πειράζω를 단순한 미완료 시제-형태로 쓸 경우와는 전혀 다른 의미를 전달할 가능성이 열리게 된다.[39]

---

38) Porter, *Idioms of the Greek New Testament*, 45-46.

39) Porter, *Idioms of the Greek New Testament*, 46. 다수의 마가복음 주석이 별다른 근거없이 예수가 '40일' 동안 시험을 받은 것으로 단정한다. 예컨대, C. Focant/R. Keylock (trans.), *The Gospel according to Mark: A Commentary* (Eugene: Pickwick Publications, 2012); 47; R.H. Robert, *Mark* (BECNT; Grand Rapids: Baker Academic, 2008), 64; Voelz, *Mark 1:1-8:26*, 139; Bratcher and Nida, *A Handbook on the Gospel of Mark*, 33 등을 보라.

또한 요한복음 1장 28절의 ταῦτα ἐν Βηθανίᾳ ἐγένετο πέραν τοῦ Ἰορδάνου, ὅπου **ἦν** ὁ Ἰωάννης **βαπτίζων** (βαπτίζω [to baptize]의 현재, 능동태, 분사)은 "이 일들은 요단 건너편 베다니에서 일어났다. 요한은 거기에 있으면서 세례를 베풀었다"라는 뜻으로서, ἦν과 분사 βαπτίζων 사이에 주어인 ὁ Ἰωάννης가 쓰였다. 이 경우 βαπτίζων은 완곡어법이 아니라 서술적이며, "요한이 세례를 베풀고 있었다"라는 뜻이 아니다.
위에서 예로 든 마가복음 10장 32절, **ἦσαν** δὲ ἐν τῇ ὁδῷ **ἀναβαίνοντες** (ἀναβαίνω [to go up]의 현재, 능동태, 분사) εἰς Ἱεροσόλυμα, καὶ **ἦν προάγων** αὐτοὺς ὁ Ἰησοῦς("그들은 예루살렘으로 올라가는 노정[路程]에 있었다. 그리고 예수는 그들 앞서 걸어가고 있었다")에서 ἐν τῇ ὁδῷ('길에')는 주동사인 ἦσαν을 수식한다('그들은 노정에 있었다'). 따라서 두 번째 분사는 완곡어법이지만 첫 번째 분사는 서술적으로 쓰인 것이다.
이와는 달리 고린도후서 5장 19절의 θεὸς **ἦν** ἐν Χριστῷ κόσμον **καταλλάσσων** (καταλλάσσω [to reconcile]의 현재, 능동태, 분사) ἑαυτῷ는 "하나님께서 그리스도 안에서 세상을 자기와 화해시키셨다"라는 뜻으로서, 여기에서 부사구 ἐν Χριστῷ('그리스도 안에서')와 목적어 κόσμον('세상을')은 모두 분사인 καταλλάσσων와 연결된다.[40] 따라서 이 구절은 완곡어법으로 이해하는 것이 자연스럽다.[41]

이처럼 각 용례가 표현하는 결과적인 함의를 성급하게 예단(豫斷)하기 전에, 각 구절의 구조를 면밀히 살펴보고 의미에 기여하는 다양한 요소들을 세심하게 고려할 필요가 있다.

---

40) 따라서 "하나님께서 **그리스도 안에 계시사** 세상을 자기와 화목하게 하시며"(개역개정)라는 번역보다는 "세상을 **그리스도 안에서** 자기와 화목하게 하신 것입니다"(새번역)라는 번역이 더 낫다.

41) Porter, *Idioms of the Greek New Testament*, 47. 이렇게 이해하는 것이 본문의 초점을 더 잘 드러낸다. Ben Witherington III, *Conflict & Community in Corinth: A Socio-Rhetorical Commentary on 1 and 2 Corinthians* (Grand Rapids: Eerdmans Publishing Company, 1995), 396.

5. 부정과거 시제-형태

(Aorist Tense-form)

"헬라어는 기실 부정과거 시제를 사랑하는 언어다."[1] 부정과거는 서사 형식의 텍스트의 근간을 이루는 시제-형태이다. 실제로 코이네(κοινή) 헬라어에는 고전 헬라어에 비해 부정과거 시제-형태(Aorist tense-form)[2]가 훨씬 자주 나타나며, 신약성경의 경우는 특별

1) 이는 브로두스(J.A. Broadus)가 자신의 마태복음 주석에서 사용한 표현이며, 로버트슨(A.T. Robertoson)이 자신의 다른 저서(*A Short Grammar of the Greek N.T.*[1912], 137)에서 인용한 것을 *A Grammar of the Greek New Testament*, 831에서 다시 사용한 것이다. 여기서는 로버트슨의 두 번째 책에서 재인용하였다.

2) Aorist는 여러 문법서에서 통상 '단순과거'(simple past)로 번역되고, 실제 용법도 그렇게 설명된다. 하지만 aorist를 '단순과거'라고 번역하는 것은 심각한 오해를 가져올 수 있다. 전술했듯이, aorist는 '규정된'을 의미하는 말인 ὅριστος(ὁρίζω, to determine)와 반대의 의미를 가진 접두어 ἀ-가 합성된 ἀόριστος(undefined, without boundaries)를 음역(音譯)한 것으로서, 단순히 해당 동작이 진행인지 반복인지 또는 완료된 것인지 등이 '규정하지 않는다'는 의미이다. 따라서 aorist라는 말 자체에 시점을 표현하는 '과거'라는 의미는 포함되어 있지 않다. aorist가 과거의 시점을 표현하는 시제라는 것은 직설법에서도 오직 문맥적으로나 화용론적인 측면에서만 참이고, 다른 법(가정법, 명령법, 기원법)이나 동사형태(분사, 부정사)에는 전혀 적용되지 않는다는 점을 분명히 기억해야 한다.

히 더 그러하다.[3] 신약성경 헬라어에서 부정과거 시제-형태는 그만큼 중요한 역할을 한다.

명칭과 관련해서도 부정과거 시제-형태는 전혀 표리부동하지 않다. 각 시제-형태들에 붙은 전통적인 명칭들은 대체로 불만족스럽지만, 통상 '부정과거'로 번역되는 aorist라는 이름은 이 시제-형태의 역할과 개념을 꽤 정확히 담고 있다.[4]

하지만 부정과거는 가장 많이 오해되고, 동시에 가장 많은 오해를 불러일으킨 시제-형태이기도 하다. 아래에서는 부정과거 시제-형태의 용법을 내재적 의미와 화용론적 함의로 나누어 구체적으로 살펴보자.

I. 내재적 의미: 부정과거 시제-형태의 기본 용법

'동작상'(aspect)의 관점에서 보자면 부정과거 시제-형태는 완결적 동작상(perfective aspect)으로서,[5] 저자/화자가 해당 동작이나 상황을 '외부에서'(from the outside) 바라보는 경우에 주로 사용된다. Aorist라는 말 그대로, 이 시제-형태는 해당 동작이나 상황이 진행 중인

그런 의미에서 "부정'과거'"라는 번역도 만족스럽지 못하기는 마찬가지이다. Burton, *Syntax of the Moods and Tenses in New Testament Greek*, 9.

3) Robertson, *A Grammar of the Greek New Testament*, 831.

4) Stagg, "The Abused Aorist," 222; Robertson, *A Grammar of the Greek New Testament*, 825-26.

5) 여기에서 '완결적'(perfective)이라는 말은 해당 동작이나 상황이 이미 과거에 '완결되었다'(completed)라는 뜻이 아니다. 즉 부정과거 시제-형태에 반영된 저자/화자의 관점은 동작이나 상황을 '통째로,' 즉 '온전한 전체로'(complete) 본다는 뜻에서 '완결적'이지, 그것이 이미 '종결되었다'고 간주한다는 뜻은 아니다. Porter, *Verbal Aspect*, 91을 보라.

지 반복적인지 지속되고 있는지를 일체 규정하지 않는다. 이사첸코의 비유로 설명하자면, 저자/화자는 마치 퍼레이드를 중계하는 헬리콥터에 탑승하고 있으면서 퍼레이드를 '통째로'(as a whole) 보는 것처럼 자신이 언급하는 동작이나 상황을 바라본다.

따라서 부정과거 시제-형태를 선택하여 어떤 동작이나 상황을 묘사할 경우, 저자는 객관적인 전개 방식과는 무관하게 해당 동작이나 상황이 완결적인 것으로 간주하고 '전체로'(in its entirety) 묘사한다.[6] 이 경우 저자/화자는 그 동작의 내부적 진행 과정이나 전개 상황에 아무런 관심이 없으며, 그것을 규정하려 하지도 않는다. 단지 동작이나 상황을 외부에서 '요약적으로'(in summary) 언급할 따름이다.[7] 이처럼 부정과거 시제-형태가 지닌 '내재적 의미'는 '완결적 동작상,' 즉 객관적 정황과는 무관하게 저자가 해당 동작이나 상황을 완결적인 것으로 본다는 점이다.[8]

아래에서 살펴보겠지만, 다른 시제-형태들과 마찬가지로 부정과거 시제-형태들도 화용론적으로 과거의 시점뿐 아니라 현재나 미래 시점을 표현한다. 따라서 부정과거 시제-형태가 항상 '과거의 사건/상황'을 지칭하는 것으로 생각해서는 안 된다. 아울러 완결적 동작상을 내재하고 있는 탓에 통상 '점적'(punctiliar)이거나 '일회적인'(once-for-all) 동작을 묘사하기 위해서 사용된다고 간주되지만, 그것은 화용론적 차원의 결과일 뿐 모든 용례에 일괄적으로 적용될 기준은 아니다.

---

6) Porter, *Idioms of the Greek New Testament*, 35; Burton, *Syntax of the Moods and Tenses*, 17.

7) Fanning, *Verbal Aspect*, 97; Wallace, *Greek Grammar Beyond the Basics*, 555.

8) Campbell, *Verbal Aspect*, 103; Porter, *Idioms of the Greek New Testament*, 21, 29.

II. 화용론적 용례들

'동작의 종류'(*Aktionsart*)라는 견지에서 보자면 완결적 동작상인 부정과거 시제-형태는 다양한 문맥적 요소들과 어우러져 결과적으로 통상 '점적'(punctiliar)이거나 '일회적인'(once-for-all) 동작/상황을 표현한다.[9] 하지만 이는 동작이나 상황을 '규정하지 않는' 시제-형태의 특성에 따른 통상적인 용례일 뿐이다. 오히려 실제 용례들은 다양한 예외적인 상황들을 표현하며,[10] 이는 동작상의 측면에서 좀 더 자연스럽게 설명될 수 있다. 아래는 부정과거 시제-형태들이 보여주는 대표적인 화용론적 함의들이다.

1. 서사와 비-서사 텍스트에서의 기능

부정과거 시제-형태가 과거 사건들을 언급하는 장르인 서사(narrative)에 사용될 경우, 서사의 여러 층위들 중에서 스토리의 기본적인 뼈대(skeletal structure)와 배경 등 두드러지지 않는 배면(background)을 표현한다.[11] 물론 이러한 용례가 현재 시제-형태나 미완

---

9) BDF, §318; Robertson, *A Grammar of the Greek New Testament*, 831-32.

10) 예를 들어, 고후 11:24-25의 회고담(사십에 하나를 감한 매를 **다섯 번** '맞았고'[ἔλαβον], 몽둥이로 **세 번** '맞았으며'[ἐρραβδίσθην], … **세 번** '파선을 당했으며'[ἐναυάγησα] …)에서 바울은 반복적으로 부정과거 시제-형태를 활용하나 이 상황들이 '점적인' 것은 아니다(요 2:20; 눅 19:13도 보라). Stagg, "The Abused Aorist," 228을 보라. 또한 Burton, *Syntax of the Moods and Tenses*, 29(§55)에 나오는 막 1:11에 관한 논의도 보라.

11) Porter, *Verbal Aspect*, 92-93; Campbell, *Basics of Verbal Aspect*, 38-39; Decker, *Temporal Deixis*, 98-99. 특히 데커는 서사에 사용되는 부정과거 시제-형태를 "서사를 구축하고 스토리라인을 전달하는 배경 사건들을 묘사하는

료 시제-형태에 비해서 중요하지 않다는 뜻은 아니다. 다만 이런 시제들에 비해 덜 두드러질 따름이다. 말하자면 현재 시제-형태나 미완료 시제-형태와 함께 나란히 쓰일 경우, 부정과거 시제-형태는 나머지 두 시제-형태를 두드러지게 하는 배경 역할을 한다. 서사의 기본적인 뼈대를 표현하는 "부정과거는 커튼을 들어 올리고, 미완료는 연극을 이어가는 것"이다.[12]

> 예를 들어 마가복음 8장 27-31절에서 마가는 부정과거 시제-형태를 활용하여 기본적인 서사 라인을 서술하는 반면([예수와 제자들이] 나갔다[ἐξῆλθεν], 말했다[εἶπαν], 경고했다[ἐπετίμησεν], [가르치기] 시작했다[ἤρξατο] 등), 현재와 미완료 시제-형태를 활용하여서는 보다 중요하고 주목해야 할 상황을 언급한다(물었다[ἐπηρώτα×2], [베드로가] 말했다[λέγει]). 부정과거 시제-형태가 커튼을 들어 장면을 보여준다면, 현재와 미완료 시제-형태는 주요 상황을 부각시키는 셈이다. 마가는 이러한 시제-형태 선택을 통해 기본 스토리라인과 주목해야 할 상황/내용을 구분한다.

한편 부정과거 시제-형태가 서간(epistle) 등 비-서사적인 담론이나 논증을 위한 텍스트에 사용될 경우, 흔히 배경이나 부수적인 정보를 표현한다. 전술했듯이, 비-서사적인 담론을 담은 텍스트는 통상 '배경'(background), '주제'(theme), '초점'(focus)이라는 세 가지 '상대적인' 두드러짐의 수준을 보여주는데, 부정과거 시제-형태는 이 가운데에서 주로 '배경'을 표현하는 데 사용된다.[13]

주된 수단"이라고 설명한다.

12) Robertson, *A Grammar of the Greek New Testament*, 838; Voelz, *Mark 1:1-8:26*, 18. 이에 반해 이보다 더 두드러지는 현재 시제-형태는 중요한 국면 전환이나 주목해야 할 내용을 표현한다. 가장 두드러지는 시제-형태인 완료의 용례는 해당 설명 참조.

예를 들어 고린도후서 7장 8절에서 바울은 이른 바 '눈물의 편지'(고후 2:1-4 참조)를 언급하면서, 편지로 인해 야기된 상황은 부정과거 시제-형태로 묘사하고([내가 너희를] 슬프게 했다[ἐλύπησα], [그 편지가 너희를] 슬프게 했다[ἐλύπησεν]), 그 상황에 대한 자신의 입장은 현재 시제-형태나 미완료 시제-형태로 표현한다(후회하지 않는다[οὐ μεταμέλομαι], 후회했다[μετεμελόμην]). 바울은 이러한 시제-형태 선택을 통해 독자들이 편지로 인해 야기된 상황보다는 그 편지에 대한 자신의 입장에 주목하도록 유도한다.[14]

앞서 언급한 로마서 5장 1-2절도 동일한 설명이 가능하다. 즉 바울은 여기에서 부정과거 시제-형태를 활용하여 자신과 독자들이 공유하는 전제를 제시한 다음(의롭게 되었다[δικαιωθέντες]), 현재 시제-형태를 활용하여 그 전제에 기초하여 강조하고자 하는 주제를 표현한다(평화를 누린다[ἔχομεν], 기뻐한다[καυχώμεθα]). 이 본문에서 '칭의'라는 전제는 배경에 물러나 있는 반면, '화평'이라는 주제는 전면에 부각되어 있다.[15]

2. 그 외의 화용론적 용례들

*Aktionsart*의 측면에서 볼 때 부정과거 시제-형태는 크게 '무규정적 부정과거'(Indefinite Aorist), '개시적 부정과거'(Inceptive Aorist), '결과적 부정과거'(Resultative Aorist)라는 세 가지 용례로 나타난다.[16]

---

13) Reed and Reese, "Verbal Aspect, Discourse Prominence," 181-99.

14) Stevens, "Markedness, Prominence, and the Pauline Imperfect Tense-Form," 189.

15) Porter, *Idioms of the Greek New Testament*, 23.

16) 우리는 여기에서 이러한 분류가 부정과거 시제가 가진 '무규정적인 특징'을 훼손하는 것이 아니라는 점을 다시 한 번 분명히 기억해야 한다. 즉 무규정적 부정과거든, 개시적 부정과거든 또는 결과적 부정과거든지 간에 일체의 부정과거는 반복이나 진행, 동작의 결과에 대해서는 아무

가. 무규정적 부정과거(The Indefinite Aorist)

'무규정적 부정과거'는 행위나 동작을 반복이나 지속, 결과 등의 관점에서 규정하지 않고 '온전히 있는 그대로'(in its entirety) 단순히 하나의 사실로만 '통째로' 묘사할 때 사용된다.[17] 이는 빈번하게 나타나는 일반적인 용례이자, 부정과거 시제-형태의 본래적 의미와 가장 잘 부합하는 용례이기도 하다.[18]

예를 들어 요한계시록 20장 4절의 καὶ **ἐβασίλευσαν** (βασιλεύω [to reign]의 단순과거, 능동태) μετὰ τοῦ Χριστοῦ χίλια ἔτη는 "그들이 천년 동안 그리스도와 함께 왕 노릇 하였다"라는 뜻이다. 여기에서 시간의 대격으로 사용된 '천년 동안'(χίλια ἔτη)이라는 어구는 '다스리는' 행위가 일정 기간 동안 지속되었다는 점을 분명하게 암시하지만, 요한계시록 저자는 동작의 양상에 대한 그 어떤 규정도 없이 이를 '통째로' 언급한다.
요한복음 2장 20절의 τεσσαράκοντα καὶ ἓξ ἔτεσιν **οἰκοδομήθη** (οἰκοδο-

---

런 규정을 하지 않는다는 근본적인 사실을 간과해서는 안 된다. Burton, *Syntax of the Moods and Tenses*, 16(§35); Robertson, *A Grammar of the Greek New Testament*, 835.

17) 사실 'indefinite aorist'라는 말 자체가 동어 반복적이다.

18) 이러한 용례는 해당 동작이나 상황을 '요약적으로'(in summary) 제시한다는 뜻에서 '사실 확인적[술정적] 부정과거'(Constative Aorist), '복합적 부정과거'(Complexive Aorist), '포괄적 부정과거'(Comprehensive Aorist) 등으로 불리기도 한다. BDF, §332; Burton, *Syntax of the Moods and Tenses*, 17(§35); Wallace, *Greek Grammar Beyond the Basics*, 557 이하; Zerwick, S. J., *Biblical Greek*, 83(§253). 특히 직설법의 경우 이러한 용법의 부정과거는 문맥상의 시점을 고려하여 '역사적 단순과거'(the Historical Aorist)라고 불리기도 하는데, 그 이유는 마치 역사가가 과거를 '통째로' 보듯 해당 동작이나 상황을 묘사하기 때문이다. 즉 이러한 용례들은 동작의 내부적인 성격을 고려하지 않고 단지 외부에서(멀리서!) 보이는 바에 따라 '전체적으로'(as a whole) 요약하여 제시한다.

μέω [to build, to edify]의 부정과거, 능동태) ὁ ναὸς οὗτος도 마찬가지 예로서, "이 성전은 46년에 걸쳐 지어졌다"라는 뜻이다. 이 구절에서도 '46년 동안'(τεσσαράκοντα καὶ ἓξ ἔτεσιν)이라는 어구를 통해 건축 행위가 '객관적으로는' 오랜 기간 동안 지속되었다는 사실이 분명히 나타나지만, 요한복음 저자는 이를 무규정적으로 단순하게 언급할 따름이다(막 1:11; 눅 9:13; 고후 11:24-25 등도 참조).[19]

여기서 주목해야 하는 사실은 이 구절들이 반복적이고 지속적인 동작이나 상황을 주로 다룬다는 점에서, *Aktionsart*를 기준으로 시제-형태를 설명하는 학자들이 부정과거 시제-형태의 대표적인 *Aktionsart*('점적'[punctiliar], '일회적인'[once-for-all], '순간적'[momentary])라고 제시하는 내용[20]에 정면으로 배치되는 용례라는 점이다! 그러므로 부정과거 시제-형태는 어떤 동작이나 상황을 현재 시제-형태나 미완료 시제-형태, 완료 시제-형태 등과 '다르게 규정하는' 것이 아니라, 외려 '규정하지 않는'(aorist[ἀόριστος]) 시제-형태라는 점을 다시 기억할 일이다.[21] 부정과거 시제-형태는 동작이나 상황을 '통째로' 규정할 뿐이다.[22]

19) Stagg, "The Abused Aorist," 228; Porter, *Verbal Aspect*, 75. 제시된 예와 같이 역사적 단순과거는 다양한 동작이나 행동들을 포괄할 수 있다. 여기에 포함되는 동작들은 성격 상 반복적이거나 지속적일 수도 있지만 단순과거는 시상의 특성 상 이러한 동작의 성격에 대해서는 아무런 강조점을 두지 않고, 단지 그것의 발생 사실에 강조를 둔다는 점을 기억해야 한다. BDF, §332; Wallace, *Greek Grammar Beyond the Basics*, 557.

20) BDF, §318.

21) 그러므로 부정과거 시제-형태가 '일회적인/순간적/점적 동작'을 표현한다는 설명은 화용론의 견지에서는 부분적으로 옳지만, 의미론의 견지에서는 좋은 설명이 아니다.

22) '무규정적'과 구별하여 '요약적'(im summary)으로 언급한다고 설명하는 Wallace, *Greek Grammar Beyond the Basics*, 555, 각주 2도 참조.

나. 개시적 부정과거(The Inceptive Aorist)

부정과거 시제-형태는 어떤 동작의 시작이나 어떤 상태로의 진입을 표현하기도 한다. 이를 '개시적 부정과거'(the Inceptive Aorist)라고 하는데,23) 이러한 용법은 어휘의 특성상 동작이나 상태의 지속을 의미하는 동사가 부정과거 시제-형태로 쓰일 때 흔히 나타난다.24)

예를 들어 마태복음 9장 27절의 **ἠκολούθησαν** (ἀκολουθέω [to follow]의 부정과거, 능동태) αὐτῷ δύο τυφλοί는 "두 명의 맹인이 그[예수]를 따르기 시작했다"라는 뜻이다. 또한 고린도후서 8장 9절의 δι' ὑμᾶς **ἐπτώχευσεν** (ἐπτώχευσεν [to be poor]의 부정과거, 능동태) πλούσιος ὤν, ἵνα ὑμεῖς τῇ ἐκείνου πτωχείᾳ **πλουτήσητε**는 "그는 비록 부유하시지만 그의 가난함으로 인해 바로 우리가 부유하게 되도록 우리를 위해서 가난하게 되셨다"라는 뜻이다.25)

---

23) 이러한 용례는 독일식 명명법을 따라 '기동적 부정과거'(ingressive aorist)라고 불리기도 하고, '시초적 부정과거'(inchoative aorist)라고 불리기도 한다. Robertson, *A Grammar of the Greek New Testament*, 834; Moule, *An Idiom Book of New Testament Greek*, 10; Wallace, *Greek Grammar Beyond the Basics*, 558.

24) BDF, §331; Burton, *Syntax of the Moods and Tenses*, 20(§41); Moule, *An Idiom Book of New Testament Greek*, 10. 따라서 어떤 동사들은 시제-형태에 따라 각기 다른 의미를 표현하기도 한다: 예컨대, βασιλεύειν(현재, '다스리다')/βασιλεῦσαι(부정과거, '왕이 되다'), δουλεύειν(현재, '섬기다')/δουλεῦσαι(부정과거, '종이 되다'), πλουτεῖν(현재, '부유하다')/πλουτῆσαι(부정과거, '부유하게 되다'), πτωχεύειν(현재, '다스리다')/πτωχεῦσαι(부정과거, '가난하게 되다') 등. Zerwick, S.j., *Biblical Greek*, 81-82(§250)에 나오는 더 많은 예를 보라. 물론 시제-형태에 따라 일괄적으로, 또는 내재적으로 다른 의미를 갖는 것은 아니다. 마치 일부 동사가 태(voice)에 따라 그렇게 하듯이, 시제에 따라 아예 다른 어휘로 쓰이는 것은 아니라는 말이다.

그러나 동일한 용법의 미완료(the Inceptive Imperfect/the Ingressive Imperfect)와는 달리 개시적 부정과거에는 동작의 지속이나 진행에 대한 그 어떤 암시도 포함되어 있지 않으며, 이것이 부정과거 시제-형태의 본래적 개념이기도 하다. 따라서 신약성경에서 이러한 용법이 매우 자주 나타나기는 하지만, 동작(또는 상태)의 반복이나 지속은 언급되지 않은 채 남겨져 있다는 점을 항상 기억해야 한다.[26] 말하자면, 완결적 시제-형태인 부정과거는 커튼을 들어 올리는 기능만 하고, 연극을 실연(實演)하는 역할은 미완결적 시제-형태들과 상태적 시제-형태가 담당하는 것이다.

다. 결과적 부정과거(The Resultative Aorist)

부정과거 시제-형태는 노력이나 시도의 성공적인 결과를 표현하기도 한다. 이를 '결과적 부정과거'(the Resultative Aorist)라고 하는데, 이러한 용례는 노력이나 시도를 의미하는 동사가 부정과거 시제-형태로 쓰일 때 많이 나타난다.[27] 이는 강조점의 차이에 따라 '효과적인 단순과거'(the Effective Aorist), '결말의 단순과거'(the Upshot Aorist) 또는 '절정의 단순과거'(the Culminating Aorist) 등으로 불리기도 한다.[28] 그러나 다양한 명칭에도 불구하고 각 명칭들이

---

25) 여기서는 부정과거 직설법인 ἐπτώχευσεν 외에 가정법인 πλουτήσητε도 개시적 부정과거의 용법을 잘 보여준다. Wallace, *Greek Grammar Beyond the Basics*, 559.

26) BDF, §331; Robertson, *A Grammar of the Greek New Testament*, 834; Wallace, *Greek Grammar Beyond the Basics*, 558.

27) Burton, *Syntax of the Moods and Tenses*, 21(§42).

28) Robertson, *A Grammar of the Greek New Testament*, 834-35; 559-61.

암시하는 바와 같이, 이 용례의 기본 개념은 개시적 부정과거와 대조적인 것으로, 강조점이 동작이나 행동의 '시점'이 아니라 '종점'에 놓여 있다는 점이다.

> 예를 들어 요한계시록 5장 5절의 ἰδοὺ **ἐνίκησεν** (νικάω [to conquer]의 부정과거, 능동태)는 "보라, 유다 지파로부터 온 사자가 승리하였다"라는 뜻으로서, 문맥상 부정과거 시제-형태인 ἐνίκησεν은 최종적으로 승리를 '쟁취'하였다는 어감을 표현한다(마 1:22; 27:20; 행 7:36; 17:27; 27:43; 롬 1:13; 고전 4:6; 벧전 3:18 등도 참조).[29]

하지만 이러한 용례도 부정과거 시제-형태가 머금은 본래적인 의미가 완결적 동작상이라는 사실을 기억하면, 특별한 용례로 취급할 필요가 없다. 부정과거 시제-형태는 승리를 쟁취하기 위한 노력이나 시도의 과정에 집중하지 않고, 그 여정 전체를 통째로 언급하는 것이기 때문에 자연스럽게 최종적인 승리라는 결과를 표현하게 된다. 다만 문맥이나 어휘가 지닌 어의(語義)의 특성 등이 어우러져 이런 식으로 해석할 수 있는 용례를 만들어 낸다고

29) 제시된 예에서처럼, 부정과거는 전후 문맥상 또 다른 사건에 선행하는 사건을 묘사하는 것처럼 보이기도 한다. 따라서 이렇게 사용된 부정과거는 영어의 과거완료와 그 의미가 유사하다고 할 수 있다. 실제로 본문에서는 예수가 가르침을 '종료한 것'(ἐτέλεσεν)이 무리들이 그 가르침에 '놀란 것'(ἐγένετο … ἐξεπλήσσοντο) 보다 선행한다고 할 수 있으며, 이를 고려하여 대부분의 영어 번역에서 단순과거인 ἐτέλεσεν을 'he had finished'로 옮긴다. Moule, *An Idiom Book of New Testament Greek*, 11. 하지만 시간적인 개념을 엄격하게 적용하자면, 헬라어에는 여기에 사용할 수 있는 시제-형태가 없다. 헬라어의 과거완료 시제-형태는 영어의 대과거(大過去, pluperfect)가 아니기 때문이다. 그러므로 ἐτέλεσεν가 대과거처럼 사용되었다고 표현하기보다, 문맥상 그렇게 번역하는 것이 자연스럽다고 해야 한다.

볼 수 있다.[30]

라. 격언적 부정과거(The Gnomic Aorist)

위에서 제시된 대표적인 세 가지 용례 외에 신약성경에는 다음과 같은 부정과거 시제-형태의 몇 가지 특별한 용례들이 나타난다. 그러나 이 용법들은 신약성경에서 상대적으로 빈도수가 낮다.

먼저 '격언적 부정과거'(The Gnomic Aorist)는 모든 시대에 보편타당한 진리를 표현한다. 통상 일반적인 진리는 '일반적 또는 격언적 현재'(The General or Gnomic Present)로 표현되지만, 부정과거 시제-형태가 동일한 방식으로 쓰이기도 한다.[31]

> 예를 들어 요한복음 15장 6절의 ἐὰν μή τις μένῃ ἐν ἐμοί, **ἐβλήθη** (βάλλω [to throw]의 부정과거, 수동태) ἔξω ὡς τὸ κλῆμα καὶ **ἐξηράνθη** (ξηραίνω [to dry up]의 부정과거, 수동태)는 "누구든지 내 안에 있지 않으면, 그는 가지처럼 밖으로 던져져 말라버린다"라는 뜻으로 일반적인 사실이나 원칙을 진술하는 격언적인 부정과거이다(마 13:24; 44, 46, 48; 23:2; 눅 7:35; 약 1:11, 24; 벧전 1:24 등도 참조).

'시간'을 중심으로 시제-형태를 이해하는 견지에서 보자면, 이러한 용례는 사뭇 당황스럽다. 보편적인 진리나 원칙이란 과거, 현재, 미래와 무관하게 항상 그러한 상황을 표현하는 것인데(그래서

---

30) Wallace, *Greek Grammar Beyond the Basics*, 559.

31) Porter, *Idioms of the Greek New Testament*, 38-39; Zerwick, S.J., *Biblical Greek*, 84(§256); Burton, *Syntax of the Moods and Tenses*, 21(§43); Wallace, *Greek Grammar Beyond the Basics*, 562.

보편적 진리는 어느 언어권에서건 통상 '현재' 시제로 표현된다), 유독 '과거'를 표현하는 부정과거 시제-형태가 하필 이런 용례로 쓰이는 낯선 상황처럼 보이기 때문이다.[32] 하지만 이 역시 동작상의 관점에서 쉽게 설명할 수 있다.[33] 즉 '격언적 현재'와 '격언적 부정과거' 사이의 차이는 시간에 있지 않고 지속성을 표현할 수 있느냐 여부에 있다고 보면,[34] 두 시제-형태는 얼마든지 '무시간적인' 진리나 원칙을 표현할 수 있다.

마. 서간체 부정과거(The Epistolary Aorist)

부정과거 시제-형태는 통상 '서간체 부정과거'라고 불리는 용례로 쓰이기도 한다. 시제-형태가 시간적인 의미를 내포한다고 보는 학자들이 제시하는 통상적인 설명에 따르면, 이러한 용례는 서신의 저자가 자신에게는 '현재' 시점인 사건이나 사실이지만, 서신이 전달될 경우 독자에게는 '과거'의 사건이나 사실이 되는 것들을 독자의 입장에서 '과거'의 의미를 지닌 시제-형태로 표현하는 경우이다.[35] 주로 구두로 낭독되었던 당시의 서신 전달 상황을

---

32) 예컨대, Moule, *An Idiom Book of New Testament Greek*, 12-13에 나오는 반론을 보라. 체르빅은 이 용법이 과거의 경험이 현재나 미래의 일을 판단하는 기준이 된다는 사실을 표현하는 것 같다고 설명하지만(Zerwick, S.J., *Biblical Greek*, 84[§256]), 이런 설명은 실제 용례와 잘 들어맞지 않는다.

33) Porter, *Idioms of the Greek New Testament*, 39.

34) Robertson, *A Grammar of the Greek New Testament*, 836.

35) BDF, §334; Wallace, *Greek Grammar Beyond the Basics*, 562; Robertson, *A Grammar of the Greek New Testament*, 845; Burton, *Syntax of the Moods and Tenses*, 21(§44).

고려할 때, 이러한 용법의 부정과거 시제-형태는 독자에게 정중한 예의를 표하는 방식으로 사용되었다고 이해할 수 있다는 것이다.[36] 이러한 용례로 흔히 쓰이는 동사는 ἔπεμψα (πέμπω [to send]의 부정과거), ἔγραψα (γράφω [to write]의 부정과거) 등이다.

예컨대, 빌레몬서 1장 12절의 ὃν **ἀνέπεμψά** (ἀναπέμπω [to send up to]의 부정과거, 능동태) σοι, αὐτόν, τοῦτ' ἔστιν τὰ ἐμὰ σπλάγχνα("그를 그대에게 돌려보냅니다. 이 사람은 제 심장입니다")는 이러한 설명 과정에서 언급되는 전형적인 사례이다. '시간'을 중심으로 시제-형태를 이해하는 입장에 따르면, 이 구절에서 바울은 서신을 기록할 당시 오네시모를 빌레몬에게 보내는 것은 자신에게 '현재' 시점의 일이지만, 빌레몬이 서신을 받을 시점에서는 과거의 일이 되므로 빌레몬의 상황을 고려하여 '과거'로 표현한 것이다(행 23:30; 고전 9:15; 고후 8:17, 18, 22; 9:3, 5; 갈 6:11; 빌 2:28; 골 4:8; 몬 19 등도 참조).[37]

위에서 언급한 용례들이 모두 이 경우라면, 서간체 부정과거는 부정과거의 통상적인 의미를 지니지만 서신의 독자는 저자의 입장에서 저자의 집필 당시 상황을 반추해 보아야 하는 상황을 상상해 볼 수도 있겠다.[38]

하지만 통상 동일한 용례로 언급되는 요한1서 2장 12-14절은 이러한 설명에 근본적인 맹점이 있음을 드러낸다. 요한1서 저자

36) Robertson, *A Grammar of the Greek New Testament*, 845-46.

37) BDF, §334; Moule, *An Idiom Book of New Testament Greek*, 12.

38) K.L. McKay, "Observations on the Epistolary Aorist in 2 Corinthians," *NovT* 37/2 (1995), 154-58은 고후 8:17, 22에서 쓰인 부정과거 시제-형태들을 검토하면서 문맥을 통해서 서신 집필 전후의 실제 상황을 구체적으로 판단하는 것이 쉽지 않다는 점을 지적한다.

는 이 구절에서 현재 시제-형태인 γράφω와 부정과거 시제-형태인 ἔγραψα를 각각 세 번씩 반복해서 사용한다(2:21도 참조). 이 경우 부정과거 시제-형태를 '서간체 부정과거'로 분류하는 것은 전후 문맥상 불가능하다. 이에 따라 시제-형태를 번갈아 사용하는 데 따른 수사적 효과 등의 다양한 대안적 해석이 제출되었지만,[39] 그 어느 것도 만족스럽지 못하다.[40]

오히려 이러한 용례도 동작상의 견지에서 해석하면 의미가 훨씬 더 잘 통한다. 부정과거 시제-형태는 그 자체적으로 과거라는 시간적 의미를 전달하려는 것이 아니라, 행위 자체를 '통째로' 언급하려는 것이며, 미완결적 시제-형태들과 어울려 서사의 두드러짐과 논증의 높낮이를 형성한다. 따라서 통상 서간체 부정과거로 분류되는 용례들도 그 동사로 언급되는 동작이나 상황을 완결적으로 표현하거나, 강조점의 차이를 나타내는 것으로 이해하는 것이 더 자연스럽다.[41]

예를 들어 빌레몬서 19절의 ἐγὼ Παῦλος **ἔγραψα** (γράφω [to write]의 부정과거, 능동태) τῇ ἐμῇ χειρί, ἐγὼ ἀποτίσω("나 바울이 제 손으로 씁니다. 제가 갚겠습니다")에서 부정과거 시제인 ἔγραψα는 서간체 부정과거로서 수신자인 빌레몬의 입장을 고려한 겸양의 표현이라기보다, 바울 자

39) Robertson, *A Grammar of the Greek New Testament*, 845. 또한 S.S. Smalley, *1, 2, 3 John* (WBC 51; Waco: Word Books, 1984), 76-78; R.E. Brown, *The Epistles of John* (New York: Doubleday, 1982), 294-97; I.H. Marshall, *The Epistles of John* (NICNT; Grand Rapids: Eerdmans Publishing Company, 1978), 135-36 등이 소개하는 다양한 해석들을 보라.

40) Porter, *Verbal Aspect*, 229-30의 평가를 보라. 또한 Moule, *An Idiom Book of New Testament Greek*, 12의 푸념을 보라.

41) Porter, *Idioms of the Greek New Testament*, 36-37; idem, *Verbal Aspect*, 228-30.

신이 편지를 기록하는 행위 전체, 또는 이 사안과 관련한 자필 서명 자체를 '통째로' 언급하는 것이라고 볼 수 있다.

바. 극적 부정과거(The Dramatic Aorist)

부정과거 시제-형태는 최근 또는 직전에 발생한 사건이나 인식/감정의 변화 등을 묘사하기도 한다. 이러한 용례를 '극적 부정과거'(The Dramatic Aorist)라고 부르는데,[42] 이는 문맥상 발화 직전에 벌어진 사실이나 사정을 생생하게 전달하는 효과가 있다.[43]

예를 들어 누가복음 16장 4절의 ἔγνων (γινώσκω [to come to know, to learn]의 부정과거, 능동태) τί ποιήσω는 극적 부정과거의 의미를 살려 "내가 무엇을 해야 할지 [이제] 알았다"[44] 정도로 번역할 수 있다(마 9:18; 26:65; 엡 3:3 등도 참조).

하지만 이러한 용례가 전달하는 '생생함'은 시간을 기준으로 시제-형태를 이해할 때에라야 분명하게 규정될 수 있다. 또한 이러한 용례는 앞서 설명한 '무규정적 부정과거'와의 구별도 쉽지 않다. 따라서 해석 과정에서 어휘의 특성과 문맥상의 의미를 섬세

---

42) 이는 개념상으로 '직전의 과거를 표현하는 단순과거'(the Immediate Past Aorist)이지만, 고전 헬라어에서 주로 시적인 표현으로 사용되었고 대부분 대화에 등장하기 때문에 '극적 부정과거'(*Aoristus tragicus*, The Dramatic Aorist)라고 불리곤 하였다. Burton, *Syntax of the Moods and Tenses*, 22(§45).

43) Burton, *Syntax of the Moods and Tenses*, 22(§45).

44) 우리말에서도 깨달음의 순간을 나타낼 때 '아! 이제 알았다'라는 식의 표현을 쓴다. 여기에서 과거 시제인 '알았다'는 과거의 깨달음이나 인식을 지칭하는 것이 아니라, 발화 직전이나 발화 순간에 일어난 극적인 인식 전환을 표현한다.

하게 반영해야 한다는 사실만 잊지 않는다면, 완결적 동작상에 기인한 것으로 충분히 설명할 수 있다.[45]

사. 미래적 부정과거(The Futuristic Aorist)

신약성경 헬라어에서 자주 나타나는 것은 아니지만 부정과거 시제-형태가 미래적인 의미를 표현하는 경우가 있다. 미래의 조건을 표현하는 전제절 다음에 나오는 부정과거 시제-형태는 어느 정도 미래의 의미를 내포하기도 한다.[46]

> 예를 들어 요한복음 15장 6절의 ἐν τούτῳ **ἐδοξάσθη** (δοξάζω [to glorify]의 부정과거, 수동태) ὁ πατήρ μου, ἵνα καρπὸν πολὺν φέρητε는 "너희가 열매를 많이 맺으면, 이로써 내 아버지께서 영광을 받으실 것이다"라는 뜻이다(마 18:15; 요 15:8; 갈 5:4 등도 참조).

사건의 확실성을 강조하기 위해서 미래 시제-형태 대신에 부정과거 시제-형태를 사용하는 경우도 있다. 이를 '선취적 부정과거'(Proleptic Aorist)라고 부르기도 하는데, 이는 미래의 사건을 마치 과거의 사건인 것처럼 '수사적으로 전이'시키는 것이다.[47]

---

45) Wallace, *Greek Grammar Beyond the Basics*, 564-64는 Fanning, *Verbal Aspect*, 275-81에 기대어 셈어적인 영향을 주된 원인으로 꼽는다.

46) Zerwick, S.J., *Biblical Greek*, 84(§257); Wallace, *Greek Grammar Beyond the Basics*, 563.

47) Wallace, *Greek Grammar Beyond the Basics*, 564. 패닝은 이를 히브리어의 영향으로 설명한다. Fanning, *Verbal Aspect*, 273; J. Marcus/장성민 역, 『마가복음 II』(서울: CLC, 2017), 787을 보라.

예를 들어 마가복음 11장 24절의 πάντα ὅσα προσεύχεσθε καὶ αἰτεῖσθε, πιστεύετε ὅτι **ἐλάβετε**[48] (λαμβάνω [to take, to receive]의 부정과거, 능동태)는 "무엇이든지 기도하고 간구한 것을 받을 것이라고 믿어라"라는 미래의 의미이다(또한 요 13:31; 17:18; 롬 8:30; 유 14; 계 10:7; 14:8 등도 참조).

위에서 제시된 여러 가지 용법상의 차이에도 불구하고, 부정과거 시제-형태는 해당 동작이 진행이나 반복 중인지 또는 그 동작의 결과가 존재하는지 여부를 규정하지 않고 어떤 동작을 단지 기술하기만 할 뿐이며(aorist), 완결적인 동작상을 통해 해당 동작이나 상황을 '통째로' 묘사한다는 사실은 신약성경의 본문에서 부정과거 시제-형태를 대할 때마다 반드시 염두에 두어야 할 핵심적인 개념이다.

그러나 위에서 살펴본 바와 같이 부정과거 시제-형태는 그 핵심적인 개념 외에 다양한 의미와 의도를 담아 낼 수 있는 시제이므로, 일괄적으로 '과거의 유일회적인 사건'을 뜻하는 시제-형태로만 이해하거나 해석해서는 안 될 것이다.[49] 화용론적으로 부정과거 시제-형태가 그런 의미로 흔히 쓰이기는 하지만, 그것의 진위 여부는 해당 시제-형태가 사용되는 전후 문맥과 논리, 어휘적인 특성 등을 면밀히 고려할 경우에만 정당하게 평가될 수 있다.

---

48) 이런 탓에 다수의 사본이 부정과거 시제-형태인 ἐλάβετε를 현재 시제-형태(예컨대, A, K, X, Π 등)나 미래 시제-형태(예컨대, D, Θ, 라틴어 역본들 등)로 바꾼다. 메츠거(B.M. Metzger)는 일부 필사자들이 부정과거 시제-형태가 표현하는 확실성이 지나치게 과감하다고 판단했을 것이라고 설명한다. B.M. Metzger, *A Textual Commentary on the Greek New Testament*, 2nd. ed. (Stuttgart: German Bible Society, 1994), 93.

49) 이는 문법 차원이 아니라, 교리 차원의 논의에도 영향을 미친다.

6. 미래 시제-형태

(Future Tense-form)

미래 시제-형태는 멜기세덱과 같아서, 그 기원과 의미가 매우 논쟁적이다. 심지어 관련 학자들 사이에서는 이 시제-형태를 '시제'(tense)라는 범주에 포함시켜야 하는지, 아니면 '법'(mood)이라는 범주에 넣어야 하는지도 논란이 있다.[1] 이러한 사정은 이미 스토아학파의 시제 분류에서도 확인된다.[2] 이처럼 미래 시제-형태는 신약성경 헬라어를 포함한 전체 헬라어 시제-형태 체계 내에서 매우 독특한 위치를 점하고 있으며, 일관되고 포괄적인 설명을 제시하기도 쉽지 않다.

---

1) Robertson, *A Grammar of the Greek New Testament*, 872-73; Zerwick, S.J., *Biblical Greek*, 93(§277). 실제로 미래 시제는 여러 가지 면에서 가정법과 밀접히 관련되며, 때로 교호적으로 쓰인다. BDF, §318, 363; Burton, *Syntax of the Moods and Tenses*, 76, 78(§168, 172); Moule, *An Idiom Book of New Testament Greek*, 21-22; Porter, *Idioms of the Greek New Testament*, 43 등을 보라.

2) 로버트 로빈슨/강범모 옮김, 『언어학의 역사: 스토아학파로부터 촘스키까지』(서울: 한국문화사, 2007), 51.

I. 내재적 의미: 미래 시제-형태의 기본 용법

우선 '동작상'(aspect)의 관점에서 보자면 미래 시제-형태는 부정과거 시제-형태와 마찬가지로 완결적 동작상(perfective aspect)으로서, 저자/화자가 해당 동작이나 상황을 '외부에서'(from the outside) '통째로' 바라보는 경우에 주로 사용된다고 볼 수 있다.[3)]

일견 미래 시제-형태는 다른 시제-형태들과 달리 내재적으로 '미래'라는 시간적인 의미를 가진 것처럼 보인다.[4)] 하지만 이 시제-형태가 지닌 법의 성격, 즉 해당 동작이나 상황에 대한 저자/화자의 태도를 표현한다는 점을 기억하면, 오히려 미래 시제-형태는 저자/화자의 '예상/기대'(expectation)를 나타내며 시간적인 의미는 문맥에 따른 결과라고 보는 것이 좀 더 포괄적인 이해이다.[5)]

II. 화용론적 용례들

'동작의 종류'(*Aktionsart*)라는 견지에서 보자면 완결적 동작상인

---

3) 이는 형태론 및 화용론적 용례들에서 추정한 결론이다. Wallace, *Greek Grammar Beyond the Basics*, 566-67, 특히 각주 1; Moule, *An Idiom Book of New Testament Greek*, 10; Campbell, *Verbal Aspect*, 139-60; 로버트 로빈슨, 『언어학의 역사』, 51을 보라. 하지만 이는 잠정적일 뿐이며, 미래 시제-형태의 동작상은 향후 추가적인 연구가 수행되어야 할 분야이다. 본서는 미래 시제-형태의 동작상에 관한 한, 잠정적으로 월레스와 캠벨의 논증을 따른다.

4) BDF, §348; Goodwin, *Syntax of the Moods and Tenses*, 18-19(§63); Zerwick, S.J., *Biblical Greek*, 93(§277); Wallace, *Greek Grammar Beyond the Basics*, 567. 현재 시제-형태도 경우에 따라 미래를 표현한다는 점을 기억하라.

5) Porter, *Verbal Aspect*, 413-14; idem, *Idioms of the Greek New Testament*, 43-44; Decker, *Temporal Deixis of the Greek Verb*, 112-16.

미래 시제-형태는 다양한 문맥적 요소들과 어우러져 결과적으로 통상 '점적'(punctiliar)이거나 '일회적인'(once-for-all) 동작/상황을 표현할 것 같지만, 실제로는 일괄적으로 규정하기가 쉽지 않다.[6] 오히려 미래 시제-형태는 저자/화자가 간직한 다양한 종류의 예상이나 기대(의향, 바람, 지향, 예견, 의도, 기대 등)를 표현한다.[7]

예를 들어 빌레몬서 1장 21절에서 바울은 빌레몬을 향한 자신의 기대를 미래 시제-형태를 사용하여 묘사한다([그대가] 행할 것이라고[ποιήσεις], [확신합니다]). 특히 자신의 심정을 현재완료 시제-형태를 사용하여 묘사함으로써 이러한 기대를 한층 돋을새김 한다(확신합니다[πεποιθώς], 알고 있습니다[εἰδώς]).

아래는 미래 시제-형태들이 보여주는 대표적인 화용론적 함의들이다.

1. 예견적 미래(The Predictive Future)

미래 시제-형태는 어떤 동작이나 상황이 미래의 어느 시점에 일어날 것이라는 저자/화자의 예상을 표현하기도 하는데, 이를 통상 '예견적 미래'(the Predictive Future)라고 부른다.[8]

---

6) BDF, §318, 348; Moule, *An Idiom Book of New Testament Greek*, 10; Burton, *Syntax of the Moods and Tenses*, 31(§58). 현대 헬라어에서 미래 시제는 완곡어법으로 대체되었다. 그러나 신약성경에서는 동작상이 분명하게 구별되지는 않지만 미래 시제가 여전히 풍부하게 사용되고 있으며, 완곡어법이나 현재 시제에 의해서 현저하게 줄어들지도 않았다.

7) Porter, *Verbal Aspect*, 414; idem, *Idioms of the Greek New Testament*, 44.

예를 들어 마태복음 1장 21절의 **τέξεται** (τίκτω [to give birth to]의 미래, 중간태) δὲ υἱόν, καὶ καλέσεις τὸ ὄνομα αὐτοῦ Ἰησοῦν· αὐτὸς γὰρ **σώσει** (σῴζω [to save]의 미래, 능동태) τὸν λαὸν αὐτοῦ ἀπὸ τῶν ἁμαρτιῶν αὐτῶν는 "그녀가 아들을 낳을 것이다. 너는 그의 이름을 예수라고 하라.[9] 왜냐하면 그가 자신의 백성을 그들의 죄로부터 구원할 것이기 때문이다"라는 뜻으로서, 화자(천사)의 예견을 표현한다(또한 막 2:20; 9:31; 눅 2:12; 요 4:14; 행 1:8, 11; 갈 5:21; 빌 1:6; 살전 4:16; 히 6:14; 벧후 2:2; 계 20:7 등도 참조).

전술한 대로 미래 시제-형태는 완결적 동작상을 표현한다고 볼 수 있지만, 문맥에 따라 진행적인 의미를 가지기도 한다. 뿐만 아니라 부정과거 시제-형태와 마찬가지로 문맥과 어휘적인 특성에 따라 개시적(inceptive)이거나 결과적(resultative)인 의미를 표현하기도 한다.[10]

예를 들어 빌립보서 1장 18절의 καὶ ἐν τούτῳ χαίρω. Ἀλλὰ καὶ **χαρήσομαι** (χαίρω [to rejoice]의 미래, 수동태)는 "이로써 나는 기뻐하며, 오히려 (계속해서) 기뻐할 것이다"(롬 6:2; 빌 1:6; 계 9:6 등도 참조)라는 진행적인 의미이다. 빌립보서 1장 6절의 ὁ ἐναρξάμενος ἐν ὑμῖν ἔργον

---

8) Burton, *Syntax of the Moods and Tenses*, 31(§58); Wallace, *Greek Grammar Beyond the Basics*, 568. 포터는 이러한 용례가 미래적 시간이 아니라 저자/화자의 전망을 표현한다는 뜻에서 'prospective'라는 용어를 선호한다. Porter, *Idioms of the Greek New Testament*, 44. 또한 Robertson, *A Grammar of the Greek New Testament*, 873도 보라.

9) 이 문장에서 καλέσεις (καλέω [to call]의 미래, 능동태)도 미래 직설법이지만, 이는 예견적 미래가 아니라 명령적 미래(the Imperatival Future)의 의미를 가지고 있다. 아래 "명령적 미래"에 대한 설명 참조.

10) Burton, *Syntax of the Moods and Tenses*, 31-32(§60-63); Campbell, *Basics of Verbal Aspect*, 98.

ἀγαθὸν **ἐπιτελέσει** (ἐπιτελέω [to end, to finish]의 미래, 능동태, 직설법) ἄχρι ἡμέρας Χριστοῦ Ἰησοῦ("너희 속에서 선한 일을 시작하신 이가 그리스도 예수의 날까지 [그것을] 완성하실 것이다")도 진행적인 의미를 내포하고 있다고 볼 수 있는데, 이 경우 미래 시제-형태인 ἐπιτελέσει는 시점(ἐναρξάμενος)과 장래에 도달할 종점(end-time, 즉 ἄχρι ἡμέρας) 사이에 있을 어떤 동작을 묘사하고 있기 때문에 의미상 진행적이라고 할 수 있다.

고린도전서 15장 51절의 πάντες οὐ **κοιμηθησόμεθα** (κοιμάω [to sleep]의 미래, 수동태, "우리는 모두 잠들지 않을 것이다")는 개시적인 의미를 표현하는 미래 시제-형태로 볼 수 있으며(또한 마 9:18; 19:21; 막 4:13도 참조), 누가복음 16장 31절의 οὐδ' ἐάν τις ἐκ νεκρῶν ἀναστῇ **πεισθήσονται** (πειθώ [to persuade]의 미래, 수동태, "누군가 죽은 자들로부터 부활한다고 해도 [그로 인해] 설득되지는 않을 것이다")는 결과적인 의미를 표현하는 미래 시제-형태이다.

위의 예에서 알 수 있듯이, 이러한 용례들은 해석에 따른 결과적 판단이지 미래 시제-형태 자체가 지닌 내재적 의미는 아니며, 매번 화용론적 함의를 변별할 필요가 있음을 기억해야 한다.

2. 명령적 미래(The Imperatival Future)

미래 직설법 2인칭 형태는 경우에 따라 명령형으로 사용되기도 하는데,[11] 이는 거의 대부분 구약성경을 인용하면서 히브리어를 문자적으로 번역한 결과들이다. 이러한 용법은 특히 구약성경에

---

11) Burton, *Syntax of the Moods and Tenses*, 35(§67); Wallace, *Greek Grammar Beyond the Basics*, 569.

서 법률 용어로 표현되고 있는 단정적인 법령이나 금지명령들을 번역하기 위해서 많이 사용된다.[12] 그러므로 이러한 용례는 미래 시제-형태가 시간적으로 미래 시점을 나타내기보다, 저자/화자가 지닌 다양한 수준의 기대(특히 이 경우 '의향')를 표현한다는 것을 다시 한 번 확인시켜 준다.

그러나 이는 간헐적이긴 하지만 고전 헬라어에서도 사용되던 방식이며, 신약성경의 경우 구약을 자주 인용하는 마태복음을 제외하면 그리 자주 나타나지 않는다.[13] 더군다나 명령적 미래가 가진 의미가 명령법과 일치하는 것은 아니다. 일반적으로 말해서 명령적 미래는 미래 시제에 보편적이고 영원하며 엄중한 의미를 부가한다고 할 수 있다.[14]

예를 들어 마태복음 5장 43절의 구약인용문인 **ἀγαπήσεις** (ἀγαπάω [to love]의 미래, 능동태) τὸν πλησίον σου는 "너는 너의 이웃을 사랑하게 될 것이다"가 아니라 "너의 이웃을 사랑하라"라는 뜻으로서, 엄중한 명령의 의미를 담고 있다. 베드로전서 1장 16절의 구약인용문인 ἅγιοι **ἔσεσθε**

12) 명령적 미래가 명령형을 대신하여 사용될 때 금지명령의 경우 부정어 μή가 아니라 οὐ가 사용된다. BDF, §362.

13) Zerwick, S.J., *Biblical Greek*, 94(§280); Wallace, *Greek Grammar Beyond the Basics*, 569; Porter, *Idioms of the Greek New Testament*, 44.

14) 명령적 미래가 이러한 의미를 갖게 되는 한 가지 이유는 신약성경에서 확인되는 예들 중 대부분이 구약, 특히 오경의 법조문을 인용한 것들이기 때문이다. 오경에 나타나는 계명의 성격은 종종 이러한 엄중한 개념과 잘 부합되며, 이로 인해 자연스럽게 신약성경의 예들에 엄중한 의미가 부가되었다. 그러나 구약성경이 명령의 배후에 자리하고 있지 않은 경우라 할지라도 명령적 미래의 의미는 매우 강하다고 할 수 있다. 명령적 미래에 의해 예견되는 상황은 저항하기 힘든 권위, 냉정한 무관심, 강요 등을 함의한다. Wallace, *Greek Grammar Beyond the Basics*, 569.

(εἰμι [to be]의 미래, 중간태) ὅτι ἐγὼ ἅγιός εἰμί("너희는 거룩하라! 왜냐하면 내가 거룩하기 때문이다")도 엄중한 명령의 의미를 전달한다(또한 마 1:21; 19:18: 20:27; 22:27; 막 9:35 등도 참조하라).

3. 심의(審議)적 미래(The Deliberative Future)

미래 시제-형태는 저자/화자의 의향이나 의지를 표현하기도 하는데, 이를 '심의적 미래'라고 부른다. 이러한 용례의 미래 시제-형태는 무엇이 발생할 것인가가 아니라 무엇을 해야 할 것인가, 또는 무엇이 일어나야 하는가를 묻는 심사숙고를 위한 질문에서 종종 사용된다.[15] 이는 통상 1인칭 단수/복수 형태로 제기되는데, 통상 인식에 관한 것(cognitive)이거나 의지에 관한 것(volitional)이다.[16] 두 가지 중에서 인식에 관한 것은 "어떻게 할 것인가?"라는 질문인데 비해, 의지에 관한 것은 "과연 ~을 해야 하는가?"라는 질문을 제기하는 셈이다.

이런 식으로 표현되는 질문은 실질적인 정보나 의향을 묻는 실제 질문인 경우도 있고, 직접적인 확언을 표명하기 위한 수사학적 질문인 경우도 있다.[17] 따라서 이 모든 질문들은 일종의 "의무"와 관련된 것들이라고 할 수 있다.[18]

---

15) Burton, *Syntax of the Moods and Tenses*, 36(§70); Wallace, *Greek Grammar Beyond the Basics*, 570; Robertson, *A Grammar of the Greek New Testament*, 875.

16) Wallace, *Greek Grammar Beyond the Basics*, 570.

17) Burton, *Syntax of the Moods and Tenses*, 36(§70); Robertson, *A Grammar of the Greek New Testament*, 875.

18) 그러나 실제적으로 심의적 질문을 위해서는 1인칭 복수형태의 부정과

예를 들어 누가복음 22장 49절의 εἰ **πατάξομεν** (πατάσσω [to strike]의 미래, 능동태) ἐν μαχαίρῃ;는 "우리가 칼로 칠까요?"라는 뜻으로 의향을 묻는 질문이다. 또한 요한복음 6장 68절의 κύριε, πρὸς τίνα **ἀπελευσόμεθα**; (ἀπέρχομαι [to go away]의 미래, 중간태)는 "주여, 우리가 누구에게로 간다는 말입니까?"라는 뜻으로서 떠나지 않겠다는 의지를 확언하는 수사학적인 질문이다. 로마서 6장 2절의 πῶς ἔτι **ζήσομεν** (ζάω [to live]의 미래, 능동태) ἐν αὐτῇ;는 "우리가 어찌 여전히 그것(죄) 가운데 살겠는가?"라는 뜻으로, 바울은 여기에서 죄 가운데에서 계속 살아갈 수 있는 "수단들"에 대해서 묻고 있는 것이 아니라, 마땅한 "의무"에 대한 문제를 제기한다(또한 마 17:17; 막 6:37; 롬 3:5; 6:1; 9:14; 고전 14:7, 9, 16; 15:29, 51; 딤전 3:5; 히 2:3 등도 참조).

물론 이러한 용례가 질문 형식에만 나타나는 것은 아니다. 미래 시제-형태는 때로 화자의 강력한 의향이나 의지를 표현하기도 한다.

예를 들어 마태복음 21장 37절의 **ἐντραπήσονται** (πατάσσω [to strike]의 미래, 수동태) τὸν υἱόν μου는 "그들은 내 아들을 존중하게 될 것이다"라는 뜻으로서, 포도원 주인의 의중을 표현한다(막 12:6도 참조). 또한 누가복음 9장 57절의 **ἀκολουθήσω** (ἀκολουθέω [to follow]의 미래, 능동태) σοι ὅπου ἐὰν ἀπέρχῃ는 "나는 당신이 어디로 가시든 따르겠습니다"라는 뜻으로, 화자의 강력한 의향을 표현한다(또한 마 27:4, 24; 눅 13:9; 행 13:10 등도 참조).[19]

위의 예에서 보듯이, 미래 시제-형태는 단순히 시간적인 의미의

거 가정법이 미래 직설법보다 훨씬 더 자주 사용된다. Wallace, *Greek Grammar Beyond the Basics*, 570.

19) Porter, *Idioms of the Greek New Testament*, 45.

미래를 표현하지 않고 장차 이루고자 하거나 이루어지길 바라는 의향이나 의도, 바람 등을 표현한다.

4. 격언적 미래(The Gnomic Future)

미래 시제-형태는 일정한 상황이 충족되면 관습적으로 발생하곤 하는 '가능성'(likelihood)을 표현하기도 한다.[20] 여기에는 특정 사건이 목전에서 이루어지고 있지는 않지만 그러한 사건들은 삶에서 얼마든지 일어날 수 있는 것들이라는 사고가 반영되어 있다.[21] 이는 시간적인 개념과 무관한 또 하나의 용례이다.

예를 들어 로마서 5장 7절의 μόλις γὰρ ὑπὲρ δικαίου τις **ἀποθανεῖται** (ἀποθνῄσκω [to die]의 미래, 중간태)는 "왜냐하면 극히 드문 경우이긴 하지만 누군가 의인을 위하여 죽기도 하기 때문이다"라는 뜻으로서, 이는 바울이 로마서를 기록할 당시 바울이나 독자들의 목전에서 실제로 일어나고 있는 일은 아니지만 삶에서 어렵지 않게 일어날 가능성이 있는 일이라는 의미이다. 또한 마태복음 6장 24절의 οὐδεὶς δύναται δυσὶ κυρίοις δουλεύειν· ἢ γὰρ τὸν ἕνα **μισήσει** (μισέω [to hate]의 미래, 능동태) καὶ τὸν ἕτερον **ἀγαπήσει** (ἀγαπάω [to love]의 미래, 능동태)는 "그 누구도 두 명의 주인을 섬길 수는 없다. 왜냐하면 그가 한 주인은 미워하고 다른 (한) 주인은 사랑하기 마련이기 때문이다"라는 뜻으로서, 예상컨대, 두 주인을 섬기는 자는 둘 중의 하나는 사랑하고 다른 하나는 미워하게 될 것이라는 의미를 내포한다(마 6:33; 막 2:22; 롬 7:3도 참조).

---

20) BDF, §349; Burton, *Syntax of the Moods and Tenses*, 36(§69); Wallace, *Greek Grammar Beyond the Basics*, 571.

21) Robertson, *A Grammar of the Greek New Testament*, 876.

5. 미래의 완곡어법 형태(Periphrastic form of the Future)

앞서 언급한 바와 같이 미래 시제-형태의 동작상은 통상 완결적이다. 따라서 신약성경에서는 진행적이거나 지속적이거나 습관적인 의미를 보다 강조하기 위하여 완곡어법 형태가 자주 나타난다. 이는 현재 분사와 εἰμί 동사의 미래 시제-형태를 결합하여 나타내는데, 일반적인 형태의 미래 직설법에 비해 진행적이거나 지속적인 의미가 강조되어 있다.22)

예컨대 누가복음 1장 20절의 **ἔσῃ** (εἰμί [to be]의 미래, 중간태) **σιωπῶν** (σιωπάω [to be silent]의 현재, 능동태, 분사)은 문자적으로는 "너는 벙어리가 될 것이다"라는 뜻이지만 "you shall become dumb"이 아니라 "you shall be dumb"이라는 뜻으로 장차 벙어리 상태가 지속될 것이라는 의미를 담고 있다(또한 마 10:22; 24:9; 막 13:13; 눅 5:10; 21:17, 24; 고전 14:9 등도 참조).23)

아울러 동사 μέλλω(to be about to)와 부정사가 결합하여 미래 직설법과 유사한 의미로 사용되기도 한다.24) 이는 통상 누군가가 의도하고 있는 행동이나 발생할 것이 확실한 상황을 표현하기 위해서 사용되는 반면, 지속적인 의미는 강조하지 않는다.25)

---

22) BDF, §353(7); Moule, *An Idiom Book of New Testament Greek*, 18; Burton, *Syntax of the Moods and Tenses*, 36(§71); Robertson, *A Grammar of the Greek New Testament*, 878.

23) Moule, *An Idiom Book of New Testament Greek*, 18.

24) BDF, §356; Burton, *Syntax of the Moods and Tenses*, 36(§72).

25) Robertson, *A Grammar of the Greek New Testament*, 878.

예를 들어 마태복음 2장 13절의 **μέλλει** (μέλλω [to be about to]의 현재, 능동태) γὰρ Ἡρῴδης **ζητεῖν** (ζητέω [to seek]의 현재, 능동태, 부정사) τὸ παιδίον τοῦ ἀπολέσαι αὐτό는 "왜냐하면 헤롯이 아기를 죽이려고[26] 찾을 것이기 때문이다"라는 뜻이다(또한 눅 7:2; 9:44; 행 5:35 등도 참조).

하지만 다른 완곡어법 구조와 마찬가지로 미래 시제-형태도 조동사(통상 εἰμι)와 분사 사이에 분사를 직접 수식하는 어구를 제외한 다른 어구가 올 경우, 완곡어법으로 볼 것이 아니라 두 동사를 별개로 봐야 한다(이 경우 분사는 서술적으로 쓰인다).[27] 두 구문의 차이는 무시할 수 없는 의미 차이를 가져오기 때문에, 둘 사이를 면밀하게 구분해야 한다.

결론적으로 말해서, 위의 용례들이 보여주는 것처럼 미래 시제-형태는 문맥상 흔히 미래라는 시간적인 의미를 지닌 것으로 해석될 수 있지만 실제로는 저자/화자가 지닌 다양한 예상이나 기대(의향, 바람, 지향, 예견, 의도, 기대 등)를 표현한다고 볼 수 있다.

---

26) 앞으로 부정사의 용법을 설명하는 장에서 보다 상세하게 살펴볼 것이지만, 본문에서 속격관사와 함께 사용된 부정사 τοῦ ἀπολέσαι는 목적을 나타내는 관착 부정사(Articular Infinitive)이다. 속격관사 τοῦ와 함께 사용되어 목적을 나타내는 부정사의 용법을 위해서는 Moule, *An Idiom Book of New Testament Greek*, 128-29; Burton, *Syntax of the Moods and Tenses*, 157(§ 397); BDF, §400 등을 보라.

27) Porter, *Idioms of the Greek New Testament*, 45-46.

7. 현재완료 시제-형태

(Perfect Tense-form)

모울턴(J.H. Moulton)에 따르면, "완료 시제야말로 모든 헬라어 시제 중에서 주석적으로 가장 중요한 시제다."[1] 완료 시제-형태는 여타 시제-형태들에 비해서 사용 빈도가 낮지만, 본문에서 이 시제-형태가 사용될 경우에는 저자/화자 편에서의 의도적인 선택이 전제되어 있다.[2] 따라서 완료 시제-형태를 통해서 표현하고자 하는 저자/화자의 의도를 파악하는 것은 석의 과정에서 매우 중요한 작업 중의 하나라고 할 수 있다.

다행인지 불행인지 모르겠지만, 적어도 완료 시제-형태의 기본적인 개념에 있어서는 대체적인 합의가 이루어져 있는 것처럼 보인다. 블라스(F. Blass)는 완료 시제를 다음과 같이 정의한다: "완료

---

1) Moulton, *A Grammar of New Testament Greek*, vol. 1. *Prolegomena*, 140.

2) 월레스의 통계에 따르면, 신약성경에서 완료 시제-형태는 총 1571회 나타난다: 직설법으로 835회, 분사로 673회, 부정사로 49회, 가정법으로 10회, 그리고 명령법으로 4회(완료 기원법은 신약성경에 나타나지 않는다). Wallace, *Greek Grammar Beyond the Basics*, 573, 각주 3.

시제는 동작의 '지속성'과 '완결성'을 동시에 함의한다는 뜻에서 현재 시제와 부정과거 시제를 결합한 것이다."[3] 즉 완료 시제-형태는 발화시점을 기준으로 "과거에 완결되었으나 현재에 지속되고 있는 결과를 표현한다."[4]

하지만 이런 합의에도 불구하고, 문제는 완료 시제-형태가 해당 동작이나 상황의 "양 끝을 동시에 보고 있기" 때문에 발생한다.[5] 즉 전통적인 정의에 따르면 완료 시제-형태는 '과거'에 완결된 동작의 '현재적' 결과를 표현하는데,[6] 이 중에서 어느 것에 초점을 맞출 것이냐에 따라 해석적인 강조점이 달라진다. 문맥에 따라 완료 시제-형태가 '과거'의 동작이나 상황을 무규정적으로 언급하는 것처럼 보이기도 하고, '현재'의 지속적인 상태를 언급하는 것처럼 보이기도 하는 것이다.

하지만 헬라어 시제-형태의 내재적인 의미가 동작상이고, 그 화용론적 함의들이 다양한 *Aktionsart*로 표현된다는 점을 기억한다면, 현재완료 시제-형태가 '과거'의 사건을 지칭하느냐 '현재'의 상태에 주목하느냐는 올바른 질문이 아니다.[7] 오히려 현재완료 시제-

3) BDF, §340. 이 정의는 다수의 표준 문법책에서 후렴구처럼 반복된다. 예컨대, Wallace, *Greek Grammar Beyond the Basics*, 573.

4) Wallace, *Greek Grammar Beyond the Basics*, 573. 또한 Zerwick, S.J., *Biblical Greek*, 96(§285); Moule, *An Idiom Book of New Testament Greek*, 13; Burton, *Syntax of the Moods and Tenses*, 37(§74); Robertson, *A Grammar of the Greek New Testament*, 893에 나오는 유사한 설명들을 보라.

5) B.L. Gildersleeve, *Syntax of Classical Greek, from Homer to Demosthenes*, vol. 1: *The Syntax of the Simple Sentence Embracing the Doctrine of the Moods and Tenses* (London: Forgotten Book, 2018), 99. Robertson, *A Grammar of the Greek New Testament*, 893에서 재인용.

6) Smyth, *Greek Grammar*, 434(§1945); Goodwin, *Syntax of the Moods and Tenses*, 13-14(§42, 44).

형태에 내재된 동작상은 무엇이며(즉, 저자/화자의 관점이 무엇인지), 그것이 화용론적으로 어떻게 쓰이는지를 물어야 한다(시제-형태가 표현하려는 객관적 상황이 무엇인지). 현재완료 시제-형태에 내재된 동작상은 상태적(stative)이고, 주된 화용론적 기능은 본문의 최전경(frontground)에 가장 두드러진다는 점이다.[8)]

하지만 이렇게 접근하지 않고 '시간'만을 기준으로 판단하면, 현재완료 시제-형태는 문맥상 '현재'를 언급하기도 하고,[9)] '과거'를 언급하기도 한다.[10)] 그러니 '시간'을 지시하기 위해서 현재 시제-형태나 부정과거 시제-형태 대신 현재완료 시제-형태를 선택하는 것은 기껏해야 문체적인 차이를 가져올 따름이다(물론 문체의 다양성을 의도하는 경우도 있다. 예컨대, 요 21:17을 보라).[11)]

누차 지적했듯이, 시제-형태를 통해서 표현되는 시간적인 의미는 문맥에 따른 결과일 뿐 시제-형태 자체에 내재된 것은 아니다. 오히려 매 경우마다 '시간'이 아니라, 저자/화자가 다른 시제가 아니라 현재완료 시제-형태를 선택한 '특별한' 의도를 파악해야 한다. 바로 이 지점에서 흔히 '상태적'이라는 동작상과 상대적인 '두드러짐'이라는 화용론적 기능이 빛을 발한다.

---

7) McKay, "Time and Aspect in New Testament Greek," 219-28; idem, "On the Perfect and Other Aspects in New Testament Greek," 23/4 (1981), 289-329를 보라.

8) Porter, *Verbal Aspect*, 251-81에 나오는 상세한 논증을 보라.

9) BDF, §341.

10) BDF, §343. Decker, *Temporal Deixis*, 108-11은 마가복음을 중심으로 현재완료 시제-형태가 각기 현재와 과거 시점을 언급하는 용례들을 일목요연하게 소개한다.

11) McKay, "On the Perfect and Other Aspects," 304.

I. 내재적 의미: 현재완료 시제-형태의 기본 용법

'동작상'(aspect)의 관점에서 보자면 현재완료 시제-형태는 상태적 동작상(stative aspect)으로서, 저자/화자가 발화 시점을 기준으로 해당 동작이나 상황의 복합적인 현재 상태(state of affairs in existence)에 주목하는 경우에 주로 사용된다(이사첸코의 비유를 다시 상기해 보라).[12] 즉, "완료 시제는 화자가 염두에 두는 문법적 주어의 상태(state)나 조건(condition)을 문법화한다."[13]

여기에서 중요한 점은 이전의 동작이나 상황이 전제되거나 암시되어 있는지 여부는 문맥적인 상황이나 어휘적인 특성과 관련된 문제이지, 현재완료 시제-형태의 동작상이 머금은 내재적 의미의 일부는 아니라는 사실이다. 이것들은 모두 화용론적 차원에서 판단할 문제이다. 단적으로 말해서 시간적인 전후 관계는 문맥이나 어휘적인 특성에 의거하여 판단해야 하는 것이지, 시제-형태 자체를 두고 판단할 문제는 아니다. 예컨대, 현재완료 시제-형태

---

12) K.L. McKay, *A New Syntax of the Verb in New Testament Greek: An Aspectual Approach* (Studies in Biblical Greek 5; New York: Peter Lang, 1994), 31; Wallace, *Greek Grammar Beyond the Basics*, 573; Porter, *Verbal Aspect*, 91, 245-90, 특히 251-59; idem, *Idioms of the Greek New Testament*, 39-40. 완료 시제-형태의 동작상에 관하여는 '동사상 이론'에 동조하는 학자들 사이에도 적지 않은 이견이 존재한다. Lamb, "Verbal Aspect, *Aktionsart*, and the Greek New Testament," 95-130; Campbell, *Basics of Verbal Aspect*, 46-51 등이 제시하는 주장과 평가들을 보라. 다만 Wallace는 동작상과 *Aktionsart*를 혼용함으로써 다소 혼란을 초래한다. 본서는 상태적 동작상을 지지한다.

13) Porter, *Verbal Aspect*, 259. 또한 idem, "The Perfect Tense-Form and Stative Aspect: The Meaning of the Greek Perfect Tense-Form in the Greek Verbal System," in idem, *Linguistic Analysis of the Greek New Testament*, 195-215의 포괄적인 논의도 보라.

인 οἶδα(to know)는 '나는 과거 어느 시점에 알게 되었으며, 그 결과 여전히 아는 상태다'라는 의미가 아니라, 그냥 '나는 안다'(또는 '나는 알고 있는 상태다')라는 뜻이다.[14)]

그러므로 '동작의 종류'(*Aktionsart*)라는 견지에서 보자면 상태적 동작상인 현재완료 시제-형태는 다양한 문맥적 요소들과 어울려 '선적'(linear)인 동작, 즉 진행적(progressive)이거나 반복적(iterative)이거나 지속적(durative)인 동작뿐만 아니라 '점적인'(punctiliar) 동작을 모두 표현한다.[15)] 다만 강조점이 결과/상태에 놓여 있을 뿐이다.[16)]

II. 화용론적 용례들

현재완료 시제-형태가 내재적으로 해당 동작이나 상황의 상태/조건에 주목하는 저자/화자의 관점을 담고 있지만, 이것이 실제 텍스트에서 사용될 때는 자연스럽게 이러저러한 문맥적 요소들과 어우러지게 된다. 그 결과 현재완료 시제-형태는 다양한 동작의 종류(*Aktionsart*), 또는 상황을 표현하게 된다. 또한 서사나 논증을 막론하고 본문 내에서 다른 시제-형태에 비해 상대적으로 더 많이 두드러지기도 한다.[17)] 어휘 자체의 특성도 이 시제-형태가 전

14) McKay, "On the Perfect and Other Aspects," 296; Porter, *Idioms of the Greek New Testament*, 40.

15) BDF, §340; Wallace, *Greek Grammar Beyond the Basics*, 573.

16) 이에 따라 발화 시점에 결과가 존재하지 않는 동작이나 상황은 주로 부정과거로 표현된다.

17) 완료 시제-형태들(현재완료와 과거완료)은 빈도수, 형태론적 용적(bulk), 규칙적인 활용 방식, 비활성화(deactivation[일부 법과 태에서 아예 쓰이지 않음]), 의미론적 무게감 등으로 인해 본문 내에서 가장 두드러진

달하고자 하는 의미에 일정 부분 기여한다. 그러므로 본문에서 완료 시제-형태를 만나면, 이런 요소들을 종합적으로 고려하여 해당 용례들을 면밀히 검토해야 한다. 아래는 현재완료 시제-형태가 보여주는 대표적인 화용론적 용례들이다.

1. 서사와 비-서사 텍스트에서의 기능

현재완료 시제-형태가 과거 사건들을 언급하는 장르인 서사(narrative)에 사용될 경우, 서사의 여러 층위들 중에서 직간접 화법으로 묘사되는 중요한 대화(discourse)나 저자적인 주석, 두드러진 인물 묘사 등 최전경(frontground)에 부각되는 층위를 표현한다.[18)]

예를 들어 사도행전 16장 1-4절에서 누가는 부정과거 시제-형태를 활용하여 기본적인 서사 라인을 서술하는 반면(도착했다[κατήντησεν], [그를 데려가고자] 했다[ἐθέλησεν], 할례를 베풀었다[περιέτεμεν]), 미완료 시제-형태를 활용하여서는 디모데라는 인물과 관련된 사실들([형제들 사이에] 평판이 좋았다[ἐμαρτυρεῖτο], [그의 아버지가 헬라인]이었다[ὑπῆρχεν])나 바울 일행의 주요 행적(순회했다[διεπορεύοντο], 전했다[παρεδίδοσαν],) 을 묘사한다. 하지만 현재완료 시제-형태를 활용하여서는 바울 일행이 전한 내용([형제들과 장로들이] 정한 규정들[τὰ δόγμα **κεκριμένα**])을 언급한다. 이러한 시제-형태 선택을 통해 누가는 특별히 주목해야 할 선별적인 요소를 기본 스토리라인이나 여타 부각되는 상황에 비해 더욱 두드러지게 한다.[19)]

다. Porter, *Verbal Aspect*, 245-48.

18) Porter, *Verbal Aspect*, 92-93; Campbell, *Basics of Verbal Aspect*, 104.

19) Porter, *Idioms of the Greek New Testament*, 23.

또한 요한복음 21장 17절에서 복음서 저자는 배경이 되는 요소를 부정과거 시제-형태로 표현하는 반면(근심하였다[ἐλυπήθη], [예수가] 말했다[εἶπεν]), 대화는 내용은 주로 현재 시제-형태로 표현한다([예수가] 말했다[λέγει], [베드로가] 말했다[λέγει], [당신이] 아신다[γινώσκεις]). 이에 반해 보다 포괄적인 확언은 현재완료 시제-형태를 활용하여 강조한다([당신이] 아신다[**οἶδας**])(또한 막 6:14; 10:40; 11:21 등도 참조).[20]

현재완료 시제-형태가 서간(epistle) 등 비-서사적인 담론이나 논증을 위한 텍스트에 사용될 경우, 흔히 저자/화자가 독자들에게 특별히 주목하기를 원하는 주요 정보인 '초점'을 표현한다. 비-서사적인 담론을 담은 텍스트는 통상 '배경'(background), '주제'(theme), '초점'(focus)이라는 세 가지 '상대적인' 두드러짐의 수준을 보여주는데,[21] 현재완료 시제-형태는 이 가운데에서 주로 '초점'을 표현한다.[22] 이런 뜻에서 현재완료 시제-형태는 사진이나 영화의 근접 촬영처럼 해당 동작이나 상황을 향해 한껏 줌인(zoom in)된 관점을 표현한다.[23]

앞서 예로 든 로마서 5장 1-2절에서 바울은 부정과거 시제-형태를 활용하여 자신과 독자들이 공유하는 전제를 제시한 다음(의롭게 되었다[δικαιωθέντες]), 현재 시제-형태를 활용하여 그 전제에 기초하여 강조하려는 주제를 표현한다(평화를 누린다[ἔχομεν], 기뻐한다[καυχώμεθα]). 이

20) McKay, "On the Perfect and Other Aspects," 304; Decker, *Temporal Deixis*, 109.

21) Callow, *Discourse Considerations in Translating the Word of God*, 63-65.

22) Reed and Reese, "Verbal Aspect, Discourse Prominence," 189.

23) Campbell, *Basics of Verbal Aspect*, 103-104; idem, *Verbal Aspect*, 195-99; Porter, *Verbal Aspect*, 92-93; idem, *Idioms of the Greek New Testament*, 23-24.

에 비해 청중이 누리고 있는 발화 당시의 상태/조건은 현재완료 시제-형태를 활용하여 표현한다([들어감을] 얻었다[ἐσχήκαμεν], [이 은혜 안에] 서있다[ἑστήκαμεν]). 이러한 시제-형태 선택을 통해 바울은 '칭의'라는 전제를 배경으로 삼아 '화평'이라는 주제를 전면에 부각시키고, 청중들이 누리고 있는 현재 상태를 최전경에 돋을새김 한다(막 6:14; 요 21:17; 고전 15:4, 12, 13, 14, 16, 17, 20; 딤후 2:8 등도 참조).[24)]

또한 골로새서 1장 16절 이하에서 바울이 인용하는 찬가는 창조와 관련된 일반적인 진술은 부정과거 시제-형태로 표현하는 반면([만물이 그분 안에서] 창조되었다[ἐκτίσθη]), 찬가의 실제 취지가 되는 내용은 현재완료 시제-형태로 표현한다([만물이 그를 통하여, 그리고 그를 위해서] 창조된 것이다[ἔκτισται]). 이로써 찬가가 강조하려는 요소가 한껏 돋을새김 된다(17절의 συνέστηκεν도 참조).[25)]

전술했듯이, 우리는 매번 저자/화자가 다른 시제-형태를 선택하지 않고 현재완료 시제-형태를 선택한 이유를 파악해야 한다. 그리고 이 과정에서는 시간적인 요소를 의도적으로 배제해야 한다. 즉 저자/화자가 발화시점을 기준으로 전후의 어느 시점을 지칭하는지 묻는 것이 일차적인 질문이 되어서는 안 된다는 말이다. 오히려 바로 이 지점에서 이 상대적인 '두드러짐'이라는 화용론적 기능이 고려되어야 한다. 하지만 현재완료 시제-형태는 이러한 기능에 더해 아래에서 제시되는 추가적인 함의를 지니므로, 이를 복합적으로 판단하여 본문에서 쓰인 현재완료 시제-형태의 화용론적 함의를 판단해야 한다.

---

24) Porter, *Idioms of the Greek New Testament*, 23.

25) Zerwick, S.J., *Biblical Greek*, 97(§287).

2. 현재 상태를 나타내는 현재완료(The Perfect of existing state)

"현존하는 상태를 나타내는 현재완료"는 발화시점을 기준으로 이전의 동작이나 사건보다는 그것에 의해 야기된 결과나 상태를 강조하는 현재완료이다.[26] 이는 매우 흔한 용례이며, 현재의 상태를 강조한다는 점에서 "강의(强意)의 현재완료"(Intensive Perfect), 이전의 동작보다는 발화시점의 결과나 상태에 초점을 맞추고 있다는 의미에서 "결과적 완료"(resultative perfect)로 불리기도 한다.[27]

물론 이러한 용법이 이전에 완결된 동작이나 사건이라는 개념을 배제하는 것은 아니며, 단지 초점이 발화시점을 기준으로 볼 때 결과적인 상태에 맞추어져 있을 따름이라는 점을 기억해야 한다.[28] 이러한 용법으로 사용되는 현재완료 시제-형태는 상태나 결과에 초점이 맞추어져 있으므로 우리말로는 현재로 번역하는 것이 자연스럽다.[29]

---

26) BDF, §342; Burton, *Syntax of the Moods and Tenses*, 37(§75).

27) BDF, §342; Wallace, *Greek Grammar Beyond the Basics*, 574-75; Burton, *Syntax of the Moods and Tenses*, 38(§77).

28) 전술한 것처럼, 많은 경우에서 해당 문맥에 나타나는 현재완료 시제-형태가 완결된 동작을 강조하는지 발화시점의 상태를 강조하는지에 대한 결정이나 선택은 개방적이며, 둘 사이의 구별도 첨예하지는 않다. Burton, *Syntax of the Moods and Tenses*, 38(§76). 그럼에도 불구하고 이러한 용례의 현재완료 시제-형태는 발화시점의 '상태'에 초점이 맞추어져 있으므로, '상태 동사들'(stative verbs)이 이러한 용법으로 자주 사용된다는 사실은 해당 현재완료의 용례를 결정하는 데 중요한 열쇠가 된다. Wallace, *Greek Grammar Beyond the Basics*, 575.

29) 이러한 의미에서 일부 동사의 현재완료 형태는 아예 "현재의 의미를 가진 현재완료"(perfect with a present force)라는 용법으로 별도로 분류되기도 한다. 이러한 용례의 현재완료 시제-형태는 현재 시제-형태와 거의 동일한 의미로 사용되는데, 그 이유는 동작이나 사건과 그것의

예를 들어 마가복음 6장 14절의 Ἰωάννης ὁ βαπτίζων **ἐγήγερται** (ἐγείρω [to raise up]의 현재완료, 수동태) ἐκ νεκρῶν은 문자적으로는 "세례자 요한이 죽은 자들로부터 일으킴을 받았다"라는 뜻이다. 그러나 이는 예수의 이적에 대한 헤롯의 잘못된 해석을 묘사하고 있는 말로서, 요한이 부활했다는 과거의 사실 자체보다 그가 현재 살아있다는 상황에 대한 헤롯의 우려와 근심을 나타내고 있는 표현이다. 즉 부활 그 자체보다 그로 인한 현재의 결과가 그를 난처하게 만들었다는 뜻이다.[30)]

신약성경에서 매우 자주 사용되는 구약성경 인용문의 하나인 로마서 3장 10절의 καθὼς **γέγραπται** (γράφω [to write]의 현재완료, 수동태, 직설법) ὅτι οὐκ ἔστιν δίκαιος οὐδὲ εἷς도 "기록된 바와 같이 '의인은 없으니 하나도 없다'"라는 뜻이다. 즉 이 공식문은 이전에 기록된 말씀이 발화시점에도 여전히 기록된 '상태'로 존재하며, 여전히 동일한 권위와 강제력을 지니고 있음을 강조하는 표현이다(마 2:5; 4:4, 7, 10; 11:10; 21:13; 26:24; 막 1:2; 9:12; 눅 2:23; 3:4; 19:46; 요 8:17; 행 1:20; 13:33; 23:5; 롬 9:33; 11:26; 고전 1:31; 9:9; 벧전 1:16 등도 참조).[31)]

특히 요한복음 5장 45절의 εἰς ὃν ὑμεῖς **ἠλπίκατε** (ἐλπίζω [to hope]의 현재완료, 능동태)는 "너희가 소망을 두고 있는 자[모세]"라는 뜻이며, 빌립보서 2장 24절의 **πέποιθα** (πείθω [to trust, to persuade]의 현재완료, 능동태) δὲ ἐν κυρίῳ는 "그러나 나는 주님 안에서 확신한다"라는 뜻으로서 모두 현재의 상태를 표현하는 현재완료 시제-형태다. 여기에서 현재 시제-형태 대신 사용된 현재완료 시제-형태는 이전의 어느 시점에 형성된 소망이나 확신이 지속적인 성격을 가지고 있다는 점에서 현재보다 훨씬 강한 뜻을 가진다(요 11:27; 행 8:14; 롬 2:19; 5:2; 고전 15:3; 고후 1:10, 24; 몬 21; 히 2:18; 3:14; 요1 4:14; 계 3:17 등도 참조).[32)]

결과가 거의 구별되지 않기 때문이다. 여기에 속하는 동사로는 οἶδα(I know), ἕστηκα(I stand), πέποιθα(I trust), μέμνηναι(I remember) 등이 있다. Wallace, *Greek Grammar Beyond the Basics*, 579; BDF, § 341; McKay, "On the Perfect and Other Aspects," 297.

30) Wallace, *Greek Grammar Beyond the Basics*, 576.

31) Wallace, *Greek Grammar Beyond the Basics*, 576.

2. 완결된 동작을 표현하는 현재완료(The Perfect of completed action)

"완결된 동작을 나타내는 현재완료"는 현재의 상태나 결과보다는 그것을 산출한 이전의 완결된 동작이나 사건을 강조하는 용례이다. 이는 해당 결과가 있게 한 과거의 동작이 완결되었다는 의미에서 "완성된 완료"(consummative perfect)로 불리기도 하며, 이미 완결된 동작이나 사건이 현재에도 지속적으로 영향을 미치고 있다는 의미에서 "포괄적 완료"(extensive perfect)라고 불리기도 하지만,[33] 공히 발화시점의 상태나 결과보다는 이전의 동작이나 사건에 무게 중심이 놓여 있다고 볼 수 있다. 이러한 용례의 현재완료 시제-형태는 통상 과거로 번역하는 것이 자연스럽다.

예를 들어 요한복음 1장 34절의 **ἑώρακα** (ὁράω [to see, to catch sight of, to notice]의 현재완료, 능동태) καὶ **μεμαρτύρηκα** (μαρτυρέω [to bear witness]의 현재완료, 능동태) ὅτι οὗτός ἐστιν ὁ υἱὸς τοῦ θεοῦ는 "나는 이 사람이 하나님의 아들이라는 것을 보았고, 증언하였다"라는 뜻으로서, 여기에서는 세례자 요한이 이러한 증언을 할 수 있을 만큼 충분히 신뢰할만한 '목격 행위'(완결된 행위)에 강조점이 놓여 있다.
또한 로마서 5장 5절의 ἡ ἀγάπη τοῦ θεοῦ **ἐκκέχυται** (ἐκχέω [to pour out]의 현재완료, 수동태) ἐν ταῖς καρδίαις ἡμῶν은 "하나님의 사랑이 너희들의 마음에 부어졌다"라는 뜻으로 이 역시 현재적 구원의 근거가 되지만 이미 완결된 사건에 강조점이 놓여 있다.
사도행전 5장 28절의 ἰδοὺ **πεπληρώκατε** (πληρόω [to fill]의 현재완료, 능동태, 직설법) τὴν Ἰερουσαλὴμ τῆς διδαχῆς ὑμῶν은 "너희들은 너희의

---

32) BDF, §342; Burton, *Syntax of the Moods and Tenses*, 38(§77).

33) BDF, §342; Wallace, *Greek Grammar Beyond the Basics*, 577; Robertson, *A Grammar of the Greek New Testament*, 895.

가르침으로 예루살렘을 가득 채워버렸다"라는 뜻으로서 이제까지의 가르침이 현재의 결과를 야기했다는 의미가 담겨있다.

위의 예에서 분명하게 드러나는 바와 같이, "완결된 동작을 나타내는 현재완료"에서는 결과에 비해 이미 완결된 동작이나 사건에 강조점이 더 많이 놓여 있다. 그렇다고 해서 완료 시제가 표현하는 두 가지 요소 가운데 하나, 즉 '현재의 결과'가 도외시되는 것은 아니다.

예를 들어 고린도전서 15장 4절의 **ἐγήγερται** τῇ ἡμέρᾳ τῇ τρίτῃ("그는 셋째 날에 일으킴을 받으셨다")는 이미 완결된 사건을 강조하는 현재완료 시제-형태이지만, 당시 고린도전서 독자들에게 현재적으로 통용되고 있던 신앙적 함의들을 포함하고 있으며 이러한 신앙적 함의는 '부활 사건의 결과'이므로 '과거의 사건/현재의 결과' 중에서 어느 것에 초점이 맞추어져 있는지는 문맥을 통해서 결정되어야 한다. 앞선 항목에서 설명했듯이, 이 구절은 "현재적 상태를 나타내는 현재완료"로 분류될 수도 있다.[34)]

3. 그 외의 용례들

전술한 대표적인 용례들은 두 가지 시제-형태(현재와 부정과거)를 결합하는 현재완료 시제-형태의 특성상 자연스럽게 나타나는

34) 이를 결정하는 중요한 열쇠 가운데 하나는 '타동사'(transitive)가 과거의 완결된 동작을 강조하기 위해서 자주 사용된다는 사실이다. Wallace, *Greek Grammar Beyond the Basics*, 577; McKay, "On the Perfect and Other Aspects," 297. 반대의 경우를 위해서 위의 각주 21도 참조하라.

것들이다. 하지만 이 외에도 이러저러한 문맥적인 요소들과 어우러져 아래와 같이 다채로운 용례들이 나타난다.

가. 부정(不定) 현재완료(Aoristic Perfect)

"부정 현재완료"라고 불리는 용례의 현재완료에는 통상 어떤 사건을 매우 생생한 방식으로 묘사하기 위한 수사적인 수단으로 가끔 사용된다는 설명이 뒤따른다. 이러한 용례들은 현재의 결과에 대한 고려 없이 단순히 부정과거 시제-형태를 대신하여 사용된 현재완료 시제-형태로서, "극적 현재완료"(Dramatic Perfect) 또는 "역사적 현재완료"(Historical Perfect)라고도 불린다.[35] 통상적인 설명이 제시하는 이 용례의 취지는 "생생함(vividness)을 위하여 과거에 완결된 동작을 현재완료가 가진 현재 시점이라는 맥락에서 표현하는 것"이다.[36] 엄격한 문법적 개념에 의거한 용례라기보다 수사적 차원의 쓰임이라는 설명인 셈이다.[37] 이러한 설명에 따르면 이러한 용례의 현재완료 시제-형태들은 과거의 동작이나 사건이 현재에 어떤 결과를 가져왔는지를 거의 고려하지 않은 채, 해당 동작이나 사건이 현재 시점에서 보다 생생하게 느껴지도록 하는 의도를 전달하고 있다고 볼 수 있다.

하지만 이런 방식의 설명은 '시간'을 기준으로 시제-형태를 이해하는 견지에서만 의미를 가진다(위의 '극적 부정과거'에 대한 설명도 참조). 특히 이와 같은 설명은 시제-형태들을 마구잡이로 혼용(混

35) Wallace, *Greek Grammar Beyond the Basics*, 578.
36) 예컨대 Robertson, *A Grammar of the Greek New Testament*, 896.
37) Burton, *Syntax of the Moods and Tenses*, 38-39(§78, 80).

用)한다는 점을 인정하지 않는 한, 헬라 저자/화자가 부정과거 시제-형태를 선택해야 할 상황에 현재완료 시제-형태를 선택하는 이유를 설명하지 못하며,[38] 무엇보다 '극적 부정과거'와의 차이를 명확하게 해명하지 못한다. 따라서 오히려 이러한 용례들은 현재완료 시제-형태가 보여주는 두드러짐의 차이를 기준으로 해석하는 것이 더 자연스럽다.

예컨대, 사도행전 7장 35절의 τοῦτον ὁ θεὸς ··· **ἀπέσταλκεν** (ἀποστέλλω [to send]의 현재완료, 능동태)은 "이 사람[모세]을 하나님께서 보내셨다"라는 뜻이다. 이 경우 누가가 현재완료 시제-형태를 선택한 이유는 독자들(청중들)로 하여금 모세의 과거 파송상황을 보다 생생하게 느끼도록 하려는 데 있다기보다, 이 사건을 서사적으로 돋을새김하려는 데 있다(같은 절에 나오는 부정과거 시제-형태들과 비교해 보라).

또한 고린도후서 11장 25절의 τρὶς ἐρραβδίσθην, ἅπαξ ἐλιθάσθην, τρὶς ἐναυάγησα, νυχθήμερον ἐν τῷ βυθῷ **πεποίηκα** (ποιέω [to do, to make]의 현재완료, 능동태)는 "세 번 태장으로 맞고 한 번 돌로 맞고 세 번 파선하고 하루 밤 하루 낮을 깊은 바다에서 지냈다"라는 뜻으로서, 여기에서 바울은 세 번에 걸쳐 단순과거 시제-형태를 사용한 후 마지막으로 현재완료 시제-형태를 사용하는데, 이를 통해 일종의 '크레센도'(crescendo, 점강법[漸强法]) 효과를 노리고 있다고 볼 수 있다(마 13:46; 눅 9:36; 고후 2:13; 12:17; 약 1:24; 계 5:7; 7:14; 8:5; 19:3 등도 참조).

---

38) 실제로 BDF, §343(2)은 고후 11:25를 예로 들면서 부정과거 시제-형태 대신 현재완료 시제-형태를 선택한 특별한 이유가 없다고 단정한다! 이 시점에서 체르빅의 명쾌한 설명에 주의를 기울어야 한다: "부정과거와 현재 완료 사이의 선택은 객관적인 사실이 아니라 저자가 담아내고자 하는 완료 시제의 특별한 어감에 의해 결정된다는 점을 기억할 일이다." Zerwick, S.J., *Biblical Greek*, 97(§288).

나. 격언적 현재완료(Gnomic Perfect)

"격언적 현재완료"란 일반적인 확신이나 가상의 예들을 표현하는 현재완료 시제-형태로서, 포괄적인 경우나 속담 등을 언급하는 격언적인 성격을 가진다.[39]

예를 들어 요한복음 3장 18절의 ὁ δὲ μὴ πιστεύων ἤδη **κέκριται** (κρίνω [to judge, to decide]의 현재완료, 수동태)는 "믿지 아니하는 자는 이미 심판을 받은 것이다"라는 뜻으로 일반적인 사실을 진술하고 있다는 점에서 격언적 현재완료로 볼 수 있다.[40]
또한 로마서 7장 2절의 ἡ γὰρ ὕπανδρος γυνὴ τῷ ζῶντι ἀνδρὶ **δέδεται** (κρίνω [to judge, to decide]의 현재완료, 수동태) νόμῳ는 "왜냐하면 결혼한 여성은 법적으로 남편에게 매여 있다"라는 뜻으로서, 이 역시 일반적인 원칙을 서술하는 경우다(요 5:24; 고전 7:39 등도 참조).

다. 선취적 현재완료(Proleptic [futuristic] Perfect)

'선취적 현재완료'란 발화(發話) 시점을 기준으로 미래에 일어날 동작이나 사건으로부터 야기될 미래의 결과를 표현하는 현재완료 시제-형태이다.[41] 하지만 신약성경에는 매우 드물게 나타난다.

예를 들어, 로마서 13장 8절의 ὁ γὰρ ἀγαπῶν τὸν ἕτερον νόμον **πεπλή-**

---

39) BDF, §344; Wallace, *Greek Grammar Beyond the Basics*, 580.

40) 그러나 이미 시행된 결정적인 심판 행위에 초점이 맞추어져 있다는 점에서는 "완결된 동작을 나타내는 현재완료"로 볼 수도 있다.

41) Wallace, *Greek Grammar Beyond the Basics*, 581. 이러한 용례의 현재완료 시제-형태는 조건문의 귀결절에서 주로 나타나면서 전제절에 나타나는 주동사의 시점에 의존하게 된다.

ρωκεν (πληρόω [to fill]의 현재완료, 능동태)은 "다른 사람을 사랑하는 자는 율법을 성취하게 될 것이다"라는 의미로서 로마서의 독자들에게 아직 '사랑하는 행위'가 온전히 실천되지 못한 미래의 일이며, 그 일이 실천될 때 '율법의 성취'라는 미래적인 결과가 생겨날 것이라는 점을 함축하고 있다고 볼 수 있다(약 2:10; 5:2-3; 요1 2:5 등도 참조).[42]

하지만 현재완료 시제-형태가 서사나 논증에서 두드러짐을 표현하는 기능을 담당한다는 점을 기억하면, 이러한 용례들을 오로지 시간적인 차원에서만 볼 필요는 없다.[43]

라. 비유의 현재완료(Perfect of Allegory)

'시간'을 기준으로 시제-형태를 이해하는 학자들은 일부 용례를 '비유의 현재완료'로 분류하기도 한다.[44] 이들의 설명에 따르면, 이 범주에 속하는 용례들은 독자들이 비유적인 가치나 적용을 위한 가치를 지닌 것으로 여기게 할 목적으로 구약성경을 인용하는 경우에 사용된다. 이는 현재 상태를 표현하는 현재완료의 일종이지만, 범례적 성격을 강조한다는 뜻에서 차이가 있다는 것이다. 이러한 용례는 신약성경에 자주 쓰이지는 않지만, 특히 히브리서 저자가 구약의 사건들을 비유적으로 설명할 때 자주 나타난다.

이들은 구약의 저자들이 해당 사건을 비유적인 방식으로 묘사

---

42) BDF, § 344는 이를 별도의 용법으로 분류하지 않고 일반적인 확신이나 가상의 예들을 묘사하는 '격언적 현재완료'에 포함시킨다.

43) Porter, *Idioms of the Greek New Testament*, 41.

44) BDF, §342(5); Wallace, *Greek Grammar Beyond the Basics*, 581-82; Moule, *An Idiom Book of New Testament Greek*, 14-15.

한다고 볼 수는 없지만, 적어도 신약의 저자들은 그 사건들을 인용하거나 설명하면서 그것들이 지닌 '범례적 의미'(paradigmatic significance)에 초점을 맞춘다고 설명한다.[45] 예컨대 무울(C.F.D. Moule)은 이를 다음과 같이 설명한다:

> "이러한 해석 유형은 마치 구약의 서사를 [신약의 저자들과] '동시대'의 것으로 보고 그러저러한 사건이 '일어났다'(has happened)고 말하는 것과 같다. 사실 이러한 표현은 과거의 일이지만 여전히 현재적으로 관련을 맺고 있는 사건을 묘사하기 위해서 사용되는 헬라어 완료시제의 논리적인 확장이다."[46]

즉 신약의 저자들은 원래 부정과거 시제-형태로 표현되어야 하는 과거 구약 시대의 사건들을 현재완료 시제-형태로 표현함으로써 그러한 사건이 화석화된 과거의 사건이 아니라 현재에도 의미를 지니는 범례적인 사건이라는 점을 부각시킨다는 것이다.

> 예를 들어 히브리서 7장 6절의 ὁ δὲ μὴ γενεαλογούμενος ἐξ αὐτῶν **δεδεκάτωκεν** (δεκατόω [to collect or receive tithes from]의 현재완료, 능동태) Ἀβραὰμ καὶ τὸν ἔχοντα τὰς ἐπαγγελίας **εὐλόγηκεν** (εὐλογέω [to bless]의 현재완료, 능동태)는 "족보도 없는 그[멜기세덱]가 아브라함에게 십일조를 받고, 약속을 가진 그[아브라함]를 축복하였다"라는 뜻이다. 이는 원래 부정과거 시제-형태로 묘사되어야 할 사건이지만 저자는 현재완료 시제-형태를 사용함으로써 멜기세덱 사건이 단순히 과거의 사건이 아니라, 그리스도의 현재적 권위와 사역을 범례적으로 보여주는 사건이라는 점을 강조한다(요 6:32; 갈 3:18; 4:23; 8:5; 11:28 등도 참조).

---

45) Wallace, *Greek Grammar Beyond the Basics*, 582.

46) Moule, *An Idiom Book of New Testament Greek*, 15.

물론 이러한 설명은 부정과거 시제-형태가 '과거'의 사건을 단순히 언급하는 반면, 현재완료 시제-형태는 그것의 '현재적' 결과(또는 그에 따른 영향)를 표현한다는 시간적 이해에 기초하고 있다. 하지만 현재완료 시제-형태가 서사나 논증에서 두드러짐을 표현하는 기능을 담당한다는 점을 기억하면, 앞의 용례와 마찬가지로 이 용례들도 오로지 시간적인 차원에서만 볼 필요는 없다. 오히려 현재완료 시제-형태가 '현재적 권위'를 표현하는 이유는 이 시제-형태가 '현재적 결과'를 나타내기 때문이 아니라, 본문 중에서 해당 내용이 최전경(frontground)에 두드러지도록 저자가 바로 이 시제-형태를 선택했기 때문이다.[47)]

마. 현재완료의 완곡어법 형태(Periphrastic form of the Perfect)

현재완료의 완곡어법 형태는 εἰμί(to be)의 현재형에 현재완료 분사를 첨가함으로써 형성되며, 신약성경에도 흔히 나타난다. 기능적으로 볼 때, 완곡어법은 "현재 상태를 나타내는 현재완료"에 비해 해당 동사가 묘사하는 상태를 더욱 분명하게 강조한다.[48)]

예를 들어 누가복음 20장 6절의 **πεπεισμένος** (πείθω [to persuade]의 현재완료, 수동태, 분사) γάρ **ἐστιν** Ἰωάννην προφήτην εἶναι는 "요한이 선지자라는 사실이 인정되고 있기 때문이다"라는 뜻으로서, 세례 요한의 정체와 관련하여 당대의 백성들 사이에서 공유되고 있던 요한에 대한 평가나 태도를 묘사한다(마 16:19; 18:18[49)]; 눅 12:6; 23:15; 요 2:17;

47) Zerwick, S.J., *Biblical Greek*, 97(§288).
48) Burton, *Syntax of the Moods and Tenses*, 40(§84).
49) 마태복음 16장 19절과 18장 18절에는 특이하게도 εἰμί의 미래 시제-형

3:27; 6:31, 45; 12:14; 16:24; 17:23; 행 2:13; 21:33; 25:10; 롬 7:14; 고후 4:3; 엡 2:5, 8; 히 4:2; 약 5:15; 요1 1:4 등도 참조).

하지만 다른 시제-형태의 완곡어법 구문과 마찬가지로, 조동사(통상 εἰμί, 경우에 따라서는 γίνομαι[50])와 분사 사이에 분사를 직접 수식하는 어구를 제외한 다른 어구가 올 경우, 이는 완곡어법으로 볼 것이 아니라 두 동사를 별개로 봐야 한다.[51]

위의 예들에서 살펴본 것처럼, 각 시제-형태들이 가리키는(것처럼 보이는) 시점이 상당부분 겹치는 탓에, '시간'만을 기준으로 시제-형태들의 의미를 판단하다보면 저자/화자가 각 시제-형태들을 구별하여 사용하는 이유를 파악하기가 쉽지 않다. 따라서 이러한 설명을 고집하면 신약성경 저자들이 많은 경우에 시제-형태를 별다른 구별 없이 혼용(混用)한다는 결론에 도달할 수밖에 없다.

하지만 이런 식의 설명은 적어도 이론적인 측면에서도 설득력을 갖기 힘들다. 오히려 각 시제-형태들이 동작상을 기준으로 구성하는 이항대립 구조들과 그에 따른 함의의 차이, 그리고 다채로운 결과적 *Aktionsart* 등을 염두에 두면서 전후 문맥과 어휘적 특성, 서사나 논리의 전개 방식 등을 세심하고 면밀하게 두루 살필 일이다(위의 2장 해당 설명을 보라).

태(ἔσται)와 현재완료 분사가 쓰인다. 관련 논의를 위해서는 S. Porter, "Vague Verbs, Periphrastics, and Matthew 16:19," in idem, *Studies in the Greek New Testament: Theory and Practice*, 103-23을 보라.

50) BDF, §354.

51) Porter, *Idioms of the Greek New Testament*, 45-46.

8. 과거완료 시제-형태

(Pluperfect Tense-form)

과거완료 시제-형태는 신약성경에 그리 자주 나타나지 않는다. 월레스가 제시하는 통계에 따르면 단순한 형태의 과거완료 시제-형태는 신약성경에 총 86회 나타날 뿐이며, 일부 완곡어법 구문이 함께 쓰인다.[1] 하지만 현재완료 시제-형태와 마찬가지로, 과거완료 시제-형태가 본문에서 쓰일 경우 저자/화자 편에서의 의도적인 선택이 전제되어 있다.[2] 따라서 과거완료 시제-형태를 통해서 표현하고자 하는 저자/화자의 의도를 파악하는 것은 석의나 본문해석 과정에서 결코 무시해서는 안 되는 중요한 작업이다.

다행히 현재완료 시제-형태에 대해서 설명한 내용이 과거완료 시제-형태에도 고스란히 적용될 수 있다. 과거완료 시제-형태에 대한 정의(定義)도 마찬가지이다. 통상적인 설명에 따르면, 현재완료 시제-형태를 현재 시제와 부정과거 시제를 결합한 것으로 설명할 수 있는 반면(위의 설명을 보라), "과거완료 시제는 미완료 시

1) Wallace, *Greek Grammar Beyond the Basics*, 583.

2) Zerwick, S.J., *Biblical Greek*, 97(§288).

제와 부정과거 시제를 결합한 것"이라고 규정할 수 있다는 점에서 차이가 있을 뿐이다.[3] 말하자면, 과거완료 시제-형태는 발화시점을 기준으로 "과거에 이미 완결되었고 그 결과도 과거에 지속된 동작이나 상황을 표현한다"는 것이다.[4]

하지만 현재완료 시제-형태의 경우에서처럼 이 시제-형태도 동작이나 상황의 "양 끝을 동시에 보고 있기"[5] 때문에 해석에 있어서 다소간 혼란이 야기된다. 즉 과거완료 시제-형태는 '과거'에 완결된 동작의 '당시' 결과를 표현하는데, 이 중에서 어느 것에 초점을 맞출 것이냐에 따라 해석적인 강조점이 달라질 수 있다.

물론 전술한 바와 같이, 이는 애초부터 올바른 접근 방식이 아니다(위의 현재완료 시제-형태에 관한 설명을 보라). 오히려 가장 우선적으로 제기되어야 하는 질문은 의미론적으로 과거완료 시제-형태가 표현하는 동작상(저자/화자의 관점)은 무엇이며, 그것이 화용론적으로 어떻게 쓰이는지(시제-형태가 표현하는 객관적 상황)에 관한 것이어야 한다. 과거완료 시제-형태가 문맥에 따라 이러저러한 시간적 전후 관계를 가리킬 수 있지만, 이는 항상 부차적인 질문에 그쳐

---

3) BDF, §347.

4) Wallace, *Greek Grammar Beyond the Basics*, 583. 따라서 발화시점에 결과가 존속되느냐 여부는 문맥으로 파악할 수 있을 따름이다. 또한 Zerwick, S.J., *Biblical Greek*, 98(§290); Moule, *An Idiom Book of New Testament Greek*, 16; Burton, *Syntax of the Moods and Tenses*, 44(§89); Robertson, *A Grammar of the Greek New Testament*, 903; Smyth, *Greek Grammar*, 434(§1945); Goodwin, *Syntax of the Moods and Tenses*, 13-14(§42, 44) 등에 나오는 유사한 설명들을 보라.

5) Gildersleeve, *The Syntax of the Simple Sentence Embracing the Doctrine of the Moods and Tenses*, 99. Robertson, *A Grammar of the Greek New Testament*, 893에서 재인용.

야 한다.

하지만 오로지 시간만을 기준으로 하자면, 과거완료 시제-형태는 늘 '과거'를 언급하는 것처럼 보인다.[6] 따라서 '시간'을 지시하기 위해서라면, 어떤 저자/화자가 부정과거 시제-형태를 배제하고 대신 과거완료 시제-형태를 선택할 때의 유익은 기껏해야 문체적인 다양성을 꾀할 수 있다는 것뿐이다. 그러나 누차 지적했듯이, 시제-형태를 통해서 표현되는 시간적인 의미는 다양한 문맥적 요소들과 어우러진 결과일 뿐, 시제-형태 자체에 본래부터 내재된 것은 아니다. 그러니 매 경우마다 '시간'이 아니라, 저자/화자가 다른 시제-형태를 배제하고 유독 과거완료 시제-형태를 선택한 '특별한' 의도를 먼저 파악해야 한다. 바로 이 지점에서 상태적 동작상이라는 내재적 의미와 상대적인 '두드러짐'이라는 화용론적 기능이 빛을 발한다.

I. 내재적 의미: 과거완료 시제-형태의 기본 용법

'동작상'(aspect)의 관점에서 보자면 과거완료 시제-형태는 상태적 동작상(stative aspect)으로서, 저자/화자가 해당 동작이나 상황의 복합적인 상태(state of affairs in existence)에 주목하는 경우에 주로 사용된다.[7] 동작상의 차원에서만 보자면, "화자가 염두에 두는 문법적 주어의 상태(state)나 조건(condition)을 문법화한다"는 점에서 현

6) BDF, §347(3).

7) McKay, *A New Syntax of the Verb*, 51; Wallace, *Greek Grammar Beyond the Basics*, 583; Porter, *Verbal Aspect*, 289; idem, *Idioms of the Greek New Testament*, 20-21.

재완료 시제-형태와 동일하다.[8)]

'동작의 종류'(*Aktionsart*)라는 견지에서 보더라도 상태적 동작상인 과거완료 시제-형태는 이러저러한 문맥적 요소들과 어우러져 '선적'(linear)인 동작, 즉 진행적(progressive)이거나 반복적(iterative)이거나 지속적(durative)인 동작뿐만 아니라 '점적인'(punctiliar) 동작을 모두 표현한다.[9)] 다만 강조점이 결과/상태에 놓여 있을 뿐이다.[10)]

II. 화용론적 용례들

과거완료 시제-형태가 내재적으로 해당 동작이나 상황의 상태/조건에 주목하는 저자/화자의 관점을 담고 있지만, 이것이 실제 텍스트에서 사용될 때는 자연스럽게 이러저러한 문맥적 요소들과 어우러지게 된다. 그 결과 과거완료 시제-형태는 다양한 동작의 종류(*Aktionsart*), 또는 상황을 표현하게 된다. 아래는 과거완료 시제-형태가 보여주는 대표적인 화용론적 용례들이다.

1. 서사적인 텍스트에서의 기능

과거완료 시제-형태는 주로 과거 사건들을 언급하는 장르인 서

8) Porter, *Verbal Aspect*, 289. 이전의 동작이나 상황이 전제되거나 암시되어 있는지 여부에 대해서는 현재완료 시제-형태의 경우와 동일한 설명이 가능하다(앞의 해당 내용을 보라).

9) BDF, §347; Wallace, *Greek Grammar Beyond the Basics*, 583.

10) 이에 따라 발화 시점에 결과가 존재하지 않는 동작이나 상황은 주로 부정과거로 표현된다.

사(narrative)에 사용되며,11) 현재완료 시제-형태와 다른 기능을 수행한다. 즉 미완료 시제-형태와 현재 시제-형태의 관계와 마찬가지로, 과거완료 시제-형태도 현재완료 시제-형태에 비해 두드러짐이 덜하고, 관점 상으로도 상대적 거리감을 표현한다.12) 이에 따라 과거완료 시제-형태는 서사의 여러 층위들 중에서 부가적 설명이나 묘사 등 최전경(frontground)에 부각되는 층위 중에서 현재완료 시제-형태에 비해 다소 거리감이 있는 요소들을 표현한다.13)

> 예를 들어 사도행전 20장 37-38절에서 누가는 부정과거 시제-형태를 활용하여 배경이 되는 장면을 서술한 후([모두가 실컷] 울었다[ἐγένετο], 무릎을 꿇고서[ἐπιπεσόντες]), 미완결적 시제-형태들(현재, 미완료)을 활용하여 구체적인 상황을 묘사한다(입을 맞추었다[κατεφίλουν], [특히] 슬퍼하였다[ὀδυνώμενοι], 배웅하였다[προέπεμπον]). 이에 반해 과거완료 시제-형태를 활용하여서는 이 모든 일을 야기한 바울의 진술을 언급한다([그가] 말했다[εἰρήκει]). 이러한 시제-형태 선택을 통해 누가는 장면의 배경과 그 장면이 언급하는 구체적인 상황, 그리고 그 중에서도 특별히 주목해야 할 선별적인 요소의 두드러짐 정도에 분명한 차등을 둔다(또한 막 10:1; 14:44; 15:7, 10; 요 11:13; 행 19:32도 참조).14)

이에 반해 신약성경의 비-서사적인 텍스트(서신서)에서 쓰이는 예는 단 3개 밖에 없기 때문에(롬 7:7; 요1 2:19; 계 7:11), 이렇다 할

11) 신약성경에서 과거완료는 복음서와 사도행전을 제외하면 오직 세 번만 쓰인다(롬 7:7; 요1 2:19; 계 7:11). Porter, *Verbal Aspect*, 289.

12) McKay, "On the Perfect and Other Aspects," 322-23; Porter, *Verbal Aspect*, 289; Campbell, *Verbal Aspect*, 229-33.

13) Fanning, *Verbal Aspect*, 306-307; Porter, *Verbal Aspect*, 289; Campbell, *Verbal Aspect*, 233-37.

14) McKay, "On the Perfect and Other Aspects," 322-23.

원칙을 제시하기는 힘들다. 하지만 이 경우에도 저자/화자가 다른 시제-형태를 선택하지 않고 과거완료 시제-형태를 선택한 이유를 파악해야 함은 물론이다. 전술한 바와 같이, 이 과정에서는 시간적인 요소를 의도적으로 배제해야 한다. 즉 저자/화자가 발화시점을 기준으로 전후의 어느 시점을 지칭하는지 묻는 것이 일차적인 질문이 되어서는 안 된다는 말이다.[15] (과거의) 시점을 언급하기 위해서라면, 부정과거 시제-형태나 미완료 시제-형태를 사용하거나 이러저러한 문맥적 요소들을 활용하는 것으로 충분하다. 그럼에도 헬라 저자/화자들은 과거완료 시제-형태들을 활용하여 보다 다양한 어감을 표현하는 "사치"를 누린다.[16]

예를 들어 요한1서 2장 19절의 ἐξ ἡμῶν ἐξῆλθαν ἀλλ' οὐκ ἦσαν ἐξ ἡμῶν εἰ γὰρ ἐξ ἡμῶν ἦσαν, **μεμενήκεισαν** (μένω [to remain]의 과거완료, 능동태) ἂν μεθ' ἡμῶν("그들은 우리에게서 나갔지만 우리에게 속하지 않았다. 왜냐하면 만일 그들이 우리에게 속한다면 우리와 함께 머물렀을 것이다")에서, 과거완료 시제-형태는 '과거'라는 시간을 지칭하지 않는다.[17] 요한1서 저자는 2장 전체에서 μένω 동사를 11번이나 사용하면서 이 주제를 강조하는데, 이 가운데 단 2회를 제외하면 법을 막론하고 모두 현

---

15) Zerwick, S.J., *Biblical Greek*, 98(§290); Robertson, *A Grammar of the Greek New Testament*, 903. 반드시 '시간'을 표현하기 위함은 아니지만, 그렇다 하더라도 헬라작가들은 이 경우 동작상을 고려하여 부정과거 시제-형태나 미완료 시제-형태를 사용한다.

16) Robertson, *A Grammar of the Greek New Testament*, 903. 실제로 후대로 갈수록 이러한 섬세한 구별은 점차 사라지며, 주후 4-5세기에 이르면 완료 시제-형태 자체가 부정과거에 자리를 내주게 된다. 아래의 각주 26을 보라.

17) Porter, *Verbal Aspect*, 288; McKay, "On the Perfect and Other Aspects," 323은 μεμενήκεισαν의 강조점이 현재 상황에 놓여 있다고 해석한다.

재 시제-형태를 선택한다. 이 중에서 한 번은 하나님이나 청중/독자가 아니라 '들은 것'이라는 추상적 내용을 지칭하는 경우이고, 나머지 한 번(19절, μεμενήκεισαν)이 대적자들의 행위를 지칭하는 경우이다. 따라서 요한1서 저자는 이러한 시제-형태 선택을 통해 대적자들의 행태를 부정적으로 부각시키는 동시에(현실과 반하는 조건문을 활용하여), 이를 하나님과 청중/독자들에게 기대되는 행위와 구별한다고 볼 수 있다(롬 7:7; 계 7:11도 보라).

한편, 문맥상 현재완료 시제-형태와 마찬가지로 저자가 과거완료 시제-형태를 활용할 때에는 동작의 결과와 완결성이라는 두 가지 중에서 어느 하나를 강조하게 되는 경우가 많다. 그러므로 저자가 이 두 가지 중에서 어느 것을 강조하느냐에 따라 과거완료 시제-형태의 화용론적 용례는 크게 "결과를 강조하는 과거완료"(Resultative Pluperfect)와 "완결성을 강조하는 과거완료"(Consummative Pluperfect)로 구별된다.

2. 결과를 강조하는 과거완료(Resultative Pluperfect)

"결과를 강조하는 과거완료"는 문맥상 과거 시점에 존재했던 결과에 강조점이 놓여 있다.[18] 그러나 과거완료 시제-형태는 부정과거 시제-형태와 분명히 구별된다. 완결적 동작상인 부정과거 시제-형태는 동작의 결과적인 '상태'를 나타내기 위해서 사용되지

18) BDF, §347; Wallace, *Greek Grammar Beyond the Basics*, 584; Zerwick, S.J., *Biblical Greek*, 98(§290); Moule, *An Idiom Book of New Testament Greek*, 16; Burton, *Syntax of the Moods and Tenses*, 44(§90); Robertson, *A Grammar of the Greek New Testament*, 904.

않는다는 점에서 이 시제-형태와 다르다.[19] 뿐만 아니라 과거완료 시제-형태는 미완료 시제-형태와도 구별된다. 미완결적 동작상인 미완료 시제-형태는 동작 자체를 진행적인 것으로 묘사하는 반면 과거완료 시제-형태는 해당 동작에서 기인한 '결과'가 지속되고 있다는 점을 묘사하기 때문이다.[20]

그러나 현재완료와 마찬가지로 이러한 용법의 과거완료 역시 단순히 강조점의 차이에 따른 것이므로, 해석적인 강조점에 따라 '동작이나 사건의 완결을 강조하는 과거완료'로 분류될 수도 있다.

예를 들어 누가복음 4장 29절의 ἤγαγον αὐτὸν ἕως ὀφρύος τοῦ ὄρους ἐφ' οὗ ἡ πόλις **ᾠκοδόμητο** (οἰκοδομέω [to build]의 과거완료, 수동태)는 "그들이 그[예수]를 그 도시가 건설된 산 낭떠러지까지 끌고 갔다"라는 뜻이다. 이 문장은 과거완료 시제-형태가 무엇을 표현하고, 동시에 무엇을 말하지 않는지를 잘 보여주는 좋은 예라고 할 수 있다. 즉 과거완료 시제-형태인 ᾠκοδόμητο는 문맥상 과거의 어느 시점에 도시가 건설되었으며 그 건설 작업의 결과 이 사건이 발생하였을 당시, 즉 발화시점(복음서를 기록할 당시)을 기준으로 할 때 '과거'에 그 도시가 여전히 존재하고 있었다는 것을 말하고 있다. 그렇다고 해서 발화시점을 기준으로 할 때의 현재, 즉 누가 당대에 그 도시가 더 이상 존재하지 않았다는 것을 암시하고 있는 것은 결코 아니다.

또한 요한복음 6장 17절의 ἐμβάντες εἰς πλοῖον ἤρχοντο πέραν τῆς θαλάσσης εἰς Καφαρναούμ. καὶ σκοτία ἤδη **ἐγεγόνει** (γίνομαι [to become]의 과거완료, 능동태, 직설법)는 "그들은 배에 올라 호수 건너 가버나움으로 가기 시작했다. 그런데 이미 날이 어두워졌다"라는 뜻이다. 여기에서 과

19) BDF, §347(2). 그러므로 과거의 어떤 동작이나 사건이 이후에 이어지는 과거의 시간에 지속되는 결과를 야기하지 않고 단순히 발생한 것이라면 완료시제가 아니라 부정과거 시제가 사용되어야 한다.

20) Zerwick, S.J., *Biblical Greek*, 98(§290).

거완료 시제-형태인 ἐγεγόνει는 문맥상 배에 오르기 전에 이미 일어난 일의 결과/상태를 표현하는데, 이는 ἤδη[이미]라는 부사를 통해서 더욱 분명하게 표현된다.

흥미로운 용례는 갈라디아서 4장 3절이다. 바울은 이 구절에서 ὅτε ἦμεν νήπιοι, ὑπὸ τὰ στοιχεῖα τοῦ κόσμου **ἤμεθα δεδουλωμένοι** (δουλόω [to enslave]의 현재완료, 수동태, 분사, "우리가 유아였을 때는 세상의 초등학문에 의해 노예노릇 하였다")고 진술한다. 여기에서 바울은 과거완료의 완곡어법을 활용하여 과거의 상태를 언급한다. 즉 과거완료 시제-형태 자체가 '과거'라는 시간적 의미를 내재한 것은 아니지만, εἰμι 동사의 미완료 형태(εἰμι 동사는 동작상의 측면에서 모호하며, 이에 따라 주로 시점을 표현한다)를 통해 과거라는 시점을, δεδουλωμένοι를 통해 그 당시의 상태를 표현하는 것이다(또한 마 9:36; 막 15:7; 눅 4:17, 41; 요 11:44; 행 14:23; 19:32 등도 참조).

3. 완결성을 강조하는 과거완료(Consummative Pluperfect)

"동작이나 사건의 완결성을 강조하는 과거완료"는 결과에 대한 강조보다는 과거 시점에 어떤 동작이 완결된 것을 강조하는 과거완료 시제-형태의 용례다. 신약성경에서 이러한 용례는 결과를 강조하는 용례에 비해 상대적으로 자주 나타나며, 특히 요한복음에서 흔히 쓰인다.[21]

예를 들어 누가복음 22장 13절의 ἀπελθόντες δὲ εὗρον καθὼς **εἰρήκει** (λέγω [to say]의 과거완료, 능동태) αὐτοῖς καὶ ἡτοίμασαν τὸ πάσχα는

21) Wallace, *Greek Grammar Beyond the Basics*, 585; Moule, *An Idiom Book of New Testament Greek*, 16; Burton, *Syntax of the Moods and Tenses*, 44(§89); Robertson, *A Grammar of the Greek New Testament*, 904.

"그들은 떠나서 그[예수]가 자신들에게 말씀하신 바와 같다는 것을 알고 유월절을 준비하였다"라는 뜻이다. 또한 요한복음 4장 8절의 οἱ γὰρ μαθηταὶ αὐτοῦ **ἀπεληλύθεισαν** (ἀπέρχομαι [to go away]의 과거완료, 능동태) εἰς τὴν πόλιν은 "왜냐하면 그의 제자들은 그 도시로 들어갔기 때문이었다"라는 뜻이다(또한 막 14:44; 15:46; 눅 8:2; 요 1:24; 4:8; 9:22; 행 8:27; 9:21; 20:38 등도 참조).

재차 강조하지만, 여기에 사용된 과거완료 시제-형태들은 어떤 일이 '과거'에 이미 완결되었다는 것을 전달하기 위해서 선택된 것이 아니다. 그럴 경우라면 부정과거 시제-형태로 충분했을 것이기 때문이다.[22] 이러한 용례들을 우리말로 옮기기는 쉽지 않지만, 해석자라면 '풀어쓰기'를 통해서라도 해당 시제-형태가 머금고 있는 의미(상태적 동작상)와 그것이 문맥을 통해 구현되는 함의(어디에 방점이 찍혀 있는지 여부 등)를 면밀히 판단하여 전달해야 한다.

4. 단순히 '과거 시점'을 지칭하는 과거완료

주로 '시간'을 기준으로 시제-형태를 이해하려는 학자들은 일부 동사들이 종종(또는 배타적으로) 통상적인 완료 시제-형태의 동작상을 표현하지 않으면서도 현재완료나 과거완료 시제-형태로만 사용된다고 설명한다. 예컨대, οἶδα (εἴδω [to see]의 현재완료 시제-형태로서 의미는 현재이며, 과거완료 시제-형태는 ᾔδειν)가 대표적인 동사이며, 다른 동사들도 동일한 방식으로 사용된다는 것이다. 예로 거론되는 동사들은 ἵστημι [to stand], εἴωθα [to be accustomed], πείθω [to persuade], παρί-

22) BDF, §347(2); Zerwick, S.J., *Biblical Greek*, 98(§290).

στημι [to make to stand] 등이다.[23)]

이런 설명에 따르면, 이 동사들은 전형적으로 상태를 나타내는 동사들(stative verbs)이며, 모든 경우에 있어서 이러한 형태의 과거완료는 '어휘적으로 강요된 것'(lexical intrusion)일 따름이다.[24)] 그러므로 이러한 용례의 과거완료 시제-형태들은 단순히 '과거'의 의미를 가진 것으로 이해되어야 한다는 것이다.

하지만 우리는 여기에서 다시 한 번 저자/화자가 단순히 미완료나 부정과거 시제-형태가 아니라 구태여 과거완료 시제-형태를 선택한 '사치스러운' 이유가 있는 것은 아닌지 물어야 한다.[25)] 신약성경 헬라어 체계 내에서 이미 완료 시제-형태의 사용이 현저히 줄어들고 점차 부정과거 시제-형태로 대체되는 현상이 진행되고 있다는 사실이 입증되지 않는 한,[26)] 시제-형태들에 대한 모든 해석과 설명은 해당 시제-형태가 주로 표현하고자 하는 본래적 차원, 즉 내재적 의미인 동작상이나 문맥에 따른 화용론적 함의인 *Aktionsart*의 차원에서 이루어져야 하는 것이다.

---

23) Wallace, *Greek Grammar Beyond the Basics*, 586.

24) Wallace, *Greek Grammar Beyond the Basics*, 586.

25) Robertson, *A Grammar of the Greek New Testament*, 903. 어쩌면 언어에도 엔트로피 법칙이 적용되는지 모른다. 고전어의 엄격함과 '사치스러움'은 후대의 빈한하고 상투적인(κοινή) 언어 환경에서 볼 때 쉽게 상상하기 힘들다. 물론 이러한 사정이 어떤 위계(位階)를 상정하는 것은 아니지만 말이다.

26) 터너(N. Turner)가 *Syntax*. vol. 3 of *A Grammar of NT Greek*, by J.H. Moulton (Edinburgh: T&T Clark, 1963), 81-83에서 그렇게 주장하지만, 이러한 현상은 통상 주후 4-5세기에 일어났다고 평가된다. McKay, "On the Perfect and Other Aspects," 281; Porter, *Verbal Aspect*, 270-73을 보라.

예를 들어 마가복음 1장 34절의 οὐκ ἤφιεν λαλεῖν τὰ δαιμόνια, ὅτι **ᾔδεισαν** (οἶδα [to know]의 과거완료, 능동태, 직설법) αὐτόν은 "그[예수]는 귀신들이 말하는 것을 허락하지 않았다. 왜냐하면 그들이 그를 알고 있이었기 때문이다"라는 뜻인데, 이 경우도 ᾔδεισαν이 형태상으로는 과거완료 시제-형태지만 실제로는 부정과거 시제-형태를 대신해서 사용된 것처럼 보인다. 하지만 마가가 이 시제-형태를 선택한 이유는 단순히 '과거'라는 시점을 지시하기 위함이 아니라, 악령들의 인식 상황에 대한 설명적인 주석을 덧붙이기 위함이다.[27]

뿐만 아니라 요한계시록 7장 11절의 πάντες οἱ ἄγγελοι **εἱστήκεισαν** (ἵστημι [to stand]의 과거완료, 능동태) κύκλῳ τοῦ θρόνου는 "모든 천사들이 보좌 주위에 서 있었다"라는 뜻으로서 εἱστήκεισαν이 형태상으로는 과거완료 시제-형태지만 실제로는 단순히 부정과거 시제-형태를 대신해서 사용된 것처럼 보인다. 하지만 이 경우도 '시점'이 아니라 '상태'를 부각시키기 위해 사용된 것으로 보는 것이 더 자연스럽다.[28]

5. 과거완료 시제-형태의 완곡어법

과거완료 시제-형태의 완곡어법은 εἰμί 동사의 미완료 형태에 완료분사를 결합시킴으로써 만들어진다. 이러한 형태의 과거완료는 신약성경에서 다소 빈번하게 나타난다.[29] 신약성경에서는 완곡어법 형태가 특별한 통일성 없이 현존하는 상태를 묘사하기 위해서 자주 사용된다.[30] 버튼의 평가에 따르면, 전체 용례의 1/3

---

27) Decker, *Temporal Deixis*, 111-12.

28) McKay, "On the Perfect and Other Aspects," 296-97.

29) Moule, *An Idiom Book of New Testament Greek*, 19; Burton, *Syntax of the Moods and Tenses*, 45(§91); Porter, *Idioms of the Greek New Testament*, 48; Robertson, *A Grammar of the Greek New Testament*, 904.

가량은 결과를, 2/3가량은 완결성을 강조한다.[31]

예를 들어 누가복음 2장 26절의 καὶ **ἦν** (εἰμί [to be]의 미완료, 능동태) αὐτῷ **κεχρηματισμένον** (χρηματίζω [to instruct, reveal]의 현재완료, 수동태, 분사) ὑπὸ τοῦ πνεύματος τοῦ ἁγίου는 "그것[죽기 전에 그리스도를 볼 것이라는 계시]은 성령에 의해서 그녀에게 계시된 것이었다"라는 뜻으로서, 발화시점을 기준으로 과거에 일어난 일의 현재적 결과를 강조하는 완곡어법이다(또한 막 15:46; 눅 4:16; 5:17; 8:2; 9:45; 15:24; 23:53; 요 3:24; 19:11, 19, 41; 행 8:16; 13:48; 갈 2:11; 4:3 등도 참조).[32]

하지만 다른 완곡어법 구조와 마찬가지로 과거-완료 시제형태도 조동사(통상 εἰμι)와 분사 사이에 분사를 직접 수식하는 어구를 제외한 다른 어구가 올 경우, 완곡어법으로 볼 것이 아니라 두 동사를 별개로 봐야 한다(이 경우 분사는 서술적으로 쓰였다).[33] 구문의 차이는 무시할 수 없는 의미 차이를 가져오기 때문에, 둘 사이를 면밀하게 구분해야 한다.

예를 들어 마태복음 26장 43절의 **ἦσαν** (εἰμί [to be]의 미완료, 능동태) γὰρ αὐτῶν οἱ ὀφθαλμοὶ **βεβαρημένοι** (βαρέω [to burden, weigh down]의

30) 고전 헬라어에서는 유음 동사(liquid verb)나 폐쇄음 동사(mute verb)의 경우 발음상의 이유로 3인칭 복수 활용형에서 과거완료 시제-형태의 완곡어법이 일괄적으로 사용되었고, 다른 동사들의 경우 간헐적으로 사용되었다. Robertson, *A Grammar of the Greek New Testament*, 906; Burton, *Syntax of the Moods and Tenses*, 45(§91).

31) Burton, *Syntax of the Moods and Tenses*, 45(§91); Robertson, *A Grammar of the Greek New Testament*, 906. 또한 Moule, *An Idiom Book of New Testament Greek*, 19의 비판적인 검토도 보라.

32) Moule, *An Idiom Book of New Testament Greek*, 19

33) Porter, *Idioms of the Greek New Testament*, 45-46.

현재완료, 수동태, 분사)는 "그들의 눈이 무거웠기 때문이었다"라는 뜻으로, 여기에서 βεβαρημένοι는 서술적인 형용사로 쓰여 발화 당시 제자들의 상태를 표현하지만 그 상태 자체를 더욱 부각시키는 완곡어법은 아니다.

물론 용례들을 위에서처럼 구별하는 것은 절대적인 것이 아니라 '강조점의 차이'일 따름이다. 그럼에도 불구하고 우리는 이 시점에서 현재완료 시제-형태를 설명하면서 서두에 소개한 모울턴(J.H. Moulton)의 평가를 기억할 필요가 있다.[34] 현재와 과과를 막론하고 완료 시제-형태는 여타 시제-형태, 즉 현재 시제-형태나 부정과거 시제-형태, 미래 시제-형태나 미완료 시제-형태 등에 비해 사용 빈도가 낮지만, 본문에서 이 시제가 사용될 경우에는 저자 편에서의 의도적인 선택이 전제되어 있으므로, 본문을 면밀하게 분석하고 이해하기 위해서는 반드시 해당 완료 시제-형태의 정확한 용례를 확인할 필요가 있다.

---

34) "완료 시제야말로 모든 헬라어 시제 중에서 주석적으로 가장 중요한 시제이다." Moulton, *A Grammar of New Testament Greek*, vol. 1. *Prolegomena*, 140.

태(Διάθεσις)

9. 태의 문법적 개념*

I. "누가 이름을 함부로 짓는가?"

'중간태'(middle voice)를 포함하는 '태' 체계는 헬라어의 가장 두드러진 특징 가운데 하나이다.[1] 하지만 아쉽게도 '태'라는 문법용어는 이러한 독특한 성격을 잘 대변하지 못한다. '태'라는 명명법이 이 문법 범주가 부각시키려는 내용을 충실하게 반영하지 못한다는 인식은 실제로 '태'를 설명하려는 학자들이 심심찮게 제기하는 불만이다. 일례로 미국의 저명한 고전학자였던 길더슬리브(B.L.

* 본 장과 다음 장은 장성민, "마가의 태(態) 사용 방식 연구: αἰτέω 동사를 중심으로," 『신약논단』 24/1 (2017), 1-35 중에서 태의 문법적 개념을 설명하는 9-20의 내용을 상당부분 수정, 증보한 것으로서, 『신약논단』의 허락을 받아 다시 사용한 것이다. 이를 허락해 준 『신약논단』 편집위원회에 감사드린다.

1) 역사적으로 볼 때, 중간태는 수동태보다 먼저 생겨났지만 이후 헬라어가 변천을 거치는 과정에서 수동태에게 자리를 내어주고 소멸되었다. 완료 시제-형태도 비슷한 과정을 거쳤지만, 중간태의 경우는 신약성경에서 이미 이러한 현상이 나타나기 시작한다. BDF, §307; Zerwick, S.J., *Biblical Greek*, 72(§170).

Gildersleeve)는 독일어권에서 헬라어 문법용어인 '태'(διάθεσις, voice)를 *genera*(γένη, genus의 복수형)라고 칭하는 상황을 두고 "일견(一見) 성(genders)과 닮았다는 이유로 뻔뻔할 만큼 흉한 이름을 붙였다"고 혹평한다.[2] 그러나 영어식 명명법인 voice도 흉하긴 매한가지다.[3] 이 역시 헬라어 체계 내에서 '태'가 표현하고자 하는 함의를 제대로 대변하지 못한다. 말하자면, 문법용어로서 '태'는 그야말로 이름값을 전혀 하지 못하는 문제아인 셈이다(그런 점에서 전통적인 문법용어들 거개의 사정이 이와 크게 다르지 않다).

우리말/한자어 '태'(態)도 태가 잘 나지 않는다. 우리말 사전들은 문법 용어로서 '태'를 "동작의 방향성을 나타내는 문법 범주"라고 설명하곤 하지만, '태'라는 말은 그 자체로 이러한 함의를 담고 있지 않아서 혼란의 여지가 남아 있다. 헬라어 동사가 표현하는 어떤 문법적 측면을 '태'라고 명명한 후, 그 측면이 구체적으로 무엇인지를 부연해야 하는 불친절한 이름인 셈이다.

사정이 이렇다보니, '태'가 지닌 문법적 의미를 담아내기 위해서 '말투'(turn)나 '방향'(direction[주어와 관련하여 동작이 향하는 방향]) 등의 새로운 명명법이 제안되기도 하였다.[4] 이러한 명명법이 헬라어 동사의 '태'가 부각시키려는 개념을 비교적 잘 담아내고 있긴

2) B.L. Gildersleeve, "Notes on Stahl's Syntax of Greek Verb," *AJP* (1910), 275. Robertson, *A Grammar of the Greek New Testament*, 798에서 재인용.

3) 영어식 명명법인 voice는 위클리프 역 성경(1382년) 서문에서 처음으로 문법적인 의미로 사용되었다고 한다. Wallace, *Greek Grammar Beyond the Basics*, 408. 하지만 이는 프랑스어(*voix*)나 라틴어(*vox*) 명명법을 따른 것일 뿐 헬라어가 지닌 어의를 표현하기에는 역부족이다. Robertson, *A Grammar of the Greek New Testament*, 798.

4) Wallace, *Greek Grammar Beyond the Basics*, 408.

하지만, 기존의 용례가 워낙 강고하게 자리하고 있어서 표준적인 문법용어로 널리 받아들여지기는 쉽지 않은 형국이다. 결국 헬라어 동사 체계 내에서 '태'가 부각시키려는 특징을 설명하기 위해서는, '태'라는 불만족스러운 명명법을 유지한 채 장황한 부연설명을 제시하는 수밖에 없다. 그렇다면 '태'란 무엇인가?

II. '태'(διάθεσις)의 말뜻[語義]

하지만 사실 '태'라고 번역되는 본래의 헬라어 단어는 그 자체로 태의 문법적 용도를 암시하고 있다. 문법용어로서 '태'(voice)에 해당하는 헬라어는 διαθέσις로서,[5] 이는 동족동사인 διατίθημι에서 왔다. 신약성경에서 이 동사는 '(법령, 언약 등을) 선언/제정하다'(to decree), '(신, 법령 등이) 정하다'(to ordain, 행 3:25; 히 8:10; 10:16),[6] '맡기다'(to assign, 눅 22:29),[7] '(재산 분배 등에 관해) 유언하다'(to make a will, 히 9:16f.)[8] 따위의 뜻으로 쓰인다. 헬라문헌에서는 '(재산 등의) 분배(disposition),' '(작품 등의) 창작'(composition, εὕρεσις['발견']의 반의어

5) 이 용어는 헬라 문법학자였던 디오니시우스 트락스(Dionysius Thrax, ca. B.C. 170-90)의 Τέχνη γραμματική에 처음 등장하지만, 그는 이 용어를 중간태 본연(本然)의 의미로 사용하지 않는다. Robertson, *A Grammar of the Greek New Testament*, 798.

6) 행 3:25: ὑμεῖς ἐστε οἱ υἱοὶ τῶν προφητῶν καὶ τῆς διαθήκης ἧς **διέθετο** ὁ θεὸς πρὸς τοὺς πατέρας ὑμῶν …, 히 8:10: ὅτι αὕτη ἡ διαθήκη, ἥν **διαθήσομαι** τῷ οἴκῳ Ἰσραὴλ μετὰ τὰς ἡμέρας ἐκείνας …, 10:16: αὕτη ἡ διαθήκη ἥν **διαθήσομαι** πρὸς αὐτοὺς μετὰ τὰς ἡμέρας ἐκείνας ….

7) 눅 22:29: κἀγὼ **διατίθημαι** ὑμῖν καθὼς **διέθετό** μοι ὁ πατήρ μου βασιλείαν.

8) 히 9:17: διαθήκη γὰρ ἐπὶ νεκροῖς βεβαία, ἐπεὶ μήποτε ἰσχύει ὅτε ζῇ ὁ **διαθέμενος**.

로), '배열(arrangement),' '기질'(disposition) 등의 의미로 사용된다.

이 단어군의 다양한 쓰임에 비추어보면, 문법용어로 사용되는 διαθέσις는 동사의 기질/성질, 또는 동사에게 '부여된' 성격을 표현하는 문법 범주라고 이해할 수 있다. 문제는 헬라 저자/화자가 '태'라는 체계를 통해 동사에게 부여하려는 특징이 무엇이냐다.

III. '태'의 문법적 의미

그렇다면 헬라 저자/화자가 '태'에 '부여하는' 문법적 의미는 무엇인가? 각 '태'(능동태, 중간태, 수동태)를 통해서 구별하고자 하는 동사의 성격/성질은 무엇이며, '태'를 통해 동사에게 부여하고자 하는 특징은 무엇인가? 다시 말해 헬라 저자/화자가 특정 시제-형태를 선택하고 나머지를 배제하는 이유가 '동작상'을 구분하여 표현하기 위함이듯이, '태'를 선별적으로 사용하는 실질적인 의도는 과연 무엇인가?

단적으로 말해서, 그것은 바로 동작의 주어가 해당 동작과 어떤 관계를 갖는지를 특정하기 위함이다. 로버트슨(A.T. Robertson)은 태의 의미를 다음과 같이 간명하게 규정한다: "태란 동작을 주어와 관련시킨다."[9] 포터(S.E. Porter)의 정의는 조금 더 구체적이다: "태는 형태에 근거한 의미론적 범주로서, 해당 절의 문법적인 주어가 행위와 관련하여 갖는 역할을 묘사하기 위해서 사용된다."[10] 월레스(D.B. Wallace)의 설명도 이와 크게 다르지 않다: 태란 "주어

9) Robertson, *A Grammar of the Greek New Testament*, 798.

10) Porter, *Idioms of the Greek New Testament*, 62.

가 해당 동사를 통해 표현되는 행위와 어떤 관계에 있는지를 보여주는 동사의 특성(기능)이다."[11] 이러한 설명들에 따르면, 헬라어 체계 내에서 '태'란 주어와 동작 간의 관계를 표현하기 위해서 사용되는 문법 범주다.

그러므로 헬라어에서 '시제'가 동작상(Aspect)을 변별하기 위해서 사용되고 '법'이 동사와 실재와의 관계를 표현하는 것이라면(해당 범주를 다루는 아래 장들의 설명을 보라), '태'는 동사와 주어와의 관계를 구분하기 위해서 사용되는 셈이다. 이를 다소 거칠게 구별하자면, 능동태(διαθέσις ἐνεργετική)는 주어가 해당 동작을 하는(doing) 상황을 표현하고, 수동태(διαθέσις παθητική)는 주어가 해당 동작을 당하는(receiving) 상황을 표현하며, 중간태(διαθέσις μέση)는 주어가 해당 동작을 하는 동시에 (그 동작의 결과를) 당하거나 거기에 영향을 받기도 하는 상황을 나타낸다. 특히 중간태는 헬라어 체계만의 독특한 현상으로서, 신약성경 헬라어를 올바로 이해하는 데 매우 중요한 요소 중 하나이다(중간태의 정확한 정의에 대해서는 다음 장을 보라).

하지만 세 가지 태 가운데 중간태는 헬레니즘 시대부터 이미 수동태에게 자리를 내주기 시작했고, 고전 헬라어가 보여주던 각 태의 특징들도 상당부분 달라졌다.[12] 이에 따라 신약성경 헬라어

11) Porter, *Idioms of the Greek New Testament*, 62.

12) 예컨대, 고전 헬라어에서는 미래 시제-형태에서 중간태를 취하던 능동태 동사들이 신약성경에서는 능동태로 쓰인다. Zerwick, S.J., *Biblical Greek*, 72(§226). 하지만 신약성경 저자마다 일관된 현상이 나타나는 것은 아니며, 동일한 저자가 두 형태를 혼용하기도 한다. 이러한 변화는 헬라어를 모국어로 사용하던 사람들과 헬레니즘이 전파되는 과정에서 헬라어를 제2의 언어로 새롭게 배우게 된 사람들 사이의 언어적 섬세

에 나오는 각 태들은 고유의 용법대로 사용되기도 하지만, 그렇지 않은 용례들도 흔히 나타난다. 따라서 신약성경의 용례들을 일괄적으로 태의 기본 개념에 의거하여 이해하는 것은 적절하지 못하다. 오히려 매번 태의 기본 개념과 잘 부합하는 용례와 그렇지 못한 용례를 면밀히 구별하는 부지런함이 요청된다.

IV. 능동태의 특별한 용례들

신약성경에서 능동태는 거의 대부분 기본적인 의미에 충실하게 쓰이지만,[13] 아래와 같은 특별한 용례들도 나타난다. 능동태는 통상 주어가 목적어를 향해서 동작을 실행하거나 주어의 존재 양태를 나타내기 위해서 쓰이지만(아래의 '상태적 능동태'에 관한 설명을 보라), 이와는 구별되는 상황을 표현하기도 한다.

1. 원인을 나타내는 능동태(Causative Active)

이렇게 쓰이는 능동태의 주어는 해당 동작에 직접 관여하지는 않지만 그것의 궁극적인 원인 역할을 하며, 이는 이미 고전 헬라어에서부터 사용되던 오래된 용법이다.[14]

함 차이에서 기인한다. Wallace, *Greek Grammar Beyond the Basics*, 414. 구체적인 변화의 내용을 위해서는 BDF, §77-79를 보라.

13) BDF, §309(1); Wallace, *Greek Grammar Beyond the Basics*, 411.

14) Robertson, *A Grammar of the Greek New Testament*, 801-802; Wallace, *Greek Grammar Beyond the Basics*, 411-12.

예를 들어 요한복음 19장 1절의 τότε οὖν ἔλαβεν ὁ Πιλᾶτος τὸν Ἰησοῦν καὶ **ἐμαστίγωσεν** (μαστιγόω [to scourge]의 부정과거, 능동태)은 "이에 빌라도가 예수를 잡아다가 채찍질 하게 하였다"라는 뜻으로서, 능동태 동사인 ἐμαστίγωσεν의 주어는 빌라도지만 그가 직접 한 행동이 아니라 그의 지시를 받아 형벌을 집행한 병사들의 행위를 나타낸다(또한 마 5:45; 요 3:22; 행 16:3; 21:11; 갈 2:4; 엡 4:16; 벧전 1:22 등도 참조).

2. 재귀적인 능동태(Reflexive Active)

이는 주어와 구별되는 목적어가 아니라, 오히려 자기 자신을 대상으로 행동하는 경우를 표현하는 용례로서, 자연스럽게 재귀대명사가 목적어로 나타난다. 이러한 용례는 목적어 없이 쓰이는 '직접적인 중간태'(Direct Middle)와 의미적으로 유사하다(아래의 해당 설명을 보라).[15)]

예를 들어, 마가복음 15장 30절의 **σῶσον** (σωζω [to save]의 부정과거, 능동태, 명령법) σεαυτὸν καταβὰς ἀπὸ τοῦ σταυροῦ는 "자신을 구하고 십자가에서 내려오라!"라는 뜻으로서, 구경꾼들은 σῶσον의 주어인 예수에게 자기 자신을 향해서 구원을 실행해 보라고 조롱한다(또한 마 4:6; 19:12; 눅 1:24; 요 5:8 13:4; 행 13;46; 고전 4:2; 11:28; 갈 6:3; 빌 2:8; 딤전 4:7; 히 9:25; 벧전 3;5; 계 19:7 등도 참조).

---

15) Robertson, *A Grammar of the Greek New Testament*, 802. 실제로 고전 헬라어에서는 이런 용법의 능동태가 주로 중간태로 표현되었다. 하지만 후대로 오면서 능동태가 중간태의 용법을 잠식하기 시작했다.

3. 상태적인 능동태(Stative Active)

이는 주어의 상태를 표현하는 능동태이다. 능동태의 기본 개념이 주어가 목적어를 '향해서' 어떤 행동을 하는 것이라면, 이러한 용례는 단순히 주어의 상태를 표현한다는 점에서 이 개념에서 벗어나는 것처럼 보이지만, 사실 주어의 존재 양태를 표현하는 것은 능동태의 중요한 쓰임새 가운데 하나이다.[16] 이렇게 사용되는 동사들은 통상 목적어를 취하지 않는 자동사들이다. 주로 능동태로 쓰이는 εἰμί 동사가 대표적이다.

예를 들어 고린도전서 13장 4절의 ἡ ἀγάπη **μακροθυμεῖ** (μακροθυμέω [to be patient]의 현재, 능동태), χρηστεύεται ἡ ἀγάπη, οὐ **ζηλοῖ** (ζηλόω [to be zealous]의 현재, 능동태)는 "사랑은 오래 참고, 사랑은 온유하며, 시기하지 않는다"라는 뜻으로서, μακροθυμεῖ와 ζηλοῖ는 특정 목적어를 향한 행위가 아니라 주어(사랑)의 상태나 특징을 묘사한다(또한 마 2:16; 눅 1:53; 15:28; 16:23; 요 1:1; 행 17:5; 고후 8:9; 빌 2:6; 살전 5:14; 히 6:15; 벧전 3:9; 요2 7; 계 12:17 등도 참조).

여기서 주의할 점은 타동사와 자동사를 구별하는 것과 태를 구별하는 것을 혼동해서는 안 된다는 사실이다.[17] 타동사와 자동사는 목적어 유무로 구별되는 반면, 태는 해당 동작과 주어와의 관계를 표현한다. 따라서 태는 자동사냐 타동사냐 여부와 무관하다.

---

16) 그런 뜻에서 로버트슨은 능동태가 주어의 행위 뿐 아니라 존재도 대변한다고 설명한다. Robertson, *A Grammar of the Greek New Testament*, 799.

17) Robertson, *A Grammar of the Greek New Testament*, 797; Moule, *An Idiom Book of New Testament Greek*, 24; Porter, *Idioms of the Greek New Testament*, 63; Wallace, *Greek Grammar Beyond the Basics*, 409.

10. 중간태의 주요 용법들

능동태나 수동태와는 달리 '중간태'는 헬라어만의 독특한 특징 중 하나이며, 본문을 해석하는 데 있어서도 세심하게 고려해야 하는 중요한 요소이다. 하지만 신약성경 헬라어가 속한 헬레니즘 시대 헬라어에서 중간태는 이미 수동태와의 경합에서 뒤처지는 현상이 나타나며, 실제 용례들도 종종 중간태의 본래 문법적 개념과 부합하지 않는다. 형태상으로는 중간태지만 실제로는 중간태의 문법적 개념과 무관하거나 정확히 부합하지 않는 용례들이 흔히 나타나는 것이다. 이런 탓에 중간태를 다룰 때는 늘 하나님처럼 "외모를 취하지 않는"(οὐκ ἔστιν προσωπολήμπτης, 행 10:34) 면밀한 자세가 요구된다. 따라서 중간태 용례들을 정당하게 다루기 위해서는 우선 중간태의 문법적 개념을 정확히 이해한 다음, 실제 용례들이 그 개념에 부합하는지를 세심하게 살펴야 한다.

I. 중간태의 문법적 개념

먼저 중간태의 문법적 개념이 정확히 무엇인지 살펴보자. 중간태의 개념을 올바로 이해하기 위해서는 우선 중간태가 능동태와 마찬가지로 주어의 능동적인 동작(즉, 주어가 어떤 동작을 당하는 수동적인 상황이 아닌)을 표현하는 점을 기억해야 한다. 그런 점에서 중간태는 수동태와 분명히 구별되며, 오히려 능동태와 일정 정도 의미 영역을 공유한다.

하지만 중간태는 능동태가 아니다. 능동태와는 달리 중간태는 주어의 능동적인 동작의 지향점(방향)이 목적어 자체가 아니라 주어에게 있음을 표현하는 태다. 물론 주어의 능동적인 동작을 표현한다는 점에서 능동태와 공통점이 있지만, 능동태와는 달리 동작의 지향점이나 동작을 행하는 의도가 주어 자신에게 있다는 결정적인 차이점을 갖는다. 따라서 능동태로 표현되는 동작과 중간태로 표현되는 동작은 둘 다 주어의 능동적인 행위이긴 하지만, 엄연히 다르며, 섬세하게 구별하여 이해해야 한다.[1)]

이런 의미에서 스마이스(H.W. Smyth)는 중간태를 "어떤 행위가 특별히 주어와 관련하여 이루어지고 있음을 보여주는 태"라고 정의한다.[2)] 말하자면, 중간태로 표현된 동사 또는 동사 상당 어구(분사, 부정사)의 (의미상) 주어는 '자신을 향해'(to himself), '자신을 위해서'(for himself) 행동하거나 '자신에게 속한'(belonging to himself) 무

1) 신약성경 저자들이 중간태를 능동태와 분명하게 구별하여 사용하는지 여부는 여전히 논란이 있는 주제이다. 하지만 적어도 '간접적인 중간태'라고 분류될 수 있는 용례들의 경우 중간태의 문법적 개념에 의거하여 능동태와의 분명한 차이에 주목해야 한다. 예컨대, Zerwick, S.J., *Biblical Greek*, 75(§232); Wallace, *Greek Grammar Beyond the Basics*, 420; Moule, *An Idiom Book of New Testament Greek*, 24; 장성민, "마가의 태(態) 사용 방식 연구," 1-35 등을 보라.

2) Smyth, *Greek Grammar*, 390(§ 1713).

엇인가와 관련되어 행동한다.[3] 이처럼 중간태는 "행위 주체의 보다 직접적인 참여, 구체적인 관여, 또는 심지어 모종의 이익을 표현"하기 위해서 사용된다.[4] 바로 이런 뜻에서 무울(C.F.D. Moule)은 중간태를 "행위와 관련된 전체 주어에 주의를 기울이는 태"라고 규정하며,[5] 모울턴(J.H. Moulton) 역시 중간태가 "행위 주어가 취하는 몫을 강조한다"고 설명한다.[6]

이처럼 중간태와 능동태는 각기 다른 의미를 전달하며, 헬라 저자/화자는 태를 선별적으로 활용함으로써 이러한 의미/어감 차이를 의도한다. 다시 말해 동사의 주어가 그 동사를 통해 표현되는 행위와 어떤 관계에 놓여 있는지를 세밀하게 구분하기 위해서 해당 상황에 맞는 적절한 태를 의도적이고 선별적으로 활용하는 것이다. 따라서 각 태가 지닌 미묘한 의미 차이를 면밀하게 분별하는 일은 본문의 의미나 서사적 논리를 이해하는 데 참으로 긴요(緊要)하다. 바로 그런 뜻에서 "형태와 통계, 그리고 의미론이라는 기준에서 보자면, 헬라어의 중간태는 헬라어 태 가운데에서 의미론적으로 가장 중요하다."[7]

II. 중간태의 주요 용법들

문제는 신약성경에 나타나는 각 태들의 실제 쓰임을 봤을 때

3) Smyth, *Greek Grammar*, 390; Goodwin, *A Greek Grammar*, 267-68도 참조.

4) Porter, *Idioms of the Greek New Testament*, 67.

5) Moule, *An Idiom Book of New Testament Greek*, 24.

6) Moulton, *A Grammar of New Testament Greek*, vol. I, *Prolegomena*, 155.

7) Porter, *Idioms of the Greek New Testament*, 67.

사정이 그리 단순하지 않다는 사실이다. 신약성경에 나타나는 각 태들의 실제 용례들은 이러한 문법적인 개념에 충실하기보다 외려 다양한 용법들을 보여준다. 이런 탓에 각 용례에 따라 문법적인 중간태 개념에 충실하게 해석해야 할 경우도 있고, 여타 다른 용례로 분류해야 할 경우도 있다. 그러니 풍성한 본문 해석을 위해서는 먼저 각 용례들을 현상적으로 분별한 후, 중간태의 문법적 개념에 충실한 용례들에 집중할 필요가 있다. 아래는 신약성경에 나타나는 중간태의 대표적인 용례들이다.

1. 이태(異態) 동사

신약성경에서 가장 많이 쓰이는 중간태의 용례는 이른 바 '이태(異態) 동사'(deponent verb)이다. '이태'란 "어느 동사에서 하나(또는 그 이상)의 태 형태가 존재하지 않아서 해당 태의 의미가 그 동사의 다른 태로 대체되어 문법화된 것"을 일컫는다.[8] 이를 지칭하는 영어 deponent는 라틴어 *deponere*(to lay aside)에서 온 말로서, 형태에 따른 본래의 의미를 '내려놓고' 다른 태의 의미로 그것을 대체한 동사들을 지칭한다.[9]

그러므로 '이태'라는 말은 각 태를 막론하고 형태와 쓰임이 다

---

8) Porter, *Idioms of the Greek New Testament*, 70.

9) 하지만 실제로 이태동사로 분류되는 동사들은 아예 능동태 형이 없기 때문에, '내려놓았다'는 표현은 그리 만족스럽지 못하다. Robertson, *A Grammar of the Greek New Testament*, 811-12; Wallace, *Greek Grammar Beyond the Basics*, 428. 또한 Porter, *Idioms of the Greek New Testament*, 70의 정의도 참조하라.

를 때에는 언제든 쓸 수 있는 용어이다. 다만 헬라어의 경우, 능동태가 존재하지 않아서 형태상으로는 중간태/수동태지만 능동의 의미를 가진 동사들이 여기에 해당한다.10) 기실 통계적으로 볼 때 신약성경에 나타나는 중간태의 거의 대부분이 여기에 속하는데, 이러한 현상은 왕래발착(往來發着)이나 상태를 표현하는 동사들(ἔρχομαι, γίνομαι 등)이 과도하게 자주 사용된 데 따른 것이다.

> 예를 들어 마가복음 1장 5절의 καὶ **ἐξεπορεύετο** (ἐξεπορεύομαι [to go out]의 미완료, 중간태) πρὸς αὐτὸν πᾶσα ἡ Ἰουδαία χώρα는 "그리고 온 유대가 그[세례자 요한]에게로 나갔다"라는 뜻으로서, ἐξεπορεύετο는 형태상으로는 중간태지만 중간태가 부각시키려는 문법적 개념을 머금고 있지는 않다. 신약성경에서 이러한 예는 헤아릴 수 없이 많다.

그러므로 엄밀한 의미에서 '이태동사'는 형태상으로만 중간태일 뿐 본래 중간태가 표현하고자 하는 문법적인 의미를 나타내지는 않는다. "외모로 판단하지 말아야" 하는 것이다.11)

그럼에도 어떤 용례를 이태동사로 규정할 것이냐는 다양한 요소들을 고루 고려하여 신중하게 결론을 내려야 하는 쉽지 않은 과정이다. 특히 어떤 동사를 이태동사로 규정하는 순간, 그 동사

10) 엄밀하게 말하자면, 이는 헬라어에 해당하는 설명이다. 전체 언어를 염두에 두고 정의하자면 '이태동사'란 해당 동사의 태의 형태와 실제 의미가 상이한 동사를 통칭한다.

11) 물론 해당 동사가 이태동사인지 여부는 일단 '외모'로 평가해야 하므로 주의가 필요하다. 실제로 신약성경에서 오로지 중간태나 수동태 형태로만 쓰이는 동사들 가운데 실제로 해당 태의 문법적 의미를 함의한(즉, 실제 그 태의 문법적 의미에 부합되는) 동사들도 있으므로 면밀한 평가가 요구된다. Wallace, *Greek Grammar Beyond the Basics*, 430.

의 중간태나 수동태 형태는 해석 과정에서 해당 태의 고유한 문법적 함의를 상실해 버리기 때문에 세심한 주의가 필요하다.[12] 표준적인 사전을 참고하여 이태동사 여부를 간편하게 결정해도 되겠지만, 중간태가 지닌 주석적인 중요성을 감안하면 신약성경뿐 아니라 헬레니즘 시대 문헌들의 용례들을 직접 확인해 보는 것도 한 방법이다.[13] 이 지점에서는 포터의 조언에 귀를 기울이기를 권한다: "특정 태가 통상적으로 문법화하는 의미론적 특징을 지나치게 빨리 포기하지 않도록 주의해야 한다."[14]

예를 들어 고린도전서 1장 30절의 ὅς **ἐγενήθη** (γίνομαι [to become]의 부정과거, 수동태) σοφία ἡμῖν **ἀπὸ θεοῦ**는 "그[그리스도]는 우리에게 하나님으로 말미암는 지혜가 되셨다"라는 뜻이다. 여기에서 ἀπὸ θεοῦ는 동작의 궁극적 동인(ultimate agent)을 명시하는 전치사구이다.[15] 그러므로 수동태 형태인 ἐγενήθη는 단순한 이태동사로 보기 힘들다. γίνομαι가 통상 이태동사로 분류되긴 하지만, 본문은 그리스도가 그리스도인들에게

12) 심리적 행위(mental action)를 표현하는 동사들을 이태동사로 분류해야 하는지 여부를 두고 표명하는 로버트슨의 평가를 보라: "강의의 불변화사들(τε, ἄν 등 우리말로 좀체 번역하기 어렵지만 강조나 가능성 등의 어감을 더해주는 문장 요소－저자 주)을 그토록 자유롭게 활용하는 것을 보면, 그리스인들은 우리보다 중간태의 정확한 의미에 훨씬 더 민감했을 가능성이 있다." Robertson, *A Grammar of the Greek New Testament*, 812.

13) 이 과정에는 J.H. Moulton and G. Milligan, *The Vocabulary of the Greek Testament: Illustrated from the Papyri and Other Non-Literary Sources* (Grand Rapids: Eerdmans, 1930); H.G. Liddell and R. Scott, *A Greek-English Lexicon* (Oxford: Oxford University Press, 1968) 등을 참고할 만하다.

14) Porter, *Idioms of the Greek New Testament*, 72. 또한 Moule, *An Idiom Book of New Testament Greek*, 24; Wallace, *Greek Grammar Beyond the Basics*, 420.

15) Wallace, *Greek Grammar Beyond the Basics*, 433.

지혜가 된 것은 자신의 능동적인 의지의 발로가 아니라 하나님이라는 궁극적인 동인에 기인한다고 표현하기 때문이다. 이 구절의 ἐγενήθη가 이태동사라면 수동태 형태와 다른 태인 능동태나 중간태의 의미, 즉 주어 자체의 능동적인 동작을 표현해야 하는데, 이렇게 되면 그리스도 스스로 지혜가 되었다는 의미가 되므로 자연스럽지 못하다(마 21:42; 롬 1:3-4; 고전 4:5 등도 참조).

이런 이유로 타동사/자동사 구분을 능동태/중간태 구분과 혼동하지 않는 것이 중요하다. 위의 경우 γίνομαι 자체는 자동사지만(그래서 수동태로 쓰이지 않지만), 그렇다고 해서 반드시 능동적인 동작을 표현한다고 볼 수만은 없다.

2. 한 단어가 태에 따라 다른 어휘로 쓰이는 경우

일부 단어들은 능동태와 중간태가 각기 다른 의미로 쓰이며, 이는 '문법적인'(grammatical) 차이라기보다 '어휘의'(lexical) 차이로 보는 것이 더 자연스럽다. 한 단어가 태에 따라 아예 다른 어휘로 쓰이는 것이다. 이 경우 능동태는 흔히 타동사로 중간태는 자동사로 쓰이지만(즉 두 개의 다른 어휘로), 사역적인(causative) 의미 유무로 구별되기도 한다.[16]

예컨대 마가복음 10장 42절의 οἱ δοκοῦντες **ἄρχειν** (ἄρχω [to rule]의 현

16) Smyth, *Greek Grammar*, 393; Wallace, *Greek Grammar Beyond the Basics*, 415를 보라. 여기에 해당하는 대표적인 동사들의 목록을 위해서는 Smyth, *Greek Grammar*, 393-394; Wallace, *Greek Grammar Beyond the Basics*, 416을 보라.

재, 부정사) τῶν ἐθνῶν κατακυριεύουσιν αὐτῶν καὶ οἱ μεγάλοι αὐτῶν κατεξουσιάζουσιν αὐτῶν은 "열방을 다스린다고 생각하는 자들은 그들 위에 군림하고, 그들의 귀인들은 그들에게 권세를 부린다"라는 뜻으로서, 여기서 능동태 부정사인 ἄρχειν은 '다스리다'라는 뜻으로 쓰였다. 하지만 마태복음 καὶ προσλαβόμενος αὐτὸν ὁ Πέτρος ἤρξατο (ἄρχομαι [to begin]의 부정과거, 중간태) ἐπιτιμᾶν αὐτῷ는 "베드로가 그[예수]를 따로 데리고 가서 책망하기 시작했다"라는 뜻으로서, 여기에서 중간태인 ἄρχομαι는 '시작하다'라는 의미로 쓰였다. 실제로 신약성경 저자들, 그 중에서도 특히 마가는 중간태인 ἄρχομαι+부정사 구문을 즐겨 사용한다 (마 11:20; 24:49; 26:22, 37, 74; 막 1:45; 2:23; 4:1; 5:17, 20; 6:2, 7; 8:11, 31, 32; 10:28, 32, 41; 11:15; 12:1; 13:5; 14:65; 15:8; 눅 3:8; 5:21; 7:15; 9:12; 11:29; 14:30; 22:23; 요 13:5; 행 2:4; 24:2; 27:35 등).[17)]

하지만 이 동사들의 태를 구별해서 사용하는 것은 문법적인 의미를 변별하기 위함이 아니라 각 태가 지닌 고유한 어휘적 차이에 따른 것이므로, 이를 두고 문법적으로 미묘한 의미 차이를 드러내기 위해서 태를 섬세하게 구별하여 사용한다고 볼 수는 없다. 예컨대, 위의 예에서처럼 ἄρχω 동사의 중간태(ἤρξαντο, 41절)와 능동태(ἄρχειν, 42절)을 번갈아 사용한다고 해서, 이를 두고 마가가 이 단락에서 두 가지 태를 구별하면서 문법적인 의미 차이를 염두에 두고 있다고 이해해서는 안 된다는 뜻이다. 이 경우 마가는 태를 통해 미묘한 의미 차이를 변별하고 있는 것이 아니라, 그저 두 개의 서로 다른 어휘를 활용하고 있을 뿐이다.

---

17) 이는 마가의 특징적인 문체이기도 하다. 자세한 논의를 위해서는 E.J. Pryke, *Redactional Style in the Marcan Gospel* (SNTSMS 33; Cambridge: Cambridge University Press, 1978), 79-84를 보라.

3. 직접적인 중간태(Direct Middle)

'직접적인 중간태'란 동작의 방향이 직접 자기 자신을 향한다는 뜻에서 재귀적인 의미의 중간태이다. 이 경우 '자신'(self)이 동작의 직접 목적어가 되며, 이는 능동태와 수동태의 '중간에 서 있다'는 의미에서 중간태의 어의(語義)에 가장 잘 부합하는 용법이기도 하다.[18] 능동태가 주어가 자신 이외의 누군가나 무엇을 향해 동작을 하는 상황을, 수동태가 해당 동작이 주어를 향하는 상황을 묘사한다면, 직접적인 중간태는 동작의 주어와 대상이 동일한 상황을 나타내는 것이다. 옷을 입거나 몸을 씻는 등 재귀적인 의미의 동사들이 주로 여기에 해당된다.

예를 들어 마가복음 14장 54절의 ἦν συγκαθήμενος μετὰ τῶν ὑπηρετῶν καὶ **θερμαινόμενος** (θερμαίνω [to warm]의 중간태 분사) πρὸς τὸ φῶς는 "그[베드로]가 종들과 함께 앉아 불로 (자기 몸을) 덥히고 있었다"라는 뜻으로서, 여기에서 συγκαθήμενος는 이태동사로, θερμαινόμενος는 직접적인 중간태로 쓰였다. 몸을 따뜻하게 하는 행위의 직접적인 대상이 바로 베드로 자신이다(또한 마 27:5; 막 6:9; 7:3, 4; 14:67 눅 12:37; 행 12:21; 계 3:18 등도 참조).

과거에 일부 문법학자들은 이 용법을 중간태의 주된 용법이라고 설명해 왔다. 그러나 이는 용례 자체도 많지 않을뿐더러, 능동태 및 수동태와 구별되는 중간태의 어감을 적절하게 드러내지 못하는 용법이다. 엄밀하게 말해서 이런 용법의 중간태는 목적어를 주어 자신이나 주어의 일부로 삼고 있을 뿐 타동사의 능동태와

18) Wallace, *Greek Grammar Beyond the Basics*, 416.

다르지 않다.[19] 이에 따라 오히려 중간태를 재귀적인 의미 위주로 파악하려는 종래의 경향은 최근 들어 많은 비판을 받고 있다.[20] 실제로 신약성경에는 이러한 용법의 중간태가 간혹 나타나긴 하지만, 기실 직접적인 재귀용법은 주로 "능동태+재귀대명사"로 표현된다.[21]

4. 간접적인 중간태(Indirect Middle)

'간접적인 중간태'란 동작의 방향이 주어 자신을 직접 향하지는 않지만 주어가 그 동작과 긴밀히 관련되어 있음을 강조하는 중간태이다. 이런 용법으로 쓰이는 중간태와 능동태의 차이점은 중간태가 능동태에 비해 행위 주체의 의식적인 활동성, 신체적이거나

---

19) 흥미롭게도 블랙(D.A. Black)은 직접적인 중간태를 중간태의 주된 용법으로 간주하는 전통적인 입장에 의거하여 마가가 중간태를 잘못 사용하고 있다고 비판한다. D.A. Black, "Some Dissenting Notes on R. Stein's The Synoptic Problems and Markan 'Errors'," *FN* 1(1988), 96. Porter, *Idioms of the Greek New Testament*, 67에서 재인용. 하지만 이는 중간태의 용법을 오해한 데 따른 것이다.

20) Moule, *An Idiom Book of New Testament Greek*, 24; Robertson, *A Grammar of the Greek New Testament*, 806; Porter, *Idioms of the Greek New Testament*, 67. 심지어 물턴은 신약성경에 직접적인 중간태가 나오는지 여부를 두고 논쟁을 벌이기도 한다. Moulton, *A Grammar of New Testament Greek*, vol. I, *Prolegomena*, 155-57.

21) Smyth, *Greek Grammar*, 390, 391(§ 1723). 중간태와 재귀대명사가 함께 쓰여 재귀적인 의미를 더욱 뚜렷하게 나타내는 경우들도 있는데, 이를 '과잉의 중간태'(redundant middle)라고 부른다(눅 20:20; 롬 6:11; 딤후 2:13; 약 1:22 등). 이 용법에는 재귀대명사가 중간태의 직접 목적어로 나타나는 특징이 있다. Wallace, *Greek Grammar Beyond the Basics*, 418-19.

정서적인 참여, 심지어 주어에게 주어지는 모종의 이익/유익을 강조한다는 점이다.[22)]

이 경우 '자신'(self)은 의미상 일종의 간접 목적어가 된다. 즉 중간태의 주어는 자신이나 자신의 이익을 위해서 행동하며, 해당 동작에 각별한 관심을 표명한다.[23)] 이태동사를 제외하면 신약성경에서 가장 자주 쓰이는 용법이며, 그런 의미에서 의미론적으로나 주석적으로나 가장 중요한 용법이기도 하다. 특히 -ευω 동사들에서 중간태는 능동태와 달리 주어가 자신의 지위나 조건에 부합하는 방식으로 행동한다는 뜻으로 쓰인다.

> 예컨대 빌립보서 1장 27절의 μόνον ἀξίως τοῦ εὐαγγελίου τοῦ Χριστοῦ **πολιτεύεσθε** (πολιτεύομαι [to live as a citizen]의 현재, 중간태, 명령법)는 "오직 너희는 그리스도의 복음에 합당하게 살아가라"라는 뜻으로서, 여기에서 쓰인 πολιτεύεσθαι는 '시민이 되다'라는 뜻의 πολιτεύειν과 달리 '시민으로 행동하다, 시민의 의무를 수행하다'라는 의미이다.
> 반대로 고린도후서 5장 20절의 ὑπὲρ Χριστοῦ οὖν **πρεσβεύομεν** (πρεσβεύω [to be an ambassador]의 현재, 능동태) ὡς τοῦ θεοῦ παρακαλοῦντος δι' ἡμῶν은 "그러므로 하나님께서 우리를 통해서 권면하시듯이, 우리는 그리스도를 위한 대사(大使)다"라는 뜻으로서, 여기에서 πρεσβεύω는 '사절로서 협상하다, 사절을 파송하다'라는 의미의 πρεσβεύεσθαι와는 달리 '사절/대사가 되다'라는 뜻이다(엡 6:20도 참조).[24)]

---

22) Smyth, *Greek Grammar*, 392; Porter, *Idioms of the Greek New Testament*, 67.

23) 일부 학자들은 이 용법을 '강의의 중간태'(intensive middle)와 구별하기도 한다. 강의의 중간태는 인칭대명사 주격과 유사하게 중간태가 주어 자체를 강조하기 위해서 쓰이는 것이다.

24) Smyth, *Greek Grammar*, 392-393. 이러한 차이를 문법적인 것으로 볼 것이냐 아니면 어휘적인 것으로 볼 것이냐는 논란의 여지가 있지만, 이와 같은 의미 차이는 중간태의 용법을 가장 분명하게 드러내 준다.

바로 이런 식으로 쓰이는 '간접적인 중간태'가 문법적인 의미에 가장 충실한 용례의 중간태이다. 이는 능동태와 동일하게 행위 주체의 능동적 동작을 표현하지만, 능동태와는 다르게 행위 주체 편에서의 의식적인 참여와 신체적이거나 정서적인 관여, 유불리에 대한 관심 등을 내포한다. 중간태를 실제로 이런 용법으로 활용하는 저자/화자는 중간태와 능동태에 담긴 의미를 매우 분명하게 구별하는 셈이다.[25)]

예를 들어 마가복음 14장 61절의 ὁ δὲ ἐσιώπα καὶ **ἀπεκρίνατο** (ἀποκρίνομαι [to answer]의 부정과거, 중간태) οὐδέν은 "그러나 그[예수]는 침묵하고 아무런 대답도 하지 않았다"라는 뜻이다. 여기에서 중간태로 쓰인 ἀπεκρίνατο는 자신의 답변이 재판에 영향을 미칠 수 있음을 감지하고 스스로를 변호하기 위해서 예수가 의도적으로 답변을 회피했다는 어감을 전달한다.[26)] 다만 이 용례의 난점은 ἀποκρίνομαι가 통상 이태동사로 사용되고 오직 부정과거 형태만 직접적인 중간태로 쓰인다는 사실이다(마 27:12; 눅 3:16; 23:9; 요 5:17, 19; 행 3:12 등도 참조). 따라서 이 경우만을 두고 마가가 능동태와 중간태를 면밀하게 구별하고 있다고 보기에는 어려움이 따르지만, 그는 전반적으로 두 태를 엄격하게 구별한다(막 6:23f.; 10:35, 38 참조).[27)]

---

25) Zerwick, S.J., *Biblical Greek*, 75(§234).

26) Wallace, *Greek Grammar Beyond the Basics*, 421.

27) 실제로 마가는 부정과거 시제-형태를 제외하면 일종의 중복적인 관용구로서 "ἀποκριθείς+λέγω" 구조를 자주 사용한다(6:37; 8:29; 9:5, 19; 10:51; 14:48; 15:12 등). 유사한 예가 ἐκδίδομαι(to let out for hire, lease)의 경우이다. 마가는 12:1에서 포도원 주인이 "그것을 농부들에게 **빌려 주었다**"(**ἐξέδετο** αὐτὸν γεωργοῖς)고 표현하면서 중간태를 통해 분명 '자기가 원하는 목적/이익에 맞게'라는 어감을 전달하고자 했을 것이다(마 21:33, 41; 눅 20:9도 참조). Voelz, *Mark 1:1-8:26*, 31. 하지만 이 동사는 마가복음뿐만 아니라 신약성경 전체에서도 오직 중간태 형태로만

또한 사도행전 12장 4절의 ὃν καὶ πιάσας **ἔθετο** (τίθημι [to place]의 부정과거, 중간태) εἰς φυλακὴν παραδοὺς τέσσαρσιν τετραδίοις στρατιωτῶν φυλάσσειν αὐτόν은 "그[헤롯]는 그[베드로]를 체포하여 옥에 가두고 네 명의 군사에게 그를 넘겨주어 감시하게 하였다"라는 뜻으로서, 여기에서 중간태인 ἔθετο는 베드로의 체포하여 옥에 가둔 일이 유대인들을 즐겁게 하려는(행 12:3 참조) 헤롯의 의도에서 비롯된 것임을 보여준다(또한 마 27:12, 24; 눅 10:42; 행 5:2; 9:39; 롬 3:9; 엡 1:4; 5:16; 약 1:21 등도 참조).[28]

5. 기타 용법들

이 외에도 중간태는 원인을 나타내기도 하고(causative), 상호적인 의미로 쓰이기도 한다(reciprocal). 먼저 일부 중간태는 주어가 자기 자신을 위해서나 자기 자신을 향해서 무엇인가가 일어나도록 하는 상황/동작을 표현할 수도 있다.[29] 이 경우 주어는 자신에게 벌어진 상황의 '기원/원인'(source)이 되며, 여기에 해당되는 용례들은 드물긴 해도 주석적으로 매우 중요한 것들이다.[30]

쓰이므로 마가가 능동태와 중간태를 세심하게 구별하고 있다는 직접적인 증거로 제시되기는 어렵다. BDAG, s.v. "ἐκδίδωμι," 300도 참조.

28) Zerwick, S.J., *Biblical Greek*, 75-76(§234).

29) 이는 '허용/허락의 중간태'(permissive middle, 눅 2:5; 행 22:16)나 '사역적인 능동태'(causative active)와 의미적으로 겹친다. 일부 학자들은 이를 별도의 용법으로 나누어 설명하기도 한다. '사역적인 능동태'의 차이점은 능동태가 '원인'만을 표현하는 데 반해 중간태는 원인과 결과를 함께 암시한다는 점이다. 즉 중간태는 해당 동작/상황의 원인과 더불어 그 동작/상황의 대상도 함께 언급한다. 따라서 경우에 따라 재귀적인 의미의 '직접적인 중간태'로 분류될 수도 있다. Wallace, *Greek Grammar Beyond the Basics*, 423-25.

예컨대 𝔓[45]의 누가복음 11장 38절 읽기[31]인 ὁ Φαρισαῖος ἰδὼν ἐθαύμασεν ὅτι οὐ πρῶτον **ἐβαπτίσατο** (βαπτίζω [to baptize]의 부정과거, 중간태) πρὸ ἀρίστου는 "그 바리새인은 그[예수]가 식사 전에 먼저 자기를 씻기도록 하지(have himself washed) 않는 것을 보고 놀랐다"라는 뜻이다. 이러한 읽기는 정황상 주빈(主賓)인 예수가 스스로를 씻기보다는 하인들로 하여금 자신을 씻기도록 했을 것이라는 추정에 근거한 것이다.

또한 일부 중간태는 복수 주어와 함께 쓰여 주어들 상호간의 행위를 표현하기도 한다.

예를 들어 마태복음 26장 4절의 **συνεβουλεύσαντο** (συμβουλεύω [to advise, plot]의 부정과거, 중간태) ἵνα τὸν Ἰησουν … κρατήσωσιν은 "그들은 예수를 체포하자고 모의(謀議)했다"라는 뜻이다. 여기에서 중간태로 쓰인 συνεβουλεύσαντο은 행위 당사자들이 누군가를 향해 조언을 하는 것이 아니라, '서로를 대상으로 조언하다' 정도의 어감을 갖는다(막 14:1도 참조). 신약성경에서 이 동사는 주로 '조언하다'라는 뜻의 능동태로 쓰인다 (요 18:14; 행 9:23; 계 3:18 참조).

하지만 헬레니즘 시대 헬라어에서는 상호 대명사인 'ἀλλήλων+능동태' 형식으로 더 많이 사용된다. 그러므로 이러한 용법들 간의 구별 없이 중간태의 용법을 애매하게 설명하는 것은 혼란을 초래할 여지가 있다.[32]

---

30) Wallace, *Greek Grammar Beyond the Basics*, 423.

31) 대다수 사본은 중간태가 아닌 수동태(ἐβαπτίσθη)로 표기한다. 외적인 증거나 의미상의 난점을 고려할 때 수동태가 원문일 가능성이 크지만, 놀란드(J. Nolland)는 중간태가 원문일 가능성을 배제하지 않는다. J. Nolland, *Luke 9:21-18:34* (WBC 35B; Texas: Word Books, 1993), 661.

32) 실제로 메이첸은 중간태를 "자신(에 속한 어떤 것)에게 영향이 '되돌아

위의 예에서 살펴본 것처럼, 신약성경에서 중간태는 문법적 의미에 충실하게 사용되지 않는 경우가 많다. 하지만 분명 중간태가 지닌 독특한 의미론적, 문법적 특징에 충실하게 쓰이는 용례들도 적지 않을뿐더러 이것들은 주석적으로도 매우 중요한 것들이므로, 매 용례마다 세심한 주의와 면밀한 판단이 요구된다.

오는' 주어의 동작을 나타낸다"고 설명하면서 재귀적인 용법과 어휘 차이만을 언급한다. Machen, 『신약성서 헬라어 문법』, 69-70. 이보다는 덜 혼란스럽지만, 더프(J. Duff) 역시 중간태를 이태동사와 특별 용법이라는 두 가지 범주로만 설명하면서 특별 용법의 예로 어휘적인 차이, 문체상의 특징 등을 간략히 소개하는 데 그친다. Duff, *The Elements of New Testament Greek*, 172-74.

11. 수동태의 주요 용법들

수동태는 문장에서 주어로 표시되는 당사자의 의도와 무관하게 그에게 어떤 행위나 동작, 상황 등이 강제되는 경우를 표현하는 태이다.[1] 신약성경에서는 크게 주어에게 가해지는 행위/동작/상황의 원인을 명시하느냐 여부에 따라 두 가지 구조로 나타난다.

I. 행위의 원인을 명시하는 경우

주어에게 어떤 행위/동작/상황이 강제되는 방법은 크게 세 가지로 나뉜다: 1) 누군가 직접 강제하는 경우, 2) 대리인을 통해 강제하는 경우, 3) 비인격적인 수단(impersonal means)을 통해 강제하는 경우. 이에 따라 행위의 원인(동인)을 명시하는 방법도 다음과 같은 세 가지이다:[2] 1) ὑπό[by], ἀπό[by, from], παρά[by, from] 등의 전치

---

1) 'passive'라는 말은 '고통을 받다, 순종하다'라는 뜻의 라틴어 동사 *patior*에서 온 것이다. Robertson, *A Grammar of the Greek New Testament*, 815.

2) Robertson, *A Grammar of the Greek New Testament*, 820; Wallace, *Greek Grammar Beyond the Basics*, 431-32.

사를 활용하여 궁극적 동인(ultimate agent)을 명시하는 경우, 2) 전치사 διά[by, through]를 활용하여 간접적인 동인(intermediate agent)을 명시하는 경우, 3) ἐν[by, with], ἐκ[by, of] 등의 전치사나 '수단의 여격'(Dative of Means)[3)]을 활용하여 비인격적인 수단을 명시하는 경우.

1. 궁극적인 동인을 명시하는 경우

이 구문의 수동태에서 주어에게는 통상 'ὑπό+속격'으로 표현되는 동인의 동작이나 행위 또는 그것이 야기한 상황이 강제된다. 동인을 적시하기 위해서 경우에 따라서는 'ἀπό+속격'이 사용되기도 하며, 드물게는 'παρά+속격'이 쓰이기도 한다.

예컨대 고린도후서 1장 4절의 διὰ τῆς παρακλήσεως ἧς **παρακαλούμεθα** (παρακαλέω [to comfort]의 현재, 수동태) αὐτοὶ **ὑπὸ τοῦ θεοῦ**는 "우리 자신이 하나님으로부터 받는 위로를 통하여"라는 뜻으로서, ὑπὸ τοῦ θεοῦ를 통해 바울과 그의 동역자들이 받고 있는 위로의 궁극적 동인을 적시한다(마 1:22도 참조. 또한 'ἀπό+속격' 구문은 눅 7:35; 행 2:22 등을 보고, 'παρά+속격' 구문은 마 21:42; 눅 1:45; 요 1:6 등을 보라).

2. 간접적인 동인을 명시하는 경우

이 구문의 수동태에서 주어에게는 통상 'διά+속격'으로 표현되

3) '수단의 여격'을 위해서는 BDF, §193-98; Wallace, *Greek Grammar Beyond the Basics*, 158-66에 나오는 상세한 논의를 보라.

는 간접적인 동인의 동작이나 행위 또는 그것이 야기한 상황이 강제된다. 이 경우 해당 동작이나 상황을 직접 야기한 궁극적인 동인은 명시되지 않는다.

예를 들어 요한복음 3장 17절의 ἀλλ᾽ ἵνα **σωθῇ** (σῴζω [to save]의 부정과거, 수동태, 가정법) ὁ κοσμος **δι᾽ αὐτοῦ**는 "오려 세상이 그[아들]를 통해서 구원을 받도록"이라는 뜻으로서, 여기에서 δι᾽ αὐτοῦ는 실제 동인인 하나님의 매개자로서 구원을 가져온다.
또한 빌레몬서 7절의 τὰ σπλάγχνα τῶν ἁγίων **ἀναπεπαυται** (ἀναπαύω [to refresh]의 현재완료, 수동태) **διὰ σοῦ**, ἀδελφέ는 "형제여! 그대를 통해 성도들의 마음이 격려를 받습니다"라는 뜻으로서, 여기서도 διὰ σοῦ는 궁극적인 동인이 아니라 간접적인 동인을 지칭한다. 그렇다면 궁극적인 동인은 누구인가?(마 1:22; 요 1:3; 갈 3:19; 엡 3:10; 벧전 4:11 등도 참조).

3. 비인격적인 수단을 명시하는 경우

이 경우 주어에게 강제되는 동작이나 상황은 'ἐν+여격'이나 'ἐκ+속격' 또는 '수단의 여격'(Dative of Means)으로 표현되는 수단에 의해 야기된다. 특히 수단의 여격이 이런 식으로 흔히 쓰인다.

예를 들어 로마서 3장 28절의 λογιζόμεθα γὰρ **δικαιοῦσθαι** (δικαιόω [to justify]의 현재, 수동태, 부정사) **πίστει** ἄνθρωπον은 "왜냐하면 우리는 사람이 믿음으로[믿음이라는 수단으로] 의롭게 된다고 생각하기 때문이다"라는 뜻으로서, 여기에서 여격인 πίστει는 의롭게 되는 수단을 표현한다. 바울의 신학과 문맥 등을 고려할 때, 궁극적인 동인은 자연스럽게 하나님이라고 추정할 수 있다(마 8:16; 26:52; 눅 14:34; 요 11:2; 행 11:16; 12:2; 갈 2:8; 빌 4:6; 히 9:22; 약 2:22; 계 2:27; 6:8; 12:5; 17:16 등도 참조).

II. 행위의 원인을 명시하지 않는 경우

문맥을 통해서 쉽게 추정할 수 있거나 저자/화자와 독자/청중 사이에 공통적인 전이해가 공유되어 있어서 굳이 궁극적인 동인을 명시할 필요가 없는 경우, 행위의 원인은 흔히 언급되지 않는다.[4] 대표적인 용례가 이른 바 '신적 수동태'(divine passive)라고 불리는 본문들이다.[5]

예를 들어 팔복의 하나인 마태복음 5장 4절의 μακάριοι οἱ πενθοῦντες, ὅτι αὐτοὶ **παρακληθήσονται** (παρακαλέω [to comfort]의 미래, 수동태)는 "애통하는 자들은 복되도다! 그들은 위로를 받을 것이기 때문이다"라는 뜻으로서, 여기에서 위로의 궁극적인 동인은 명시되지 않지만 문맥상 그것이 하나님이라는 사실을 추정할 수 있다(마 3:10; 5:5-9, 25, 29; 6:7; 10:19; 16:19; 막 2:5; 롬 3:28; 고전 3:10 등도 참조).

이러한 용례는 신약성경 전체에서 꽤 자주 등장하며, 하나님이라는 궁극적인 동인을 처음부터 전제하거나, 직접 거명하는 것을 피하려는 의도에 따른 것이다.[6]

---

4) Porter, *Idioms of the Greek New Testament*, 65.

5) '신적 수동태'는 '신학적 수동태'(theological passive)로 불리기도 한다.

6) Zerwick, S.J. *Biblical Greek*, 76(§236). 또한 J. Jeremias, *New Testament Theology* (New York: Scribner's, 1971), 9-14에 나오는 상세한 논의도 보라.

법(Ἔγκλισις)

12. 주절에서의 법 I

앞서 살펴본 바와 같이, 일반적으로 시제(時制)-형태(tense-form)는 저자의 주관적 관점인 동작상(aspect)을 묘사하기 위해서 사용되고, 태(態, voice)는 동작의 주체가 해당 동사로 표현되는 행위나 상태와 어떤 관계를 가지느냐를 표현하기 위해서 선별된다. 다시 말해, 헬라 저자/화자는 먼저 시제-형태를 선택함으로써 해당 동작이나 상황에 대한 자신의 관점, 즉 완결적인 것으로 볼 것이냐, 미완결적인 것으로 볼 것이냐, 상태적인 것으로 볼 것이냐를 구별하여 표현한다. 또한 태를 선택함으로써 문법적 주어가 해당 동작이나 상황과 어떤 관계를 맺는지를 각기 달리 묘사한다.

그렇다면 헬라 저자/화자가 '법'(mood)을 선택함으로써 변별적으로 표현하고자 하는 내용은 도대체 무엇인가? 문법 용어로서 '서법'(敍法)의 사전적 의미는 "말하는 사람의 심적 태도를 나타내는 동사의 어형 변화"이다.[1] 다시 말해, '법'은 해당 동작이나 상황에

1) 우리말의 경우 '평서법', '의문법', '청유법', '명령법', '감탄법' 따위의 서법이 존재한다. 우리말에서 서법은 문장 종결 어미로 활용되므로, 흔히 '문장 종결법'이라고 불리기도 한다.

대한 화자 편에서의 '마음의 태도'(an attitude of mind)를 반영한 동사의 표현 형태들이다.[2] 그렇다면 헬라 저자/화자가 구별하여 표현하고자 하는 마음의 태도는 과연 무엇을 일컫는 것인가?

I. 법(mood)의 문법적 의미

법의 문법적 의미를 이해하기 위해서 우선 '마음의 태도'라는 표현에서부터 시작해보자. 주지하다시피, 신약성경 헬라어에는 직설법(indicative), 가정법(subjunctive), 기원법(optative), 명령법(imperative)이라는 네 가지 법이 쓰인다.[3] 이것들이 '마음의 태도'를 표현한다는 말은 각 법이 해당 동사로 표현되는 상황이나 사건을 대하는 저자/화자의 내적 태도를 조금씩 다르게 드러낸다는 뜻이다.

그렇다면 '무엇에 대한' 심적 태도인가? 바로 '실재'(reality)에 대한 저자/화자의 내적 태도다. 말하자면, 헬라어의 여러 법들은 실재를 대하는 저자/화자의 태도를 표현하는 셈이다. 헬라 저자/화자는 법을 구별함으로써 해당 동사가 표현하는 동작이나 상황에 대한 자신의 심적 태도를 변별적으로 드러낸다.

여기에서 주의해야 할 점은 각 법이 저자/화자의 주관적 태도를 구별할 뿐, 그것 자체로 실재와의 정합성 정도를 표현하는 것은 아니라는 사실이다.[4]

---

2) Moule, *An Idiom Book of New Testament Greek*, 20.

3) 이 네 가지 법은 부정사(infinitive)와 구별하여 '정법'(*finite* moods)이라고 불리기도 하고, 가정법, 명령법, 기원법('희구[希求]법'이라고도 함)과 부정사는 직설법과 구별하여 '의존적인 법'(*dependent* moods)이라고 불리기도 한다. Goodwin, *Syntax of Moods and Tenses*, 1.

예를 들어, 요한복음 13장 8절의 ἐὰν μὴ νίψω σε οὐκ ἔχεις μέρος μετ' ἐμοῦ는 "내가 너를 씻기지 않으면, 너는 나와 아무런 상관이 없다"라는 뜻으로서, 객관적인 일의 추이를 고려하면 여기에서 는 미래 시제-형태로 표현되어야 할 것이다. 그러나 화자(예수)는 현재 직설법을 통해 이 사안을 마치 이미 실질적인 현실인 양 확언한다.

이는 시제-형태가 동작이나 상황이 객관적으로 일어나는 실상과 무관하게 그 동작이나 상황을 평가하는 저자/화자의 주관적 관점을 표현하는 것과 마찬가지이다. 법은 동사가 표현하는 동작이나 상황이 실재와 얼마나 상응(相應)하는지를 변별해 주는 문법 범주가 아니다.

이러한 오해는 특별히 직설법에 대한 정의에서 자주 나타나는데, 많은 경우 직설법은 "단순한 사실"(simple fact)에 대한 확언이나 질문을 표현하는 서법으로 설명된다.[5] 그러나 그릇된 인식, 과장, 허구적인 설명 등이 모두 직설법으로 표현된다는 점을 기억하면 직설법을 단순한 사실을 묘사하는 법으로만 정의하는 것은 어폐(語弊)가 있다. 오히려 잘못된 정보, 비아냥거림, 과장, 허구, 이원론적 세계관 등은 실재와 정확하게 일치하지 않아도 얼마든지 다양한 법으로 표현되거나 '가정'될 수 있으며, 저자/화자 역시 이를 실재와의 일치라는 기준에 의거하여 정확히 표현하려고 의도하는 것은 아니다.[6] 헬라어의 법들은 실재와의 적확한 상응 정

4) Zerwick, S.J., *Biblical Greek*, 100(§296).

5) 예컨대, Burton, *Syntax of the Moods and Tenses*, 73(§157); Moule, *An Idiom Book of New Testament Greek*, 20.

6) Porter, *Idioms of the Greek New Testament*, 51; Wallace, *Greek Grammar Beyond the Basics*, 444-45.

도가 아니라, 단순하게 해당 동사가 표현하는 동작이나 상황을 저자/화자가 어떻게 인식하느냐를 표현할 뿐이다. 이 시점에서 로버트슨의 조언에 귀를 기울일 필요가 있다:

> "직설법(indicative)이 '직설적인 서법'(modus rectus)이긴 하지만, 그렇다고 해서 '절대적 실재'(absolute reality)를 제시하는 것은 아니다… 직설법이 어떤 것을 사실이라고 진술하기는 하지만, 그것의 실재를 보증해 주는 것은 아니라는 말이다. 이 경우 본질적으로 문제가 되는 것은 진술일 따름이다. 이 점을 분명하게 기억하는 것이 앞으로도 줄곧 도움이 될 것이다. 직설법은 실재('an sich')와는 아무런 관련이 없다. 화자는 어떤 것을 사실로 제시한다. 물론 실상이라는 것이 암시되어 있긴 하지만 그 이상은 결코 아닌 것이다. 그것이 사실이냐 아니냐는 문제는 별개의 문제이다. 대부분의 허위 진술(untruths) 역시 직설법으로 진술된다."[7]

이러한 점을 기억하면 학자들이 제시하는 다양한 정의들에 공통적으로 담고자 한 취지를 이해할 수 있다. 예컨대, 월레스는 법을 "화자가 동사로 표현되는 행동이나 상태의 확실성(그것이 실상[actuality]이거나 가능성[potentiality]에 지나지 않거나 간에)에 대한 자신의 확신을 '묘사하기'(to portray) 위해서 사용하는 동사의 형태론적 특성"[8]이라고 정의한다. 포터는 "법의 여러 형태들은 동사의 동작과 실재가 어떤 관계를 맺는지에 관한 언어 사용자의 관점을 문법화하기 위해서 사용된다"[9]고 설명한다. 로버트슨은 "법은 확언의 방

---

7) Robertson, *A Grammar of the Greek New Testament*, 914-15. 홑따옴표를 통한 강조는 원문의 것이다.

8) Wallace, *Greek Grammar Beyond the Basics*, 445.

9) Porter, *Idioms of the Greek New Testament*, 50. 또한 Porter, *Verbal Aspect*, 321-22에 나오는 설명도 보라.

식인 반면, 태와 시제는 동사의 동작과 관련이 있다(태는 동작 주체가 동사가 표현하는 동작과 맺는 관계와, 시제는 동작의 상태[state]와 관련이 있다)"[10]고 설명한다.

그러므로 헬라어에서 법이란 말 그대로 ψυχικαὶ διαθέσεις(심령의 기질들)로서,[11] 실재와의 상응 정도와는 상관없이 동사로 표현되는 어떤 동작이나 상황의 확실성에 대한 저자/화자의 '확신 정도'를 표현하는 방식이다. 법이란 실재와의 상응 정도와는 상관없이 동사로 표현되는 동작이나 상황에 대한 저자/화자의 심적 태도를 문법화하는 동사의 특징이다.

II. 기초적 이해

월레스에 따르면, 각 서법의 구체적인 용례를 살펴보기 전에 다양한 법과 관련하여 기본적으로 이해해야 할 점들이 있다.[12]

첫째, 각 서법들은 저자/화자가 심적으로 판단하는 다양한 정도의 확실성(certainty)을 표현한다. 즉, 각 서법들은 실상(actuality)으로부터 잠재적 가능성(potentiality)에 이르기까지 화자의 표현에 담긴 "확실성의 연속선상 위에"(on a continuum of certainty) 놓여 있는 것이다.[13] 크게 보면, 직설법은 통상 실상을 지시한다는 점에서 잠

10) Robertson, *A Grammar of the Greek New Testament*, 912.

11) 이 용어는 주후 2세기에 활동한 것으로 알려져 있는 그리스어 문법학자 아폴로니우스(Apollonius Dyskolos['Απολλώνιος ὁ Δύσκολος])의 명명법이라고 한다. Robertson, *A Grammar of the Greek New Testament*, 911.

12) Wallace, *Greek Grammar Beyond the Basics*, 446-47.

13) Wallace, *Greek Grammar Beyond the Basics*, 446.

재적 가능성을 지시하는 다른 서법들과 구별된다.[14] 이런 의미에서 각 법들은 현실/실재에 대한 저자/화자의 '심리적 거리감'으로 표현할 수도 있다.

여기에서 결코 잊지 말아야 하는 중요한 사실은 법 자체에 시간적인 요소가 포함되어 있지 않다는 점이다.[15] 예컨대 현재 명령법이라고 해서 '시간적으로' 현재의 동작이나 상황을 강제하거나 명령하는 것이 아니며, 저자/화자의 의향이 '현재'를 향하지도 않는다.[16]

둘째, 명령법은 통상 의향(volition)을 나타내기 위해서 사용되는 반면, 기원법과 가정법, 그리고 특히 직설법은 인식(cognition)을 나타내기 위해서 사용된다.[17] 이것을 현실/실재에 대한 심리적 거리감과 결합시키면, 직설법은 다양한 방식의 확신(assertion)을, 명령법은 다채로운 의향(volition)을, 가정법은 이러저러한 추정(projection)을 표현하는 셈이다(아래의 자세한 설명을 보라).[18]

---

14) 직설법과 달리 실재를 간접적으로 에둘러 표현한다는 뜻에서 직설법을 제외한 명령법, 가정법, 기원법을 '사격(斜格) 서법'(oblique mood)으로 분류하기도 한다.

15) Porter, *Verbal Aspect*, 362-63. 직설법으로 쓰이는 시제-형태들이 '내재적으로' 시간적인 의미를 가지는지 여부도 논란이 있다. 본서는 시간적인 의미는 통상 시간 지시사(temporal deixis)나 문맥을 통해 표현된다는 입장이다. 앞의 시제-형태들에 대한 설명들을 보라.

16) 앞서 살펴본 대로, 직설법 시제-형태에 시간적인 의미가 내재되어 있다고 보는 전통적인 입장도 모든 서법에서 가장 중요한 요소는 동작의 본질이나 종류, 즉 *Aktionsart*라고 주장한다. 서법에서도 시제-형태의 차이가 표현하는 것은 '시간'이 아니라 '동작의 종류'라는 것이다. 물론 본서는 그것이 오히려 '동작상'이며, '동작의 종류'는 화용론적 결과라는 입장에 서 있다. 위의 해당 설명을 보고, BDF, §318; Robertson, *A Grammar of the Greek New Testament*, 824의 설명도 보라.

17) Wallace, *Greek Grammar Beyond the Basics*, 446.

셋째, 직설법은 모든 언어에서 가장 자주 사용되는 법이며, 헬라어도 예외가 아니다.[19] 즉, 직설법은 "다른 법을 사용할 만한 특별한 이유가 없을 경우에 사용하는 표준적인(normal) 법"이라고 할 수 있다.[20] 그러나 다른 법을 선택하더라도 해당 법이 항상 그 법의 일반적인 의미에 부합되게 사용되는 것이 아니라는 점을 염두에 두어야 한다. 실제 법을 활용하는 데 있어서는 법 사이의 분명한 문법적, 의미론적 구별이 용이하지 않을 때도 있다.[21]

특히 가정법과 명령법, 미래 시제-형태의 직설법 사이에서 일어나는 의미론적 중첩 현상은 주목해서 살펴볼 필요가 있다. 실제로 신약성경에는 이 서법들이 의미론적 영역을 일정 부분 공유한 채 나란히 사용된다(예컨대, 미래 직설법, 가정법, 기원법, 부정사, 분사는 모두 명령의 의미로 사용 가능하다).[22] 무엇보다 형태론적으로 이 서법들 사이에는 중첩되는 부분이 적지 않다(2인칭 복수의 경우 현재 직설법과 명령법의 형태가 동일하므로, 오직 문맥을 통해서만 판단 가능하다.

18) Porter, *Verbal Aspect*, 96, 321-22.

19) 월레스가 제시하는 빈도수에 따르면, 세계성서공회 헬라어신약성경 제3판(UBSGNT3)에는 각각 직설법이 15,618회, 가정법이 1,858회, 명령법이 1,631회, 기원법이 68회 나타난다. Wallace, *Greek Grammar Beyond the Basics*, 447. 물론 동사 분해의 정확성 여부나 본문비평적인 난점들 등과 같은 문제가 있긴 하지만, 이러한 통계는 직설법이 얼마나 압도적으로 자주 사용되는지를 잘 보여준다.

20) Robertson, *A Grammar of the Greek New Testament*, 915.

21) 예컨대 금지 명령은 종종 명령법이 아니라 가정법으로 표현되기도 한다. Porter, *Idioms of the Greek New Testament*, 53; Robertson, *A Grammar of the Greek New Testament*, 941.

22) 실제로 다수의 사본들이 많은 경우 가정법을 미래 직설법으로 대체하기도 하는데, 이는 외적 증거 이외에 어느 읽기가 원문에 가까운지 여부를 판별할 수 있는 하나의 기준이 된다. Robertson, *A Grammar of the Greek New Testament*, 935, 941-46; BDF, §366.

또한 특징적인 자음인 σ를 공유한다). 따라서 각 법의 의미론적 특징들을 지나치게 고립시킬 필요는 없다(예컨대 눅 12:4 이하를 보라).

이러한 기본적인 이해를 바탕으로 아래에서 이어지는 장들에서는 일반적인 분류를 따라서,[23] 각 법의 다양한 의미와 용례를 주절(principal clause)에서 사용되는 법(12-13장)과 종속절(subordinate clause)에서 사용되는 법(14-18장)으로 나누어 살펴보고자 한다.

III. 주절에서의 직설법

아래는 겹문장의 주절이나 홑문장에서 직설법이 사용되는 주요 용례들이다. 겹문장의 종속절에서 쓰이는 법들은 14장부터 종속절의 기능/종류별로 따로 다룰 것이다.

1. 일반적 확언이나 단순한 질문을 표현하는 경우

직설법은 일차적으로 일반적인 확언(unqualified assertion)이나 사실에 대한 단순한 질문(simple question)에 사용되는 서법이다.[24] 직설법을 선택할 경우, 저자/화자는 해당 동사가 표현하는 동작이나 상황을 실재라고 확신하고 그렇게 표현하는 셈이다(전술한 바와 같

---

23) 주절의 경우 대체적으로 해당 법의 일반적 의미나 용법이 유지되지만, 종속절의 서법은 그 절이 어떤 기능(목적, 결과 등)을 하느냐에 따라 다양한 의미로 사용된다. Burton, *Syntax of the Moods and Tenses*, 81f.

24) Wallace, *Greek Grammar Beyond the Basics*, 449; Burton, *Syntax of the Moods and Tenses*, 73(§157).

이, 물론 실상은 그렇지 않을 수도 있다). 이는 가장 흔히 나타나는 용례이기도 하다.

예를 들어 요한복음 1장 1절의 ἐν ἀρχῇ **ἦν** (εἰμί [to be]의 미완료, 직설법) ὁ λόγος는 "태초에 말씀이 있었다"라는 뜻으로서, 제한적인 진술이나 조건 등이 없는 단순한 확언이다. 마태복음 2장 2절에 나오는 헤롯의 질문인 ποῦ **ἐστιν** (εἰμί [to be]의 현재, 직설법) ὁ τεχθεὶς βασιλεὺς τῶν Ἰουδαίων; 역시 "유대인들의 왕으로 태어나신 이가 어디에 계시냐?"라는 뜻의 단순 사실에 대한 질문이다. 이러한 용례는 특별히 저자 편에서의 확신을 강하게 표현한다기보다, 단순한 사실을 진술하는 것으로 보아도 무방하다.

2. 저자의 확신을 표현하는 경우

일부 용례들은 저자 편에서의 확신을 강하게 표현하기도 한다. 직설법은 한정적인 확언을 포함하는 주절에서 실질적으로 그와 동등한 확언적 의미를 가진다. 이 경우 사실에 대한 확언은 모종의 조건으로 한정되기도 하지만, 직설법으로 묘사되는 행동이나 상태는 저자/화자에 의해 사실로 간주된다.[25]

예를 들어 요한복음 13장 8절의 ἐὰν μὴ νίψω σε, οὐκ **ἔχεις** (ἔχω [to have]의 현재, 직설법) μέρος μετ' ἐμοῦ는 "내가 너를 씻기지 않으면, 너는 나와 나눌 분깃이 없다"라는 뜻으로, 분명하고 명확한 확언을 표현하는 직설법의 용법을 잘 보여주는 것이다.[26] 이 경우 "너는 분깃이 없다"

25) Burton, *Syntax of the Moods and Tenses*, 73(§158).

26) Robertson, *A Grammar of the Greek New Testament*, 915; Porter, *Idioms of the*

라는 확언은 "내가 너를 씻기지 않으면"이라는 조건으로 한정되어 있긴 하지만, 분명하고 명확한 사실로 제시되고 있다.

3. 섬세한 어조를 표현하는 경우

직설법이 ἄν(동사의 동작이 일정한 상황이나 조건에 의존하고 있다는 것을 나타내는 불변화사, 한 단어로 번역이 불가능함)이나 εἴθε(성취되기 힘든 바람을 표현하는 불변화사, "would that?"[~라면 얼마나 좋을까?] 등으로 번역됨) 등과 같은 불변화사로 '채색'되는 경우, 직설법이 가진 통상적인 의미 외에 '바람직한 상황'(desirability), '있을 법 하지 않은 상황'(improbability) 등의 다양한 어조(語調)를 표현하기도 한다.[27)]

예를 들어, 마태복음 12장 7절의 εἰ δὲ ἐγνώκειτε τί ἐστιν· ἔλεος θέλω καὶ οὐ θυσίαν, οὐκ **ἂν κατεδικάσατε** (καταδικάζω [to condemn]의 부정과거, 직설법) τοὺς ἀναιτίους는 "만일 너희가 '나는 제사가 아니라 긍휼을 원한다'라는 [말씀]이 무엇인지 알았더라면, 죄 없는 자들을 정죄하지는 않았을 텐데"라는 뜻으로서, 부정적인 현실과 반대되는 바람직한 상황을 표현한다(또한 마 11:23; 막 13:20; 눅 7:39 등도 참조).

뿐만 아니라 미래 직설법은 단순한 확언적 의미 이외에도 다양

Greek New Testament, 51-52.

27) 고전 헬라어에서 미완료나 부정과거 시제-형태는 불변화사 ἄν과 함께 사용되어 일정한 조건 하에서 발행하곤 하는 과거의 습관적인 행동을 표현하였다. 그러나 신약성경에서 이러한 용례는 주절에서는 단 한 번도 나타나지 않는다. 조건절에서 불변화사 ἄν과 함께 사용되는 미완료나 부정과거 시제-형태의 용례는 주절에서 사용되는 용례의 흔적을 보여주는 것이다. Burton, *Syntax of the Moods and Tenses*, 13(§26, 27).

한 용법으로 사용되기도 한다(위의 미래 시제-형태에 관한 설명을 보라).[28] 그러나 전체적으로 보아, 기원이나 의지 등을 표현하는 다른 서법과 비교할 때 직설법은 화자가 표현하는 동작이나 상태에 대한 화자 자신의 확신을 표현하는 서법이라고 볼 수 있다.

4. 시제-형태와 태, 그리고 법: '의미'의 형성

마지막으로 반드시 기억해야 할 중요한 사실은 직설법에서 시제-형태들이 표현하고자 하는 내용은 일차적으로 '동작상'이며, 그 시제-형태가 표현하는 동작이나 상황이 실재와 얼마나 부합하는지에 대한 저자/화자의 확신 정도는 시제-형태가 머금은 함의에서 볼 때는 부차적이라는 점이다.[29]

물론 모든 동사는 동작상의 관점에서 항상 특정 시제-형태를 취해야 할 뿐 아니라, 실재와의 거리에 대한 저자/화자의 인식을 표현하기 위해서 특정 법-형태를 취하고, 동시에 주어와 동작과의 관계를 적시하기 위해서 특정 태-형태를 취하기 마련이다. 그러므로 비록 동사의 의미를 파악하기 위해서는 그 동사가 표현하는 동작상을 가장 우선적으로 고려해야 하긴 하지만, 법과 태가 지닌 문법적 의미도 해당 동사가 전달하고자 하는 의미에 적지 않은 기여를 한다는 점을 함께 기억해야 한다. 동사가 전달하는 의미는 특정 시제-형태와 법, 태가 문맥적인 요소들과 어우러져 만

---

28) 실제로 미래 시제-형태를 시제로 볼 것이냐, 법으로 볼 것이냐를 두고 논란이 있다. 위의 해당 설명을 보라.

29) Zerwick, S.J., *Biblical Greek*, 100(§296).

들어내는 복합적인 결과인 셈이다.[30]

IV. 주절에서의 명령법

명령법은 누군가의 행동/행위를 지시할 때 사용되는 서법이며, 따라서 저자/화자의 내적 태도 중에서는 '의향'(volition)을 표현하는 법이다. 하지만 직설법과 마찬가지로 명령법의 의미를 이해하는 데 있어서도 각 시제-형태가 지닌 동작상의 차이와 중요성을 간과해서는 안 된다(이는 가정법과 기원법, 부정사, 분사 등에도 고스란히 적용되는 원칙이다).

특히 *Aktionsart*를 중시해 온 전통적인 해석과 관련하여, 앞서 제시한 동작상과 *Aktionsart* 사이의 관계에 관한 설명이 고스란히 적용된다. 전통적인 해석에 따르면 현재 명령법과 부정과거 명령법의 차이는 *Aktionsart*에 있다. 이에 따라 현재 명령법은 지속적이고 반복적인 동작을, 부정과거 명령법은 일회적이고 즉각적인 동작을 지시하는 것으로 이해된다. 하지만 문제는 신약성경에 나타나는 실제 용례들이 이러한 원칙에 그리 잘 부합하지 않는다는 사실이다.[31]

예를 들어, 누가복음 19장 13절의 εἶπεν πρὸς αὐτούς· **πραγματεύσασθε**

---

30) Louw, "How Do Words Mean?," 125-42를 보라. 또한 위의 3장, 각주 13의 설명도 보라.

31) Moule, *An Idiom Book of New Testament Greek*, 20-21; Porter, *Verbal Aspect*, 336-47, 351-60; K.L. McKay, "Aspect in Imperatival Constructions in NT Greek," *NovT* 27(1985), 201-26을 보라.

(πραγματεύομαι [to business]의 부정과거, 중간태, 명령법) ἐν ᾧ ἔρχομαι 는 "그가 그들에게 말했다. '내가 올 때까지 사업을 시행하라'"라는 뜻으로서, 여기에서 부정과거 명령법인 πραγματεύσασθε은 문맥상 분명히 지속적이고 반복적인 행위를 표현한다(또한 고후 13:11-12; 엡 5:18 등도 참조).

현재 명령법과 부정과거 명령법이 각각 일반적인 지시와 구체적인 지시로 대별되는 것도 아니다. 앞서 동작상과 *Aktionsart* 사이의 관계를 설명하면서 살펴보았듯이, 이 모든 구분들은 화용론적 차원의 결과일 뿐이다. 그러므로 명령법의 각 시제-형태들은 일차적으로 동작상의 견지에서 구별한 후, 문맥 등의 요소를 고려하여 구체적인 *Aktionsart*를 판단해야 한다.[32] 말하자면, 완결적 동작상인 부정과거 명령법은 해당 동작을 '통째로' 지시하거나 간청하는 반면, 미완결적 동작상인 현재 명령법은 해당 동작의 진행 과정을 염두에 둔다.[33]

예를 들어 누가복음 17장 8절의 **ἑτοίμασον** (ἑτοιμάζω[to prepare]의 부정과거, 능동태, 명령법) τί δειπνήσω καὶ περιζωσάμενος **διακόνει** (διακονέω [to serve]의 현재, 능동태, 명령법, 2인칭, 단수) μοι ἕως φάγω καὶ πίω 는 "너는 내가 먹을 것을 준비하라. 그리고 내가 먹고 마실 때까지 띠를 띠고 나의 시중을 들어라!"라는 뜻으로서, 여기에서 부정과거 명령법인 ἑτοίμασον은 일회적인 동작을, 현재 명령법인 διακόνει는 지속적인

32) McKay, "Aspect in Imperatival Constructions in NT Greek," 207-19; C.R. Campbell, *Verbal Aspect and Non-Indicative Verbs: Further Soundings in the Greek of the New Testament* (Studies in Biblical Greek 15; New York: Peter Lang, 2008), 79-80; Wallace, *Greek Grammar Beyond the Basics*, 485.

33) McKay, "Aspect in Imperatival Constructions in NT Greek," 206-207.

동작을 명하다고 보기보다 동작상의 견지에서 판단하는 것이 더 자연스럽다. 즉 ἑτοίμασον은 준비하는 행위 전체를 '통째로' 언급하고, διακόνει는 시중드는 행위를 진행적인 동작으로 묘사하는 것이다.

아래는 겹문장의 주절이나 홑문장에서 명령법이 사용되는 주요 용례들이다.

1. 명령이나 권고를 표현하는 경우

명령법은 일차적으로 명령(command)이나 권고(exhortation)를 표현하기 위해서 사용된다.[34)]

예를 들어 마태복음 5장 42절의 τῷ αἰτοῦντί σε **δός** (δίδωμι[to give]의 부정과거 능동태 명령법, "너에게 요청하는 자에게 주라!")나 데살로니가전서 5장 19절의 τὸ πνεῦμα **μὴ σβέννυτε** (σβέννυμι[to extinguish]의 현재 능동태 명령법, "성령을 소멸하지 말라!")는 모두 명령이나 권고의 의미를 전달한다(마 5:44; 6:6; 막 2:14; 6:37; 고전 1:31; 고후 13:5; 살전 5:16; 히 13:7; 약 1:5 등도 참조).

2. 간청이나 기원을 표현하는 경우

명령법은 간청(entreaty)이나 기원(petition)에서 사용되기도 한다.[35)]

---

34) Porter, *Verbal Aspect*, 347-50; Burton, *Syntax of the Moods and Tenses*, 80(§180); Robertson, *A Grammar of the Greek New Testament*, 946; Wallace, *Greek Grammar Beyond the Basics*, 485-86.

35) Burton, *Syntax of the Moods and Tenses*, 80(§181); Robertson, *A Grammar of*

이 경우는 거의 항상 부정과거 명령법이 쓰이며, 긍정적인 간청이나 부정적인 간청(부정어 μή와 함께)이 모두 나타난다.[36)]

예를 들어 요한복음 17장 11절에 나오는 이른 바 대제사장적 기도의 일부인 πάτερ ἅγιε, **τήρησον** (τηρέω[to keep]의 부정과거, 능동태, 명령법) αὐτοὺς ἐν τῷ ὀνόματί σου는 "거룩하신 아버지여! 당신의 이름으로 저들을 보호하소서!"라는 뜻으로, 여기에서 사용된 명령법 τήρησον은 기원에 사용된 예다.
마가복음 9장 22절의 εἴ τι δύνῃ, **βοήθησον** (βοηθέω[to help]의 부정과거, 능동태, 명령법) ἡμῖν σπλαγχνισθεὶς ἐφ' ἡμᾶς는 "만일 무엇을 할 수 있다면, 저희를 긍휼히 여기셔서 도와주십시오"라는 뜻으로서, 여기에서 명령법 βοήθησον은 명령이나 지시가 아니라 간청을 표현하는 말이다(또한 마 6:10-11; 눅 7:6[부정어 μή와 함께]; 11:1-3; 17:5; 요 4:7, 31; 19:21[부정어 μή와 함께]; 행 1:24; 고후 5:20; 12:13; 몬 18; 계 22:20 등도 참조).

흥미로운 사실은 주기도문의 동일한 청원에서 마태와 누가가 서로 다른 시제-형태의 명령법을 사용한다는 점이다. 마태는 통상적인 방식에 따라 주기도문의 청원 전체에서 부정과거 명령법을 사용하는데 반해, 누가는 '일용할 양식'을 구하는 세 번째 청원에서 현재 명령법을 사용한다.

즉 누가복음 11장 3절의 τὸν ἄρτον ἡμῶν τὸν ἐπιούσιον **δίδου** (διδωμι

---

the Greek New Testament, 947; Wallace, *Greek Grammar Beyond the Basics*, 487-88.

36) Robertson, *A Grammar of the Greek New Testament*, 947; Wallace, *Greek Grammar Beyond the Basics*, 487-88.

[to give]의 현재, 능동태, 명령법, 2인칭, 단수) ἡμῖν τὸ καθ' ἡμέραν은 "날마다 우리에게 일용할 빵을 주소서"라는 뜻으로서, 여기에서는 청원 형식임에도 불구하고 현재 명령법이 쓰였다.[37]

이러한 현상을 설명하는 통상적인 방식은 두 시제-형태 사이의 *Aktionsart*에 주목하는 것이다.[38] 즉, 두 명령법이 전달하는 의미들 사이의 차이는 일회적이냐 지속적이냐에 있다는 것이다. 하지만 이는 시제-형태가 머금은 동작상과 그것이 서사 내에서 야기하는 '두드러짐'의 차이로 더 설명할 수 있다.[39] 실제로 누가복음에서 주기도문 이후에 이어지는 단락(11:5-13)에서 '간청'은 매우 중요한 주제이며, 누가는 주기도문에서 이 주제를 다른 청원에 비해 더욱 두드러지게 강조하면서 이어지는 내용과 연결 짓는다.

3. 금지를 표현하는 경우

명령법은 부정 명령, 즉 '금지'(prohibition)를 표현하기도 한다. 그러나 금지 명령의 경우, 명령법이 사용되면 2인칭과 3인칭 모두 거의 대부분 현재 명령법에 국한되어 사용된다(아래 금지 명령으로 쓰이는 가정법도 참조).[40] 그러나 부정과거 명령법의 경우 극소수의

37) 무슨 이유인지는 모르지만, 월레스는 이 용법을 설명하면서 누가복음 11장 1절에 나오는 제자들의 요구(δίδαξον[διδάσκω의 부정과거 명령법]) 만 용례로 소개하고, 누가복음 주기도문의 청원들은 모두 언급하지 않는다. Wallace, *Greek Grammar Beyond the Basics*, 488.

38) Robertson, *A Grammar of the Greek New Testament*, 855.

39) Porter, *Verbal Aspect*, 347-50; idem, *Idioms of the Greek New Testament*, 228-29, 305; Campbell, *Verbal Aspect and Non-Indicative Verbs*, 89-90.

예에서 3인칭이 쓰이기도 한다.[41]

그러므로 신약성경에서 금지 명령을 표현하는 방법은 다음과 같은 세 가지인 셈이다: 1) μή+현재 명령법(2, 3인칭), 2) μή+부정과거 명령법(3인칭),[42] 3) μή+부정과거 가정법(2, 3인칭). (아래의 해당 설명을 보라).

> 예를 들어 로마서 6장 12절의 **μὴ** οὖν **βασιλευέτω** (βασιλευέτω[to reign]의 현재, 명령법, 3인칭, 단수) ἡ ἁμαρτία ἐν τῷ θνητῷ ὑμῶν σώματι εἰς τὸ ὑπακούειν ταῖς ἐπιθυμίαις αὐτοῦ는 "그러므로 죄가 너희의 죽을 몸에서 왕 노릇하지 못하게 해서 그것의 욕망에 순종하지 않도록 하라"라는 뜻으로서, 여기에서 μὴ βασιλευέτω는 금지 명령을 표현한다(마 6:3; 7:1; 막 5:36; 요 6:20; 행 10:15; 엡 5:18; 딤전 5:16 등도 참조).

4. 승낙을 구하거나 가설을 제안하는 경우

그 외에 승낙을 구하거나 전제/가설(hypothesis)을 제안하기 위해서 명령법이 사용되기도 한다.[43] 이 경우 명령법에 이어서 통상

---

40) Porter, *Idioms of the Greek New Testament*, 221; Burton, *Syntax of the Moods and Tenses*, 81(§184); Robertson, *A Grammar of the Greek New Testament*, 947; Wallace, *Greek Grammar Beyond the Basics*, 487. 월레스는 예수의 말씀에 국한되어 부정과거 명령법이 이런 용례로 쓰인다고 설명한다(마 6:3; 24:17, 18; 막 13:15[×2회], 16; 눅 17:31[×2회]).

41) Burton, *Syntax of the Moods and Tenses*, 75(§163), 81(§184);

42) 신약성경에서 'μή+부정과거 명령법(2인칭)' 형태의 금지 명령은 전혀 나타나지 않는다. 신약성경 저자들이 부정과거 시제(완결적 동작상)로 2인칭 금지명령을 표현하고자 한다면, 항상 부정과거 가정법을 선택한다. Porter, *Idioms of the Greek New Testament*, 221; Wallace, *Greek Grammar Beyond the Basics*, 469, 각주 61.

καί+미래 직설법 구문이 쓰인다("~하라, 그러면 ~할 것이다").[44]

예를 들어 마태복음 8장 31-32절의 εἰ ἐκβάλλεις ἡμᾶς, **ἀπόστειλον** (ἀποστέλλω[to send]의 부정과거, 능동태, 명령법) ἡμᾶς εἰς τὴν ἀγέλην τῶν χοίρων. καὶ εἶπεν αὐτοῖς· **ὑπάγετε** (ὑπάγω[to depart]의 현재, 능동태, 명령법)는 "'만일 당신이 우리를 쫓아내신다면, 저 돼지 떼에게로 보내시는 것이 어떻겠습니까?' 그러자 그가 그들에게 말씀하셨다. '가라!'" 라는 뜻으로서, 명령법의 다양한 용법을 잘 보여주는 구절이다. 즉 31절의 명령법 ἀπόστειλον은 승낙을 구하는 것을, 32절의 명령법 ὑπάγετε는 명령을 표현한다.

또한 요한복음 2장 19절의 ἀπεκρίθη Ἰησοῦς καὶ εἶπεν αὐτοῖς· **λύσατε** (λύω[to loose]의 부정과거, 능동태, 명령법) τὸν ναὸν τοῦτον καὶ ἐν τρισὶν ἡμέραις ἐγερῶ αὐτόν은 "예수가 그들에게 대답했다. '이 성전을 파괴하라, 그러면 내가 그것을 제3일에 일으킬 것이다!'"라는 뜻으로, 여기에서 예수는 청중들에게 무엇인가를 하라고 명령하는 것이 아니라 어떤 전제나 가정을 제시한다(마 7:7; 8:8; 고전 7:36; 약 4:7 등도 참조).

이처럼 명령법은 단순히 어떤 것을 명령하거나 권고하기 위해서만 쓰이는 것이 아니라, 간청이나 청원을 표하거나, 승낙을 구하거나 무엇인가를 제안하는 등 다양한 '내적 의향들'을 표현한다.

---

43) Burton, *Syntax of the Moods and Tenses*, 8081(§182); Robertson, *A Grammar of the Greek New Testament*, 948-49; Wallace, *Greek Grammar Beyond the Basics*, 489.

44) 구문의 특성상 두 가지 명령법이 이어지고, 첫 번째 명령법이 조건이나 가정을 표현하는 경우 두 번째 명령법은 미래 직설법과 같은 의미로 쓰인다(요 1:46; 7:52; 엡 4:26 등). 이러한 용례도 미래 직설법과 명령법 사이의 의미론적 중첩 현상의 일환으로 볼 수 있다. Robertson, *A Grammar of the Greek New Testament*, 948-49; Wallace, *Greek Grammar Beyond the Basics*, 489-90.

13. 주절에서의 법 II

내적 태도의 관점에서 보자면, 가정법은 저자/화가가 동사를 통해 표현되는 동작이나 상황에 대해 품고 있는 이러저러한 추정(projection)을 표현하는 법이다. 즉 가정법은 확신이 아니라 추정의 영역을 다루며,[1] 가정법이나 기원법에 담긴 저자/화자의 내적 태도는 기본적으로 확신이 아니라 '의심'이다.[2] 이런 이유로 이 법은 무엇인가를 단정하는 직설법과는 달리, 목적, 결과, 조건 등을 표현하는 다양한 의존적인 절(dependent clause)에서 흔히 나타난다.

헬라어가 발전해 온 역사를 통해서 볼 때, 아마도 가정법은 미래 시제와 밀접하게 관련되어 있는 것으로 보인다. 실제로 두 시제는 상호 배타적이며(즉 '가정법 미래'[subjunctive future]는 없음), 형태도 유사하다.[3] 아래에서 자세히 살펴보겠지만, 가정법은 권고나 심의적 질문, 당위 등을 표현하기 위해서 사용되는 경우가 많은데 이는 모두 현재의 행동이 아니라 향후 일어나거나 행해야 할 행동

1) Porter, *Idioms of the Greek New Testament*, 56.

2) Robertson, *A Grammar of the Greek New Testament*, 927-28.

3) Moule, *An Idiom Book of New Testament Greek*, 22; Robertson, *A Grammar of the Greek New Testament*, 924-25.

을 표현한다는 점에서 미래 직설법과 밀접한 관계가 있다.[4)]

그렇다고 해서 이 법이 무엇인가를 '가정'하고 그것의 '불확실성'(uncertainty)만을 강조한다고 속단(速斷)해서는 안 된다. 물론 가정법을 통해 표현되는 저자/화자의 내적 태도는 의심에 근거한 추정이지만, 그것이 곧 저자 편에서의 불확실성을 의미하지는 않는다. 오히려 저자/화자는 가정법을 활용하여 '가능성'(possibility)이나 '개연성'(probability), '의지가 담긴 의도성'(volitional intentionality) 등을 표현하고자 하며, 이는 실제로 권고, 심의적 질문, 당위를 표현하는 수사적 질문 등으로 나타난다.[5)]

직설법과 명령법의 경우와 마찬가지로, 가정법에도 동사상과 관련한 설명이 고스란히 적용된다는 점을 기억해야 한다. 즉 현재 가정법이라고 해서 '현재'의 일을 추정하거나 과거 가정법이라고 해서 '과거'의 일을 상정하는 것이 아니다. 두 시제-형태의 차이는 동작상과 그에 따른 결과적 *Aktionsart*에 있다. 헬라 저자/화자가 가정법의 시제-형태를 구별하여 사용하는 이유는 '시간'이 아니라 동작상과 그에 따른 화용론적 효과들에 있는 것이다.[6)]

예를 들어, 마가복음 4장 26-27절의 οὕτως ἐστὶν ἡ βασιλεία τοῦ θεοῦ ὡς ἄνθρωπος **βάλῃ** (βάλλω [to throw, cast]의 부정과거 가정법) τὸν σπόρον ἐπὶ τῆς γῆς καὶ **καθεύδῃ** (καθεύδω [to sleep]의 현재 가정법) καὶ **ἐγείρηται** (ἐγείρω [to raise up]의 현재 가정법) νύκτα καὶ ἡμέραν, καὶ ὁ σπόρος

---

4) BDF, § 318, 363. 물론 이것이 곧 미래 시제-형태가 그 자체로 시간적인 의미를 머금고 있다는 뜻은 아니다. 앞의 설명을 보라.

5) Wallace, *Greek Grammar Beyond the Basics*, 463.

6) Porter, *Verbal Aspect*, 323-24, 334-35; idem, *Idioms of the Greek New Testament*, 57; Campbell, *Verbal Aspect and Non-Indicative Verbs*, 53-57.

βλαστᾷ (βλαστάνω [to sprout]의 현재 가정법) καὶ **μηκύνηται** (μηκύνω [to lengthen, grow]의 현재 가정법) ὡς οὐκ οἶδεν αὐτός는 "하나님 나라는 사람이 땅에 씨를 뿌리고 밤낮 자고 일어나는 것과 같다. 씨는 싹이 나고 자란다. 그가 알아차리지 못하는 사이에 말이다!"라는 뜻으로서, 여기에서 마가는 현재 가정법(κατεύδῃ, ἐγείρηται, βλαστᾷ, μηκύνηται)과 부정과거 가정법(βάλῃ)을 구별하여 사용하면서, 부정과거 가정법을 활용하여서는 배경이 되는 일반적인 상황을 표현하고, 현재 가정법을 활용하여서는 씨가 뿌려진 이후의 상황을 생생하게 묘사한다(비유의 절정이자 말미에 나오는 완료 시제-형태[οἶδεν]에 주의하라).

I. 주절에서의 가정법

아래는 겹문장의 주절이나 홑문장에서 가정법이 사용되는 주요 용례들이다.

1. 권고를 표현하는 경우

가정법은 1인칭 복수 형태로 권고(exhortations)를 표현하기 위해서 사용된다. 저자/화자는 1인칭 복수 가정법을 사용하여 상대방이 어떤 행동에 동참하도록 권고한다.7)

예를 들어 히브리서 12장 1절의 δι' ὑπομονῆς **τρέχωμεν** (τρέχω [to run,

7) Zerwick, S.J., *Biblical Greek*, 101(§297); Moule, *An Idiom Book of New Testament Greek*, 22; Robertson, *A Grammar of the Greek New Testament*, 931. Porter, *Idioms of the Greek New Testament*, 57-58.

to strive to advance]의 현재, 능동태, 가정법) τὸν προκείμενον ἡμῖν ἀγῶνα는 "인내로 우리 앞에 놓인 경주에서 달음질 합시다"라는 뜻이다. 또한 요한1서 4장 7절의 ἀγαπητοί, **ἀγαπῶμεν** (ἀγαπάω [to love]의 현재, 능동태, 가정법) ἀλλήλους 역시 "사랑하는 여러분, 서로를 사랑합시다"라는 뜻으로서 화자가 청자들을 권고하는 권고적 가정법의 좋은 예이다(또한 막 4:35; 14:42; 눅 2:11; 요 11:7; 행 4:17; 롬 5:1[8]; 고전 15:32; 빌 3:15; 살전 5:6 등도 참조).

2. 허용을 표현하는 경우

경우에 따라 1인칭 가정법이 ἄφες (ἀφίημι [to let go, to forgive]의 부정과거, 능동태, 명령법, 2인칭, 단수) 등의 명령법이나 δεῦρο / δεῦτε ("자! 오라!" 등의 의미로 쓰이는 부사)에 이어서 사용되기도 한다. 이런 구조에서는 ἄφες가 전형적으로 쓰이는데("~하도록 용납하라"), 여기에서 ἄφες 등은 저자/화자가 독자/청자에게 어떤 행위를 할 수 있도록 허락/허용해 달라는 요구를 표현하는 가정법의 의미를 더욱 강화한다.[9] 신약성경에서 ἄφες는 오직 1인칭 단수 형태로만, 다른 명령형들은 권고를 뜻하는 가정법과는 달리 1인칭 복수와 단수가 모두 쓰일 수 있다.[10]

---

8) 다수의 문법책에서 이 구절의 ἔχωμεν (ἔχω [to have]의 현재, 가정법)을 권고를 표현하는 용례로 거론하지만, 이 구절은 본문 비평적으로 논란이 있다. Metzger, *A Textual Commentary on the Greek New Testament*, 452를 보라.

9) Burton, *Syntax of the Moods and Tenses*, 74(§161); BDF, §364; Robertson, *A Grammar of the Greek New Testament*, 931-32; Wallace, *Greek Grammar Beyond the Basics*, 463.

10) BDF, §364(2). 고전 헬라어의 관련 용법을 위해서는 Goodwin, *Syntax of*

예를 들어 마태복음 7장 4절의 **ἄφες ἐκβάλω** (ἐκβάλλω [to cast out]의 부정과거, 능동태, 가정법) τὸ κάρφος ἐκ τοῦ ὀφθαλμοῦ σου는 "내가 네 눈에서 티끌을 뺄 수 있게 허락해 달라"라는 뜻으로서, 1인칭 단수 가정법인 ἐκβάλω가 ἄφες 다음에 쓰여서 어떤 행동을 할 수 있도록 허락해 달라는 요구를 표현한다.

또한 사도행전 7장 34절의 καὶ νῦν **δεῦρο ἀποστείλω** (ἀποστέλλω [to send]의 부정과거, 능동태, 가정법) σε εἰς Αἴγυπτον은 "자, 이제 나로 하여금 너를 이집트로 보내게 하라!"라는 뜻으로 모세를 이집트로 보내고자 하는 하나님의 의지를 표현하고 있다.[11]

마가복음 14장 42절의 **ἐγείρεσθε ἄγωμεν** (ἄγω [to lead]의 부정과거, 능동태, 가정법)은 "일어나라, 가자!"라는 뜻으로 흥미롭게도 2인칭 복수 명령과 함께 쓰인다(또한 마 21:38; 27:49; 28:8; 막 12:7; 눅 6:42; 요 4:29 등도 참조).

3. 금지 명령이나 부정적 간청을 표현하는 경우

부정과거 가정법 2인칭은 부정어 μή와 함께 금지(prohibition)나 부정적인 간청(negative entreaty, "~하지 않게 하소서")을 표현한다.[12] 그러나 극히 소수의 예이긴 하지만 부정과거 가정법 3인칭이 금

---

the Moods and Tenses, 88(§257)을 보라.

11) 모세를 이집트로 보내고자 하는 하나님의 의지를 보다 분명하게 표현하기 위해서 대문자 사본인 Y와 소문자 사본 33 및 비잔틴 코이네 사본은 부정과거 가정법인 ἀποστείλω 대신 직설법 미래인 ἀποστελῶ라고 읽기도 한다. 하지만 이는 칠십인경 출애굽기 3장 10절을 인용한 것이다. Moule, *An Idiom Book of New Testament Greek*, 22의 논의를 보라.

12) Burton, *Syntax of the Moods and Tenses*, 75(§162); Moule, *An Idiom Book of New Testament Greek*, 22; BDF, §364; Robertson, *A Grammar of the Greek New Testament*, 932; Wallace, *Greek Grammar Beyond the Basics*, 469.

지 명령으로 쓰이기도 한다(고전 16:11; 고후 11:16; 살후 2:3 등).[13]

> 예를 들어 마태복음 6장 34절의 **μὴ** οὖν **μεριμνήσητε** (μεριμνάω [to be anxious, to be distracted]의 부정과거, 능동태, 가정법, 2인칭, 복수) εἰς τὴν αὔριον은 "그러므로 너희는 내일을 위해서 염려하지 말라"라는 금지 명령이다. 히브리서 3장 8절의 **μὴ σκληρύνητε** (σκληρύνω [to harden, to make stubborn]의 부정과거, 능동태, 가정법, 2인칭, 복수) τὰς καρδίας ὑμῶν 역시 "너희들의 마음을 완고하게 하지 말라"는 금지 명령이다(또한 마 1:20; 3:9; 5:17; 막 10:19; 눅 3:8; 21:9; 요 3:7; 롬 10:6; 계 22:10).
> 이와는 달리 마태복음 6장 13절의 **μὴ εἰσενέγκῃς** (εἰσφέρω [to carry inward, to bring in]의 부정과거, 능동태, 가정법, 2인칭, 단수) ἡμᾶς εἰς πειρασμόν은 "우리를 시험으로 이끌지 마소서"라는 뜻으로서, 금지 명령이라기보다 부정적인 기원이다.

전술한 바와 같이, 금지 명령을 표현하는 두 가지 방식인 부정과거 가정법과 현재 명령법 사이의 차이는 시간적인 것이 아니라 동작상(aspect)에 관한 것이다.[14] 아울러 두 금지 명령 사이에는 법(mood)적인 차원의 개념 차이도 없다.[15] 이를 동작상에 기인하는 결과적인 *Aktionsart*와 문장 내에서 상대적인 두드러짐의 차이라는 관점에서 보자면, 부정과거 가정법은 진행이나 완료 등을 명시적으로 표현하지 않은 채 '단순히' 금지를 표현하는 데 반해, 현재

---

13) BDF, §364(3); Porter, *Idioms of the Greek New Testament*, 221.

14) 상세한 논의와 용례들에 관한 풍부한 설명을 위해서는 Porter, *Verbal Aspect*, 351-63을 보라.

15) 두 법이 동일한 취지로 쓰인다는 사실은 둘 사이의 차이보다는 오히려 의미론적 공통점을 추정하게 한다. Goodwin, *Syntax of the Moods and Tenses*, 89(§259); Porter, *Idioms of the Greek New Testament*, 56, 221.

명령법은 지속적이고 진행적인 동작을 '두드러지게' 금지하는 데 사용된다.

예를 들어, 마태복음 6장 25-34절에서 예수는 현재 금지 명령법을 활용하여 **μὴ μεριμνᾶτε** (μεριμνάω [to be anxious]의 현재, 능동태, 명령법, 2인칭, 복수)라는 대원칙을 전면에 부각시킨 후, 부정과거 명령법을 활용하여 **ἐμβλέψατε** (ἐμβλέπω [to look at]의 부정과거, 능동태, 명령법, 2인칭, 복수) εἰς τὰ πετεινὰ τοῦ οὐρανοῦ(26절, "공중의 새들을 보라!") 등의 실례를 든다(28절의 καταμάθετε [καταμανθάνω(to observe)의 부정과거, 명령법]도 참조).

또한 부정과거 가정법은 어떤 동작을 전체적으로 언급하거나 그 동작의 개시(inception)를 언급한다는 차원에서 볼 때, (어떤 동작이 특정 시점에서 진행 중이거나 완료되었다는 데 대한 언급 없이) '단순한 사건'(simple event)으로서의 동작을 '통째로' 금지하는 것이다. 따라서 μή와 부정과거 가정법이 함께 쓰이는 금지 명령은 대부분의 경우 해당 동작이 아직 시작되지 않았을 경우에 사용된다. 이에 반해 μή와 함께 사용되는 현재 명령법은 동작의 지속을 금하는 것이며, 많은 경우 이미 진행 중인 동작을 금지하는 데 사용된다. 이 경우 해당 동작을 단념하거나 그만두라는 뜻이 담겨 있다.[16)]

예를 들어, 사도행전 18장 9절의 **μὴ φοβοῦ** (φοβέω [to fear]의 현재, 중간태, 명령법, 2인칭, 단수), ἀλλὰ λάλει καὶ **μὴ σιωπήσῃς** (σιωπάω [to be silent]의 부정과거, 능동태, 가정법, 2인칭, 단수)는 "두려워하지 말라. 오히려 말하고 침묵하지 말라"라는 뜻이다. 이 문장은 현재 명령법과 부정

16) Burton, *Syntax of the Moods and Tenses*, 75(§164-65).

과거 가정법으로 표현되는 두 가지 금지 명령이 한 구절에 나타남으로써 위에서 설명한 차이를 분명하게 확인할 수 있는 좋은 예이다. 즉 첫 번째 금지 명령인 μὴ φοβοῦ는 현재 금지 명령법으로서 바울이 명령을 들었을 당시 이미 두려워하고 있었으며, 그 동작(행위 또는 마음먹기)을 지속하지 말고 중지하라는 뜻이고, 두 번째 금지 명령인 μὴ σιωπήσῃς는 부정과거 가정법으로서 바울이 명령을 들었을 당시 아직 두려움에 따른 침묵에 돌입하지 않았으므로 침묵이라는 행동을 시작하지 말라는 뜻이다(또한 마 2:20; 5:36[약 5:12도 참조]; 막 6:50; 눅 9:23; 10:35-37; 고전 7:9, 11; 고후 13:11-12 등도 참조).

그러나 아직 시작되지 않은 동작에 대해서도 현재 명령법이 사용되기도 하는데, 이 경우는 금지되고 있는 동작을 지속적으로 절제하거나 하지 말라는 명령의 뜻을 담게 되며, 이는 '현재 시제-형태'가 표현하는 동작상과 그에 따른 *Aktionsart*(지속적이거나 진행 중인 동작)에 정확히 부합된다.[17)]

예를 들어 마가복음 13장 21절의 καὶ τότε ἐάν τις ὑμῖν εἴπῃ· ἴδε ὧδε ὁ χριστός, ἴδε ἐκεῖ, **μὴ πιστεύετε** (πιστεύω [to believe]의 현재, 능동태, 명령법)는 "누군가 너희에게 '보라! 그리스도가 여기에 있다, 보라! 저기에 있다'라고 말하더라도 믿지 말라!"라는 뜻으로서, 아직 행위가 시작되지 않았으므로 향후 지속적으로 거짓된 예언을 믿지 말라는 뜻이다.

4. 심의적 질문을 표현하는 경우

가정법은 미래나 향후 행동에 대한 심의적(deliberative)이거나 수

---

17) Moule, *An Idiom Book of New Testament Greek*, 20.

사적인(rhetorical) 질문에도 사용된다.[18] 이와 같은 용례는 내용적으로나 형식적으로나 저자/화자의 내적 '의심'을 표현하려는 법인 가정법의 본래 개념에 잘 부합한다.

신약성경에서 이러한 용례는 통상 1인칭 복수형으로 사용되며, 이 중에서 심의적 질문은 권고의 의미를 표현하는 가정법의 용례를 질문 형식으로 바꾸어 표현한 것이라고 볼 수 있다.[19] 즉 권고의 의미로 사용되는 가정법이 "~합시다"라는 의미를 전달한다면, 심의적 질문을 표현하는 가정법은 "~해야 합니까?"라는 의미

---

18) Burton, *Syntax of the Moods and Tenses*, 76(§168); BDF, §366; Robertson, *A Grammar of the Greek New Testament*, 934-35; Wallace, *Greek Grammar Beyond the Basics*, 465-68. 버튼의 분류에 따르면, 질문들은 사실을 묻는 질문과 심의(審議) 목적으로 묻는 질문으로 나뉠 수 있다. 사실을 묻는 질문의 경우 화자는 어떤 것의 '정체'(what is, or was or will be)를 묻는 것이고, 심의 목적의 질문의 경우 화자는 '무엇'을 해야 하는지(what he/she is to do), 또는 '무엇'이 이루어져야 하는지(what is to be done)에 대해 묻는 것이다. 이런 의미에서 심의 목적의 질문은 사실이 아니라, 가능성(possibility), 바람직함 여부(desirability), 필요성(necessity) 등에 초점이 맞추어져 있다. 그러나 질문들은 실제 질문과 수사학적 질문으로도 분류될 수 있다. 실제 질문(interrogative or real question)은 정보나 조언 등을 얻기 위한 실제적인 물음이지만, 수사학적인 질문은 어떤 것을 단언(assertion)하는 수사학적인 방법의 일종으로서 답을 얻으려는 질문은 아니다. 또한 사실에 대한 질문이든 심의적 목적의 질문이든 이러한 질문들 역시 모두 실제 질문과 수사학적인 질문으로 분류될 수 있으므로, 해석 목적상 실제로는 네 가지 서로 구별되는 질문 유형이 있는 셈이다. 1) 사실에 대한 실제적인 질문(예, 마 16:13; 요 7:45; 행 17:18 등), 2) 사실에 대한 수사학적 질문(예, 눅 11:5; 16:11; 23:31; 고전 9:1 등), 3) 실제적인 심의적 질문(마 6:31; 18:21; 눅 22:49 등), 4) 수사적인 심의적 질문(마 26:54; 눅 14:34; 요 6:68; 롬 10:14 등). Burton, *Syntax of the Moods and Tenses*, 76-77(§169).

19) Moule, *An Idiom Book of New Testament Greek*, 22; Porter, *Idioms of the Greek New Testament*, 58.

를 전달하는 식이다. 수사적 질문은 형식은 질문이지만, 실제로 답을 얻으려한다기보다 '의무'를 질문 형식으로 제시하는 셈이며, 오히려 동의나 결단 등을 얻어내려는 수사적 효과를 위해 사용된 것이다.

심의적 질문에 사용되는 동사는 대부분 1인칭 형태를 보이지만, 경우에 따라서 2인칭이나 3인칭 형태로 사용되기도 한다.[20] 그러나 수사적 질문은 비교적 인칭 사용이 자유롭다.

> 예를 들어 누가복음 3장 10절의 τί οὖν **ποιήσωμεν;** (ποιέω [to do]의 부정과거, 능동태, 가정법, 1인칭, 복수)은 "그렇다면 우리는 무엇을 해야 합니까?"라는 뜻으로서, 의향이나 당위에 관한 심의적 질문이다.
> 누가복음 11장 5절의 τίς ἐξ ὑμῶν ἕξει φίλον καὶ πορεύσεται πρὸς αὐτὸν μεσονυκτίου καὶ **εἴπῃ** (λέγω [to say]의 부정과거, 능동태, 가정법, 3인칭, 단수) αὐτῷ는 "너희 중에 어떤 사람이 친구가 있으면, 밤중에 그에게 가서 말하지 않겠느냐?"라는 뜻으로 어떤 사실을 단언하는 수사적 질문이다. 즉 화자는 수사적 질문 형식을 빌어서, 도움을 구할 친구가 있다면 비록 밤중일지라도 누구든지 그에게 가서 도움을 청할 것이라고 단언하고 있는 것이다.
> 또한 로마서 6장 1절의 τί οὖν ἐροῦμεν; (λέγω [to say, speak]의 미래, 능동태, 직설법, 1인칭, 복수) **ἐπιμένωμεν** (ἐπιμένω [to continue]의 현재, 능동태, 가정법, 1인칭, 복수) τῇ ἁμαρτίᾳ, ἵνα ἡ χάρις πλεονάσῃ;는 "그렇다면 우리는 무엇이라고 말해야 하는가? 은혜를 넘치게 하려고 죄에 계속 거해야 하는가?"라는 뜻으로서, 심의적 질문 형식의 미래 직설법과 수사적 질문 형식의 가정법이 함께 쓰인 경우다(마 6:31; 23:33; 26:17; 막 6:37; 8:37; 11:32; 12:14; 눅 3:12; 14:34; 요 18:39; 롬 10:14; 히 11:32 등도 참조).

20) BDF, §366.

심의적 질문을 표현하는 가정법은 종종 의향이나 의지를 뜻하는 동사 뒤에 별다른 접속사 없이 사용되기도 한다.[21] 이렇게 접속사 없이 심의적 질문을 표현하는 가정법과 함께 사용되는 동사는 θέλω (to wish, to want), βούλομαι (to be willing, to want) 등이다.

예를 들어 누가복음 22장 9절의 ποῦ θέλεις **ἑτοιμάσωμεν;** (ἑτοιμάζω [to prepare]의 부정과거, 능동태, 가정법, 1인칭, 복수)은 "당신은 우리가 어디에서 (유월절을) 준비하기를 원하십니까?"라는 뜻으로 두 개의 동사가 접속사 없이 사용되었으며, 화자의 행동에 대한 상대방의 의향을 심의적으로 묻고 있다(또한 마 26:17; 막 14:12; 눅 9:54; 18:41; 요 18:39 등도 참조).

5. 강한 부정을 표현하는 경우

부정어 οὐ μή와 함께 사용되는 부정과거 가정법은 동일한 형식으로 사용되는 미래 직설법과 함께 강한 부정을 표현한다. 이는 헬라어서 가장 강력한 어조로 부정을 표현하는 방법이다.[22]

예를 들어 마태복음 5장 18절의 ἰῶτα ἓν ἢ μία κεραία **οὐ μὴ παρέλθῃ** (παρέρχομαι [to go by, to disappear]의 부정과거, 능동태, 가정법) ἀπὸ τοῦ νόμου, ἕως ἂν πάντα γένηται는 "모든 것이 이루어지기 전까지는

---

21) BDF, §366; Robertson, *A Grammar of the Greek New Testament*, 935.

22) 그러나 다수의 용례에서 미래 직설법과 부정과거 가정법의 형태가 유사해서 과연 어느 법인지 다소간에 논란이 있다. Burton, *Syntax of the Moods and Tenses*, 78(§172); BDF, §365(2); Wallace, *Greek Grammar Beyond the Basics*, 468.

일점, 일획도 율법으로부터 결코 사라져버리지 않을 것이다"라는 뜻으로 부정과거 가정법이 부정어 οὐ μή와 함께 쓰여 강한 부정을 표현한다. 또한 마가복음 13장 31절의 οἱ δὲ λόγοι μου **οὐ μὴ παρελεύσονται** (παρέρχομαι [to go by, to disappear]의 미래, 중간태, 직설법)는 "그러나 내 말은 결코 사라지지 않을 것이다"라는 뜻으로서, 동일한 형식의 미래 직섭법이 강한 부정을 표현한다(또한 마 5:20; 24:35; 막 9:1; 13:30; 요 4:14; 6:35; 10:28; 11:26; 롬 4:8; 히 13:5; 계 2:11; 3:5 등도 참조).

II. 주절에서의 기원법

저자/화자의 내적 태도에서 볼 때, 기원법은 '의심'을 표현한다는 점에서 가정법과 크게 다르지 않다. 두 법의 의미론적 영역은 상당 부분 겹치며, 가정법과 마찬가지로 기원법도 실재에 대한 저자/화자의 인식과 의향을 표현한다. 이 이런 탓에 기원법은 "제 2의 가정법"이라고 불리기까지 한다.[23] 다만 가정법에 비해서 기원법은 "더 거리감이 있고 보다 모호하며 확신이 결여된 어조"일 따름이다.[24]

하지만 신약성경이 기록될 당시엔 이미 가정법이 기원법을 잠식(蠶食)하기 시작하였다.[25] 이는 신약성경 헬라어가 속한 더 큰

---

23) N.A. Jannaris, *A Historical Greek Grammar: Chiefly of the Attic Dialect as Written and Spoken from Classical Antiquity Down to the Present Time Founded Upon the Popular Greek* (London: MacMillan, 1897), 450. Robertson, *A Grammar of the Greek New Testament*, 935에서 재인용.

24) Moule, *An Idiom Book of New Testament Greek*, 23.

25) 가정법과 기원법이 혼용되기 시작한 것이 아니라, 가정법이 기원법을 잠식(蠶食)하기 시작했다는 점에 주의해야 한다. 즉 이 시대 헬라 작가들은 기원법 대신에 가정법을 쓰긴 했지만, 가정법을 써야 할 상황에

범주인 헬레니즘 시대 헬라어의 일반적인 특징이기도 하다:

> "헬라어를 제외한 그 어떤 언어도 가정법과 기원법을 별개의 살아 있는 언어적 요소들로 보존해 오지는 못했다. 하지만 헬레니즘 시대 헬라어는 사뭇 철저하게 이러한 특징을 애써 없애버렸다."[26]

이런 탓에 실제로 기원법은 신약성경에서 매우 드물게 사용된다. 신약성경 전체 용례를 다 합쳐도 70회에 미치지 못한다.

따라서 기원법에 동작상과 관련된 설명을 적용하여 일정한 원칙을 확립하기에는 신약성경의 용례들이 충분하지 않다(실제로 현재 기원법은 10회가 채 되지 않는다).[27] 유의미한 통계치를 제시할 만큼 충분한 모집단(母集團)을 확보하기가 어려운 것이다. 그럼에도 실제 용례들은 동작상의 차이와 그에 따른 *Aktionsart*라는 견지에서 훨씬 더 명확하게 설명할 수 있다.[28]

기원법을 쓰지는 않았다. 완료 시제-형태가 부정과거 시제-형태에 의해 잠식되거나 일부 전치사들에서 나타나는 유사한 현상들도 잠식(蠶食)인지 혼용(混用)인지를 구별하는 세심한 주의가 요구된다. 잠식되는 현상이라면, 어떤 저자/화자가 애써 기원법을 사용하는 의도가 그 법 자체의 고유한 의미를 담아내기 위함이라고 볼 수 있지만, 혼용이라면 굳이 두 법 사이의 문법적 개념을 세심하게 변별할 필요성이 현저히 줄어들기 때문이다. Wallace, *Greek Grammar Beyond the Basics*, 480을 보라.

26) Moulton, *A Grammar of New Testament Greek*, vol. 1. *Prolegomena*, 165.

27) 신약성경에 나타나는 현재 기원법은 다음과 같다: 눅 1:62; 행 17:18; 벧전 3:17(이상 θέλοι[θέλω의 현재, 능동태, 기원법, 3인칭, 단수]); 행 8:31(δυναίμην [δύναμαι의 현재, 중간태, 기원법, 1인칭, 단수]); 행 27:12, 39(이상 δυναίντο [δύναμαι의 현재, 중간태, 기원법, 3인칭, 복수]); 행 17:11; 25:16(이상 ἔχοι [ἔχω의 현재, 능동태, 기원법, 1인칭, 단수]); 행 24:19(ἔχοιεν [ἔχω의 현재, 능동태, 기원법, 3인칭, 복수]).

28) Porter, *Verbal Aspect*, 334; Campbell, *Verbal Aspect and Non-Indicative Verbs*,

예를 들어 베드로전서 3장 14절의 εἰ καὶ **πάσχοιτε**(πάσχω [to suffer]의 현재, 능동태, 기원법) διὰ δικαιοσύνην, μακάριοι는 "심지어 여러분이 의로 인해 핍박을 받는다 해도, 여러분은 복됩니다"라는 뜻으로서, 여기에서 현재 기원법인 는 가까운 장래 등의 특정 '시간'을 암시하는 것이 아니라 언제고 일어날 수 있는 가능성을 표현한다.

따라서 기원법을 대할 때에도 앞서 설명한 동작상과 관련된 내용을 우선적으로 염두에 둘 필요가 있다.

신약성경에서 기원법은 크게 '의향이나 바람을 표현하는 경우'(Volitive Optative), '의구심을 에둘러 표현하는 경우'(Oblique Optative), 그리고 '잠재적인 가능성을 표현하는 경우'(Potential Optative)로 대별된다. 아래는 겹문장의 주절이나 홑문장에서 기원법이 사용되는 주요 용례들이다.

1. 의향이나 바람을 표현하는 경우

기원법은 저자/화자의 강력한 의향이나 바람을 표현하기 위해서 사용된다. 이 경우 흔히 기원법과 함께 쓰이는 불변화사인 ἄν은 나타나지 않는다. 특히 기원법이 기도문에 쓰일 경우 '의지'에 대한 호소를 나타낸다.[29)]

예를 들어 베드로전서 1장 2절의 χάρις ὑμῖν καὶ εἰρήνη **πληθυνθείη**

67-77; Robertson, *A Grammar of the Greek New Testament*, 854.

29) Zerwick, S.J. *Biblical Greek*, 123(§355); Burton, *Syntax of the Moods and Tenses*, 79(§175); Wallace, *Greek Grammar Beyond the Basics*, 481-82.

(πληθύνω [to mutiply]의 부정과거, 수동태, 기원법)는 "여러분에게 은혜와 평화가 풍성하기를!"이라는 뜻으로서, 서신을 기록한 저자는 기원법을 통해 독자들을 향한 자신의 바람을 피력하고 있다(또한 막 11:14; 눅 1:38; 20:16; 행 8:20; 롬 3:4, 6, 31, 6:2, 15; 7:7, 13; 9:14; 11:1, 11; 15:5, 13; 고전 6:15; 갈 2:17; 3:21; 6:14; 살전 3:11, 12; 5:23; 살후 2:17; 3:5, 16; 딤후 1:16, 18; 몬 20; 히 13:21; 벧후 1:2도 참조[30]).
특히 관용적으로 쓰이는 **μὴ γένοιτο**는 "결코 그렇게 되지 않기를!"이라는 뜻으로서, 이전에 제안되거나 수사적으로 질문한 내용을 강하게 부정하면서 저자/화자의 실제 바람을 표현한다(눅 20:16; 롬 3:4, 6, 31, 6:2, 15; 7:7, 13; 9:14; 11:1, 11; 고전 6:15; 갈 2:17; 3:21; 6:14).

2. 의구심을 에둘러 표현하는 경우

기원법은 접두모음(augment)이 붙는 이른 바 '2차 시제'(부정과거, 미완료, 과거완료) 다음에 쓰여서 의구심을 에둘러 표현하는 간접적인 질문을 형성한다.[31] 이러한 용례는 일종의 문학적 기교로서, 직접적인 질문 형태의 직설법이나 가정법을 대체한 것이며 신약성경에서는 오직 누가-행전에만 나타난다.[32]

예를 들어 누가복음 1장 29절의 διελογίζετο ποταπὸς **εἴη** (εἰμί [to be]의

30) 통계마다 조금씩 다르긴 하지만, 이 구절들은 신약성경에서 바람을 나타내기 위해 사용된 기원법의 대략적인 전체 용례이며, 빌레몬서 20절(ὀναίμην [ὀνίναμαι의 부정과거, 중간태, 기원법, 1인칭, 단수])을 제외하면 모두 3인칭, 단수다. Burton, *Syntax of the Moods and Tenses*, 79(§176); Moule, *An Idiom Book of New Testament Greek*, 23.

31) Wallace, *Greek Grammar Beyond the Basics*, 483.

32) Zerwick, S.J. *Biblical Greek*, 119(§346); Wallace, *Greek Grammar Beyond the Basics*, 483.

현재, 능동태, 기원법, 3인칭, 단수) ὁ ἀσπασμὸς οὗτος는 "그[마리아]는 이 문안이 무엇일까 생각하였다"라는 뜻으로서, 여기에서 기원법인 εἴη는 마리아의 의구심을 에둘러 표현하는 간접적인 질문을 형성한다.
또한 사도행전 21장 33절의 ἐπυνθάνετο τίς **εἴη** (εἰμί [to be]의 현재, 능동태, 기원법, 3인칭, 단수) καὶ τί ἐστιν πεποιηκώς는 "그[천부장]는 그[바울]가 누구이며 무슨 일을 하고 있는지를 물었다"라는 뜻으로서,[33] 여기에서도 기원법인 εἴη는 천부장의 의구심을 에둘러 표현하는 간접적인 질문을 형성한다(눅 8:9; 18:36; 22:33; 행 17:11; 25:16, 50도 참조).

3. 잠재적인 가능성을 표현하는 경우

기원법은 명시되지 않은 모종의 조건이 충족될 경우 실현될 수도 있는 잠재적인 가능성을 표현하기도 하는데, 이 경우 흔히 불변화사인 ἄν과 함께 쓰인다.[34] 이 역시 내적 확신을 넌지시 표명하거나 어떤 가능성을 타진하는 일종의 문학적 기교로서, 신약성경에서는 누가-행전에만 나타난다.

예를 들어 사도행전 24장 19절의 τινὲς δὲ ἀπὸ τῆς Ἀσίας Ἰουδαῖοι, οὓς ἔδει ἐπὶ σοῦ παρεῖναι καὶ κατηγορεῖν **εἴ τι ἔχοιεν** (ἔχω [to have]의 현재, 능동태, 기원법, 3인칭, 복수) πρὸς ἐμέ는 "아시아로부터 온 어떤 유대인들은, 나를 상대로 고소할 무엇이 있다면, 당신의 면전에 나타나서 고발해야 마땅합니다"라는 뜻으로서, 여기에서 기원법인 ἔχοιεν는 어떤 잠재적 가능성을 언급한다(눅 1:62; 행 5:24; 8:31; 17:18 등도 참조).

---

33) 여기서 τί ἐστιν πεποιηκώς는 완곡어법으로서 현재적 상태를 더욱 강조한다. 현재완료 시제-형태의 완곡어법 형태에 대한 위의 설명을 보라.

34) Burton, *Syntax of the Moods and Tenses*, 79-80(§178, 179); Zerwick, S.J. *Biblical Greek*, 123(§356); Wallace, *Greek Grammar Beyond the Basics*, 483-84.

14. 종속절에서의 법 I

-목적을 나타내는 불변화사로 시작되는 절에서의 법

지난 장까지는 법의 문법적 의미를 일별하고 주절에서 각 서법들, 즉 직설법, 기원법, 가정법, 명령법이 화용론적으로 어떻게 쓰이는지를 살펴보았다. 이번 장부터는 종속절에서 쓰이는 각 서법의 의미와 용법에 대해서 몇 차례에 걸쳐 살펴보도록 하겠다.

I. 종속절에서의 법

하나의 절(節[clause], 주어와 동사, 그리고 관련 목적어와 부사 등으로 구성된 문장)로 이루어진 홑문장[短文]과 달리, 두 개 이상의 절이 이어진 문장을 겹문장[複文]이라고 한다. 겹문장은 안은 문장1)과 이어진 문장2)으로 나뉘고, 이어진 문장은 두 절이 대등하게 이어졌

1) 문장 안에 또 다른 문장이 들어 있는 형식의 문장. 우리말에서 안기는 문장은 명사절, 서술절, 관형절, 부사절, 인용절 등이다.

2) 절과 절이 병렬적으로 나열되어 있는 문장. 이 경우 두 문장의 관계가

느냐 종속적으로 이어졌느냐에 따라 다시 대등절과 종속절이라는 두 가지 절로 나뉜다. 이 가운데에서, 아래의 장들이 다룰 구문은 종속적으로 이어진 문장들이다.

종속적으로 이어진 문장에서 나머지 한 문장을 '안고 있는 절'을 주절(principle clause)이라고 부르고, 주절에 종속적으로 '안겨 있는 절'을 종속절(subordinate clause)이라고 부른다. 주절은 문장의 주부(main part)로서 해당 문장이 전하고자 주된 정보를 담고 있는 주요 부분이고, 종속절은 주절에 종속된 절로서 주절의 조건, 결과, 이유, 목적 등을 표현하는 절이다. 예컨대 "내가 만일 이번 시험에 합격한다면, 저녁을 한 번 사겠다"라는 문장에서 "내가 만일 이번 시험에 합격한다면"이라는 문장은 "저녁을 한 번 사겠다"라는 주절의 조건을 표현하는 종속절이다.

아래에서 살펴보겠지만, 헬라어에는 특정 종속절을 이끄는 불변화사들이 여럿 존재한다(예컨대, '조건'을 나타내는 εἰ, ἐάν 등).[3] 그리고 각 종속절은 특정 법의 어느 한 시제-형태를 선별적으로 채용함으로써(예컨대 εἰ+현재 직설법 등), 구문의 형식만으로 특정한 의미를 담게 된다. 따라서 각 법이 종속절에서 이러저런 식으로 채용되면, 해당 종속절의 의미론적 특징(목적, 결과, 조건, 양보 등)에 따

대등하냐 종속적이냐에 따라 대등절과 종속절로 나뉜다.

3) 우리말은 주절과 종속절의 논리적 인과관계를 드러내는 연결 어미로 두 절을 연결한다. 예를 들어 "날씨가 더**우니** 해수욕장에 가자"라는 문장에서 '날씨가 덥다'라는 종속절은 '-우니'라는 연결 어미를 써서 '해수욕장에 가자'라는 주절의 이유를 표현한다. 그러나 "날씨가 덥**더라도** 해수욕장에 가자"(양보)라거나 "날씨가 더**우면** 해수욕장에 가자"(조건)라는 식으로 연결 어미들을 바꾸면 종속절과 주절의 논리적 인과관계를 사뭇 달라진다. 상세한 설명은 남영신, 『국어 한무릎공부』(서울: 성안당, 2005), 416-20을 보라.

라 그 법이 지닌 기본적인 문법적 의미를 넘어서서 독특한 함의들을 표현하게 되는 것이다.

물론 많은 종속절이 주절에서와 동일한 용법으로 여러 서법들을 사용하기도 한다. 그러나 일부 종속절은 주절에서 사용되는 것과 전혀 다른 방식으로 여러 서법들을 채용하여 의미론적으로 활용하기도 한다. 예컨대, 가정법은 주절에서 주로 권고나 금지 명령, 수사적 질문 등을 위해서 사용되지만, 종속절에서는 목적이나 우려 등을 표현하기 위해서 사용된다.

이처럼 종속절에서 사용되는 서법들은 주절에서 사용될 때와는 다른, 기본적인 문법적 개념 외의 특별한 의미들을 담게 된다. 이 경우 각 서법들은 자신의 기본적인 문법적 개념을 머금은 채 특정 구문에 채용되어 결과적으로 독특한 화용론적 함의를 갖게 되는 것이다. 그러므로 신약성경을 헬라어를 올바로 이해하기 위해서는 이 구문들과 그에 따른 용례들을 별도로 정리할 필요가 있다. 아래에서는 먼저 목적을 나타내는 불변화사로 시작되는 절들에서 법이 어떻게 쓰이는지를 알아보자.

II. 목적을 나타내는 절(Final Clause)에서의 법

신약성경에서 목적을 나타내기 위해서 사용되는 불변화사들은 ἵνα, ὅπως 그리고 μή가 있다. 이들 불변화사가 권고나 노력, 우려 등을 표현하는 동사들과 함께 사용되어 다양한 의미의 목적절을 형성하게 된다.[4] 그러나 실제로 헬레니즘 시대 헬라어에서는 이

4) 버튼의 분류에 따르면, 신약성경에 나타나는 목적을 나타내는 불변화

러저러한 동화작용을 통해 각 구문들 사이의 섬세한 의미론적 구별들이 상당 부분 사라졌다.5) 이에 따라 신약성경에서 목적을 나타내는 불변화사로 시작되는 절들은 통상 가정법을 취하는 경향을 보인다. 다만 드물게 미래 시제-형태의 직설법을 사용하기도 한다. 신약성경에서 목적을 나타내는 불변화사들은 대략 다음과 같은 용법으로 쓰인다.6)

1. 신약성경에서 ἵνα, ὅπως, μή의 용법

신약성경에서 목적절을 이끄는 불변화사들(ἵνα, ὅπως, μή)은 순수하게 목적을 나타내는 종속절에서 뿐 아니라, 권고(exhorting), 노력(striving), 우려(fearing) 등을 의미하는 동사의 목적절, 설명적 보족어 역할을 하는 절 등에서도 쓰인다. 이 중에서 부정어 μή는 단독으로 쓰이기도 하고, ἵνα, ὅπως 등과 함께 사용되기도 한다.

사(final particles)로 시작되는 절들은 아래와 같이 분류될 수 있다. 1) 순수하게 목적을 나타내는 절("~하기 위해서"), 2) 권고(exhorting)를 나타내는 동사 다음에 오는 목적절(object clauses, "~하도록 권고하다"), 3) 노력(striving)을 나타내는 동사 다음에 오는 목적절(object clauses, "~하기 위해 노력하다"), 4) 우려(fearing)를 나타내는 동사 다음에 오는 목적절(object clauses, "~할 것을 우려하다"), 5) 주어, 서술어(보어), 동격을 나타내는 절, 6) 보충적이거나 설명적 보족어 역할을 하는 절, 7) 배태된 결과(conceived result)를 나타내는 절. Burton, *Syntax of the Moods and Tenses*, 83(§188).

5) 예를 들어 미래 직설법, 가정법, 명령법, 기원법 사이의 관계에 관한 위의 여러 설명들을 보라.

6) 이외에도 부정사나 분사도 목적을 표현할 수 있다. 아래 분사와 부정사 용법의 해당 설명들을 보라.

이처럼 목적을 나타내는 불변화사들로 시작되는 종속절은 주로 순수하게 목적을 나타내거나 "~하도록 권고하다", "~하기 위해 노력하다", "~할 것을 우려하다" 등을 뜻하는 동사들과 함께 사용되어 목적어 역할을 하는 경우가 많다.

특히 통상 목적절을 이끄는 불변화사인 ἵνα는 신약성경에 매우 자주 나타나며, 고전 헬라어에 비해 훨씬 다양한 용법으로 사용된다(목적 이외에 결과, 동격, 명령, 목적절[목적어 역할을 하는 절], 주어 등의 명사적 용법 따위로 쓰인다. 다음 장을 보라). 이 가운데에서 구문적으로 가장 두드러지는 특징은 목적절을 이끄는 것 외에 원래 부정사가 담당하던 기능을 잠식하고 있다는 것이다.[7] 그리고 이러한 현상은 신약성경 뿐 아니라 후대 헬라어의 가장 두드러진 특징 가운데 하나이다(아래의 부정사에 관한 설명도 보라).[8]

2. 순수하게 목적을 나타내는 절

순수하게 목적을 나타내는 종속절은 그것이 종속된 주절에 나오는 동사(동작/행위/사건)가 의도하는 목적(의도)을 표현한다.[9] 이 경우 고전 헬라어에서는 주절에서 이른 바 '1차 시제'(현재, 미래, 현재완료)가 쓰이면 종속절에서 가정법이, '2차 시제'(부정과거, 미완료, 과

7) Zerwick, S.J., *Biblical Greek*, 139(§406-411); BDF, §369.

8) 이는 단순한 형태의 부정사를 풀어쓴(periphrasis) 결과이며, 신약성경 전체 가정법 용례의 대략 1/3을 차지한다. BDF, §369; Wallace, *Greek Grammar Beyond the Basics*, 471; Burton, *Syntax of the Moods and Tenses*, 84 (§191).

9) Wallace, *Greek Grammar Beyond the Basics*, 472.

거완료)가 쓰이면 종속절에서는 기원법이나 가정법이 사용되었다.[10] 그러나 신약성경에서는 기원법이 목적을 나타내기 위해서 쓰이지 않으며, 주절에 쓰인 동사의 시제와 무관하게 종속절에는 거의 항상 '가정법'이 사용된다.[11]

> 예를 들어 마태복음 7장 1절의 μὴ κρίνετε, **ἵνα μὴ κριθῆτε** (κρίνω [to judge, decide]의 부정과거, 수동태, 가정법, 2인칭, 복수)는 "비판을 받지 않기 위해서 비판을 하지 말라!"라는 뜻으로 종속절인 ἵνα-절에 사용된 가정법 κριθῆτε는 주절에서 사용된 주동사 μὴ κρίνετε의 목적이나 의도를 나타낸다.
> 마가복음 13장 35-36절의 γρηγορεῖτε οὖν· … **μὴ** ἐλθων ἐξαίφνης **εὕρῃ** ὑμᾶς καθεύδοντας는 "그러므로 너희는 깨어 있어라 … 그가 홀연히 와서 너희들이 자고 있는 것을 발견하지 않도록!"이라는 뜻으로서, 부정어 μή 이하에 나오는 가정법이 주절에서 사용된 주동사인 γρηγορεῖτε의 목적을 표현한다(마 12:10; 17:27; 19:13; 막 2:10; 6:8; 눅 20:10; 22:9; 요 1:7; 행 9:24; 16:30; 20:16; 28:27; 롬 1:11; 9:7; 고전 1:27-29; 4:6; 고후 8:14; 9:4; 엡 2:9; 약 1:4; 요1 3:8; 계 2:21; 8:6 등도 참조).

신약성경에서는 목적을 나타내는 불변화사 다음에 가끔 미래 직설법이 나타나기도 한다.[12] 우리는 여기에서 다시 한 번 미래 직설법과 가정법 사이의 유사성을 확인할 수 있다.[13] 하지만 미

---

10) Moule, *An Idiom Book of New Testament Greek*, 138.

11) 전후 문맥상, 이렇게 쓰이는 가정법 이면에는 저자/화자 편에서의 심의적 질문이 자리하고 있다. Robertson, *A Grammar of the Greek New Testament*, 983; BDF, §369; Wallace, *Greek Grammar Beyond the Basics*, 472.

12) Robertson, *A Grammar of the Greek New Testament*, 985; Moule, *An Idiom Book of New Testament Greek*, 139.

13) Zerwick, S.J., *Biblical Greek*, 117(§341-42).

래 직설법이 사용되는 경우, 문맥에 따라 목적을 표현하는지 단순한 확언을 나타내는지 결정하기가 쉽지 않다.

예를 들어 누가복음 20장 10절의 ἀπέστειλεν πρὸς τοὺς γεωργοὺς δοῦλον **ἵνα** ἀπὸ τοῦ καρποῦ τοῦ ἀμπελῶνος **δώσουσιν** (δίδωμι [to give]의 미래, 능동태, 직설법, 3인칭, 복수) αὐτῷ는 "그는 농부들이 자신에게 포도원의 소출을 바치게 하려고 그들에게 종을 보냈다"라는 뜻으로서, 목적을 나타내는 ἵνα-절에서 미래 직설법(δώσουσιν)이 사용된 예이다.
또한 구약성경(LXX)을 인용하는 로마서 3장 4절의 **ὅπως** ἄν **δικαιωθῇς** (δικαιόω [to justify]의 부정과거, 수동태, 가정법, 2인칭, 단수) ἐν τοῖς λόγοις σου καὶ **νικήσεις** (νικάω [to conquer]의 미래, 능동태, 직설법, 2인칭, 단수) ἐν τῷ κρίνεσθαί σε는 "당신이 말씀하실 때 의롭다고 인정받으시고, 판단 받으실 때 이기려 하심입니다"라는 뜻으로서,[14] 이 구절은 부정과거 가정법과 미래 직설법이 동시에 쓰여 목적을 표현하는 예이다(요 7:3; 행 21:24; 고전 9:18; 갈 2:4 등도 참조).

3. 동사 다음에 오는 목적절(Object Clause)

고전 헬라어에서 권고(exhorting), 명령(commanding), 간청(entreating) 그리고 설득(persuading)을 나타내는 동사 다음에는 통상 목적어 역할을 하는 부정사가 사용되었고, 경우에 따라 목적절이 뒤따라오

14) 칠십인경에는 미래 직설법인 νικήσεις가 아니라 가정법인 νικήσῃς (νικάω [to conquer]의 부정과거, 능동태, 가정법, 2인칭, 단수)로 되어 있다. 실제로 ὅπως는 신약성경에서 53회 쓰이는데, 이 가운데에서 미래 직설법과 함께 쓰이는 경우는 로마서 3장 4절이 유일하며 이마저도 구약성경을 인용한 것이다. 나머지는 모두 가정법이 이어진다. 따라서 신약성경에서 ὅπως가 미래 직설법과 함께 쓰이는 용례는 실질적으로 전무하다고 봐야 한다. Robertson, *A Grammar of the Greek New Testament*, 986.

기도 하였다. 이렇게 사용되는 목적절은 통상 ὅπως([in order] that, that)로 시작되고, 흔히 미래 직설법을 취하였지만, 경우에 따라 가정법이 사용되기도 하였다.[15]

그러나 전술한 바와 같이, 오히려 신약성경에는 위에서 언급한 동사들 다음에 부정사 대신 목적절이 나타나는 경우가 허다하며, 이 절들은 ἵνα나 ὅπως로 시작된다. 특히 이 경우 미래 직설법은 전혀 나타나지 않고, 오직 가정법만 배타적으로 쓰인다.[16]

> 예를 들어 마가복음 5장 18절의 **παρεκάλει** αὐτὸν ὁ δαιμονισθεὶς **ἵνα** μετ' αὐτοῦ **ᾖ** (εἰμί [to be]의 현재, 능동태, 가정법, 3인칭, 단수)는 "귀신 들린 자가 그에게 그와 함께 있게 해달라고 간청하였다"라는 뜻으로서, 여기에서 ἵνα-절은 '간청하다'는 뜻인 παρεκάλει의 목적어 역할을 한다. 마태복음 8장 34절의 **παρεκάλεσαν ὅπως μεταβῇ** (μεταβαίνω [to depart]의 부정과거, 능동태, 가정법, 3인칭, 단수) ἀπὸ τῶν ὁρίων αὐτῶν은 "그들은 그가 자기들 지역을 떠나시도록 간청하였다"라는 뜻으로서, 여기에서는 ὅπως-절이 '간청하다'라는 뜻의 동사인 παρεκάλεσαν의 목적어 역할을 한다(마 4:3; 12:16; 16:20; 눅 4:3; 고전 1:10; 엡 1:17; 3:16; 딤전 5:21; 벧후 1:4; 요1 5:16 등도 참조).

특히 우려(fearing)를 표명하거나 무엇인가를 경고(warning)하는 동사 다음에는, 그 동사의 목적어 역할을 하는 'μή+가정법' 형식의 절이 종종 나타난다.[17] 이 경우 단순한 형태의 μή 뿐만 아니라 ποτε(at some time), πως(somehow) 등의 불변화사를 추가하여 의미를 강화시키기도 하며(μήποτε, μήπως 등의 모양으로), 통상 부정과거 가정

15) Burton, *Syntax of the Moods and Tenses*, 87(§200).

16) Wallace, *Greek Grammar Beyond the Basics*, 475.

17) BDF, §370.

법 형태를 사용한다.[18]

예를 들어 누가복음 21장 8절의 ὁ δὲ εἶπεν· **βλέπετε μὴ πλανηθῆτε** (πλανάω [to lead astray]의 부정과거, 수동태, 가정법, 2인칭, 복수)는 "그가 말했다. '미혹되지 않도록 주의하라!'"라는 뜻으로서, μὴ πλανηθῆτε는 경고를 표현하는 βλέπετε의 목적어로 쓰였다.
히브리서 4장 1절의 **φοβηθῶμεν** οὖν, **μήποτε** ⋯ **δοκῇ** (δοκέω [to think]의 현재, 능동태, 가정법, 3인칭, 단수) τις ἐξ ὑμῶν ὑστερηκέναι는 "그러므로 우리 가운데 누구도 미치지 못했다고 생각하지 않도록 두려워합시다"라는 뜻으로서, 여기에서 현재 가정법인 μήποτε ⋯ δοκῇ는 우려를 표현하는 φοβηθῶμεν의 목적어로 쓰였다(막 13:5; 행 13:40; 23:10; 27:17; 고전 8:9; 고후 11:3; 12:20 등도 참조).

그러나 직접 우려나 걱정을 표현하는 동사가 쓰이지 않고 문맥상 암시되어 있거나 다른 방식으로 그런 우려가 표명되는 경우, 드물지만 다양한 시제의 직설법이 쓰이기도 하고, 직설법과 가정법이 동시에 나타나기도 한다.[19]

예를 들어 마가복음 14장 2절의 ἔλεγον γάρ· μὴ ἐν τῇ ἑορτῇ, **μήποτε ἔσται** (εἰμί [to be]의 미래, 능동태, 직설법, 3인칭, 단수) θόρυβος τοῦ λαοῦ는 "그들은 '백성들의 봉기가 일어나지 않도록 축제 때는 하지 말자'라고 말했다"라는 뜻으로서, 문맥상 백성의 지도자들 사이에 공유되었던 우려가 암시되어 있다.
데살로니가전서 3장 5절의 ἔπεμψα εἰς τὸ γνῶναι τὴν πίστιν ὑμῶν, **μή πως ἐπείρασεν** (πειράζω [to test]의 부정과거, 능동태, 직설법, 3인칭, 단수) ὑμᾶς ὁ πειράζων καὶ εἰς κενὸν **γένηται** (γίνομαι [to become]의 부

18) Zerwick, S.J., *Biblical Greek*, 118(§344).

19) BDF, §370(2); Zerwick, S.J., *Biblical Greek*, 118(§344).

정과거, 중간태, 가정법, 3인칭, 단수) ὁ κόπος ἡμῶν은 "나[바울]는 여러분의 믿음을 알고 싶어서 [그를] 보냈습니다. 그것은 유혹하는 자가 여러분을 유혹하여 우리의 수고가 허사로 돌아가지 않도록 하려는 것이었습니다"라는 뜻으로서, 여기서는 직설법과 가정법이 나란히 쓰여 바울의 우려를 표현한다(갈 2:2; 골 2:8; 히 3:12도 참조).

마지막으로 중요한 첨언(添言)을 하자면, 여기서도 동작상 관련 논의가 고스란히 적용된다는 것을 잊지 말아야 한다. 즉 각 서법들이 다양한 구문에서 특별한 의미를 표현하기 위해서 활용되더라도, 각 시제-형태들이 지닌 기본적인 내재적 의미(동작상)는 늘 불변의 요소로 남는다. 위의 예에서 두 가지 법의 부정과거 시제-형태(ἐπείρασεν, γένηται)는 시간적으로 과거의 일을 언급하는 것이 아니라, 바울이 우려하는 상황을 요약적으로 묘사한다.[20]

또한 고린도후서 13장 7절의 οὐχ ἵνα ἡμεῖς δόκιμοι **φανῶμεν** (φαίνω [to shine]의 부정과거, 수동태, 가정법, 1인칭, 복수), ἀλλ' ἵνα ὑμεῖς τὸ καλὸν **ποιῆτε** (ποιέω [to do, make]의 현재, 능동태, 가정법, 2인칭, 복수)는 "우리가 자격이 있다고 드러내려는 것이 아니라, 여러분이 선한 일을 행하도록"이라는 뜻으로서, 부정과거 시제-형태는 부정적인 요소를, 현재 시제-형태는 긍정적인 요소를 각각 표현함으로써 부각시키고자 하는 요소를 구별한다(요 10:38; 고전 7:5; 엡 6:21, 22와도 비교).

20) Porter, *Verbal Aspect*, 334-35; idem, *Idioms of the Greek New Testament*, 235-36; Campbell, *Verbal Aspect and Non-Indicative Verbs*, 56-60 등을 보라.

15. 종속절에서의 법 II

–ἵνα-절의 다양한 용법들

앞 장에서 살펴본 것처럼, ἵνα, ὅπως, μή 등 목적을 나타내는 불변화사는 주절에서 표현되는 내용의 목적(의도/의향)을 표현하기 위해서 사용되는 종속절을 이끌면서 주로 가정법(드물게 미래 직설법)을 채용한다.

그러나 이 가운데에서 ἵνα-절은 신약성경에서 단순히 목적을 표현하기 위해서만 사용되는 것이 아니라, 매우 다양한 용법으로 사용된다. 이에 본 장에서는 신약성경에 나타나는 ἵνα-절의 다양한 용법들에 대해서 좀 더 상세하게 살펴보도록 하겠다.

I. 명사처럼 사용되는 경우

신약성경에서 ἵνα-절은 종종 주어나 서술어(보어) 또는 동격 역할을 하는데, 이 경우는 부정사의 용법과 상당한 유사성을 보여준다.[1] 이런 식으로 쓰이는 ἵνα-절에서는 주로 가정법이 사용되지만 간혹 미래 직설법이 사용되기도 한다. 이러한 용법의 ἵνα-절들

은 아래와 같이 다시 세부적으로 분류될 수 있다.[2)]

1. 수동태 동사의 주어로 사용되는 경우

신약성경에서 ἵνα-절은 권고(exhorting)나 노력(striving) 또는 그와 유사한 의미를 지닌 동사가 수동 형태로 사용될 경우 이 동사의 주어로 사용되기도 한다.[3)] ἵνα-절에 채용되는 법은 통상 가정법이지만, 드물게 미래 시제-형태의 직설법이 쓰이기도 한다. 주절의 동사들이 능동태로 사용되었다면, 주어로 사용되는 ἵνα-절은 목적어로 사용되었을 것이다(앞 장의 설명을 보라).

예를 들어 고린도전서 4장 2절의 **ζητεῖται** (ζητέω [to seek, look for]의 현재, 수동태, 직설법, 3인칭, 단수) ἐν τοῖς οἰκονόμοις, **ἵνα** πιστός τις **εὑρεθῇ** (εὑρίσκω [to find]의 부정과거, 수동태, 가정법, 3인칭, 단수)는 문자적으로 "맡은 자들에게서는 누구든지 충성스럽다고 여겨질 것이 요구된다"라는 뜻으로, 여기에서 ἵνα-절은 수동태로 사용된 동사 ζητεῖται의 실질적인 주어 노릇을 한다.

또한 요한계시록 9장 4절의 **ἐρρέθη** (λέγω [to say, speak]의 부정과거, 수동태, 직설법, 3인칭, 단수) αὐταῖς **ἵνα μὴ ἀδικήσουσιν** (ἀδικέω [to do

---

1) 이러한 용법의 ἵνα-절은 명사적으로 사용되는 ὅτι+직설법과 매우 유사한 모습을 보여준다. 즉 ὅτι+직설법이 명사적으로 사용되어 주어, 목적어, 동격 등의 역할을 하는 것과 마찬가지로 신약성경에서는 ἵνα-절이 명사적으로도 사용되는 것이다. Wallace, *Greek Grammar Beyond the Basics*, 474-75.

2) Burton, *Syntax of the Moods and Tenses*, 90(§211).

3) Burton, *Syntax of the Moods and Tenses*, 90(§211); Wallace, *Greek Grammar Beyond the Basics*, 475.

wrong, harm]의 미래, 능동태, 직설법, 3인칭, 복수) τὸν χόρτον τῆς γῆς 는 "그들에게 땅의 풀은 해하지 말라는 명령이 떨어졌다"라는 뜻으로서, 여기에서도 ἵνα-절(미래 시제와 함께!)은 수동태로 사용된 동사 ἐρρέθη (λέγω[to speak]의 부정과거, 수동태, 직설법, 3인칭, 단수)의 주어 역할을 한다(마 5:29; 18:6, 14; 막 9:12; 요 16:7; 고전 4:3; 계 3:9; 6:11; 13:12; 14:13[요한계시록의 예들은 모두 미래 직설법을 채용한다]도 참조).

2. 명사나 대명사의 동격으로 사용되는 경우

신약성경에서 ἵνα-절은 다양한 의미를 가진 명사나 대명사의 동격 역할을 하기도 한다.[4] 이러한 용법으로 사용되는 ἵνα-절은 명사나 대명사의 구체적인 내용을 서술한다. 특히 지시하는 명사나 대명사가 주어일 경우는 ἵνα-절이 일종의 보어 역할을 하는 셈이다. 신약성경 저자들 중에는 요한 문헌의 저자가 이러한 동격 구문을 즐겨 사용한다.[5]

예를 들어 요한복음 15장 12절의 αὕτη ἐστὶν ἡ ἐντολὴ ἡ ἐμή, **ἵνα ἀγαπᾶτε** (ἀγαπάω [to love]의 현재, 능동태, 가정법, 2인칭, 복수) ἀλλήλους καθὼς ἠγάπησα ὑμᾶς는 "나의 계명은 이것, 즉 내가 너희를 사랑한 것처럼 너희도 서로 사랑하는 것이다"라는 뜻으로 ἵνα-절은 지시대명사인 αὕτη와 동격으로 사용되어 그것의 구체적인 내용을 설명하고 있다.
또한 요한복음 4장 34절의 ἐμὸν βρῶμά ἐστιν **ἵνα ποιήσω** (ποιέω [to do,

4) Robertson, *A Grammar of the Greek New Testament*, 992; Burton, *Syntax of the Moods and Tenses*, 90-91(§213); Wallace, *Greek Grammar Beyond the Basics*, 475-76; Zerwick, S.J., *Biblical Greek*, 139(§410).

5) Robertson, *A Grammar of the Greek New Testament*, 992.

make]의 부정과거, 능동태, 가정법, 1인칭, 단수) τὸ θέλημα τοῦ πέμψαντός με καὶ **τελειώσω** (τελέω [to fulfill]의 부정과거, 능동태, 가정법, 1인칭, 단수) αὐτοῦ τὸ ἔργον은 "나의 양식은 나를 보내신 이의 뜻을 행하고 그의 일을 성취하는 것이다"라는 뜻으로서, 여기에서도 ἵνα-절은 명사인 βρῶμα와 동격으로 쓰여 그것의 구체적인 내용을 설명하고 있다(눅 1:43; 요 6:29, 39, 40; 15:8, 13; 17:3; 18:39; 고전 9:18; 요1 3:1, 11, 23; 4:21; 요2 6; 요3 4; 계 2:21도 참조).

특히 동격 역할을 하는 ἵνα-절은 '말하자면'(namely), '즉'(that is) 등으로 번역이 가능하며, 특히 이른 바 '요한 문헌'의 저자는 이러한 구문을 관용적(慣用的)으로 활용한다.[6]

예를 들어 요한복음 17장 3절의 αὕτη ἐστιν ἡ αἰώνιος ζωὴ **ἵνα γινώσκωσιν** (γινώσκω [to come to know]의 현재, 능동태, 가정법, 3인칭, 복수) σὲ τὸν μόνον ἀληθινὸν θεόν은 "영생은 이것이니, 곧 그들이 유일하시고 참되신 하나님이신 당신을 아는 것입니다"라는 뜻으로서, 여기서 ἵνα-절은 '영생'(ἡ αἰώνιος ζωὴ)과 동격 또는 주어인 '영생'의 보어로 쓰였다(요 15:8, 12; 행 17:15; 요1 3:11, 23; 4:21; 5:3; 요2 6; 요3 4도 참조).

3. 관용구의 주어로 사용되는 경우

신약성경에서 ἵνα-절은 ἀρκετός (it is enough, sufficient, "~하면 충분하다")와 같은 형용사와 함께 쓰이는 관용구나 λυσιτελέω (to be advantageous, 비인칭으로 사용될 경우 it is better), συμφέρω (to help, confer a benefit, be

6) Wallace, *Greek Grammar Beyond the Basics*, 475; Moule, *An Idiom Book of New Testament Greek*, 145.

advantageous or profitable or useful, 비인칭으로 사용될 경우 (it) is good, etc.)와 같은 비인칭 동사의 주어로 사용되기도 한다.[7]

예를 들어 마태복음 10장 25절의 ἀρκετὸν τῷ μαθητῇ **ἵνα γένηται** (γίνομαι [to become]의 부정과거, 중간태, 가정법, 3인칭, 단수) ὡς ὁ διδάσκαλος αὐτοῦ는 "그 제자에게는 자기 선생처럼 되는 것이면 충분하다"라는 뜻으로, 이 문장에서 ἵνα-절은 형용사 ἀρκετόν의 의미상의 주어 역할을 한다.

또한 요한복음 11장 50절의 οὐδὲ λογίζεσθε ὅτι συμφέρει ὑμῖν **ἵνα** εἷς ἄνθρωπος **ἀποθάνῃ** (ἀποθνῄσκω [to die]의 부정과거, 능동태, 가정법, 3인칭, 단수) ὑπὲρ τοῦ λαοῦ καὶ **μὴ** ὅλον τὸ ἔθνος **ἀπόληται**; (ἀπόλλυμι [to destroy, perish(mid.)]의 부정과거, 중간태, 가정법, 3인칭, 단수)는 "너희들은 한 사람이 백성을 위하여 죽고 온 민족이 멸망하지 않는 것이 너희에게 더 낫다고 생각하지 않느냐?"라는 뜻으로서, 여기서도 ἵνα-절이 비인칭 동사인 συμφέρει의 의미상의 주어 노릇을 한다(마 5:29, 30; 18:6; 눅 17:2; 요 16:7; 고전 4:3도 참조).

II. 보충설명이나 설명적 보족어 역할을 하는 경우

신약성경에서는 ἵνα-절이 명사나 대명사, 그리고 동사에 바로 이어 나와서 그 명사나 대명사, 또는 동사의 의미를 보충하거나 설명적 보족어 역할을 하기도 한다. 이 경우 역시 동일한 용법의 부정사와 유사한 의미를 나타내게 된다.[8] 고전 헬라어에서는 이

7) Burton, *Syntax of the Moods and Tenses*, 91(§214); Robertson, *A Grammar of the Greek New Testament*, 992.

8) 고전헬라어에서는 이 경우 주로 보충적인 설명이나 설명적 보족어 역할을 하는 부정사가 사용되었다. BDF, §369; Wallace, *Greek Grammar*

경우 통상 동일한 역할을 하는 부정사가 사용되었겠지만, 신약성경에서는 ἵνα-절이 이러한 용법의 부정사를 잠식하는 현상이 두드러지게 나타난다.[9] 이렇게 사용되는 ἵνα-절에는 통상 가정법이 채용되지만 경우에 따라 미래 시제-형태의 직설법이 쓰이기도 한다. 이러한 용법의 ἵνα-절도 아래와 같이 다시 몇 가지로 세분될 수 있다.[10]

1. 명사나 형용사의 의미를 보충하는 경우

이는 권위(authority), 권력(power), 적합성(fitness), 필요(need), 정해진 시간(set time) 등의 구체적인 내용을 보충하거나 한정하기 위해서 ἵνα-절이 사용되는 경우이다.[11]

예를 들어 마가복음 11장 28절의 τίς σοι ἔδωκεν **τὴν ἐξουσίαν** ταύτην **ἵνα** ταῦτα **ποιῇς**; (ποιέω [to do, make]의 현재, 능동태, 가정법, 2인칭, 단수)는 "누가 너에게 이 일들을 행할 이러한 권한을 주었느냐?"라는 뜻으로서, 여기에서 ἵνα-절은 명사 ἐξουσία(권위, 권세)의 구체적인 내용을 보충적으로 설명한다.
또한 요한복음 12장 23절의 ἐλήλυθεν **ἡ ὥρα ἵνα δοξασθῇ** (δοξάζω [to glorify]의 부정과거, 수동태, 가정법, 3인칭, 단수) ὁ υἱὸς τοῦ ἀνθρώπου는 "인자가 영광을 받을 때가 왔다"라는 뜻으로서, 여기서도 ἵνα-절은

Beyond the Basics, 476.

9) Robertson, *A Grammar of the Greek New Testament*, 992.

10) Burton, *Syntax of the Moods and Tenses*, 91(§215).

11) Burton, *Syntax of the Moods and Tenses*, 90-91(§213); Wallace, *Greek Grammar Beyond the Basics*, 476.

명사 ὥρα(시간, 때)의 구체적인 내용을 보충적으로 설명한다(마 8:8; 눅 7:6; 요 1:27; 2:25; 16:2, 32; 요1 2:27; 계 21:23도 참조).

2. 동사의 의미를 한계 짓거나 보충하는 경우

이는 ἵνα-절이 동사의 내용이나 근거, 행동의 방법 등을 보충적으로 설명하거나 한계 짓는 것이다.[12]

예를 들어 요한복음 8장 56절의 Ἀβραὰμ ὁ πατὴρ ὑμῶν **ἠγαλλιάσατο ἵνα ἴδῃ** (ὁράω [to see]의 부정과거, 능동태, 가정법, 3인칭, 단수) τὴν ἡμέραν τὴν ἐμήν은 "너희의 조상 아브라함은 나의 때를 보고 기뻐하였다"라는 뜻으로서, 여기에서 ἵνα-절은 ἠγαλλιάσατο (ἀγαλλιάω [to rejoice, be overjoyed]의 부정과거 중간태 직설법 3인칭 단수)의 근거나 이유를 표현한다.
또한 빌립보서 2장 2절의 πληρώσατέ μου τὴν χαρὰν **ἵνα** τὸ αὐτὸ **φρονῆτε** (φρονέω [to think]의 현재, 능동태, 가정법, 2인칭, 복수)는 "너희도 같은 것을 생각함으로써 나의 기쁨을 충만하게 하라"라는 뜻으로 여기서 ἵνα-절은 동사 πληρώσατε (πληρόω [to fill]의 부정과거, 능동태, 명령법, 2인칭, 복수)의 방법을 구체적으로 제시하는 역할을 한다(마 26:4; 막 9:30; 10:35; 눅 6:31; 요 9:22; 17:24; 고전 14:5; 갈 2:9도 참조).

III. 결과를 나타내는 경우

다소 논란이 있지만,[13] 신약성경의 일부 ἵνα-절은 주절이 표현

12) Burton, *Syntax of the Moods and Tenses*, 91(§217); Wallace, *Greek Grammar Beyond the Basics*, 476.

하는 동작이나 행위의 결과를 표현한다고 해석할 수 있다.[14] 이 경우 ἵνα-절에서는 가정법이 사용되며, 이 절이 표현하는 동작의 결과는 의도하지 않은 것이다.[15]

예를 들어 요한복음 9장 2절의 ῥαββί, τίς ἥμαρτεν, οὗτος ἢ οἱ γονεῖς αὐτοῦ, **ἵνα** τυφλὸς **γεννηθῇ;** (γεννάω [to beget]의 부정과거, 수동태, 가정법, 3인칭, 단수)는 "랍비여, 이 사람과 그의 부모 중 누가 죄를 지어서 (그 결과) 그가 시각장애인으로 태어났습니까?"라는 뜻으로서, 여기에서 ἵνα-절은 모종의 결과를 나타낸다. 하지만 이 경우에 치유 받은 당사자가 시각장애인으로 태어난 것은 ἥμαρτεν이라는 행위가 본래 의도한 것은 아니며, 일종의 불가항력적인 결과다.[16]

또한 데살로니가전서 5장 4절의 ὑμεῖς δέ, ἀδελφοί, οὐκ ἐστὲ ἐν σκότε, **ἵνα** ἡ ἡμέρα ὑμᾶς ὡς κλέπτης **καταλάβ** (καταλαμβάνω [to overtake, seize]의 부정과거, 능동태, 가정법, 3인칭, 단수)는 "그러나 형제들아, 너희는 어두움에 있지는 않으나 (결국) 그 날은 너희에게 도둑같이 닥칠 것이다"라는 뜻으로서, 여기서도 ἵνα-절은 의도하지 않은 결과를 표현한다. 말하자면, 형제들의 존재 양태('어두움에 있지 않음'[οὐκ ἐστὲ ἐν σκότε])가 ἵνα-절 이하의 결과를 의도하거나 야기한 것은 아니다.

또한 로마서 11장 11절의 μὴ ἔπταισαν **ἵνα πέσωσιν;** (πίπτω [to fall]의

---

13) Robertson, *A Grammar of the Greek New Testament*, 997-98에 나오는 간략한 논쟁의 역사를 보라. 이러한 용법을 옹호하는 입장에서 상세한 설명을 제시하는 Moulton, *Prolegomena*, 206-20도 보라.

14) Burton, *Syntax of the Moods and Tenses*, 92(§218); Porter, *Idioms of the Greek New Testament*, 235; Wallace, *Greek Grammar Beyond the Basics*, 473.

15) Wallace, *Greek Grammar Beyond the Basics*, 473. 이에 따라 다수의 주석가들이 해당 구문들을 설명하면서 '하나님의 섭리'나 '하나님의 신비' 등으로 해석하기도 하지만, 모든 용례에 이러한 해석이 잘 들어맞는 것은 아니다. Robertson, *A Grammar of the Greek New Testament*, 998.

16) R.E. Brown, *The Gospel according to John I-XII* (AB29; New York: Doubleday, 1966), 371 참조.

부정과거, 능동태, 가정법, 3인칭, 복수)은 "그들이 실족하여 (그 결과 결국) 넘어진 것은 아니지 않느냐?"라는 뜻으로서, 여기서도 ἵνα-절은 의도하지 않은 결과를 표현한다(고전 7:29; 고후 1:17; 갈 5:17; 빌 1:25; 히 6:10; 요1 1:9; 2:27; 계 9:20; 14:13; 22:14 등도 참조).

신약성경에 나타나는 일부 ἵνα-절이 (의도하지 않은) 결과를 표현한다고 해석될 수 있기 때문에, 관련 본문들은 석의적으로 중요한 논쟁의 대상이 되기도 한다.[17)]

예를 들어 마가복음 4장 11-12절의 ὑμῖν τὸ μυστήριον δέδοται τῆς βασιλείας τοῦ θεοῦ· ἐκείνοις δὲ τοῖς ἔξω ἐν παραβολαῖς τὰ πάντα γίνεται, **ἵνα** βλέποντες **βλέπωσιν** (βλέπω [to see]의 현재, 능동태, 가정법, 3인칭, 복수) καὶ **μὴ ἴδωσιν** (ὁράω [to see]의 부정과거, 능동태, 가정법, 3인칭, 복수), καὶ ἀκούοντες **ἀκούωσιν** (ἀκούω [to hear]의 현재, 능동태, 가정법, 3인칭, 복수) καὶ **μὴ συνιῶσιν** (συνίημι [to understand]의 현재, 능동태, 가정법, 3인칭, 복수), **μήποτε ἐπιστρέψωσιν** (ἐπιστρέφω [to return]의 부정과거, 능동태, 가정법, 3인칭, 복수) καὶ **ἀφεθῇ** (ἀφίημι [to let go, forgive]의 부정과거, 수동태, 가정법, 3인칭, 단수) αὐτοῖς는 결과로 해석할 경우 "하나님 나라의 비밀이 너희에게는 주어졌으나, 저 외인들에게는 모든 것이 비유로 이루어진다. (그 결과) 그들은 보기는 보아도 알지 못하며, 듣기는 들어도 깨닫지 못하여 돌이켜 그들에게 용서가 이루어지지 않는다"라는 뜻으로서, 이 구절의 절을 어떻게 해석할 것이냐를 두고 여전히 첨예한 논쟁이 진행 중이다(롬 5:20-21; 롬 11:11도 참조).[18)]

---

17) BDF, §369(1); Porter, *Idioms of the Greek New Testament*, 236; idem, *Verbal Aspect*, 325.

18) 예컨대 J. Gnilka, *Das Evangelium nach Markus(Mk 1-8,26)* (EKK II/1; Köln: Neukirchener Verlag, 1978), 166; C. Focant/L.R. Keylock (trans.), *The Gospel according to Mark* (CBNT; Oregon: Pickwick Publications, 2004), 159; J. Marcus, *Mark 1-8* (AB 27; New York: Doubleday, 2000), 299-301; J. Je-

IV. 명령의 의미로 쓰이는 경우

신약성경에서 ἵνα-절은 매우 드물지만 명령의 의미로 쓰이기도 한다.[19] 하지만 이러한 용법의 ἵνα-절은 목적어처럼 쓰이는 용례와 의미적으로 상당 부분 겹친다. 다만, ἵνα-절이 실제로 이런 식으로 쓰이는지 여부를 판단하는 한 가지 기준은 ἵνα-절이 의존하고 있는 주절의 동사가 '생각하다, 말하다' 따위의 '인식'(perception)을 표현하는지 여부를 확인해 보는 것이다.[20]

> 예를 들어 마태복음 4장 3절의 εἰπέ **ἵνα** οἱ λίθοι οὗτοι ἄρτοι **γένωνται** (γίνομαι [to become]의 부정과거, 중간태, 가정법, 3인칭, 복수)는 "이 돌들로 하여금 빵이 되라고 말하라"는 뜻으로서, 여기에서 ἵνα-절은 εἰπέ의 목적어이기도 하면서 동시에 명령의 의미도 담고 있다(마 5:23; 막 14:49; 요 14:31; 17:15; 고후 8:7; 갈 2:10; 엡 5:33; 요1 2:19도 참조).

전술한 대로, ἵνα-절에 채용되는 가정법이나 직설법이 해당 법 본래의 문법적 개념을 넘어서서 특별한 의미를 표현하는 것은 사실이나, 이 경우에도 개별 용례에서 쓰인 시제-형태가 일차적으로 동작상을 구별한다는 사실을 잊어서는 안 된다. 이는 아래 장들에서 소개될 다른 종속절의 서법들 뿐 아니라, 분사나 부정사 등 모든 동사 상당 어구에 공통적으로 적용되는 불변의 원칙이다.

---

remias/허혁 역, 『예수의 비유』 (왜관: 분도출판사, 1974), 15-16 등의 논의를 보라.

19) Moule, *An Idiom Book of New Testament Greek*, 144-45; Wallace, *Greek Grammar Beyond the Basics*, 476-77; Robertson, *A Grammar of the Greek New Testament*, 994; Zerwick, S.J., *Biblical Greek*, 141(§415).

20) Porter, *Idioms of the Greek New Testament*, 223.

16. 종속절에서의 법 III

－원인을 나타내거나 결과를 나타내는 종속절에서의 법

이 장에서는 '원인'을 나타내는 종속절과 '결과'를 나타내는 종속절에서 사용되는 여러 가지 법에 대해서 살펴보고자 한다. 신약성경에서 원인이나 이유를 표현하는 방법은 부정사, 분사, 관계대명사, 종속절 등 제법 다양하고 다채롭다.[1] 이들 용법은 해당 품사를 설명하는 부분에서 상술하겠다.

이 장에서는 종속절에 국한하여 용례들을 소개하고자 한다. 원인을 나타내는 종속절에는 주로 직설법이 사용되며, 결과를 나타내는 종속절에는 직설법이나 부정사가 쓰인다. 원인이나 이유를 나타내는 종속절에서 쓰이는 직설법의 용법과 의미는 이 법의 통상적인 틀을 크게 벗어나지 않는다. 사실 직설법은 해당 동사로 표현되는 상황에 대한 저자/화자의 내적인 확신을 표현하기 때문에, 원인이나 이유를 나타내는 종속절에서 직설법이 사용되는 것

1) Wallace, *Greek Grammar Beyond the Basics*, 662.

은 매우 자연스러운 현상이다.

I. 원인을 나타내는 종속절에서의 서법

'원인을 나타내는 절'(casual clause)은 주절이 표현하는 사실이나 현상의 원인이나 이유를 제시하는 종속절이다.[2] 신약성경에서 원인을 나타내는 종속절은 통상 ὅτι (because, that),[3] διότι (because, therefore), ἐπεί (because, since, for), ἐπειδή (because, since then), ἐπειδήπερ (inasmuch as, since, whereas), ἐφ' ᾧ (on which, upon the ground of)[4] 등으

---

2) Burton, *Syntax of the Moods and Tenses*, 99(§234).

3) 하지만 ὅτι-절이 이유를 나타내는지(because), 목적절을 이끄는지(that) 여부가 항상 명확한 것은 아니다. 특히 ὅτι-절이 논리적으로 어떤 단어(내용)와 연결되는지에 따라 의미가 달라질 수 있다. Moule, *An Idiom Book of New Testament Greek*, 147.

4) 드물게 원인이나 이유를 나타내는 절을 이끄는 ἐφ' ᾧ는 전치사 ἐπί와 관계대명사 ὅς(ἥ, ὅ)의 여격인 ᾧ가 이어진 형태로, ἐπί가 거친 기음 앞에서 ἐφ'로 축약된 것이다. ἐπί가 여격과 함께 사용될 경우 통상은 체류, 위치, 상황 등이 언급하고 있는 장소를 뜻하지만, 은유적으로 사용되어 어떤 행동이나 결과, 조건 등이 기초하는 근거나 원인을 의미하기도 한다. J.H. Thayer, *Thayer's Greek- English Lexicon of the New Testament* , 4th ed. (Peabody: Hendrickson Publishers, 1896, 2009[reprint]), 232. 그러나 ἐφ' ᾧ가 그 자체로 접속사의 기능을 하는 경우도 많으며, 이렇게 사용될 경우는 "∼때문에(because), ∼에 근거하여(on the ground of)" 등 원인이나 근거, 이유를 나타내는 접속사로 사용된다(롬 5:12 등). 본래 전치사 ἐπί의 기본적인 용법은 전치사 ὑπό(above)와 반대로 어떤 것을 지지하거나(support)나 그것의 기초가 되는 것(foundation)을 표현하는 것이다. 신약성경에서 ἐπί는 대격, 속격, 여격을 모두 취하며 매우 다재다능한 기능을 수행한다. 즉 단순한 공간적 의미에서 추가(addition, 눅 3:20 등), 감독/관리(superintendence, 마 2:22 등), 원인/근거(cause or basis, 마 4:4, 행 3:16 등), 정황(circumstance, 롬 8:20 등), 목적/지향점(purpose

로 시작된다.[5] 원인이나 이유를 나타내는 종속절에서의 서법과 시제는 통상 주절에서의 서법 및 시제와 동일한 의미를 가지기 때문에, 해당 서법과 시제-형태의 통상적인 용법에 따라 해석하면 된다.

예를 들어 누가복음 1장 1-3절의 **ἐπειδήπερ** πολλοὶ **ἐπεχείρησαν** (ἐπι-χειρέω [to endeavor, attempt]의 부정과거, 능동태, 직설법, 3인칭, 복수) ἀνατάξασθαι διήγησιν περὶ τῶν πεπληροφορημένων ἐν ἡμῖν πραγμάτων, … **ἔδοξεν** (δοκέω [to think, seem]의 부정과거, 능동태, 직설법, 3인칭, 단수) **κἀμοὶ** … καθεξῆς σοι γράψαι는 "많은 이들이 우리 중에 성취된 일들에 관한 내력을 기술하려고 애를 썼기 때문에 … 그대에게 차례대로 써 보내는 것이 제게도 좋을 것 같습니다"라는 뜻으로서, ἐπειδήπερ가 이끄는 절은 주절이 서술하는 상황의 원인을 표현한다.

사도행전 15장 24-25절의 **ἐπειδὴ ἠκούσαμεν** (ἀκούω [to hear]의 부정과거, 능동태, 직설법, 1인칭, 복수) ὅτι τινὲς ἐξ ἡμῶν ἐξελθόντες ἐτάραξαν

---

or destination, 갈 5:13 등) 등으로 그 의미가 확장되는 것이다. Ἐπί의 용법 가운데 특히 흥미로운 것은 바로 이 전치사가 대격과 함께 사용되어 다양한 영적인 은사나 경험들을 수용하는 자들을 묘사한다는 점이다(눅 2:40; 3:2; 마 12:28; 행 2:17; 고후 12:9 등). 가령 세례 요한이 성장함에 따라 "하나님의 은혜가 그의 위에 있었다"(χάρις θεοῦ ἦν ἐπ' αὐτό, 눅 2:40)는 누가복음의 표현은 이러한 용법의 전형적인 예다. M.J. Harris, "Preposition and Theology in the Greek New Testament," in *Appendix of New International Dictionary of New Testament Theology*, vol. 3 ed. by Collin Brown (Grand Rapids: The Zondervan Corporation, 1992), 1193-94.

5) 신약성경에서 이유를 표현하는 또 하나의 흔한 방법은 접속사 γάρ로 시작되는 별도의 문장을 덧붙이는 것이다. 하지만 이는 사실이나 주장을 담은 문장에 이어지는(즉, 병렬적인) 또 하나의 새로운 문장이기 때문에 원인이나 이유를 표현하기는 하지만 종속절에 포함되지는 않는다. Porter, *Idioms of the Greek New Testament*, 237; Robertson, *A Grammar of the Greek New Testament*, 962-93; Zerwick, S.J., *Biblical Greek*, 144(§421).

ὑμᾶς … **ἔδοξεν** (δοκέω [to think, seem]의 부정과거, 능동태, 직설법, 3인칭, 단수) ἡμῖν은 "우리는 우리에게서 나간 어떤 자들이 여러분을 곤란하게 만들었다는 것을 들었기 때문에… 우리에게 좋을 것 같습니다"라는 뜻으로서, 여기서도 ἐπειδή가 이끄는 절은 주절이 묘사하는 상황의 원인을 표현한다(행 13:46; 14:12; 고전 1:21, 22; 14:16; 15:21; 빌 2:26도 참조).

또한 마태복음 18장 32절의 πᾶσαν τὴν ὀφειλὴν ἐκείνην **ἀφῆκά** (ἀφιημι [to forgive, let go]의 부정과거, 능동태, 직설법, 1인칭, 단수) σοι, **ἐπεὶ παρεκάλεσάς** (παρακαλέω [to beseech, urge]의 부정과거, 능동태, 직설법, 2인칭, 단수) με는 "네가 간청하였기 때문에, 나는 너를 위해서 그 모든 빚을 탕감해 주었다"라는 뜻으로서, 여기서 ἐπεί가 이끄는 절은 주절이 묘사하는 상황의 이유를 표현한다(막 15:42; 눅 1:34; 요 19:31; 고전 14:12; 고후 13:3; 히 5:2, 11도 참조).

요한복음 14장 19절의 **ὅτι** ἐγὼ **ζῶ** (ζάω [to live]의 현재, 능동태, 직설법, 1인칭, 단수) καὶ ὑμεῖς **ζήσετε** (ζάω [to live]의 미래, 능동태, 직설법, 2인칭, 복수)는 "내가 살아있기 때문에, 너희들도 살 것이다"라는 뜻으로, 여기에서 ὅτι-절은 주절이 제시하는 진술(주장)의 이유나 근거를 제시한다(막 1:34; 눅 1:7 요 8:56[ἵνα가 쓰임, 위 ἵνα의 용례에 관한 설명을 보라]; 롬 1:19 등도 참조).

원인이나 이유를 나타내는 종속절에 통상 직설법이 쓰이기는 하지만, 그것이 꼭 평서문일 필요는 없다. 오히려 근거가 분명한 확언이건 그렇지 않은 확언이건 간에 일정한 확언을 표현하거나 암시하는 것이라면, 원인이나 이유를 나타내는 접속사 다음에는 수사적 의문문이나 조건을 나타내는 문장의 귀결절(apodosis) 등 다양한 형태의 문형이 올 수 있다.[6] 특히 귀결절이 올 경우 전제절

6) Burton, *Syntax of the Moods and Tenses*, 97(§230).

이 생략되기도 한다.

예를 들어 사도행전 5장 38절의 **ὅτι ἐὰν ᾖ** (εἰμί [to be]의 현재, 능동태, 가정법, 3인칭, 단수) ἐξ ἀνθρώπων ἡ βουλὴ αὕτη ἢ τὸ ἔργον τοῦτο, **καταλυθήσεται** (καταλύω [to destroy]의 미래, 수동태, 직설법, 3인칭, 단수)는 "왜냐하면, 만일 이 계획이나 일이 사람들에게서 나온 것이라면, 그것은 파멸될 것이기 때문입니다"라는 뜻으로서, 이 구절은 앞선 진술의 이유나 근거를 표현하는 ὅτι에 이어서 조건이나 전제를 나타내는 전제절과 귀결절이 쓰인 경우다.

또한 고린도전서 15장 29절의 **ἐπεὶ** τί **ποιήσουσιν** (ποιέω [to do]의 미래, 능동태, 직설법, 3인칭, 복수) οἱ βαπτιζόμενοι ὑπὲρ τῶν νεκρῶν;은 "죽은 자들을 위해서 세례를 받는 자들은 무엇 때문에 (그렇게) 하겠는가?"라는 뜻으로서, 이는 "죽은 자들의 부활이 없다면"이라는 전제절이 생략되어 있는 수사적 질문이다. 전후 문맥상 이 수사적 질문에 담긴 의미는 13절의 대전제, 즉 "죽은 자들의 부활이 없다면"(εἰ ἀνάσατσις νεκρῶν οὐκ ἔστιν)이라는 전제가 참일 경우 죽은 자들을 위해서 세례를 받을 이유가 전혀 없다는 것이다. 하지만 바울은 현재 고린도교회에서 그런 관행이 이루지고 있으므로 죽은 자들의 부활은 있다고 주장하는 셈이다.

문장 구조상 주절이 제시하는 진술의 원인이나 이유를 제시하는 종속절이 주문장으로부터 이탈되거나 독립적으로 사용되기도 한다.[7)]

예를 들어 마태복음 6장 5절 ὅταν προσεύχησθε, οὐκ ἔσεσθε ὡς οἱ ὑποκριταί, **ὅτι φιλοῦσιν** (φιλέω [to love, like]의 현재, 능동태, 직설법, 3인칭, 복수) ἐν ταῖς συναγωγαῖς καὶ ἐν ταῖς γωνίαις τῶν πλατειῶν

---

7) Burton, *Syntax of the Moods and Tenses*, 98(§231).

ἑστῶτες προσεύχεσθαι, ὅπως φανῶσιν τοῖς ἀνθρώποις·는 "너희들은 기도할 때 위선자처럼 하지 말라. 왜냐하면 그들은 사람들에게 드러나 보이려고 회당과 큰 거리에 서서 기도하기를 좋아하기 때문이다"라는 뜻으로, 본문에서 ὅτι φιλοῦσιν은 앞 문장의 명령에 대한 이유를 나타내지만 명령의 본래 취지를 표현하는 끝 문장(ὅπως φανῶσιν τοῖς ἀνθρώποις)에 앞서 삽입되어 있으며, 그런 뜻에서 앞 문장과 어느 정도 거리를 두고 있다(마 6:16; 눅 11:32; 고전 1:22도 참조).[8]

II. 결과를 나타내는 종속절에서의 서법

결과를 나타내는 종속절은 주절이나 앞선 문장이 언급한 동작이나 상황의 (실제적 또는 잠재적) 결과를 표현하는 절이다.[9] 신약성경에서 결과를 나타내는 종속절은 주로 ὥστε (so that, therefore)로 시작된다.[10] 그러나 단순한 형태의 부정사나 부사적으로 쓰이는 분사, ἵνα-절 등도 결과를 표현할 수 있다(해당 설명들을 보라).

결과를 나타내는 종속절은 통상 직설법이나 부정사를 채용한

8) 하지만 이런 설명은 해석의 차원이지 문장 형식에 근거한 것은 아니다. 원인을 나타내는 종속절이냐 아니면 원인이나 이유를 확언해 주는 독립적인 문장이냐를 구별하는 기준은 통상 두 사실 사이의 인과관계를 얼마만큼 강조하느냐에 따라 결정된다. Burton, *Syntax of the Moods and Tenses*, 98(§232).

9) 실제 해석 과정에서는 목적을 나타내는 종속절과 결과를 나타내는 종속절 사이의 구별이 모호한 경우가 많으며, 이에 따라 두 종속절의 구문 형식도 상당 부분 겹친다. Zerwick, S.J. *Biblical Greek*, 122(§351-52).

10) Burton, *Syntax of the Moods and Tenses*, 99(§234). 신약성경에서 결과를 표현하는 통상적인 방법은 "ὥστε+부정사"이며 직설법은 그리 자주 쓰이지 않는다. Moule, *An Idiom Book of New Testament Greek*, 141. 가끔 ὥστε 다음에 직설법뿐만 아니라 명령법이나 권고를 표현하는 가정법이 오기도 한다. 이 경우 ὥστε는 "그러므로"(therefore)라는 뜻이다. BDF, §391.

다.[11] 두 법 사이를 엄격하게 구별하자면, 직설법은 주동사의 행동이 야기한 실제적인 결과를 표현하는 반면, 부정사는 주동사의 행동이 만들어내고자 주도면밀하게 의도한 결과나 잠재적인 결과, 상황 자체가 가진 고유한 성격 등으로 인한 결과 등을 표현하기에 적절하다.[12] 그러나 신약성경에서는 직설법이 상대적으로 드물게 사용되기 때문에, 실제로는 부정사가 잠재적 결과 뿐 아니라 명백하게 실제적인 결과를 표현하기도 한다.[13]

먼저 ὥστε와 함께 사용되는 직설법은 실제적인 결과(actual result)를 표현한다.

예를 들어 요한복음 3장 16절의 οὕτως γὰρ ἠγάπησεν ὁ θεὸς τὸν κόσμον, **ὥστε** τὸν υἱὸν τὸν μονογενῆ **ἔδωκεν** (δίδωμι [to give]의 부정과거, 능동태, 직설법, 3인칭, 단수)는 "왜냐하면 하나님께서 세상을 이와 같이 사랑하셨기 때문에, (그 결과) 유일한 아들을 주셨다"는 뜻으로서, 이 구절은 ὥστε와 직설법이 종속절로서 선행하는 문장과 긴밀하게 연결되어 결과를 나타내는 가장 분명한 예라고 할 수 있다.
또한 갈라디아서 2장 13절의 συνυπεκρίθησαν αὐτῷ καὶ οἱ λοιποὶ Ἰουδαῖοι, **ὥστε** καὶ Βαρναβᾶς **συναπήχθη** (συναπάγω [to lead astray]의 부정과거, 수동태, 직설법, 3인칭, 단수) αὐτῶν τῇ ὑποκρίσει는 "나머지 유대

---

11) Porter, *Idioms of the Greek New Testament*, 234.

12) Moule, *An Idiom Book of New Testament Greek*, 141; Burton, *Syntax of the Moods and Tenses*, 99(§235). 이러한 구별은 고전 헬라어에서 분명하게 감지된다. Robertson, *A Grammar of the Greek New Testament*, 1000.

13) 버튼의 설명에 따르면, 결과를 나타내는 부정사의 용법은 더 오래된 관용구이다. 고전 작가들은 직설법을 점차적으로 더 많이 사용하는 경향을 보여준다는 것이다. 그러나 신약성경에서는 부정사가 압도적으로 많이 사용되며, 20여회 나타나는 결과적 용법의 직설법에 비해 두 배 이상(50회) 많이 나타난다. Burton, *Syntax of the Moods and Tenses*, 99.

인들도 그[베드로]와 함께 위선적으로 행동했고, (그 결과) 결국 바나바도 그 외식으로 인해 미혹되었다"라는 뜻으로서, 이 역시 결과를 나타내기 위해서 사용된 "ὥστε+직설법" 구문의 예이다.

아울러 "ὥστε+부정사"가 잠재적, 암시적 결과를 표현하기 위해서 사용된 분명한 예는 고린도전서 13장 2절이다. 이 구절의 ἐὰν ἔχω πᾶσαν τὴν πίστιν **ὥστε** ὄρη **μεθιστάναι** (μεθίστημι [to remove, transfer]의 현재, 능동태, 부정사)는 "내가 모든 믿음을 갖고 있어서 (그 결과) 산을 옮긴다 하더라도"라는 뜻이다. 이 구절에서 바울은 실제로 모든 믿음을 가지고 있다기보다 그런 "모든 믿음"으로부터 논리적으로 "산을 옮길 수 있는 능력"을 도출할 수 있다는 뜻에서, 앞선 문장의 자연스러운 논리적 결과를 표현하고 있을 따름이다(마 15:30-31; 벧전 1:21도 참조).[14)]

그러나 전술한 바와 같이 신약성경에서는 직설법보다는 "ὥστε+부정사" 형식이 결과를 나타내기 위해서 더 자주 사용된다. 여기서는 부정사의 주어가 통상 대격이라는 점도 아울러 기억해야 한다. 즉 직설법의 경우 주어는 일반 문장에서처럼 주격이 사용되지만, 부정사의 경우 통상 대격이 주어로 나타난다.

예를 들어 마가복음 1장 45절의 ὁ δὲ ἐξελθὼν ἤρξατο κηρύσσειν πολλὰ καὶ διαφημίζειν τὸν λόγον, **ὥστε** μηκέτι αὐτὸν **δύνασθαι** (δύναμαι [to be powerful, to be able]의 현재, 중간태, 부정사) φανερῶς εἰς πόλιν εἰσελθεῖν은 "그러나 그[치유 받은 나병환자]가 나가서 많이 전파하고 그 말씀이 널리 퍼지게 하여 (그 결과) 그는 드러내 놓고 마을에 들어갈 수 없게 되었다"라는 뜻으로, 여기서 사용된 부정사 ὥστε μηκέτι αὐτὸν δύνασθαι는 앞선 동작의 실질적인 결과를 나타낸다.

---

14) 이러한 용법의 부정사는 "함축적 부정사"(impilcational infinitive)라고 분류할 수 있다. Wallace, *Greek Grammar Beyond the Basics*, 594.

또한 ὥστε 없이 사용되는 부정사도 결과적 용법으로 사용될 수 있으며, 그 외에 드물긴 하지만 τοῦ, εἰς τό, ὡς, ἐν τῷ 등과 함께 쓰이는 부정사도 결과를 표현한다.[15)]

예를 들어 로마서 7장 3절의 ἐλευθέρα ἐστὶν ἀπὸ τοῦ νόμου, **τοῦ μὴ εἶναι** (εἰμί [to be]의 현재, 능동태, 부정사) αὐτὴν μοιχαλίδα γενομένην ἀνδρὶ ἑτέρῳ는 "그 법[혼인 및 간음과 관련된 법]으로부터 자유롭게 되어 그 여자가 다른 남자를 알게 되어도 간부(姦婦)는 아니다"라는 뜻으로, 여기서 부정사 τοῦ μὴ εἶναι는 ὥστε 없이 사용되었으나 일의 추이에 따른 결과를 나타낸다(롬 1:20도 참조).

그러나 ὥστε로 시작하는 문장이 종종 선행하는 문장과 분리되어 원인이 된 사실을 표현하는 경우가 있어서 실제로는 독립적인 문장으로 나타나기도 한다(따라서 종속절로 봐야하는지 논란이 있다).[16)] 이러한 경우 ὥστε는 '그러므로'(therefore) 또는 '따라서'(accordingly) 정도의 의미를 지니게 되며, ὥστε에 뒤따르는 동사는 주문장에서 사용될 수 있는 모든 형태를 다 취할 수 있다.[17)]

---

15) BDF, §391. 이 경우는 목적을 나타내는 부정사의 용법과 일정 부분 겹치거나 유사한 의미를 갖게 된다. 그러나 목적을 나타내는 부정사의 강조점은 주동사의 '의도'에 놓여 있지만 결과를 나타내는 부정사의 강조점은 '결과 또는 효과'에 놓여 있으므로 미묘한 의미상의 차이를 보여준다고 할 수 있다. Wallace, *Greek Grammar Beyond the Basics*, 592-93.

16) 실제로 로버트슨은 이런 예들을 종속절인 아니라 병렬적인 구조의 대등절로 보고, 실질적으로 접속사 οὖν과 거의 동등한 의미를 지녔다고 평가한다. Robertson, *A Grammar of the Greek New Testament*, 999.

17) Burton, *Syntax of the Moods and Tenses*, 100(§237); Moule, *An Idiom Book of New Testament Greek*, 144.

예를 들어 마가복음 2장 28절의 **ὥστε** κύριός **ἐστιν** (εἰμί [to be]의 현재, 능동태, 직설법, 3인칭, 단수) ὁ υἱὸς τοῦ ἀνθρώπου καὶ τοῦ σαββάτου는 "그러므로 인자는 안식일에도 주님이다"라는 뜻으로, 이 문장은 선행하는 문장과 구문론적으로 독립되어 있지만, 앞선 이야기의 논리적 결과를 제시하는 역할을 한다. 여기에서 결과를 나타내는 ὥστε는 "그러므로, 따라서" 등으로 해석할 수 있다.

데살로니가전서 4장 18절의 **ὥστε παρακαλεῖτε** (παρακαλέω [to comfort]의 현재, 능동태, 명령법, 2인칭, 복수) ἀλλήλους ἐν τοῖς λόγοις τούτοις도 "그러므로 이 말들로 서로를 권면하라"라는 뜻으로, 이 역시 이전 문장과 독립되어 있는 별도의 문장이지만 앞선 논의의 결론적인 권면을 표현하는 역할을 하고 있다(마 12:12; 19:6; 23:31; 막 10:8; 롬 7:4, 12; 13: 2; 고전 3:7, 21; 4:5, 8; 고후 4:12; 5:16, 17; 갈 3:9, 24; 4:7, 16; 빌 2:12; 4:1; 벧전 4:19 등도 참조).

17. 종속절에서의 법 IV

−조건을 나타내는 종속절에서의 법

다른 종속절과는 달리, 조건을 나타내는 종속절은 형식상의 분류에 있어서나, 각 용례에 대한 해석에 있어서나, 그 쓰임에 있어서나 논란이 분분한 영역이다. 특히 신약성경에 나타나는 여러 형태의 조건절을 어떤 기준에 따라 분류할 것이냐는 자그마치 "백년을 이어온 전쟁"이다.[1)]

이 '분류 전쟁'의 각 진영은 형식에 기초한 진영[2)]과 기능(의미)에 기초한 진영[3)]으로 대별되며, 최근에는 현대 언어학적 통찰로 무장한 일군의 학자들이 화용론적인 쓰임에 기초하여 이 전쟁에 새로이 참전함으로써 양상이 좀 더 복잡해졌다. 하지만 기능에 따른 분류는 다분히 해석적인 차원의 접근이므로, 실제로 조건을

---

1) Wallace, *Greek Grammar Beyond the Basics*, 705.

2) Robertson, *A Grammar of the Greek New Testament*, 999; BDF, §371-73; Porter, *Idioms of the Greek New Testament*, 254-67 등.

3) Goodwin, *Syntax of the Moods and Tenses*, 145-95(§402-511); Smyth, *Greek Grammar*, 512-37; Zerwick, S.J., *Biblical Greek*, 101-13; Burton, *Syntax of the Moods and Tenses*, 100-12(§238-77) 등.

표현하는 다양한 형식의 종속절을 어떻게 '해석'할 것이냐에 따라 분류 방식이 달라질 수밖에 없다. 각 종속절은 화용론적으로 쓰이는 과정에서 이러저러한 문맥적 요소들과 어울려 다채로운 함의들을 전달하게 되므로, 어떤 기능을 담당하느냐(즉, 어떤 의미를 전달하느냐)를 기준으로 종속절을 분류하는 것은 다분히 자의적이다. 더욱이 기능을 기준으로 분류하는 학자들은 대체로 전제절에서 사용되는 각 시제-형태를 '시간'에 의거하여 이해하는 경향을 보이는데, 앞서 살펴본 대로 이는 헬라어 시제-형태의 기본 개념과 동떨어진 접근 방식이다. 아울러 화용론적인 쓰임에 기초하여 여러 종속절들의 소통 방식이나 의도를 분류하려는 방법 역시 해석적인 차원의 접근이라는 점에서는 기능에 따른 분류와 크게 다르지 않다. 따라서 아래에서는 조건을 나타내는 다양한 종속절들을 일단 형식을 기준으로 분류한 후, 그것이 전달하는 의미 또는 문장 내에서의 기능을 부연하는 방식을 취하겠다.

I. 기본적인 개념과 형식

조건절의 일반적인 형식은 "주어진 어떤 조건, 뒤따르는 모종의 결과"(given certain conditions, certain results follow)이다.[4] 이에 따라 조건을 나타내는 문장은 통상적으로 조건이나 가정을 제시하는 '전제절'(protasis)과 그것의 결과나 성취를 표현하는 '귀결절'(apodosis)이 종속적으로 연결되는 구조로 되어 있다.[5] 물론 경우에 따라

4) Moule, *An Idiom Book of New Testament Greek*, 148.

5) 명시적인 형식에 의해서 조건문을 판별할 수도 있지만, 헬라어에서 암

귀결절이 생략되기도 하고, 전제절이 암시되기만 하기도 한다.

형식적으로 보자면, 신약성경에서 조건을 표현하는 전제절은 εἰ 나 ἐάν으로 시작되며, 표현하고자 하는 의미에 따라 다양한 법이 채용된다. 기초적인 문법서는 통상 여러 조건문을 "εἰ+직설법"와 "ἐάν+가정법"으로 구분하고, "ἐάν+가정법"을 미래의 조건을 나타내는 것으로, "εἰ+직설법"을 그 밖의 다른 조건들을 나타내는 것으로 나누어 설명한다.[6] 헬레니즘 시대의 일부 대중적인 문헌들에서 "εἰ+직설법/ἐάν+가정법"이라는 큰 틀이 와해되는 경향이 나타나긴 하지만,[7] 신약성경에는 이러한 형식이 비교적 잘 보존되어 있다. 따라서 형식만을 기준으로 보자면, 신약성경에 나타는 실제 용례들을 이런 식으로 대별하는 것이 가능하다.

하지만 이러한 구별은 여러 형식들을 지나치게 단순화한 것이며, 의미론적으로도 조건문들 사이의 미묘한 의미나 기능의 차이들을 변별하거나 포괄하지 못한다. 오히려 신약성경에서 조건을 표현하는 다양한 종속절들은 형식을 기준으로 다음과 같이 세분(細分)될 수 있으며, 각기 다른 형식들은 제 나름의 미묘한 의미 차이를 표현한다.[8]

시적으로 조건을 표현하는 방법은 매우 다양하다: 부사적으로 사용되는 분사(circumstantial participle)를 통해서, 명사적으로 사용되는 분사(substantival participle)를 통해서, 명령법(imperative)을 통해서, 관계사절(relative clause)을 통해서, 의문문(question)을 통해서 등. 이러한 구문들은 형식상 조건문 형태를 취하는 것은 아니지만, 문맥상 이러저러한 조건을 표현한다. 각 장의 해당 설명들을 보라. Wallace, *Greek Grammar Beyond the Basics*, 687-89.

6) 예컨대, Machen, *New Testament Greek for Beginners*, 178(§311).

7) Moulton, *Prolegomena*, 187.

8) Porter, *Idioms of the Greek New Testament*, 256.

1. **εἰ+직설법** (οὐ로 부정됨)
2. **εἰ+미완료 또는 부정과거** (μή로 부정됨), 귀결절은 ἄν+미완료 또는 부정과거
3. **ἐάν+가정법** (μή로 부정됨)
4. **εἰ+기원법** (μή로 부정됨), 귀결절은 ἄν+기원법 또는 미완료
5. **εἰ+미래 직설법** (οὐ로 부정됨)

II. 각 형식에서의 법

1. εἰ+직설법

이 형태의 조건문은 "εἰ+직설법"이라는 형식을 취한다. 귀결절의 주동사는 모든 형태의 서법을 다 취할 수 있으며, 전제절과 귀결절 사이에 시제가 일치할 필요도 전혀 없다.[9] 전제절을 부정하기 위해서는 통상 부정어 οὐ가 사용된다.[10]

고전 헬라어에서는 일반적인 경우를 상정하는 조건문과 특정한 경우를 상정하는 조건문이 형식적으로 엄격하게 구별되었다.[11] 적절한 조건이 충족되면 성취될 수 있는 일반적인 경우를 상정할 경우 불변화사 ἄν(우리말로 번역하기 어려우며, 해당 구문에 '조건'이나 '가능성,' '우발성' 등의 의미를 더해준다)과 가정법이 함께 쓰였고, 특정한 상황을 상정할 경우 직설법이 사용되었다. 하지만 헬레니즘 시대에 이르면 둘 사이의 형식적 구별이 조금씩 와해되기 시작한다.

---

9) Robertson, *A Grammar of the Greek New Testament*, 1008.

10) 부정어 μή를 사용하는 디모데전서 6장 3, 4절 등은 극소수의 예외에 해당한다. Moule, *An Idiom Book of New Testament Greek*, 148.

11) McKay, *A New Syntax of the Verb*, 143(§19.1).

신약성경에서 이러한 형식의 조건문(εἰ+직설법)은 전제나 가정의 성취에 대한 아무런 암시 없이, 단순히 논증의 목적상 "현재 또는 과거의 특정한 경우"를 전제하거나 상정하기 위해서 사용된다.[12] 이는 가장 일반적인 조건문 형태이며, 신약성경에서 300개 이상의 예가 나타난다.[13]

예를 들어 요한복음 15장 20절의 **εἰ** ἐμὲ **ἐδίωξαν** (διώκω[to persecute]의 부정과거, 능동태, 직설법, 3인칭, 복수), καὶ ὑμᾶς διώξουσιν는 "그들이 나를 핍박했다면, 너희도 핍박할 것이다"라는 뜻으로, εἰ ἐμὲ ἐδίωξαν는 귀결절에서 표명하는 전망의 전제가 된다.
또한 갈라디아서 5장 18절의 **εἰ** δὲ πνεύματι **ἄγεσθε** (ἄγω [to lead]의 현재, 수동태, 직설법, 2인칭, 복수), οὐκ ἐστὲ ὑπὸ νόμον도 "너희가 성령으로 인도함으로 받고 있다면, 율법 아래에 있지 않다"라는 뜻으로, 조건문인 εἰ δὲ πνεύματι ἄγεσθε는 갈라디아 교회 그리스도인들이 성령으로 인도함을 받고 있다는 귀결절의 전제가 된다.

문맥상 이러한 형식의 전제절은 종종 현재 통용되거나 과거에 이미 발생한 '기정사실'을 상정하는 것처럼 보이며, 이에 따라 "만일 ~라면"(if ~, then)보다는 원인을 나타내는 "~이기 때문에"(since)로 번역하는 것이 더 자연스러운 경우도 있다.[14]

---

12) Burton, *Syntax of the Moods and Tenses*, 102; Porter, *Idioms of the Greek New Testament*, 256; Zerwick, S.J., *Biblical Greek*, 102(§303).

13) J.L. Boyer, "First Class Conditions: What do They Mean?," *GTJ* 2 (1981), 75-114.

14) BDF, § 372. 그러나 모든 용례를 일괄적으로 이렇게 번역하는 무모함을 경계하면서, 조건문이 가진 '가정의 의미'에 주의를 기울여야 한다고 주장하는 Wallace, *Greek Grammar Beyond the Basics*, 690 이하의 설명과 https://bible.org/article/myth-about-meaning-first-class-conditions-greek(2018.

예를 들어 마태복음 6장 30절의 **εἰ** δέ τὸν χόρτον τοῦ ἀγροῦ … ὁ θεὸς οὕτως **ἀμφιέννυσιν** (ἀμφιέννυμι [to clothe]의 현재, 능동태, 직설법, 3인칭, 단수), οὐ πολλῷ μᾶλλον ὑμᾶς, ὀλιγόπιστοι;는 "하나님께서는 이렇듯 들의 풀도 입히시거늘(입히시므로), 너희는 얼마나 더 (입히지) 않으시겠느냐? 믿음이 적은 자들아!"라는 뜻으로서, 여기에서 전제절의 **εἰ** … ὁ θεὸς **ἀμφιέννυσιν**는 논증의 목적 상 어떤 조건을 가정한다기보다 현재의 기정사실을 제시하는 것이다.

또한 고린전서 9장 11절의 **εἰ** ἡμεῖς ὑμῖν τὰ πνευματικὰ **ἐσπείραμεν** (σπείρω [to sow]의 부정과거, 능동태, 직설법, 1인칭, 복수), μέγα **εἰ** ἡμεῖς ὑμῶν τὰ σαρκικὰ **θερίσομεν**; (θερίζω [to reap]의 미래, 능동태, 직설법, 1인칭, 복수)는 "우리가 여러분에게 영적인 것들을 심었으니, 여러분에게서 육적인 것들을 거두어들인다고 해서 그것이 대단한 일입니까?"라는 뜻으로서, 여기서도 전제절의 εἰ … ἐσπείραμεν은 논증의 목적 상 어떤 조건을 가정하는 것이 아니라 바울과 그의 동역자들이 고린도교회 그리스도인들에게 이미 실천한 일들을 언급한다.

하지만 매 경우가 그렇지는 않기 때문에 이를 일종의 규칙처럼 여겨서는 안 된다.[15] 이 형식의 조건문이 전달하고자 하는 주된 논리는 전제절이 상정하는 내용이 '기정 사실'이냐 아니냐가 아니라 그것을 참이라고 전제할 경우 귀결절의 내용도 그 전제에 기초하여 자연스럽고도 논리적으로 참이라고 논증할 수 있다는 점에 있다.[16] 즉 이 조건문은 형식적으로 "만일 A라면, B이다(If A,

9. 10에 마지막으로 검색함)에 소개되어 있는 동저자의 "The Myth about the Meaning of First Class Conditions in Greek"이라는 글도 참조하라. 아울러 Porter, *Idioms of the Greek New Testament*, 256-57도 보라.

15) Porter, *Idioms of the Greek New Testament*, 257.

16) Wallace, *Greek Grammar Beyond the Basics*, 690-94; Robertson, *A Grammar of the Greek New Testament*, 1007; Zerwick, S.J., *Biblical Greek*, 103(§305-306).

then B)"라는 형태지만, 실제로는 "A를 참이라고 가정해 보자, 그렇다면 자연스럽게 B가 참이라는 결론이 도출된다" 정도로 풀어 쓸 수 있다.[17] 문맥상 A가 기정사실을 지칭한다고 해석할 수 있는 경우도 있지만, 기정사실 여부가 이 형식이 전달하고자 하는 가장 중요한 요소는 아닌 것이다.

> 예를 들어 요한복음 11장 12절의 **εἰ κεκοίμηται** (κοιμάομαι [to sleep]의 현재완료, 중간태, 직설법, 3인칭, 단수), σωθήσεται는 "그[나사로]가 자고 있다면, 구원 받을 것입니다"라는 뜻으로서, 여기에서 마르다는 스스로 그렇게 믿든 그렇지 않든지 간에, εἰ κεκοίμηται라는 전제가 참이라면 논리적으로 귀결절이 묘사하는 상황일 벌어질 것이라고 예견할 수 있다는 점을 인정한다.
> 또한 마태복음 4장 3절의 **εἰ** υἱος **εἶ** (εἰμί [to be]의 현재, 능동태, 직설법, 2인칭, 단수) τοῦ θεοῦ, εἰπὲ ἵνα οἱ λίθοι οὗτοι ἄρτοι γένωνται는 "네가 하나님의 아들이라면, 명하여 이 돌들이 빵이 되게 하라"라는 뜻으로서, 여기에서도 **εἰ** υἱος **εἶ** τοῦ θεοῦ는 '시험하는 자'가 알고 있는 어떤 기정사실을 언급하는 것이 아니라 자기 요구의 논리적 전제를 제시하는 것이다(마 5:29-30; 12:27-28[병행]; 17:4; 26:39, 42; 눅 4:3; 16:11; 22:42; 요 10:37; 18:23; 행 5:39; 롬 4:2; 8:9-10; 고전 9:17; 15:13-14; 갈 2:17; 살전 4:14; 계 20:15 등도 참조).

따라서 이 형식이 '사실'을 전제한다는 설명은 반쪽 진실인 셈이며, 오히려 신약성경에는 전제절이 가정하는 내용이 실제 사실과 반대되는 경우도 허다하게 나타난다.[18]

---

17) Zerwick, S.J., *Biblical Greek*, 103(§305).
18) Zerwick, S.J., *Biblical Greek*, 103(§306).

예를 들어 마태복음 12장 27절의 καὶ **εἰ** ἐγὼ ἐν Βεελζεβοὺλ **ἐκβάλλω** (ἐκβάλλω [to cast out]의 현재, 능동태, 직설법, 1인칭, 단수) τὰ δαιμόνια, οἱ υἱοὶ ὑμῶν ἐν τίνι ἐκβάλλουσιν;은 "내가 만일 바알세불을 힘입어 악령들을 쫓아내는 것이라면, 너희의 아들들은 누구를 힘입어 (악령들을) 쫓아내느냐?"라는 뜻으로서, 전제절은 사실과 반대되는 내용을 가정한다 (막 3:24-26; 행 5:38-39도 참조).

실제로 "εἰ+직설법"을 아직 성취되지 않은 미래의 조건을 나타내는 것으로 해석해야 할 경우가 더러 있다.19)

예를 들어 마태복음 8장 31절의 **εἰ ἐκβάλλεις** (ἐκβάλλω [to drive out]의 현재, 능동태, 직설법, 2인칭, 단수) ἡμᾶς, ἀπόστειλον ἡμᾶς εἰς τὴν ἀγέλην τῶν χοίρων은 "만일 우리를 쫓아내려거든, 저 돼지 떼에게로 보내소서"라는 뜻으로, "εἰ+직설법"으로 표현된 조건절 εἰ ἐκβάλλεις는 아직 성취되거나 실행되지 않은 미래를 가정한다(마 5:29, 30; 18:8, 9; 눅 14:26; 고전 10:27; 요2 10 등도 참조).

무엇보다 전제절에서 시제-형태를 구별해서 쓰는 이유는 시간적인 차이(현재의 조건을 지칭하느냐 과거의 조건을 지칭하느냐 등)가 아니라 동작상의 차이를 변별하기 위함이다.20)

예를 들어 요한복음 3장 12절의 **εἰ** τὰ ἐπίγεια **εἶπον** (λέγω [to say, speak]의 부정과거, 능동태, 직설법, 3인칭, 단수) ὑμῖν καὶ οὐ **πιστεύετε** (πιστεύω [to believe]의 현재, 능동태, 직설법, 2인칭, 복수), πῶς ἐὰν εἴπω

---

19) Burton, *Syntax of the Moods and Tenses*, 105(§256).

20) McKay, *A New Syntax of the Verb*, 75(§8.3.3); Porter, *Idioms of the Greek New Testament*, 259.

ὑμῖν τὰ ἐπουράνια πιστεύσετε;는 "내가 너희에게 땅의 일들을 말하여도 믿지 않는다면, 너희에게 하늘의 일들마저 말한다면 어떻게 믿겠느냐?" 라는 뜻으로서, 이 구절의 경우 전제절에서 부정과거 시제-형태와 현재 시제-형태가 나란히 함께 쓰였다. 여기에서 두 시제-형태 사이의 의미 차이는 시간이 아니라 동작상(요약적 vs. 진행적[미완결적])에 있다.

위의 예에서 전제절의 부정과거 시제-형태인 εἶπον이 시간(과거의 시점)을 나타내지 않는다는 사실은 귀결절에서 쓰인 시제-형태들을 통해서도 다시 한 번 확인된다. 귀결절은 미래의 조건을 표현하는 'ἐάν+가정법' 형식(ἐὰν εἴπω)을 취하면서 부정과거 시제-형태의 가정법(εἴπω)을 채택하는데, 가정법에서 시제-형태가 시간을 지시하지 않는다는 점은 시간을 기준으로 시제-형태를 설명하려는 학자들도 동의하는 바다.[21] 오히려 귀결절이 부정과거 시제-형태인 εἴπω를 채택한 이유는 예수의 행위를 '요약적으로' 묘사하기 위함이다. 따라서 전제절이 이어지는 내용과 대비되는 상황을 전제하면서 부정과거 시제-형태를 채택한 이유도 동일한 목적에서 그렇게 한다는 점을 확인할 수 있다.

2. εἰ+직설법 2차 시제/ἄν+직설법 2차 시제

이 형태의 조건문은 "εἰ+직설법의 2차 시제(부정과거, 미완료[드물게 과거완료])"라는 형식을 취하며, 귀결절은 통상 "ἄν+직설법 2차 시제(단순과거, 미완료[드물게 과거완료])"라는 형식을 취한다.[22] 이러한

21) 예컨대, Smyth, *Greek Grammar*, 412(§1850); Goodwin, *A Greek Grammar*, 272(§1272) 등.

형식의 전제절은 사실과 반대되는 가정, 즉 아직 성취되거나 현실화 되지 않은 조건이나 전제를 상정한다. 신약성경에는 대략 50회 정도의 용례가 나타나며,[23] 전제절을 부정하기 위해서는 통상 부정어 μή가 사용된다.[24]

예를 들어 요한복음 11장 21절의 κύριε, **εἰ ἦς** (εἰμί [to be]의 미완료, 능동태, 직설법, 2인칭, 단수) ὧδε, οὐκ **ἂν ἀπέθανεν** (ἀποθνῄσκω [to die]의 부정과거, 능동태, 직설법, 3인칭, 단수) ὁ ἀδελφός μου는 "주님, 당신이 여기에 계셨더라면, 저의 오빠가 죽지 않았을 것입니다"라는 뜻으로, "εἰ+직설법 2차 시제(여기서는 미완료)"로 표현된 조건절 εἰ ἦς는 과거의 사실과 반대되는 내용을 가정한다(귀결절의 불변화사 ἄν도 참고).
갈라디아서 1장 10절의 **εἰ** ἔτι ἀνθρώποις **ἤρεσκον** (ἀρέσκω [to please]의 미완료, 능동태, 직설법, 1인칭, 단수), Χριστοῦ δοῦλος οὐκ **ἂν ἤμην** (εἰμί [to be]의 미완료, 중간태, 직설법, 1인칭, 단수)은 "내가 만일 사람을 기쁘게 한다면, 그리스도의 종이 아니다"라는 뜻으로서, 여기에서도 "εἰ+직설법 2차 시제(여기서는 미완료)"로 표현된 조건절 εἰ … ἤρεσκον은 바울이 현재 지니고 있는 태도와 반대되는 내용을 상정한다(귀결절의

22) BDF, §360; Moule, *An Idiom Book of New Testament Greek*, 148; Burton, *Syntax of the Moods and Tenses*, 103(§248); Wallace, *Greek Grammar Beyond the Basics*, 694-95; Robertson, *A Grammar of the Greek New Testament*, 1012; Porter, *Idioms of the Greek New Testament*, 257; McKay, *A New Syntax of the Verb*, 173(§21.4) 경우에 따라 귀결절에서 ἄν이 생략되기도 한다. 예를 들어, 요한복음 9장 33절(**εἰ** μὴ **ἦν** οὗτος παρὰ θεοῦ, οὐκ **ἠδύνατο** ποιεῖν οὐδέν, 요 15:22; 19:11; 고전 5:10; 갈 4:15; 히 9:26 등도 참조).

23) J.L. Boyer, "Second Class Conditions in NT Greek," *GTJ* 3 (1982), 81-88.

24) 이러한 형식의 조건문 중에서 전제절을 부정하기 위해서 οὐ가 사용되는 유일한 예는 마태복음 26장 24절(καλὸν **ἦν** αὐτῷ **εἰ οὐκ ἐγεννήθη** ὁ ἄνθρωπος ἐκεῖνος)과 그 병행구절인 마가복음 14장 21절이며, 흥미롭게도 이 구절들에서는 특징적인 불변화사 ἄν도 사용되지 않는다. Moule, *An Idiom Book of New Testament Greek*, 149.

불변화사 ἄν도 참고).

학자들은 사이에는 이러한 형식에서 주로 사용되는[25] 두 시제-형태(미완료, 부정과거) 사이의 차이를 설명하는 데 있어서 입장이 분분하다. 예컨대, '시간'을 기준으로 시세-형태를 설명하려는 학자들은 미완료는 현재 조건을, 부정과거는 과거의 조건을 상정한다고 설명한다.[26] 물론 시간(시점)은 동사의 종류가 아니라 문맥을 통해 파악되어야 한다는 일견 모순적인 부연(敷衍)과 함께.[27] 또한 '동작의 종류'를 기준으로 시제-형태를 설명하려는 학자들은 미완료는 지속적인 동작을, 부정과거는 단순한 사실만을, 과거완료는 완결된 동작을 지칭한다고 설명한다.[28]

하지만 위의 두 가지 예에서 분명하게 드러나는 것처럼, 두 구절의 조건절에서 모두 미완료 시제-형태가 사용되었지만 요한복음 본문은 과거의 사실과 반대되는 가정을, 갈라디아서 본문은 현재의 사실과 반대되는 가정을 나타낼 뿐 시간이나 시점을 명시

25) 이 형식에서 과거완료가 가끔 쓰이긴 하지만, 신약성경에서 이 형식의 전제절에 과거완료가 사용되는 예는 마태복음 24장 43절, 누가복음 12장 39절, 요한복음 4장 10절, 8장 19절, 그리고 사도행전 26장 32절(총 5회)에 국한되며, 이마저도 사도행전 26장 32절(ἐπεκέκλητο [ἐπικαλέω의 과거완료, 중간태, 직설법])을 제외하면 모두 οἶδα(to know)의 과거완료 시제-형태인 ᾔδειν이 쓰인다. Wallace, *Greek Grammar Beyond the Basics*, 695, 각주 25.

26) 예컨대 Goodwin, *Syntax of the Moods and Tenses*, 147(§410); Wallace, *Greek Grammar Beyond the Basics*, 695.

27) 이에 따라 조건문에 사용되는 동사의 시제나 형태는 '시간'(time), '동작의 종류'(*Aktionsart*), '현실성 정도'(the degree of reality) 등을 기준으로 선택된다는 것이다. Moule, *An Idiom Book of New Testament Greek*, 150.

28) 예컨대, BDF, §360; Burton, *Syntax of the Moods and Tenses*, 103(§248).

하지는 않는다. 따라서 각 조건문이 상정하고 있는 '시점'은 시제-형태에 의해서 미리 지시되는 것이 아니라, 문맥을 통해서 파악할 수밖에 없다는 점에 주의해야 한다. 미완료 시제-형태가 표현한다고 설명하는 '진행적/반복적 동작'도 요한복음 본문과는 그리 어울리지 않는다. 오히려 다른 형식의 조건문과 마찬가지로, 이 형식의 조건문에서도 두 가지 시제-형태를 구별하는 이유는 일차적으로 동작상을 변별하려는 데에 있다.[29]

> 예컨대, 마가복음 13장 20절의 εἰ μὴ **ἐκολόβωσεν** (κολοβόω [to shorten]의 부정과거, 능동태, 직설법, 3인칭, 단수) κύριος τὰς ἡμέρας, οὐκ **ἄν** ἐσώθη πᾶσα σάρξ는 "주님께서 그 날들을 감하지 않으신다면, 모든 육체가 구원을 얻지 못할 것이다"라는 뜻으로서, 이 구절에서 전제절은 부정과거 시제-형태를 채택하고 있지만 실제로는 장차 이루어져야 할 미래의 일을 상정한다.
> 요한복음 5장 46절의 εἰ γὰρ **ἐπιστεύετε** (πιστεύω [to believe]의 미완료, 능동태, 직설법, 2인칭, 복수) Μωϋσεῖ, ἐπιστεύετε **ἄν** ἐμοί는 "너희가 모세를 믿었더라면, 나도 믿었을 것이기 때문이다"라는 뜻으로서, 여기서도 전제절은 미완료 시제-형태를 채용하고 있지만 실제로는 이미 지나가버린 과거의 일과 반대되는 상황을 상정한다.

위의 예에서 분명하게 드러나는 것처럼, 이 형식의 조건문에서 미완료 시제-형태는 현재의 일을, 부정과거 시제-형태는 과거의 일을 상정한다는 설명은 성립되기 힘들다. 더군다나 이는 '시간'을 중심으로 시제-형태를 설명하려는 학자들이 내세우는 기본적

29) McKay, *A New Syntax of the Verb*, 75(§8.3.3.); Porter, *Idioms of the Greek New Testament*, 259-61.

인 시제 개념과도 상충한다. 오히려 두 가지 시제-형태를 구별하여 채용하는 이유는 동작상에서 찾아야 한다.

3. ἐάν+가정법

이 형태의 조건문은 "ἐάν+가정법"의 형식을 취하며(ἐάν은 εἰ와 ἄν이 결합된 형태이다), 귀결절은 시제와 법을 자유롭게 취한다.[30] 신약성경에서 300회 가량 나타나며,[31] 전제절을 부정하기 위해서는 통상 부정어 μή가 사용된다. 특정한 상황을 상정하는 "εἰ+직설법" 형식의 조건문과는 달리, 이러한 형식의 조건문은 일반적인 상황을 상정하기 위해서 사용된다.

> 예컨대, 요한복음 11장 9절의 **ἐάν** τις **περιπατῇ** (περιπατέω [to walk around]의 현재, 능동태, 가정법, 3인칭, 단수) ἐν τῇ ἡμέρᾳ, οὐ προσκόπτει는 "낮에 다니는 자는 실족하지 않을 것이다"라는 뜻으로, "ἐάν+가정법"으로 표현된 전제절인 ἐάν τις περιπατῇ는 일반적인 조건을 상정하고, 이어지는 귀결절인 οὐ προσκόπτει은 그것을 실제로 실행했을 때의 결과를 표현한다.

앞서 설명한 바와 같이 고전 헬라어에서 이 형식의 조건문은 일반적인 상황, 즉 '개연성이 있는 미래의 상황'(a more probable future occurrence)을 표현하는 데 한정되었으며, 귀결절에서도 미래 직설법이나 미래의 의미를 표현하는 현재 시제-형태의 동사들이 사용되

30) Wallace, *Greek Grammar Beyond the Basics*, 696; McKay, *A New Syntax of the Verb*, 172(§21.3)

31) J.L. Boyer, "Third (and Fourth) Class Conditions," *GTJ* 3 (1982), 163-75.

었다.[32] 하지만 헬레니즘 시대에 가정법이 기원법을 잠식하면서 귀결절도 시제와 법을 비교적 자유롭게 채택하게 되었고, 조건문이 표현하는 의미 영역도 개연성 있는 미래의 일반적 상황뿐 아니라, '논리적인 연관관계'(a logical connection, 즉 If A, then B 구조)나 '단순한 가설적 상황'(a mere hypothetical situation) 등으로 확장되었다.[33] 따라서 저자/화자가 어떤 의미를 전달하기 위해서 이러한 형식의 조건문을 사용하는지 파악하기 위해서는 문맥을 면밀하게 고려해야 한다.

이러한 형식의 조건문이 상정하는 상황은 아직 성취되지 않았다는 점에서 사실과 반대되긴 하지만, 논증을 위해서 사실과 반대되는 상황을 전제한다기보다 오히려 성취의 가능성을 적극적으로 암시하면서 미래적 조건을 상정한다.[34] 즉 전제절의 방점은 사실과 반대된다는 데 있는 것이 아니라, 미래적 성취 가능성에 놓여 있다. "가정법은 의심의 구름이 아른거리는 와중에도, 생생한 희망의 지평 안으로 기대를 몰고 온다."[35]

예를 들어 마태복음 9장 21절의 **ἐὰν** μόνον **ἅψωμαι** (ἅπτω [to touch]의 부정과거, 중간태, 가정법, 1인칭, 단수) τοῦ ἱματίου αὐτοῦ σωθήσομαι (σῴζω [to save]의 미래, 수동태, 직설법, 1인칭, 단수)는 "만일 그의 옷을 만지기만 한다면, 나는 건강하게 될 것이다"라는 뜻으로서, "ἐάν+가정법"으로 표현된 전제절인 ἐὰν ἅψωμαι는 아직 성취되거나 실행되지 않

---

32) McKay, *A New Syntax of the Verb*, 143(§19.1); Goodwin, *Syntax of the Moods and Tenses*, 163(§444).

33) Wallace, *Greek Grammar Beyond the Basics*, 696-97.

34) Burton, *Syntax of the Moods and Tenses*, 104(§250).

35) Robertson, *A Grammar of the Greek New Testament*, 1016.

은 미래를 가정한다.

요한복음 12장 26절의 **ἐάν** τις ἐμοὶ **διακονῇ** (διακονέω [to serve]의 현재, 능동태, 가정법, 3인칭, 단수) τιμήσει (τιμάω [to honor]의 미래, 능동태, 직설법, 3인칭, 단수) αὐτὸν ὁ πατήρ도 "누군가 나를 섬긴다면, 아버지도 그를 선대할 것이다"라는 뜻으로서, 여기서도 "ἐάν+가정법"으로 표현된 조건절 ἐάν τις ἐμοὶ διακονῇ는 아직 실천되지 않은 일반적인 미래를 가정한다(마 4:9; 5:20, 28; 6:22, 23; 막 4:22; 10:30; 눅 5:12; 요 3:2-3; 6:65; 13:20; 행 9:2; 15:1; 롬 2:25; 7:2-3; 14:8; 고전 4:19; 6:4; 11:15; 갈 5:2; 살전 3:8; 딤전 3:8; 딤후 2:5; 히 3:14; 10:38; 약 2:14-17; 요1 1:6, 8, 10; 계 2:5; 3:20 등도 참조).

그러므로 이제까지 설명한 세 가지 형식의 조건문 사이의 함의와 강조점의 차이를 인식하는 것이 중요하다. 특히 일반적인 상황을 상정하기 위해서 특징적인 불변화사 ἄν과 함께(ἐάν=εἰ+ἄν) 추정과 의심의 영역을 표현하는 '가정법'을 활용한다는 사실은 이 법의 본래 개념과 썩 잘 어울린다. 따라서 직설법과 가정법의 의미론적 차이를 잘 헤아려 두 형식이 변별하고자 하는 함의 차이를 면밀히 파악해야 한다.[36]

예를 들어, 누가복음 16장 31절의 **εἰ** Μωϋσέως καὶ τῶν προφητῶν οὐκ **ἀκούουσιν** (ἀκούω [to hear]의 현재, 능동태, 직설법, 3인칭, 복수), οὐδ' **ἐὰν** τις ἐκ νεκρῶν **ἀναστῇ** (ἀνίστημι [to arise]의 부정과거, 능동태, 가정법, 3인칭, 단수) πεισθήσονται는 "그들이 모세와 선지자들에게 귀를 기울이지 않는다면, 누군가 죽은 자들로부터 부활한다고 해도 설득되지 않을 것이다"라는 뜻으로서, 앞선 전제절인 εἰ … ἀκούουσιν은 구체적이고 특정한 상황을, 이어지는 전제절인 ἐάν …ἀναστῇ는 일반적인 상황을 상

36) McKay, *A New Syntax of the Verb*, 169(§21.2.3).

정한다. 특히 앞선 전제절은 기정사실을 전제하고 있으므로 "그들이 모세와 선지자들에게 귀를 기울어지 않고 있기 때문에" 정도로 의역할 수도 있다(마 6:14; 막 3:24-26 등도 참조).

아울러 누차 설명했듯이, 이러한 형식에서 채택되는 가정법의 각 시제-형태들도 시간이 아니라[37] 동작상을 구별하기 위해서 선별된다는 점을 기억해야 한다.[38]

예를 들어, 요한1서 1장 6절의 **ἐὰν εἴπωμεν** (λέγω [to say, speak]의 부정과거, 능동태, 가정법, 1인칭, 복수) ὅτι κοινωνίαν ἔχομεν μετ' αὐτοῦ καὶ ἐν τῷ σκότει **περιπατῶμεν** (περιπατέω [to walk]의 현재, 능동태, 가정법, 1인칭, 복수), ψευδόμεθα καὶ οὐ ποιοῦμεν τὴν ἀλήθειαν은 "만일 우리가 그와 더불어 교제한다고 말하면서, 어둠 속에 걷고 있다면, 우리는 거짓말하면서 진리를 행하지 않는 것이다"라는 뜻으로서, 서신의 저자는 두 시제-형태를 번갈아 사용함으로써 부정과거 시제-형태로 표현되는 '말'보다는 현재 시제-형태로 표현되는 '행실'을 더욱 부각시킨다(고전 13:2-3; 요1 1:7-10 등도 참조).

신약성경에서 일반적인 상황을 상정하는 형식은 통상 "ἐάν+가정법"이지만, 가끔 동일한 상황을 가정하기 위해서 "εἰ+가정법"이나 "εἰ 또는 ἐάν+미래 직설법"이 사용되기도 한다.[39]

예를 들어 고린도전서 14장 5절의 μείζων δὲ ὁ προφητεύων ἢ ὁ λαλῶν γλώσσαις ἐκτὸς **εἰ** μὴ **διερμηνεύῃ** (διερμηνεύω [to interpret, translate]의

37) BDF, §373.

38) Porter, *Idioms of the Greek New Testament*, 263.

39) Burton, *Syntax of the Moods and Tenses*, 104(§252).

현재, 능동태, 가정법, 3인칭, 단수), ἵνα ἡ ἐκκλησία οἰκοδομὴν λάβῃ는 "교회가 건물로 세워질 수 있도록 (방언을) 해석하지 않는다면, 방언을 말하는 자보다 예언하는 자가 더 크다"라는 뜻으로, "εἰ+가정법"으로 표현된 조건절 εἰ μὴ διερμηνεύῃ는 아직 성취되지 않은 일반적인 상황을 가정한다(눅 9:13; 살전 5:10 등도 참조).

4. εἰ+기원법

이 형태의 조건문은 "εἰ+기원법"의 형식을 취하며, 귀결절은 불변화사 ἄν과 함께 기원법(또는 미완료 시제-형태)을 사용한다.[40] 신약성경에는 전제절과 귀결절이 모두 온전한 형태의 문장이 나타나지는 않지만, 부분적으로 이런 형식을 취하는 문장이 쓰인다.[41] 전제절을 부정하기 위해서는 통상 부정어 μή가 사용된다. 이런 형식의 조건문은 "ἐάν+가정법"에 비해 성취에 대한 의구심이나 우발적인 경향을 함축한다. 다시 말해 가능성의 정도로 보자면, 저자/화자는 전제절이 상정하는 상황의 실현 가능성이 다소 '멀리 있다'고 간주하는 셈이다.[42] 고전 헬라어에서는 이 경우 귀결절에서 불변화사 ἄν을 활용하여 저자/화자 편에서 전제절의 성취 여부를 열어두는 유보적인 태도를 표현했겠지만, 신약성경에는 온

40) Burton, *Syntax of the Moods and Tenses*, 106(§259). 신약성경에 이 형식의 조건문 중에서 귀결절에 미완료 시제-형태가 사용된 온전한 용례가 나오는지 여부에 대해서는 논란이 있다. 사도행전의 일부 구절들(24:19; 27:39 등)이 여기에 속하는 것으로 간주되곤 한다.

41) Porter, *Idioms of the Greek New Testament*, 263.

42) BDF, §371(2); Wallace, *Greek Grammar Beyond the Basics*, 699; McKay, *A New Syntax of the Verb*, 174(§21.5); Robertson, *A Grammar of the Greek New Testament*, 1020.

전한 형식의 용례가 나오지 않는다.[43)]

예컨대, 베드로전서 3장 14절의 ἀλλ' **εἰ** καὶ **πάσχοιτε** (πάσχω [to suffer]의 현재, 능동태, 기원법, 2인칭, 복수) διὰ δικαιοσύνην, μακάριοι는 "오히려 너희가 의로 인해 핍박을 받는다면, 복이 있다"라는 뜻으로서, 전제절인 εἰ … πάσχοιτε는 우발적인 상황을 상정한다(눅 1:62; 행 5:24; 고전 14:10; 15:37; 벧전 3:17 등도 참조).

5. εἰ / ἐάν+미래 직설법

이 형태의 조건문은 "εἰ / ἐάν+미래 직설법"의 형식을 취하며, 귀결절은 다양한 형태의 동사를 활용한다.[44)] 전제절을 부정하기 위해서는 통상 부정어 οὐ가 사용된다. 이러한 형식의 조건문이 지닌 함의는 "εἰ+직설법"보다는 일반적인 상황을 가정하는 "εἰ / ἐάν+가정법"에 가까우며, 다른 조건문에 비해서 저자/화자 편에서의 강한 의지나 우려, 부정적 예상 등을 표현한다.[45)]

예를 들어 마가복음 8장 12절의 ἀμὴν λέγω, **εἰ δοθήσεται** (δίδωμι [to give]의 미래, 수동태, 직설법, 3인칭, 단수) τῇ γενεᾷ ταυτῇ σημεῖον은 "내가 진실로 말한다. '만에 하나 이 세대에게 표적이 주어진다면!'"이라는 뜻으로서, 화자[예수] 편에서의 강한 부정을 조건문 형식으로 표현한 것이다(눅 19:40; 행 8:31; 고전 9:11; 고후 5:2-3; 딤후 2:12; 히 3:11; 4:3, 5 등도 참조).

---

43) McKay, *A New Syntax of the Verb*, 75(§8.3.2), 174(§21.5).

44) Burton, *Syntax of the Moods and Tenses*, 105(§254-55); Porter, *Idioms of the Greek New Testament*, 264.

45) 미래 시제-형태와 가정법의 유사점에 대한 위의 설명을 참조하라.

18. 종속절에서의 서법 V

–양보를 나타내는 종속절에서의 법

I. 기본적인 개념과 형식

Eἰ나 ἐάν으로 시작되는 전제절 중에는 '심지어'(even)라는 뜻의 καί가 첨가되어 '양보의 의미'(a concessive force)를 표현하는 경우들도 있다. 이러한 구문은 καί가 εἰ나 ἐάν의 앞이나 뒤에 추가되는 형식(εἰ καί / ἐάν καί 또는 καὶ εἰ / καὶ ἐάν)을 취하며, 이 중에서 καὶ ἐάν은 κἄν으로 축약되기도 한다.[1] 그리고 채용되는 법과 그 의미도 대체로 일반적인 조건문의 방식을 따른다.

예를 들어 누가복음 11장 8절의 **εἰ καὶ** οὐ **δώσει** (δίδωμι [to give]의 미래, 능동태, 직설법, 3인칭, 단수) αὐτῷ ἀναστὰς διὰ τὸ εἶναι φίλον αὐτοῦ, διά γε τὴν ἀναίδειαν αὐτοῦ ἐγερθεὶς δώσει αὐτῷ ὅσων χρῄζει

1) McKay, *A New Syntax of the Verb*, 175(§22.1). 하지만 신약성경에서 양보를 표현하는 주된 방식은 정황적으로 쓰이는 분사이다. 아래 분사 항목에 대한 설명을 보라.

는 "비록 그의 친구라는 이유로 일어나 그에게 주지는 않을지언정, 적어도 그의 안하무인격인 태도 때문에라도 일어나 그가 필요한 것을 줄 것이다"라는 뜻으로서, ϵἰ καί 이하는 전제절과 귀결절의 내용을 서로 대조하면서, 전제절의 내용을 부정(양보)하더라도 귀결절의 내용이 성취될 것임을 표현한다(눅 18:4도 참조).

하지만 양보를 나타내는 절은 목적이나 이유 등을 나타내는 절처럼 형식적으로 구별되는 별개의 종속절이 아니라, 전제절의 일종으로서 특별한 어조나 강조점을 부각시킬 따름이다. 즉 양보를 나타내는 절제절은 "귀결절이 성취되는 데 적절하지 않다고 간주되거나 그렇다고 제시되는 가정(supposition)을 진술하는 종속문"으로서,[2] 특정한 의미를 부각시키기 위해서 변형된 전제절의 아종(subspecies)이다.[3]

II. 양보절의 용례들

양보절이 조건절의 아종(亞種)이긴 하지만, 그것이 전달하고자 하는 의미는 일반적인 조건문과 엄연히 구별된다. 즉 일반적인 조건문은 전제절이 성취된다는 '조건 하에' 종속절도 성취되는 사정/상황을 나타내지만, 양보를 나타내는 조건문은 전제절이 성취된다 하더라도 '그럼에도 불구하고' 귀결절이 성취되는 사정/상황을 표현한다.[4] 따라서 양보의 의미를 전달하는 전제절은 우리말

2) Burton, *Syntax of the Moods and Tenses*, 112(§278).

3) BDF, §374; Robertson, *A Grammar of the Greek New Testament*, 1026.

4) Burton, *Syntax of the Moods and Tenses*, 112(§278).

로 "비록 ~하더라도, ~에도 불구하고" 정도로 번역할 수 있다.

예를 들어 고린도후서 7장 11절의 ὅτι **εἰ καὶ ἐλύπησα** (λυπέω [to grieve]의 부정과거, 능동태, 직설법, 3인칭, 단수) ὑμᾶς ἐν τῇ ἐπιστολῇ, οὐ μεταμέλομαι는 "왜냐하면 비록 내가 그 편지로 여러분을 슬프게 하였다손 치더라도, 나는 후회하지 않기 때문이다"라는 뜻으로서, 여기에서 바울은 전제절이 사실이라고 하더라도, 귀결절에 표명한 대로 하겠다는 뜻을 전달한다.

그러나 실제 용례들은 각 구문의 특징적인 의미가 약화되거나 전제절의 의미가 다소 복합적이어서 양보절인지 여부를 판별하기가 애매한 경우가 더러 있다.5)

예를 들어 갈라디아서 1장 8절의 ἀλλὰ **καὶ ἐὰν** ἡμεῖς ἢ ἄγγελος ἐξ οὐρανοῦ **εὐαγγελίζηται** (εὐαγγελίζω [to bring good news]의 현재, 중간태, 가정법, 3인칭, 단수) ὑμῖν παρ' ὃ εὐηγγελισάμεθα ὑμῖν, ἀνάθεμα ἔστω는 "그러나 만일 우리나 하늘로부터 온 천사라도 우리가 너희에게 전한 것에 반하여 너희에게 복음을 전한다면, 그에게 화가 있기를!"이라는 뜻으로서, 전제절의 내용이 복합적인 탓에 양보의 의미를 전달하는 절인지를 판별하기가 다소 애매하다.
다시 말해 전제절의 일부인 παρ' ὃ εὐηγγελισάμεθα ὑμῖν이 성취되는 것은 귀결절이 성취되는 것의 실질적인 전제가 되므로, 이를 우선적으로 고려하면 이 전제절은 '조건절'에 가깝다("우리가 너희에게 전한 복음에 반한다면, 그에게 화가 있기를!"). 하지만 전제절의 또 다른 요소인 καὶ ἐὰν ἡμεῖς ἢ ἄγγελος ἐξ οὐρανοῦ("우리나 하늘로부터 온 천사라하더라도")는 양보절의 형식적 특징인 καί로 강조되고 있으며, 귀결절이 성취

5) McKay, *A New Syntax of the Verb*, 175(§22.1); Burton, *Syntax of the Moods and Tenses*, 112(§278).

되는 것과는 내용적으로 잘 어울리지 않는다. 즉 실제로 귀결절이 성취된다면 사도 바울을 포함한 그의 동역자나 하늘로부터 온 천사들은 저주를 받아야 할 것이기 때문이다. 그러므로 이를 우선적으로 고려하면 전제절은 '양보절'에 가깝다("우리나 하늘로부터 온 천사들이라도, 그에게 화가 있기를!").

전술한 대로, 신약성경에서 양보를 나타내는 종속절은 통상 εἰ (ἐάν) καί나 καί εἰ (ἐάν)로 시작된다.[6] 그러나 양보의 요소가 명시적으로 강조되지는 않지만, εἰ나 ἐάν만으로 시작되는 문장도 문맥상 얼마든지 양보를 나타낼 수 있다.[7]

예를 들어 마가복음 14장 29절의 **εἰ καὶ** πάντες **σκανδαλισθήσονται** (σκανδαλίζω [to cause to stumble]의 미래, 수동태, 직설법, 3인칭, 복수), ἀλλ' οὐκ ἐγώ는 "모든 사람이 걸려 넘어진다 하더라도, 나는 (걸려 넘어지지) 않을 것이다"라는 뜻으로서, εἰ καί가 양보절을 이끈다고 볼 수 있다(그러나 아래 설명도 보라). 이에 반해 병행구절인 마태복음 26장 33절은 **εἰ** πάντες **σκανδαλισθήσονται** ἐν σοί, ἐγὼ οὐδέποτε σκανδαλισθήσομαι("모든 사람이 당신으로 인해 걸려 넘어진다 하더라도, 나만은 결코 걸려 넘어지지 않을 것입니다")라고 표현하여, καί 없이 εἰ만으로 양보를 나타낸다.[8]
이와는 반대로 마태복음 26장 35절은 **κἂν δέῃ** (δεῖ [tit is necessary]의

6) 그러나 καί εἰ로 시작되는 구체적인 예들은 본문 비평적인 논점과 더해져 의미상의 구별이 한층 어렵다. BDF, §457. 무울도 εἰ καί만을 명백히 양보의 의미를 가진 것으로 보고, καί εἰ(특히 κἄν)는 순수하게 조건적인 문장일 수도 있지만 동시에 양보의 의미도 가질 수 있다고 본다. Moule, *An Idiom Book of New Testament Greek*, 167.

7) Burton, *Syntax of the Moods and Tenses*, 113(§279).

8) 마태는 강한 부정어인 οὐδέποτε를 활용하여 마가의 표현을 더 정교하게 다듬어 아이러니한 효과를 증대시킨다. Porter, *Verbal Aspect*, 315.

현재, 능동태, 가정법, 3인칭, 단수) με σὺν σοὶ **ἀποθανεῖν**, οὐ μή σε ἀπαρνήσομαι("비록 당신과 함께 죽어야만 한다 하더라도, 나는 결코 당신을 부인하지 않을 것입니다")라고 표현함으로써 양보를 나타내는 종속절의 형식을 충실히 따르고 있지만, 병행구절인 마가복음 14장 31절은 **ἐὰν** δέῃ με συναποθανεῖν σοι, οὐ μή σε ἀπαρνήσομαι("내가 당신과 함께 죽어야만 한다 하더라도, 결코 당신을 부인하지 않을 것입니다")라고 표현함으로써, ἐάν만으로 양보를 나타낸다.[9)]

또 하나 주의할 점은 καί가 뒤에 나오는 형식, 즉 εἰ (ἐάν) καί 구문은 통상 양보절을 이끌지만, καί를 바로 다음에 오는 단어와 연결시켜 해석해야 하는 경우도 있다. 이 경우 καί는 단순한 강조의 의미(even, also)를 가지며, 전체 문장은 단순한 조건문으로 해석해야 한다.

예를 들어, 위에서 마태복음 본문과의 대조를 위해서 용례로 든 마가복음 14장 29절의 **εἰ καὶ πάντες** σκανδαλισθήσονται, ἀλλ' οὐκ ἐγώ는 "모든 사람이 걸려 넘어진다 하더라도, 나는 아닐 것이다"라는 뜻으로서, 여기에서 καί는 양보절을 이끄는 형식(εἰ καί)의 일부로 간주될 수도 있지만, πάντες와 연결되어 "심지어 모든 자들이"를 의미할 수도 있다. 이렇게 해석할 경우, 전제절이 머금은 양보의 의미는 단지 문맥을 통해서만 파악될 수 있다(눅 14:34; 고전 7:11, 28; 딤후 2:5; 히 10:38; 요1 2:1; 5:15; 계 22:19 등도 참조).

9) Κἄν은 양보의 의미를 표현하는 연결사가 아니라 그 자체로 '적어도, 심지어'(at least, [even] if only)를 뜻하는 불변화사(particle)로 쓰이기도 한다. 예컨대 마가복음 5장 28절, **ἐὰν** ἅψωμαι **κἂν** τῶν ἱματίων αὐτοῦ σωθήσομαι("만일 내가 마단 그의 옷이라도 만진다면, 나는 낫게 될 것이다")에서 κἄν은 양보의 의미를 표현하는 연결사가 아니라 '다만 ~라도'라는 뜻의 불변화사이다(막 6:56; 행 5:15; 고후 11:16 등도 참조). BDF, §374.

III. 양보절의 법과 시제

전술한 바와 같이, 양보절의 법과 시제는 대체적으로 일반적인 조건절의 법칙을 따른다. 그러나 신약성경에 나타나는 양보절의 형식과 용례는 일반적인 조건절에 비해 그리 다양하지 않다.

신약성경에서는 논증의 목적 상 어떤 사실이나 상황을 상정하는 양보절("εἰ καί / καί εἰ+직설법" 형식)이 가장 빈번하게 나타나며, 이 경우 양보절에서 언급되는 사건/상황은 개연성 있는 미래의 것이 아니라 구체적이고 특정한 것을 가리킨다.[10]

예를 들어 누가복음 18장 4절의 **εἰ καὶ** τὸν θεὸν οὐ **φοβοῦμαι** (φοβέομαι [to fear]의 현재, 중간태, 직설법, 1인칭, 단수) οὐδὲ ἄνθρωπον **ἐντρέπομαι** (ἐντρέπω [to respect. mid.]의 현재, 중간태, 직설법, 1인칭, 단수) …는 "내가 비록 하나님을 두려워하지도 않고 사람을 존중하지도 않지만…"이라는 뜻으로서, 전제절인 εἰ καί 이하는 구체적이고 실제적인 사실을 상정한다.

고린도후서 4장 16절의 **εἰ καὶ** ὁ ἔξω ἡμῶν ἄνθρωπος **διαφθείρεται** (διαφθείρω [to corrupt]의 현재, 수동태, 직설법, 3인칭, 단수), ἀλλ' ὁ ἔσω ἡμῶν ἀνακαινοῦται ἡμέρᾳ καὶ ἡμέρᾳ는 "비록 우리의 겉사람은 후패하지만, 우리의 속사람은 날마다 새로워진다"라는 뜻으로서, 여기에서도 εἰ καί 이하는 구체적이고 실제적인 사실을 상정한다[11](눅 11:8; 고후 7:8, 12; 11:6; 12:11; 빌 2:17; 골 2:5; 히 6:9 등도 참조).

---

10) McKay, *A New Syntax of the Verb*, 143(§19.1).

11) V.P. Furnish, *II Corinthians* (AB 35A; New York: Doubleday, 1984), 261. 하지만 이 구절은 전제절과 귀결절의 논리적인 관계에서 볼 때, 실제적인 상황보다는 반의명제(adversative)로 볼 수도 있다. Porter, *Idioms of the Greek New Testament*, 267; idem, *Verbal Aspect*, 320.

이에 반해 양보절이 개연성이 있는 일반적인 상황을 상정할 경우에는 다음과 같은 두 가지 형식을 취한다.[12]

1. "εἰ καί / εἰ+미래 직설법"

이러한 형식의 양보절은 확실히 일어나거나 일어날 가능성이 높은 어떤 상황을 상정한다.[13]

> 위에서 예를 든 누가복음 11장 8절의 **εἰ καὶ** οὐ **δώσει** αὐτῷ ἀναστὰς διὰ τὸ εἶναι φίλον αὐτοῦ, διά γε τὴν ἀναίδειαν αὐτοῦ ἐγερθεὶς δώσει αὐτῷ ὅσων χρῄζει는 "비록 그의 친구라는 이유로 일어나 그에게 주지는 않을지언정, 적어도 그의 안하무인격인 태도 때문에라도 일어나 그가 필요한 것을 줄 것이다"라는 뜻으로서, 양보절이 상정하는 것은 실제로 일어날 가능성이 충분한 상황이다(마 26:33; 막 14:29도 참조).

2. "ἐάν καί / καί ἐάν+가정법"

이러한 형식의 양보절은 미래의 가능성, 또는 수사적으로 가능하다고 간주되는 어떤 것을 표현한다. 이 중에서 ἐάν καί는 개연성이 거의 없는 극단적인 경우를 나타낸다.[14]

---

12) 신약성경에는 "εἰ καί+가정법" 형식이 베드로전서 3장 14절에 단 한번 나타난다(ἀλλ' **εἰ** καὶ **πάσχοιτε** διὰ δικαιοσύνην, μακάριοι). 그러나 이 구절은 양보절로 보기보다는, 우발적이긴 하지만 개연성 있는 상황을 상정하는 조건절로 보는 것이 더 자연스럽다. Burton, *Syntax of the Moods and Tenses*, 115(§286); Robertson, *A Grammar of the Greek New Testament*, 1027.

13) Burton, *Syntax of the Moods and Tenses*, 114(§285[a]).

예를 들어 갈라디아서 6장 1절의 **ἐὰν καὶ προλημφθῇ**(προλαμβάνω [to take beforehand]의 부정과거, 수동태, 가정법, 3인칭, 단수), ἄνθρωπος ἔν τινι παραπτώματι, ὑμεῖς οἱ πνευματικοὶ καταρτίζετε τὸν τοιοῦτον ἐν πνεύματι πραΰτητος는 "비록 누군가 어떤 죄를 범하다가 발각되더라도 너희 영적인 자들은 그와 같은 자를 온유한 심령으로 바로잡아 주라"라는 뜻으로, 여기에서 양보절은 일정한 조건 하에서 발생할 개연성이 있는 일반적인 상황을 상정한다.

앞서 언급한 갈라디아서 1장 8절의 ἀλλὰ **καὶ ἐὰν ἡμεῖς ἢ ἄγγελος ἐξ οὐρανοῦ εὐαγγελίζηται** ὑμῖν παρ' ὃ εὐηγγελισάμεθα ὑμῖν, ἀνάθεμα ἔστω는 "그러나 만일 우리나 하늘로부터 온 천사라도 우리가 너희에게 전한 것에 반하여 너희에게 복음을 전한다면, 그에게 화가 있기를!"이라는 뜻으로서, 여기에서 καὶ ἐάν 형식을 취한 양보절은 실제 일어날 개연성이 거의 없는 극단적인 경우를 수사적으로 표현하는 것으로 볼 수 있다(마 5:47; 요 8:14; 고전 9:16 등도 참조).

위에서 살펴본 바와 같이 양보절은 조건절의 일종으로서 귀결절이 성취되는 데 불리한 어떤 상황이나 조건을 상정하는 종속절이다. 그러나 구체적인 의미는 형식에 따라서만 결정되는 것이 아니라 문맥에 따라서도 결정된다는 점을 기억하고, 해당 본문이 자리한 문맥을 면밀히 살펴야 한다.

---

14) Burton, *Syntax of the Moods and Tenses*, 115(§285[b]).

분사, 부정사, 기타

19. 분사의 구문론 I

헬라어에서 분사가 차지하는 중요성은 아무리 강조해도 지나치지 않다. 기실 헬라어는 "분사를 사랑하는 언어"(a participle-loving language)이며, 분사는 '분사-애호가'(φιλομέτοχοι)를 자처하던 헬라 문인들이 활짝 꽃피운 문학적 기법이기도 하다.[1] 다른 인도-유럽어에 비해서 헬라어의 분사 구문은 상당히 발달해 있다.[2]

헬라어 분사는 문장 내에서 매우 다양한 역할을 담당하고, 그만큼 다채로운 구문을 형성한다. 따라서 분사 구문을 섭렵(涉獵)하는 것은 헬라어를 정복하는 것과 다르지 않다고 말할 수 있을 정도다.[3] 하지만 다른 시제-형태들이나 서법들과는 달리, 헬라어 분사는 형식(모양)이 의미를 온전히 담지 못한다. 오히려 헬라어 분사는 형식에 비해 훨씬 다양한 의미를 표현할 수 있다. 이번

1) Jannaris, *A Historical Greek Grammar*, 505. Robertson, *A Grammar of the Greek New Testament*, 1098에서 재인용.

2) 예컨대 흔히 비교되는 동시대의 산스크리트어나 라틴어에서는 부정과거 분사가 사라졌거나 아직 나타나지 않았다. Robertson, *A Grammar of the Greek New Testament*, 1098.

3) Wallace, *Greek Grammar Beyond the Basics*, 613.

장과 다음 장에서는 분사의 기본적인 개념을 먼저 살핀 후, 분사와 시간의 관계를 설명하고, 마지막으로 분사의 용법을 차례로 정리해 보겠다.

I. 기본적인 개념

1. 분사: 동사적 형용사

분사는 "동사적 형용사"(a verbal adjective)다. 분사는 본래 형용사만의 역할을 담당했으나 시간이 지나면서 동사의 특성이 추가되었고, 결국 형용사와 동사의 특징을 고루 지니게 되었다. '분사'로 번역되는 participle이라는 용어 자체가 '부분을 쥐고 있다'(pars[부분], capio[쥐다])는 뜻으로서, 위트 있는 어떤 학자는 여기에 착안하여 분사를 말과 당나귀의 잡종인 '노새'라고 칭하기도 하였다.[4]

분사는 형용사의 특징을 지니고 있다. 즉, 일반 형용사처럼 성과 수와 격을 가지며, 그것의 꾸밈을 받는 명사의 성·수·격에 일치한다. 아울러 형용사처럼 명사를 꾸미거나 그것을 대신하여 쓰이기도 한다.

분사는 동사의 성격도 갖는다. 즉, 시제와 태를 갖고, 부사적 꾸밈말을 받으며, 타동사의 분사일 경우 직접 목적어를 취할 수 있다. 분사는 심지어 정동사처럼 쓰이기도 한다(아래 설명을 보라).

---

4) 이 위트 넘치는 학자는 F.W. Farrar, *A Brief Greek Syntax* (Longmans & Co., 1867), 169가 언급하는 Voss라는 학자다. Robertson, *A Grammar of the Greek New Testament*, 1101에서 재인용.

2. 분사와 태, 그리고 동작상

분사가 동사의 성격을 지니고 있다는 말은, 먼저 각 태의 성격을 고스란히 간직하고 있다는 뜻이다. 헬라 저자/화자는 분사의 태를 선별함으로써 동작이 지향하는 방향, 즉 분사가 표현하는 동작과 의미상의 주어 사이의 관계를 달리 표현한다.[5]

> 예를 들어 마가복음 14장 47절의 εἷς δέ τις τῶν παρεστηκότων **σπασάμενος** (σπάω [to pull out]의 부정과거, 중간태, 분사, 남성, 단수, 주격) τὴν μάχαιραν ἔπαισεν τὸν δοῦλον τοῦ ἀρχιερέως는 "곁에 서 있던 자들 가운데 하나가 검을 뽑아 대제사장의 종을 공격했다"라는 뜻으로서, 여기에서 중간태 분사 σπασάμενος는 공격을 감행한 사람의 방어적인 의도를 잘 보여준다.

아울러 분사가 동사의 성경을 지니고 있다는 말은, 분사의 각 시제-형태가 표현하려는 의미를 일차적으로 '동작상'(aspect)과 '동작의 종류'(*Aktionsart*)에 의거해서 파악해야 한다는 뜻이기도 하다. 즉 일반 동사들의 시제-형태를 '시간'(time)이 아니라, 의미론적으로는 '동작상'에, 화용론적으로는 '동작의 종류'에 의거하여 파악해야 하는 것과 마찬가지로, 분사의 여러 시제-형태들에도 동일한 기준을 적용해야 한다.[6]

---

5) Robertson, *A Grammar of the Greek New Testament*, 1110-11.

6) "부정과거 분사를 올바로 해석하기 위해서는 시간을 표현하는 것이 시제의 고유하고 주된 기능이 아니라는 점을 반드시 염두에 두어야 한다." Burton, *Syntax of the Moods and Tenses*, 59(§132). 또한, Moule, *An Idiom Book of New Testament Greek*, 99; McKay, *A New Syntax of the Verb*, 60(§6.2); Porter, *Idioms of the Greek New Testament*, 179; Wallace, *Greek Grammar Beyond the Basics*, 615. 보다 상세한 논의를 위해서는 Porter,

분사는 각 시제-형태가 머금은 동작상의 개념을 고스란히 담고 있을 뿐 아니라, 이러저러한 문맥적 요소들과 어우러져 다양한 동작의 종류를 표현한다. 아울러 분사는 취하는 시제-형태에 따라 본문 내의 두드러짐에서 상대적인 차이를 보인다.7)

예를 들어, 사도행전 9장 33절의 εὗρον δὲ ἐκεῖ ἄνθρωπόν τινα ὀνόματι Αἰνέαν ἐξ ἐτῶν ὀκτὼ **κατακείμενον** (κατάκειμαι [to lie down]의 현재, 수동태, 분사, 남성, 단수, 대격) ἐπὶ κραβάττου, ὅς **ἦν παραλελυμένος** (παραλύομαι [to weaken, paralyze]의 현재완료, 수동태, 분사, 남성, 단수, 주격)는 "그리고 그[베드로]는 거기에서 애니아라는 이름의 어떤 사람을 발견했다. 그는 8년 동안 침상에 누워있었으며, 중풍에 걸려 있었다"라는 뜻으로서, 부정과거 시제-형태의 정동사 εὗρον이 일반적인 상황을 묘사한다면, 현재 분사인 κατακείμενον은 애니아의 상황을 줌인(zoom in)하여 묘사하고, 완곡어법 형태로 쓰인 현재완료 분사 ἦν παραλελυμένος는 이 단락이 전하고자 하는 가장 중요한 정보(애니아의 상태)를 최근거리로 클로즈업(close up)하여 부각시킨다.8)

또한 누가복음 5장 5절의 δι᾽ ὅλης νυκτὸς **κοπιάσαντες** (κοπιάω [to toil, labor]의 부정과거, 능동태, 분사, 남성, 복수, 주격) οὐδὲν ἐλάβομεν은 "우리는 밤새도록 애를 썼으나 아무 것도 잡지 못했다"라는 뜻으로서, 여기에서 부정과거 분사인 κοπιάσαντες는 부정과거 시제-형태의 전형적인 의미, 즉 밤새도록 이어진 노력을 '요약적으로' 제시하는 완결적인 동작상을 표현한다.9)

Verbal Aspect, 377-88; Campbell, *Verbal Aspect and Non-Indicative Verbs*, 13-47을 보라.

7) '두드러짐'(markedness)을 위해서는 Comrie, *Aspect*, 111-22를 보라.

8) Campbell, *Basics of Verbal Aspect*, 42-43, 72; idem, *Verbal Aspect and Non-Indicative Verbs*, 23.

9) R.E. Picirilli, "Time and Order in the Circumstantial Participles of Mark and Luke," *Bulletin for Biblical Research* 17/2 (2007), 251.

이는 분사의 용법을 이해하거나 실제 본문을 해석하는 과정에서 항상 염두에 두어야 할 불변의 원칙이다. 이러한 사정은 자연스럽게 '분사와 시간의 관계'라는 오래된 질문으로 우리를 이끈다.

II. 분사와 시간

기초 문법서는 분사를 통상 '현재 분사'(The Present Participles)와 '부정과거 분사'(The Aorist Participles)로 구별하지만,[10] 이는 시제-형태들에 붙은 이름과 동일하게 그릇된 명명법이다. 분사들은 본래 시제의 기능을 전혀 가지고 있지 않으며, 분사가 표현하는 시간적인 의미는 단지 문맥을 통해서 유추될 수 있을 뿐이다.[11] 즉, 현재 분사라고 해서 그 자체로 발화시점을 기준으로 현재의 시간을, 과거 분사라고 해서 그 자체로 발화시점을 기준으로 과거의 시점을 지시하지는 않는다. 일반 동사의 시제-형태들과 마찬가지로, 헬라 저자/화자들이 분사의 시제-형태를 선별하는 이유도 시간을 구별하기 위함이 아니라 '동작상'을 달리 표현하기 위함이며, 결과적으로 '동작의 종류'를 변별할 따름이다.

---

10) 이에 따라 근래의 일부 문법학자들은 '현재분사'(present participle)라는 용어가 주는 '시간적인 인상'을 피하기 위해서 '진행적 분사'(progressive participle)라는 용어를 선호한다. 아울러 aorist participle(부정 분사?)도 적절한 대체어가 필요하다. 예컨대, Machen and McCartney, *New Testament Greek for Beginners*, 137을 보라.

11) Burton, *Syntax of the Moods and Tenses*, 59-60(§132); McKay, "Time and Aspect in New Testament Greek," 209-28; Zerwick, S.J., *Biblical Greek*, 129(§371-72); Robertson, *A Grammar of the Greek New Testament*, 1111; BDF, §339.

문제는 분사가 주동사와 시간적으로 어떤 관계를 맺느냐는 것이다. 주동사처럼 사용되는 분사를 제외한 모든 분사는 주동사에 첨부된 일종의 '장식품'(pendant)과 같은데,[12] 이런 탓에 해석 과정에서 더러 분사와 주동사라는 두 가지 동사 형태가 묘사하는 동작/상황의 전후관계가 문제가 된다. 물론 분사가 지닌 두 가지 성격, 즉 동사의 특징과 형용사의 특징 중에서 형용사의 특성이 두드러지는 용례들, 다시 말해 분사가 독립적으로 명사처럼 쓰이거나 명사를 한정하는 관형사로 쓰이는 경우(아래의 해당 설명을 보라)는 시간적인 전후관계를 따질 필요가 없다. 하지만 동사의 특징이 두드러지는 용례들, 즉 부사적으로 쓰이는 경우(아래의 해당 설명을 보라)를 해석할 때에는 늘 두 동사 형태 간의 전후관계를 파악해야 한다.

실제로 완결된 동작을 표현하는 부정과거 분사가 어순(語順) 상 종종 정동사 앞에 위치하면,[13] 결과적으로 두 동사 형태가 지시하는 동작들이 '분사에 의해 표현되는 완결된 동작→정동사의 동작' 순으로 표현되기 때문에, 정동사에 비해 상대적으로 선행하는 시간을 나타낸다는 개념이 어느 정도 부정과거 분사와 연결되게 되었다.[14] 예컨대, "ταῦτ' εἰπῶν ἀπῆλθεν"(그는 이것들을 말한 후 나갔다)

12) Moule, *An Idiom Book of New Testament Greek*, 99.

13) 실제로 신약성경에서 부정과거 분사는 압도적인 비율로 정동사 앞에 나온다. BDF, §339; Decker, *Temporal Deixis*, 121. 피치릴리의 통계에 따르면, 어순 상 부정과거 분사가 정동사보다 먼저 나오는 비율이 마가복음에서는 95.5%, 누가복음의 경우 95.3%이며, 현재 분사는 정동사보다 앞에 나오는 횟수와 뒤에 나오는 횟수가 4:6 정도의 분포를 보인다. Picirilli, "Time and Order," 247.

14) BDF, §339.

은 기실 "ταῦτ' εἶπε καὶ ἀπῆλθεν"(그는 이것들을 말했다. 그리고 [그런 후에] 나갔다)과 같은 의미로 볼 수 있다.

이에 따라 다수의 문법서가 부정과거 분사는 정동사보다 앞선 동작/상황을, 현재 분사는 정동사와 동시에 발생하는 동작/상황을 지시한다고 설명한다.[15] 주목할 만한 사실은 기회가 있을 때마다 시제-형태가 내재적으로 시간 개념을 가지고 있지 않다는 점을 강조하는 포터조차도 어순에 기초하여 이와 유사한 주장을 펼친다는 점이다:

> "시간 이슈가 문제가 되는 문맥에서는 구문이 중요한 요소인 것처럼 보인다. 이는 특히 동사를 수식하는(이른 바, 부사적인) 용법의 분사에 적용된다. 만일 분사가 그것과 연결된 정동사(또는 해당 구문의 주동사 역할을 하는 다른 동사)보다 앞에 나오면, 그 분사는 선행하는 동작을 지시하는 경향이 있다. 분사가 그것과 연결된 정동사(또는 다른 동사) 뒤에 나오면, 그 분사는 동시적이거나 후행하는 동작을 지시하는 경향이 있다."[16]

하지만 어순이나 시제-형태에 따라 정동사와 분사의 상대적인 시간 관계를 규정하는 것은 통상적인 현상을 묘사한 것일 뿐, 보편적인 법칙으로 삼을 수는 없다. 오히려 용례에 따라 정동사 다음에 오는 부정과거 분사가 정동사에 선행하는 동작/상황을 표현하기도 하고, 정동사보다 먼저 나오는 분사가 후행하는 동작/상황

15) 예컨대, Wallace, *Greek Grammar Beyond the Basics*, 614-15.

16) Porter, *Idioms of the Greek New Testament*, 188-90. 포터는 이러한 원칙에 의거하여 정동사 다음에 나오는 부정과거 분사는 통상 정동사보다 후행하는 동작/상황을 지시한다고 설명한다.

을 지시하기도 하며, 동시적인 동작/상황을 나타내기도 한다.[17] 따라서 정동사와의 상대적인 시간 관계는 매번 문맥을 통해서 파악해야 한다.[18]

> 예를 들어 마가복음 1장 31절의 ἤγειρεν αὐτὴν **κρατήσας** (κρατέω [to grasp]의 부정과거, 능동태, 분사, 남성, 단수, 주격) τῆς χειρός는 문맥이나 동작이 이루어지는 전후관계상 주동사보다 뒤에 나오는 분사인 κρατήσας가 주동사인 ἤγειρεν보다 먼저 일어난 동작이며, 따라서 "그녀의 손을 잡은 후 그녀를 일으켰다"라고 해석해야 한다.
> 마가복음 6장 22절의 καὶ **ὀρχησαμένης** (ὀρχέομαι [to dance]의 부정과거, 중간태, 분사, 여성, 단수, 속격) ἤσερεν τῷ Ἡρῴδῃ는 "그녀는 춤을 추어 헤롯을 즐겁게 해 주었다"라는 뜻으로서, 여기서는 분사 ὀρχησαμένης가 주동사인 ἤσερεν과 동시적인 동작을 표현한다.[19]

이처럼 정동사와 분사 간의 시간관계에 관한 한, 부정과거 분사라고 해서 정동사에 선행하는 동작을 묘사하거나 어순에 따라 상대적인 시차가 규정되는 것이 아니라, 문맥과 용례에 따라 유연하게 해석해야 하는 부지런함이 요구될 따름이다.

뿐만 아니라 부정과거 분사의 동작이 주동사의 동작과 일치하

---

17) Robert E. Picirilli, "Order and Relative Time in the Participles of the Greek New Testament." *JETS* 57/1 (2014): 99-110.

18) Moule, *An Idiom Book of New Testament Greek*, 99-102; Decker, *Temporal Deixis*, 121-24; Picirilli, "Order and Relative Time in the Participles," 99-110; idem, "Time and Order in the Circumstantial Participles of Mark and Luke," *Bulletin for Biblical Research* 17/2 (2007), 241-59. 또한 S.E. Porter, "Time and Order in Participles of Mark and Luke: A Response to Robert Picirilli." *Bulletin for Biblical Research,*" 17/2 (2007), 261-67의 반론도 보라.

19) Picirilli, ""Time and Order," 250; R.T. France, *The Gospel of Mark* (NIGTC; Grand Rapids: Eerdmans, 2002), 258.

거나 그것의 구체적인 방식을 묘사할 경우 분사의 시간적인 요소는 아예 사라지게 된다.

> 예를 들어 사도행전 1장 24절의 **προσευξάμενοι** (προσεύχομαι [to pray]의 부정과거, 중간태, 분사, 남성, 복수, 주격) εἶπαν은 '그들은 기도한 후에 말했다'라는 뜻이 아니라, προσεύξαντο καὶ εἶπαν(그들은 기도하여 말하였다)과 동일한 의미이며, 이를 προσεύξαντο εἰπόντες로 고쳐 쓴다고 해도 의미는 마찬가지이다.
> 또한 누가복음 5장 5절의 καὶ **ἀποκριθεὶς** (ἀποκρίνομαι [to answer]의 부부정과거, 수동태, 분사, 남성, 단수, 주격) Σίμων εἶπεν은 "시몬이 대답했다"라는 뜻으로서, 여기에서 분사 ἀποκριθείς는 주동사인 εἶπεν의 구체적인 방식을 묘사할 뿐 분사와 주동사 간의 시간적인 전후 관계는 성립하지 않는다(눅 11:27 등도 참조).[20]

그러므로 문맥을 면밀히 살피지 않고 도리어 부정과거 분사는 주동사에 선행하는 동작/상황을, 현재 분사는 주동사와 동시에 일어나는 상황/동작을 지시한다는 통상적인 '현상'에만 기대어서 현재 분사는 "~하면서"로 부정과거 분사는 "~한 후에"라는 식으로 기계적인 번역을 일삼는 것은 해석학적으로 경계해야 할 게으름에 지나지 않는다.

III. 분사의 용법(1): 형용사처럼 쓰이는 경우

그렇다면 헬라어 분사는 구체적으로 어떤 방식으로 쓰이는가?

---

20) 이런 형태는 신약성경에 최소 230회 이상 나타난다.

분사의 용법을 범주화하는 방식은 학자마다 천차만별이지만,[21] 아래에서는 형용사, 동사, 부사 등 '품사'라는 기준에 의거하여 분사의 다채로운 용법들을 일별해 보겠다. 앞으로 구체적으로 살펴보겠지만, 신약성경에서 분사는 동사처럼 쓰이기도 하고, 형용사처럼 사용되기도 하며, 부사처럼 활용되기도 한다.

가장 먼저 살펴볼 용법은 분사가 형용사처럼 쓰이는 예들이다. 신약성경에서 분사는 본래적인 성격에 부합되게 문장 내에서 형용사처럼 사용되는 경우가 허다하다. 주지하다시피, 헬라어에서 일반적인 형용사들은 명사를 수식하는 관형적 용법, 명사를 서술하는 서술적 용법, 그리고 명사 없이 명사와 같은 역할을 하는 독립적 용법 등으로 쓰인다. 분사도 이와 동일한 방식으로 문장 내에서 다양한 용법의 형용사로 활용된다.

1. 독립적인 명사처럼 쓰이는 경우

명사처럼 쓰이는 분사는 해당 문장 내에서 형용사 역할을 하는 분사가 그 분사의 수식을 받는 별도의 명사 없이 독립적으로 사용되는 경우이다.[22] 분사가 관형적으로 사용될 경우에는 반드시 관사가 붙는 것은 아니지만, 명사로 사용될 경우에는 일반적으로 고전 헬라어에서와 마찬가지로 관사가 사용된다. 이처럼 분사가 명사를 대신하여 쓰이는 경우에는 일반적인 명사와 달리 의미론적으로 동작상을 표현할 수 있다는 큰 장점이 있다.[23]

---

21) Robertson, *A Grammar of the Greek New Testament*, 1103-1104를 보라.

22) BDF, §413; Wallace, *Greek Grammar Beyond the Basics*, 619.

예를 들어, 마태복음 26장 46절의 ἰδοὺ ἤγγικεν **ὁ παραδιδούς** (παραδί-δωμι [to hand over]의 현재, 능동태, 분사, 남성, 단수, 주격) με("보라! 나를 넘겨줄 자가 가까이 왔다"), 에베소서 4장 28절의 **ὁ κλέπτων** (κλέπτω [to steal]의 현재, 능동태, 분사, 남성, 단수, 주격) μηκέτι κλεπτέτω("도적질 하는 자는 더 이상 도적질 하지 말라!"), 요한복음 8장 18절의 ἐγώ εἰμι **ὁ μαρτυρῶν** (μαρτυρέω [to bear witness]의 현재, 능동태, 분사, 남성, 단수, 주격) περὶ ἐμαυτοῦ καὶ μαρτυρεῖ περὶ ἐμοῦ **ὁ πέμψας** (πέμπω [to send]의 부정과거, 능동태, 분사, 남성, 단수, 주격) με πατήρ("바로 내가 나 자신을 위한 증인이고, 나를 보내신 이인 아버지도 나를 증언하신다"), 요한복음 6장 63절의 τὸ πνεῦμά ἐστιν **τὸ ζῳοποιοῦν** (ζῳοποιέω [to make alive]의 현재, 능동태, 분사, 중성, 단수, 주격, "성령은 생명을 창조하시는 분이다") 등이 관사와 함께 명사처럼 쓰인 분사들이다. 여기에서 든 예들은 ὁ πέμψας(이 분사는 관형적으로 볼 수도 있다)를 제외하고 모두 미완결적 동작상을 표현하는 현재 분사들이다(또한 막 6:44; 눅 1:45; 10:37; 요 3:16; 4:13; 행 1:16, 19; 롬 2:1; 빌 3:17; 딤후 2:4; 약 5:4; 요2 1; 계 22:19 등도 참조).

또한 마가복음 1장 3절의 φωνὴ **βοῶντος** (βοάω [to cry aloud]의 현재, 능동태, 분사, 남성, 단수, 속격) ἐν τῇ ἐρήμῳ("광야에서 외치는 자의 소리")는 관사 없이 명사처럼 쓰이는 예이다(마 2:6; 9:18; 눅 3:14; 롬 3:11; 계 2:14 등도 참조).

분사가 '총칭적인 의미'(generic meaning)를 가질 경우 πᾶς가 삽입될 수 있으며, πᾶς가 'everyone'을 의미할 경우 관사가 생략되어야 함에도 불구하고 거의 항상 관사가 함께 사용된다.[24] 이 경우는 분사가 취하는 시제-형태의 동작상이나 그에 따른 *Aktionsart*가 다

---

23) McKay, *A New Syntax of the Verb*, 62(§6.2.4); Porter, *Idioms of the Greek New Testament*, 183.

24) BDF, §413.

소 약화되는 경향이 있다.[25)]

예를 들어 사도행전 1장 19절의 γνωστὸν ἐγένετο **πᾶσι τοῖς κατοικοῦσιν** (κατοικέω [to dwell]의 현재, 능동태, 분사, 남성, 복수, 여격) Ἰερουσαλήμ 은 “그 일이 예루살렘에 사는 모든 자들에게 알려졌다”라는 뜻이다.
또한 로마서 1장 16절의 δύναμις γὰρ θεοῦ ἐστιν εἰς σωτηρίαν **παντὶ τῷ πιστεύοντι** (πιστεύω [to believe]의 현재, 능동태, 분사, 남성, 단수, 여격)는 “왜냐하면 그것[복음]은 모든 믿는 자들에게 구원이 되는 하나님의 능력이기 때문이다”라는 뜻으로서, 여기서도 관사가 함께 쓰였다(마 5:22, 28; 7:8; 눅 6:47; 행 10:43; 13:39; 롬 2:1 등도 참조).
하지만 누가복음 11장 4절의 καὶ γὰρ αὐτοὶ ἀφίομεν **παντὶ ὀφείλοντι** (ὀφείλω [to owe]의 현재, 능동태, 분사, 남성, 단수, 여격) ἡμῖν(“왜냐하면 우리도 우리에게 빚진 모든 자들을 용서하기 때문입니다”)처럼 관사가 생략되기도 한다(막 13:19; 살후 2:4; 계 22:15 등도 참조).

2. 관형적으로 쓰이는 경우

분사는 일반적인 형용사처럼 단순히 명사를 꾸미기도 한다. 이 경우는 관형적으로 쓰이는 일반적인 형용사와 마찬가지로 관사가 붙기도 하고 관사 없이 사용되기도 한다. 하지만 분사가 지시하는 선행 명사가 관사 없이 쓰이는 경우에도 분사는 종종 관사를 취한다. 의미상 관형적 용법의 분사는 관계사절에 상당하며, 관계사절처럼 풀어서 해석하면 자연스러운 경우가 많다.[26)] 관형적으로 쓰이는 분사는 헤아릴 수 없을 만큼 흔히 나타난다.

---

25) Wallace, *Greek Grammar Beyond the Basics*, 620.
26) BDF, §412(1).

예를 들어 마태복음 2장 7절의 τότε Ἡρῴδης λάθρᾳ καλέσας τοὺς μάγους ἠκρίβωσεν παρ' αὐτῶν τὸν χρόνον **τοῦ φαινομένου** (φαίνω [to shine]의 현재, 수동태, 분사, 남성, 단수, 속격) **ἀστέρος**는 "그때에 헤롯이 은밀하게 그 현인들을 불러서 그들로부터 그 빛나는 별이 [나타난] 때를 자세히 알아보았다"라는 뜻으로서, 여기에서 분사 φαινομένου는 뒤에 나오는 명사 ἀστέρος를 수식한다.

요한복음 4장 10-11절의 σὺ ἂν ᾔτησας αὐτὸν καὶ ἔδωκεν ἄν σοι **ὕδωρ ζῶν** (ζάω [to live]의 현재, 능동태, 분사, 중성, 단수, 주격). … πόθεν οὖν ἔχεις **τὸ ὕδωρ τὸ ζῶν** (ζάω [to live]의 현재, 능동태, 분사, 중성, 단수, 주격);은 "네가 만일 그에게 구했더라면, 그가 너에게 생수를 주었으리라. … 그러니 당신은 어디로부터 그 생수를 가지고 있습니까?"라는 뜻으로서, 이 단락에서는 관형적인 분사가 관사와 함께 쓰이기도 하고 관사 없이 쓰이기도 한다. 특히 이 구절의 분사는 관계사절처럼 해석할 수 있다(마 4:16; 6:18; 막 1:38; 눅 3:7; 요 5:23; 행 13:43; 롬 12:3; 고전 3:7; 고후 8:20; 갈 3:23; 딤전 1:10; 히 6:18 등도 참조).

하지만 항상 관사가 쓰이는 경우도 있다. 흔히 ὁ λεγόμενος (λέγω [to say, speak]의 현재, 수동태, 분사, 남성, 단수, 주격), ὁ καλούμενος (καλέω [to call]의 현재, 수동태, 분사, 남성, 단수, 주격) 다음에는 고유 명사가 뒤따른다. 이 경우 항상 관사가 함께 쓰이는데, 분사 다음에는 재차 지시되고 있는 본래 이름이나 단어가 언급된다.[27]

예를 들어 마태복음 1장 16절의 Ἰησοῦς **ὁ λεγόμενος** Χριστός는 "그리스도라고 불리는 예수"라는 뜻으로서, 여기에서 관사와 함께 쓰인 분사 λεγόμενος는 의미상 관계사절(Jesus who is called Christ)에 상당한다(마 10:2; 26:14; 막 15:7; 눅 22:47; 요 4:25; 9:11; 11:16; 20:14; 행 13:1; 27:14; 골 4:11 히 5:4; 11:8; 계 12:9; 19:11 등도 참조).

---

27) BDF, §412(2).

3. 서술적으로 쓰이는 경우

분사는 일반적인 형용사처럼 단순히 명사를 서술하기도 한다. 이 경우는 서술적으로 쓰이는 일반적인 형용사와 마찬가지로 관사 없이 사용된다. 이 경우에도 분사가 취한 시제-형태의 의미론적 특성, 즉 동작상을 표현하는 기능은 고스란히 유지된다.[28] 이러한 예도 헤아릴 수 없을 만큼 흔히 나타난다.

예를 들어 사도행전 7장 56절의 ἰδοὺ θεωρῶ τοὺς οὐρανοὺς **διηνοιγμένους** (διανοίγω [to open up]의 현재완료, 수동태, 분사, 남성, 복수, 대격)는 "보라. 나는 하늘이 열려 있는 것을 보고 있다"라는 뜻으로서, 여기에서 분사 διηνοιγμένους는 연결되는 명사인 οὐρανούς의 상태를 서술하고 있다. 특히 현재완료 시제-형태를 취함으로써 상태적인 동작상을 한층 부각시킨다(마 7:14; 막 6:2; 눅 12:28; 롬 12:1; 고후 6:14; 히 4:12; 약 2:15; 벧후 1:19 등도 참조).

---

28) Porter, *Idioms of the Greek New Testament*, 186.

20. 분사의 구문론 II

IV. 분사의 용법(2): 동사처럼 쓰일 경우

분사는 동사적 성격을 지니고 있어서, 실제로 주동사 대신 사용되기도 한다. 이는 본래 주동사의 '장식물' 역할을 하던 분사가 외려 주동사 노릇을 하는 셈이어서, '독립적인 용법'이라고 부를 수도 있다.[1] 이러한 용례들은 해당 구문에 대한 평가(즉, 통상적인 구문론의 궤를 벗어난 것인지 저자/화자가 적극적으로 의도한 구문인지 여부 등)와 무관하게, 결과적으로 분사가 주동사의 '기능'을 담당하는 경우다. 신약성경에서 분사는 크게 다음과 같은 두 가지 방식으로 주동사의 역할을 대신한다.

1. 속격 독립 구문(The Genitive Absolute)

'속격 독립 구문'이란 속격 명사 또는 대명사가 속격 분사와 결합하여 문장의 나머지 부분과 구문적으로 연결되어 있지 않은 채

1) Robertson, *A Grammar of the Greek New Testament*, 944 이하.

독립적으로 이완되어 있는 것을 이른다.2) 이 경우 속격 독립 구문은 일종의 '안긴 문장'으로서, 속격 명사나 대명사는 의미상의 주어 역할을, 속격 분사는 의미상의 동사 역할을 하는 부사절을 이룬다. 그리고 문맥에 따라 다양한 의미를 표현하는 부사절 노릇을 한다(부사처럼 쓰이는 분사에 대한 아래의 설명 참조). 구문적으로는 "속격 명사 / 대명사+(관사 없는) 속격 분사"의 형식을 취하지만, 기능적으로는 분사가 주동사 역할을 담당하는 것이다.

예를 들어 마태복음 9장 18절의 ταῦτα **αὐτοῦ λαλοῦντος** (λαλέω [to say]의 현재, 능동태, 분사, 남성, 단수, 속격) αὐτοῖς, ἰδοὺ ἄρχων εἷς ἐλθὼν προσεκύνει αὐτῷ λέγων ὅτι …는 "그[예수]가 그들에게 이 말을 하고 있는데, 한 통치자가 와서 그에게 예를 표하고 …라고 말했다"라는 뜻으로서, 속격 독립 구문인 αὐτοῦ λαλοῦντος는 이어지는 주문장으로부터 이완되어 독립적인 부사절 역할을 한다. 여기에서 속격 대명사인 αὐτοῦ는 의미상의 주어 역할을, 속격 분사인 λαλοῦντος는 의미상의 동사 기능을 담당한다.

또한 베드로전서 3장 20절의 ὅτε ἀπεξεδέχετο ἡ τοῦ θεοῦ μακροθυμία ἐν ἡμέραις Νῶε **κατασκευαζομένης** (κατασκευάζω [to prepare]의 현재, 수동태, 분사, 여성, 단수, 속격) **κιβωτοῦ**는 "노아 당시 하나님의 인내가 이어지고, 방주가 준비되고 있을 때에"라는 뜻으로서, 여기에서도 속격 독립 구문인 κατασκευαζομένης κιβωτοῦ는 하나님의 인내가 이어지는 상황과는 별개의 정황을 언급한다(마 8:1, 5, 16, 28; 17:14; 20:19; 막 5:2; 15:33; 눅 11:14, 29; 15:14; 요 4:51; 행 13:2; 18:20; 롬 2:15 등도 참조).

분사와 연결되는 명사나 대명사가 문장 내에서 어떤 역할(주어,

2) Burton, *Syntax of the Moods and Tenses*, 174(§452); Machen and McCartney, *New Testament Greek for Beginners*, 167.

목적어 등)을 한다면 분사는 해당 명사나 대명사의 성, 수, 격에 맞는 '정황적 분사'(circumstantial participle)로 사용되었을 것이다(아래의 부사처럼 사용되는 경우에 관한 설명을 보라). 그러나 신약성경의 저자들은 분사절을 독립시키려는 경향이 있으며, 고전 헬라어 저자들은 잘 용인하지 않았을 법한 매우 다양한 독립구문들을 선호한다.[3] 참고로, 신약성경에서는 대격 독립 구문이 단 한 번 쓰이며, 여격 독립 구문도 마찬가지다.[4]

---

3) BDF, §423; Moule, *An Idiom Book of New Testament Greek*, 43. 분사가 지시하는 명사나 대명사가 해당 문장 내에서 어떤 역할을 할 경우 정황적인 분사를 사용하는 고전 헬라어에 비해서 신약성경 저자들이 속격 독립구문을 다소 자유롭게 사용하긴 하지만, 속격 독립 구문에는 구조와 의미론적 차원에서 다음과 같은 일종의 원칙이 있다고 할 수 있다. 1) 구조에 있어서: ① 명사나 대명사가 속격이어야 한다. ② 함께 사용되는 속격 분사는 관사가 없어야 한다(항상). ③ 통상 전체 구문이 문장의 앞부분에 자리한다. 2) 의미론적으로: ① 이 구문은 문장의 나머지 부분과 연관이 없어야 한다(예를 들어 속격 명사나 대명사인 분사의 주어는 주문장의 주어와 다름). ② 속격 분사는 항상 부사적(정황적)으로 사용되거나 적어도 의존적인 동사로 사용된다(즉 형용사적으로나 명사적으로는 사용될 수 없음). ③ 경우에 따라 다른 뜻의 부사적 용법으로 사용될 수 있지만, 통상적으로는(대략 90% 정도) 시간을 나타내는 절로 사용된다. Wallace, *Greek Grammar Beyond the Basics*, 654-65.

4) 신약성경에 나오는 유일한 대격 독립 구문(accusative absolute)의 예는 고린도전서 16장 6절의 πρὸς ὑμᾶς δὲ **τυχὸν** (τυγχάνω [to happen]의 부정과거, 능동태, 분사, 중성, 단수, 대격) παραμενῶ ἢ καὶ παραχειμάσω로서 "나는 아마도 너희와 함께 머물거나 겨울까지 날 수도 있다"는 뜻이다(BDF, §424). 아울러 무울(C.F.D. Moule)은 "여격 독립 구문"(Dative Absolute)을 또 하나의 독립 구문으로 설명하는데, 그에 따르면 헬라어 여격 중에 라틴어의 '탈격 독립 구문'(Ablative Absolute)이나 헬라어의 '속격 독립 구문'(Genitive Absolute)과 마찬가지로 주문장으로부터 이탈되어 독립적으로 사용되는 여격이 있다. 예를 들어 마태복음 14장 6절의 **γενεσίοις** δὲ **γενομένοις** τοῦ Ἡρῴδου는 '그러나 헤롯의 생일이 되자'(When Herod's birthday celebrations had come)라는 뜻이다. 그러나 마가복음 9

실제로 신약성경에는 속격 '독립' 구문의 원칙을 깨고, 속격 분사가 문장의 다른 요소와 연결되는 용례가 더러 나타난다. 이 경우 속격 분사는 주동사에 수반되는 부가적인 상황을 표현하는 부사절 역할을 하거나 문장 내 다른 요소의 정황을 서술하는 역할을 한다.[5)]

예를 들어 누가복음 15장 20절의 ἔτι δὲ **αὐτοῦ** μακρὰν **ἀπέχοντος** (ἀπέχω [to be distant]의 현재, 능동태, 분사, 남성, 단수, 속격) εἶδεν **αὐτὸν** ὁ πατὴρ **αὐτοῦ**는 "그가 아직 멀리 있는데, 그의 아버지가 그를 보았다"라는 뜻으로서, 속격 독립 구문의 의미상의 주어인 αὐτοῦ는 이어지는 주문장에서 두 번이나 언급된다(마 1:18; 8:28; 행 21:34; 22:17 등도 참조).

경우에 따라서는 속격 명사나 대명사가 별도로 언급되지 않고 속격 분사만 독립적으로 쓰이기도 한다.[6)] 하지만 본래 명기되어야 할 속격 명사나 대명사는 문맥을 통해 쉽게 파악할 수 있다.

예를 들어 로마서 9장 11절의 μήπω γὰρ **γεννηθέντων** (γεννάω [to beget]의 부정과거, 수동태, 분사, 남성, 복수, 속격) μηδὲ **πραξάντων** (πράσσω [to do]의 부정과거, 능동태, 분사, 남성, 복수, 속격) τι ἀγαθὸν ἢ φαῦλον

장 28절에 대한 𝔓[45] 사본의 읽기(εἰσελθόντι αὐτῷ, 다른 대부분의 사본에는 속격 독립 구문으로 되어 있음)가 정확하지 않다면, 신약성경에는 이와 같은 용례가 더 이상 등장하지 않는다. 더욱이 앞에서 예로 든 마태복음 본문도 단순히 시간의 여격으로 이해할 수 있다. Moule, *An Idiom Book of New Testament Greek*, 44-45.

5) Burton, *Syntax of the Moods and Tenses*, 175(§453); McKay, *A New Syntax of the Verb*, 64(§6.2.6).

6) Burton, *Syntax of the Moods and Tenses*, 175(§454); McKay, *A New Syntax of the Verb*, 64(§6.2.6); Porter, *Idioms of the Greek New Testament*, 183.

은 "그들이 태어나지도 않았고, 무슨 선이나 악을 행하지도 않았을 때에"라는 뜻으로서, 여기서는 속격 독립 구문을 이루는 속격 명사나 대명사가 명기되지 않았지만 전후 문맥상 이들이 야곱의 두 아들을 지칭한다는 것을 파악하기는 그리 어렵지 않다(또한 마 17:14; 눅 12:36; 행 21:31 등도 참조).

2. 명령의 의미로 쓰일 경우

구문의 성격에 대해서는 다소 논란이 있지만,[7] 분사가 별도의 주동사 없이 쓰여 실질적인 주동사 노릇을 하는 경우도 있다(εἰμί가 생략된 것으로 볼 수도 있다[8]). 이 경우 분사는 주로 명령의 의미를 지닌다. 바울이나 베드로서신의 저자가 이 구문을 즐겨 사용한다.

예를 들어 베드로전서 3장 7절의 οἱ ἄνδρες ὁμοίως, **συνοικοῦντες** (συνοικέω [to live with]의 현재, 능동태, 분사, 남성, 복수, 주격) κατὰ γνῶσιν ὡς ἀσθενεστέρῳ σκεύει τῷ γυναικείῳ는 "이와 같이 남편들도 지식을 따라 연약한 그릇인 아내와 더불어 살아가라"라는 뜻으로서, 여기에서 분사 συνοικοῦντες는 별도의 주동사 없이 명령의 의미를 전달하는 주동사처럼 쓰였다.

---

7) 학자들에 따라 이러한 문장을 셈어의 영향(D. Daube, "Appended Note: Participle and Imperative in 1 Peter," E.G. Selwyn, *The First Epistle of St Peter* [London: Macmillan, 1947], 467-88)이나 파격 구문(anacoluthon)으로 분류하기도 하고(BDF, §468), 독립적으로 사용된 분사로 보기도 한다 (Porter, *Idioms of the Greek New Testament*, 185-86; Zerwick, S.J., *Biblical Greek*, 129-30[§373]).

8) Zerwick, S.J., *Biblical Greek*, 129-30(§373).

고린도후서 7장 5절의 οὐδεμίαν ἔσχηκεν ἄνεσιν ἡ σάρξ ἡμῶν ἀλλ' ἐν παντὶ **θλιβόμενοι** (θλίβω [to press, oppress]의 현재, 수동태, 분사, 남성, 복수, 주격)는 "우리 육체는 전혀 쉼을 얻지 못하고, 오히려 모든 일에서 압박을 받았다"라는 뜻으로서, 여기에서 분사 θλιβόμενοι는 명령의 의미를 가지고 있는 것은 아니지만, 대등접속사인 ἀλλά로 연결된 대등절에서 주동사처럼 쓰였다.

또한 빌립보서 1장 30절의 τὸν αὐτὸν ἀγῶνα **ἔχοντες** (ἔχω [to have]의 현재, 능동태, 분사, 남성, 복수, 주격)는 "동일한 싸움을 싸우라"는 권고로서, 여기에서도 분사 ἔχοντες는 명령의 의미를 담은 주동사처럼 쓰였다(롬 12:9-19; 고후 5:12; 8:24; 엡 4:1ff.; 골 3:16f.; 벧전 2:18; 3:1 등도 참조).

V. 분사의 용법(3): 부사처럼 쓰일 경우

분사는 형용사나 동사 뿐 아니라 부사처럼 쓰이기도 한다. 이 경우 분사는 주로 해당 문장의 주동사를 수식하거나 보충하게 되며, 일종의 '안긴 부사절' 역할을 한다.[9)]

예를 들어 누가복음 21장 1절의 **ἀναβλέψας** (ἀναβλέπω [to look up]의 부정과거, 능동태, 분사, 남성, 단수, 주격) δὲ εἶδεν τοὺς βάλλοντας εἰς τὸ γαζοφυλάκιον τὰ δῶρα αὐτῶν πλουσίους는 "그[예수]는 눈을 들어 부자들이 헌금궤에 예물을 던져 넣는 것을 보았다"는 뜻으로서, 여기에서 분사 ἀναβλέψας는 주동사인 εἶδεν을 수식하면서 그것이 실행되는 방식을 표현한다.

---

9) Porter, *Idioms of the Greek New Testament*, 187; Burton, *Syntax of the Moods and Tenses*, 169(§434).

이와 같이 부사처럼 쓰이는 분사의 용례는 다음 같이 두 가지로 대별할 수 있다.

1. 주동사를 보충하는 경우

분사는 주동사를 보충하는 역할을 하기도 하는데, 이는 주동사의 의미를 서술적으로 완결시켜 주는 역할을 하는 경우다. 이러한 용법의 분사들은 주로 보어나 목적어를 필요로 하는 동사와 함께 사용된다.[10]

예를 들어, 사도행전 5장 42절의 πᾶσάν τε ἡμέραν ἐν τῷ ἱερῷ καὶ κατ' οἶκον οὐκ ἐπαύοντο **διδάσκοντες** (διδάσκω [to teach]의 현재, 능동태, 분사, 남성, 복수, 주격) καὶ εὐαγγελιζόμενοι τὸν χριστόν Ἰησοῦν은 "그리고 성전에서든 집에서든 항상 그 그리스도가 바로 예수라는 것을 가르치며, 전하기를 쉬지 않았다"라는 뜻으로서, 여기에서 분사 διδάσκοντες는 주동사인 ἐπαύοντο의 의미를 보충해 준다.
마태복음 11장 1절의 ὅτε ἐτέλεσεν ὁ Ἰησοῦς **διατάσσων** (διατάσσω [to command]의 현재, 능동태, 분사, 남성, 단수, 주격) τοῖς δώδεκα μαθηταῖς αὐτοῦ는 "예수께서 그의 열 두 제자들에게 명하기를 마치셨을 때"라는 뜻이며, 갈라디아서 6장 9절의 τὸ δὲ καλὸν **ποιοῦντες** (ποιέω [to do]의 현재, 능동태, 분사, 남성, 복수, 주격) μὴ ἐγκακῶμεν은 "선을 행하는 데에 있어서 낙심하지 맙시다"라는 뜻으로서, 이 구절들에서 분사들은 모두 주동사의 의미를 보충하는 역할을 한다(마 17:25; 요 20:20; 행 12:16; 16:34; 21:36; 27:33; 엡 1:16; 살후 3:13; 히 5:12; 13:2 등도 참조).

10) McKay, *A New Syntax of the Verb*, 65(§6.2.10-13); Porter, *Idioms of the Greek New Testament*, 192-93. 여기에 해당하는 동사들의 상세한 목록을 위해서는 BDF, §414-16을 보라.

2. 정황적으로 쓰이는 경우

부사처럼 쓰이는 분사는 흔히 겹문장[複文]의 '안긴 문장' 역할을 하는데, 문법학자들은 이를 통상 '정황적인 분사'(circumstantial participle)라고 부른다. 이러한 용법의 분사는 신약성경에 매우 자주 나타난다. 정황적인 분사는 의미상 일종의 종속절 역할을 하기 때문에, 문장 내의 나머지 요소들과의 논리적인 관계(원인, 결과, 목적, 이유, 양보, 근거, 시간적 전후 관계 등)는 분사 구문 자체로 문법화 되지는 않고 오로지 문맥을 통해서 유추해야 한다.[11)]

물론 특정 불변화사들(καίπερ[양보], ἅμα[동시상황], ὡς[이유나 근거] 등)을 첨가함으로써 분사가 전달하고자 하는 뜻을 더 명확히 할 수는 있다.[12)] 하지만 뜻을 더 명확하게 할 목적이라면, 전치사구, 조건을 나타내는 절, 원인을 나타내는 절, 시간을 나타내는 절, 목적을 나타내는 절, 양보를 나타내는 절, 두개 혹은 그 이상의 동사들을 문법적으로 결합하는 형태 따위의 보다 확장되고 분명한 형식의 구문들을 활용하여, 부사적으로 사용되긴 했지만 상대적으로 더 애매한 분사를 대체할 수 있다.[13)]

---

11) BDF, §417; Porter, *Idioms of the Greek New Testament*, 190; Robertson, *A Grammar of the Greek New Testament*, 1125 이하. 분사뿐 아니라 개별 어휘의 '의미'도 해당 단어에 본래적으로 내재한 것이 아니라 문장을 이루는 여러 요소들 및 문맥과 어우러져 만들어지는 '의미론적 모둠'이다. J.P. Louw, *Semantics of New Testament Greek* (SBL Semeia Studies; Atlanta, Georgia: Scholars Press, 1982), 47-66; idem, "How Do Words Mean?," 125-42를 보라.

12) BDF, §425.

13) 다음 두 구절을 비교해보면 이러한 확장된 표현들이 어떻게 사용되는지 보다 명확하게 알 수 있다. 디모데전서 1장 13절의 **ἀγνοῶν** ἐποίησα ἐν ἀπιστίᾳ("나는 믿지 않았을 때 모르고 행하였다")의 ἀγνοῶν은 정황

신약성경에서 부사적으로 사용되는 분사는 많은 경우 문장의 나머지 요소들과 논리적 관계를 형성하기보다 단순히 '부대 상황'(~하면서, ~한 후에 등)을 표현한다. 이 경우 주동사와 분사의 시간적 전후 관계는 문맥을 살펴 파악해야 한다(앞 장의 '분사와 시간'에 관한 설명을 보라).

> 예를 들어 마가복음 1장 14절의 ἦλθεν ὁ Ἰησοῦς εἰς τὴν Γαλιλαίαν **κηρύσσων** (κηρύσσω [to proclaim]의 현재, 능동태, 분사, 남성, 단수, 주격) τὸ εὐαγγέλιον τοῦ θεοῦ는 "예수는 갈릴리로 와서 하나님의 복음을 전했다"라는 뜻으로서, 여기에서 분사 κηρύσσων은 주동사와 더불어 발생한 부대 상황을 표현한다.

하지만 정황적인 분사가 문장의 나머지 요소들과 일정한 논리적인 관계들을 형성하기도 하며, 이것들은 대체로 다음과 같다. 물론 아래에서 제시되는 여러 용례들은 해석자의 관점이나 입장, 본문 해석 의 차이 등에 따라 의미가 일정 부분 겹치기도 하고 이와는 달리 분류될 수도 있다.

가. 원인

정황적으로 쓰이는 부사적 용법의 분사는 주동사가 묘사하는

적인 의미로 사용된 분사로서 '알지 못하는, 모르는'(not knowing)이라는 뜻이 아니라 '모르고'(ignorantly)라는 부사적인 의미이다. 사도행전 3장 17절은 이러한 '정황적인 분사'가 '전치사구'로 표현되어 있는 한 예이다. **κατὰ ἄγνοιαν** ἐπράξατε라는 표현에서 전치사구 κατὰ ἄγνοιαν는 디모데전서 1장 13절에서 정황적인 분사로 사용된 ἀγνοῶν과 마찬가지로 '모르고'(in ignorance, ignorantly)라는 뜻이다. BDF, §417.

동작이나 상황의 원인을 표현하기도 한다.[14)]

예를 들어 마태복음 1장 19절의 Ἰωσὴφ δὲ ὁ ἀνὴρ αὐτῆς, δίκαιος **ὢν** (εἰμί [to be]의 현재, 능동태, 분사, 남성, 단수, 주격) καὶ μὴ θέλων αὐτὴν δειγματίσαι, ἐβουλήθη λάθρᾳ ἀπολῦσαι αὐτήν은 "그녀의 남편 요셉은 의로웠기 때문에 그녀가 드러나기를 원치 않았고, 그녀와 은밀하게 파혼하려 하였다"라는 뜻으로서, 여기에서 정황적인 분사 ὢν은 원인을 나타내며, ὅτι δίκαιος ἦν 또는 διὰ τὸ δίκαιος εἶναι와 같은 의미이다 (눅 10:29; 요 4:6; 행 23:18; 골 1:3, 4; 딤전 4:8 등도 참조).

나. 조건

정황적으로 쓰이는 부사적 용법의 분사는 일종의 전제절처럼 조건을 표현하기도 한다.[15)]

예를 들어 누가복음 9장 25절의 τί γὰρ ὠφελεῖται ἄνθρωπος **κερδήσας** (κερδαίνω [to gain]의 부정과거, 능동태, 분사, 남성, 단수, 주격) τὸν κόσμον ὅλον ἑαυτὸν δὲ ἀπολέσας ἢ ζημιωθείς는 "사람이 온 세상을 얻고도 자기 자신을 파괴하거나 잃어버린다면 무슨 소용이 있는가?"라는 뜻으로서, 여기에서 분사 κερδήσας는 조건을 표현한다. 참고로 병행구절인 마태복음 16장 26절은 같은 내용을 전제절(**ἐὰν** τὸν κόσμον ὅλον **κερδήσῃ** τὴν δὲ ψυχὴν αὐτοῦ ζημιωθῇ)로 기술한다(행 15:29; 고전 11:29; 갈 6:9; 딤전 4:4; 히 2:3 등도 참조).

---

14) Burton, *Syntax of the Moods and Tenses*, 170(§439); Porter, *Idioms of the Greek New Testament*, 191; Wallace, *Greek Grammar Beyond the Basics*, 631.

15) Burton, *Syntax of the Moods and Tenses*, 169(§436); Porter, *Idioms of the Greek New Testament*, 192; Wallace, *Greek Grammar Beyond the Basics*, 632.

다. 양보

정황적으로 쓰이는 부사적 용법의 분사는 양보의 의미를 표현하기도 한다. 양보의 의미로 쓰이는 분사는 뜻을 명확히 하는 불변화사들(καίπερ, καί γε, καίτοι)과 함께 쓰이기도 한다.[16]

예를 들어 마태복음 7장 11절의 εἰ οὖν ὑμεῖς πονηροὶ **ὄντες** (εἰμί [to be]의 현재, 능동태, 분사, 남성, 복수, 주격) οἴδατε…는 "만일 너희가 악한 자들이라고 할지라도 …을 알고 있다"라는 뜻으로서, 여기에서 분사 ὄντες는 양보의 의미를 표현한다(고후 10:3; 히 5:8도 참조).
히브리서 7장 5절의 **καίπερ ἐξεληλυθότας** (ἐξέρχομαι [to come out]의 현재완료, 능동태, 분사, 남성, 복수, 대격) ἐκ τῆς ὀσφύος Ἀβραάμ은 "그들이 비록 아브라함의 허리에서 나오긴 했지만"이라는 뜻으로서, 여기에서는 분사 ἐξεληλυθότας가 양보를 뜻하는 불변화사 καίπερ(although)와 함께 쓰여 양보의 의미가 더 명확히 표현된다(행 13:28; 17:27; 고후 10:3; 히 4:3; 12:17 등도 참조).

라. 목적

정황적으로 쓰이는 부사적 용법의 분사는 목적의 의미를 표현하기도 한다. 고전 헬라어에서는 분사로 목적을 표현하려면 미래분사가 사용되었다. 반면 신약성경에서는 누가 문서를 제외하고는 마태복음 27장 49절(εἰ ἔρχεται Ἠλίας **σώσων** [σῴζω (to save)의 미래, 능동태, 분사, 남성, 단수, 주격] αὐτόν, "엘리야가 그를 **구원하기 위해서** 올 것인지")에서만 미래분사가 나타나고(행 22:5; 24:11, 17 등), 그 외의 예들

16) BDF, §425; Porter, *Idioms of the Greek New Testament*, 191; Burton, *Syntax of the Moods and Tenses*, 170(§437).

에서는 현재 분사가 훨씬 많이 사용된다.17) 신약성경에서 목적을 나타내기 위해서는 주로 ἵνα-절이나 부정사가 쓰인다.

예를 들어 누가복음 7장 9절의 ἔπεμψεν φίλους ὁ ἑκατοντάρχης **λέγων** (λέγω [to say, speak]의 현재, 능동태, 분사, 남성, 단수, 주격) αὐτῷ…는 "그 백부장은 그에게 …라고 말하기 위해서 친구들을 보냈다"라는 뜻으로서, 여기에서는 현재분사인 λέγων이 주동사처럼 행동한 목적(의도)을 나타내기 위해 사용되었다.
사도행전 8장 27절의 ὃς ἐληλύθει **προσκυνήσων** (προσκυνέω [to worship]의 미래, 능동태, 분사, 남성, 단수, 주격) εἰς Ἰερουσαλήμ은 "그는 예배하기 위해서 예루살렘으로 왔다"라는 뜻으로서, 여기에서 미래 분사인 προσκυνήσων은 주동사의 목적을 표현한다(마 27:49; 눅 10:25; 행 3:26 등도 참조).

마. 방식

정황적인 분사는 어떤 행동이 일어나는 방식이나 그 행동에 선행하는 어떤 것, 혹은 그것에 동반되는 어떤 것의 방식이나 수단을 표현하기 위해서 흔히 사용된다.18) 이 경우 동작의 방식은 흔히 ὡς와 함께 쓰이는 분사로 표현되며, 이렇게 쓰이는 분사는 주동사로 표현되는 주된 스토리 라인이나 논리 전개에 "색깔을 입히게" 된다.19)

---

17) Burton, *Syntax of the Moods and Tenses*, 171(§442).

18) 일부 학자들은 '방식'(manner)과 '수단'(means)을 구분하여 설명하기도 한다. 하지만 많은 경우 두 가지 의미 영역이 명확히 구획되지는 않는다. Robertson, *A Grammar of the Greek New Testament*, 1128.

19) Wallace, *Greek Grammar Beyond the Basics*, 627. 또한 Burton, *Syntax of the*

예를 들어 마가복음 1장 7절의 οὗ οὐκ εἰμὶ ἱκανὸς **κύψας** (κύπτω [to bend over]의 부정과거, 능동태, 분사, 남성, 단수, 주격) λῦσαι τὸν ἱμάντα τῶν ὑποδημάτων αὐτοῦ는 "나는 허리를 굽혀서 그의 신발의 끈도 풀 수도 없다"라는 뜻으로서, 부정사 λῦσαι의 방식을 표현한다.
마가복음 1장 22절의 ἦν γὰρ διδάσκων αὐτοὺς **ὡς** ἐξουσίαν **ἔχων** (ἔχω [to have]의 현재, 능동태, 분사, 남성, 단수, 주격) καὶ οὐχ ὡς οἱ γραμματεῖς는 "왜냐하면 그[예수]는 권위를 가진 듯 그들을 가르쳤고, 서기관들처럼 하지 않았기 때문이었다"라는 뜻으로서, 여기에서 분사 ἔχων은 불변화사 ὡς와 함께 쓰여 완곡어법 형태로 쓰인 주동사 ἦν διδάσκων의 실행 방식을 표현한다(마 6:27; 19:22; 눅 8:47; 22:51; 행 2:13; 5:41; 16:16; 고전 4:12; 9:26; 고후 5:20; 빌 2:7; 히 2:18 등도 참조).

3. 주동사에 동족 분사를 첨가하는 경우

신약성경에는 동일한 동사가 주동사와 분사 형태(통상 분사-주동사 순서)로 연이어 나타나는 경우가 더러 있다. 이는 동사의 개념을 강화하기 위해서 정동사에 동족 분사나 정동사와 관련된 분사를 첨가한 것으로서, 70인경에서 히브리어의 부정사 절대형을 번역할 때 보여주는 습관과 같은 것이다.[20] 실제로 신약성경에서 이러한 용례는 70인경을 인용하는 구절에만 나타난다.

예를 들어 마태복음 13장 14절의 **βλέποντες** (βλέπω [to see]의 현재, 능동태, 분사, 남성, 복수, 주격) **βλέψετε** καὶ οὐ μὴ ἴδητε는 "너희들은 분명히 보지만, 깨닫지 못한다"라는 뜻이며, 사도행전 7장 34절의 **ἰδὼν** (ὁράω

Moods and Tenses, 172(§445)도 보라.
20) BDF, §442.

[to see]의 부정과거, 능동태, 분사, 남성, 단수, 주격) **εἶδον** τὴν κάκωσιν τοῦ λαοῦ μου τοῦ ἐν Αἰγύπτῳ는 "이집트에 있는 나의 백성의 고난을 내가 분명히 보았다"라는 뜻으로서, 이 구절에 나타난 분사는 주동사의 개념을 강화하는 역할을 한다(막 4:12; 히 6:14 등도 참조).

4. 완곡어법의 여러 형태들

분사는 조동사(통상 εἰμί, 경우에 따라 ὑπάρχω)와 함께 쓰여 다양한 시제의 완곡어법 구문을 형성하기도 한다. 완곡어법의 여러 형태들에 관하여는 앞의 시제-형태들에 대한 설명들을 보라.

21. 부정사의 구문론 I

분사가 신약성경이 기록되던 헬레니즘 시대에도 여전히 막강한 권능을 구가하고 있었던 반면, 한때 절정을 구가하던 부정사는 후대로 오면서 다른 구문들(ἵνα-절, ὅτι-절, ὥστε-절 등)과의 치열한 경쟁을 견뎌야 했다. 신약성경이 기록될 당시에는 부정사가 다른 구문들과의 경쟁에서 수세(守勢)에 몰리게 되었고, 실제로 상당한 영토를 내주는 처지가 되었다.[1]

하지만 영역의 관점에서 보자면 이 시기의 부정사가 지닌 위상이 약화되었을지 몰라도, 헬레니즘 시대에 부정사의 용법이 이전 시기에 비해 단순화된 것은 결코 아니다. 오히려 신약성경에는 부정사 발전 과정에 있어서 절정의 시기에 나타나는 다양한 형식과 용례들이 고스란히 등장한다.[2]

실제로 신약성경 저자들은 여전히 부정사를 풍부하게 활용하고

---

1) Caragounis, *The Development of Greek and tne New Testament*, 171; Zerwick, S.J., *Biblical Greek*, 132(§380). 부정사는 결국 이 경쟁에서 도태되었으며, 현대 헬라어에서는 일부 흔적을 제외하고 실질적으로 부정사가 사라졌다. Robertson, *A Grammar of the Greek New Testament*, 1052.

2) Burton, *Syntax of the Moods and Tenses*, 143(§361).

있으며, 여기에는 단 한 명의 예외도 없다.[3] 따라서 부정사의 용법을 올바로 파악하는 것은 신약성경 헬라어 본문을 바르게 파악하는 것과 직결된다.

I. 기본 개념

1. 부정사: 동사적 명사

부정사는 '굴절(屈折)되지 않는 동사적 명사'(a indeclinable verbal noun)다.[4] '동사적 형용사'(a verbal adjective)인 분사가 동사와 형용사의 일부 특징들을 공유하는 것처럼, 동사적 명사인 부정사는 동사와 명사의 일부 특징들을 공유한다.[5]

먼저 부정사는 동사와 마찬가지로 시제(tense)와 태(voice)를 가진다. 하지만 분사와 달리 인칭(person)과 수(數)의 구별은 없으며(언제나 단수이다), 일반 명사나 분사처럼 굴절되지도 않는다. 또한 부정사는 동사처럼 목적어를 가질 수 있으며, 부사(구)에 의해서 수식

---

3) BDF, §388.

4) McKay, *A New Syntax of the Verb*, 53(§6.1); Smyth, *Greek Grammar*, §1966; Goodwin, *A Greek Grammar*, 325(§1516); Wallace, *Greek Grammar Beyond the Basics*, 588. 부정사는 '동사적 명사'로서 편의상 동사와 관련된 법으로 분류되지만, 일반적으로 명사의 처격(處格, Locative)이나 여격으로 이해할 수 있다. 특히 부정사가 가진 명사적 성격은 관사가 붙은 관착 부정사(冠着 不定詞, Articular Infinitive)에서 가장 잘 나타난다. Moule, *An Idiom Book of New Testament Greek*, 126.

5) McKay, *A New Syntax of the Verb*, 53(§6.1); Porter, *Idioms of the Greek New Testament*, 194-95.

을 받기도 한다. 그리고 직설법이 아닌 법의 경우와 마찬가지로, 부정사는 통상 οὐ가 아니라 μή로 부정된다.

부정사는 굴절되지는 않지만 명사적 성격을 지니고 있어서 일반 명사들이 가지는 다양한 격의 기능들(예를 들어 주격, 대격, 동격 등)을 수행할 수 있다. 부정사는 전치사의 목적어로 사용될 수도 있고, 관사가 붙을 수도 있고 그렇지 않을 수도 있으며, 형용사에 의해 수식을 받기도 한다.

엄밀하게 말해서 부정사는 성(性)의 구별이 없지만 통상적으로 중성 단수 관사가 붙는다. 그렇지만 관사 유무가 부정사가 표현하고자 하는 의미에 결정적인 영향을 미치지는 않는다.[6] 부정사는 전치사 다음에 사용되는 경우가 허다한데, 이 경우에는 항상 관사가 붙는다. 그러나 이 경우 관사가 붙는다는 이유로 부정사가 명사적으로 사용되었다고 전제하는 것은 옳지 못하다. 부정사가 경우에 따라 주어처럼 쓰이기도 하지만, 전치사구는 통상 동사와 연결되므로 성격상 전치사와 함께 쓰이는 부정사는 원칙적으로 부사적이라는 사실을 기억해야 한다.

2. 부정사와 태, 동작상, 그리고 시간

부정사가 동사의 성격을 지니고 있다는 말은, 먼저 각 태의 성

6) 따라서 구조적인 관점에서만 보자면, 부정사는 '중성'이라고 말하는 것이 적절하다. 그러나 중성 단수 관사는 기실 "형식적인 부착"(a formal attachment) 이외에 다른 의미를 가지고 있지 않다. 그러므로 단순히 중성 관사가 사용되었다는 이유만으로 해당 부정사에 모종의 비인칭적인 개념을 주입시켜 읽어내려 해서는 안 된다. Wallace, *Greek Grammar Beyond the Basics*, 589; Porter, *Idioms of the Greek New Testament*, 194.

격을 고스란히 간직하고 있다는 뜻이다.[7] 헬라 저자/화자는 부정사의 태를 선별함으로써 동작이 지향하는 방향, 즉 부정사가 표현하는 동작과 의미상의 주어 사이의 관계를 구분하여 표현한다.

> 예를 들어 마가복음 15장 43절의 ἀναβὰς ὁ ὄχλος ἤρξατο **αἰτεῖσθαι** (αἰτέω [to seek, ask]의 현재, 중간태, 부정사) καθὼς ἐποίει αὐτοῖς는 "무리가 일어나서 그[빌라도]가 그들에게 행하던 대로 해 달라고 요구하기 시작했다"라는 뜻으로서, 여기에서 중간태 부정사인 αἰτεῖσθαι는 단순히 빌라도를 향한 요청이 아니라 무리 편에서의 유불리가 감안된 요구를 표현한다.[8)]
>
> 마가복음 5장 43절의 καὶ εἶπεν **δοθῆναι** (δίδωμι [to give]의 부정과거, 수동태, 부정사) αὐτῇ φαγεῖν은 "그리고 그는 '그 아이에게 먹을 것을 주어라'고 말했다"라는 뜻으로서, 여기에서 수동태 부정사인 δοθῆναι는 명백히 수동의 의미를 표현한다(마 6:1; 막 5:4; 눅 2:5; 12:58; 행 15:20; 26:32; 고전 7:39; 고후 7:12 등도 참조).

아울러 부정사가 동사의 성격을 지니고 있다는 말은, 부정사의 각 시제-형태가 표현하려는 의미를 일차적으로 '동작상'(aspect)과 그에 따른 '동작의 종류'(*Aktionsart*)에 의거해서 파악해야 한다는 뜻이기도 하다.[9] 화용론적으로도 부정사는 취하는 시제-형태에 따라 본문 내의 두드러짐에서 상대적인 차이를 보인다.

더욱 중요한 점은 직설법 이외의 다른 서법들, 즉 명령법, 가정법, 희구법, 분사 등의 각 시제-형태들이 그 자체적으로 시간적인

---

7) Robertson, *A Grammar of the Greek New Testament*, 1079-80.

8) 장성민, "마가의 태(態) 사용 방식 연구," 28.

9) Campbell, *Verbal Aspect and Non-Indicative Verbs*, 101-19; Decker, *Temporal Deixis*, 116-17; Porter, *Verbal Aspect*, 388.

의미를 전달하지 않듯이 부정사의 시제-형태도 시간적인 의미를 머금고 있지 않다는 사실이다. 예컨대 부정과거 부정사는 '과거'의 동작/상황을 표현하는 것이 아니라, 특별히 현재 부정사나 미래 부정사를 채용해야 할 이유가 없을 때 자연스럽게 채용하는 '초기 설정 시제'(default tense)다.[10] 따라서 각 시제-형태의 부정사도 분사와 마찬가지로 일차적으로 의미론적으로는 '동작상'의 관점에서, 화용론적으로는 '*Aktionsart*'라는 견지에서 해석해야 한다.

예를 들어 마태복음 5장 17절의 μὴ νομίσητε ὅτι ἦλθον **καταλῦσαι** (καταλύω [to destroy]의 부정과거, 능동태, 부정사) τὸν νόμον ἢ τοὺς προφήτας· οὐκ ἦλθον **καταλῦσαι** (καταλύω [to destroy]의 부정과거, 능동태, 부정사) ἀλλὰ **πληρῶσαι** (πληρόω [to fulfill]의 부정과거, 능동태 부정사)는 "내가 율법이나 선지자를 폐하러 왔다고 생각하지 마라. 폐하러 온 것이 아니라 오히려 완성하러 왔다"는 뜻으로서, 여기에서 사용된 부정과거 부정사들은 '과거'의 동작이 아니라 예수가 와서 수행하는 행위를 '요약적으로/통째로' 표현한다.

유다서 3절의 Ἀγαπητοί, πᾶσαν σπουδὴν ποιούμενος **γράφειν** (γράφω [to write]의 현재, 능동태, 부정사) ὑμῖν περὶ τῆς κοινῆς ἡμῶν σωτηρίας ἀνάγκην ἔσχον **γράψαι** (γράφω [to write]의 부정과거, 능동태, 부정사) ὑμῖν παρακαλῶν **ἐπαγωνίζεσθαι** (ἐπαγωνίζομαι [to contend]의 현재, 중간태, 부정사) τῇ ἅπαξ παραδοθείσῃ τοῖς ἁγίοις πίστει는 "사랑하는 자들아, 우리의 공통의 구원에 관하여 편지하려고 갖은 애를 쓰고 있던 차에, 너희에게 편지하여 성도들에게 단번에 주어진 믿음을 위해서 경주하라고 권해야 할 필요가 생겼다"라는 뜻으로서, 이 구절은 현재 부정사와 부정과거 부정사가 표현하는 동작상에 분명한 차이가 있음을 확인시켜 준다.

---

10) Robertson, *A Grammar of the Greek New Testament*, 831, 1080.

동시에 부정사가 문맥적으로 활용되는 화용론적 측면을 면밀히 살펴야 한다. 특히 현재 시제-형태들은 부정과거 시제-형태에 비해서 상대적으로 더 많이 두드러진다는 점을 기억해야 한다.

> 마가복음 8장 31-32절의 καὶ ἤρξατο **διδάσκειν** (διδάσκω [to teach]의 현재, 능동태, 부정사) … δεῖ … **παθεῖν** (πάσχω [to suffer]의 부정과거, 능동태, 부정사) … **ἀναστῆναι** (ἀνίστημι [to cause to arise]의 부정과거, 능동태, 부정사)· καὶ παρρησίᾳ τὸν λόγον ἐλάλει. καὶ προσλαβόμενος ὁ Πέτρος αὐτὸν ἤρξατο **ἐπιτιμᾶν** (ἐπιτιμάω [to rebuke]의 현재, 능동태, 부정사) αυτῷ는 "그리고 그가 [인자가] 고난을 받고 … 살아나야 한다는 것을 가르치기 시작했다. 그리고 그는 이 말씀을 담대하게 말했다. … 그러자 베드로가 그를 따로 데리고 가서 꾸짖기 시작했다"라는 뜻으로서, 여기에서 현재 부정사들은 주목해야 할 주요한 서사적 변곡점을 부각시키고 있고, 부정과거 부정사들은 인자에게 일어날 일들을 요약적으로 제시한다. 흥미로운 사실은 신약성경에서 부정사가 모종의 서사적 변곡점을 표현하는 ἄρχω('~하기 시작하다')나 μέλλω('막 ~하려 한다')와 함께 쓰일 경우, 압도적인 비율로 현재 부정사가 쓰인다는 점이다.[11]

II. 부정사를 표현하는 형식들

부정사의 용법은 그것이 표현되는 구조에 따라 분류할 수도 있고, 그것이 전달하고자 하는 의미에 따라 분류할 수도 있다. 문제는 분사처럼 부정사도 특정한 형식에 따라 일정한 의미를 표현하는 게 아니라, 동일한 형식이라도 문맥에 따라 매우 다양한 의미들을 전달한다는 데 있다. 따라서 전달하는 의미에 따라 부정사

---

11) Campbell, *Verbal Aspect and Non-Indicative Verbs*, 102-104.

의 용법을 분류하는 것이 합리적이다. 그러나 우선적으로 일정한 형식이 가지는 통상적인 의미에 대해서 정리할 필요가 있다.[12)]

그러므로 아래에서는 먼저 구조에 따라 부정사가 전달하는 대략적인 의미를 정리해 보고, 이어서 분사의 경우와 마찬가지로 명사, 동사, 부사 등 '품사'라는 기준에 의거하여 부정사의 다채로운 용법들을 일별해 보겠다.

1. 관사가 없는 부정사(Anarthrous Infinitives)

신약성경에 나타나는 부정사의 거의 대다수는 관사 없이 사용된다. 월레스가 제시하는 통계에 따르면, 신약성경에는 총 2,291개의 부정사가 나타나는데, 이 중에서 약 2,000개가 관사 없이 사용된다.[13)] 관사 없이 사용되는 부정사 중에서 다른 불변화사와 함께 쓰이지 않는 '단순 부정사'(simple infinitive)는 대략 다음과 같은 의미로 사용된다:[14)]

1) 목적, 2) 결과, 3) 보충적으로(complementary), 4) 수단(매우 드물게 사

---

12) 예를 들어 버튼(Ernest. D.W. Burton)이나 무울(C.F.D. Moule)은 주로 관사 유무에 따라 부정사를 구조에 의거하여 분류한다. Burton, *Syntax of the Moods and Tenses in New Testament Greek*, 146-63; Moule, *An Idiom Book of New Testament Greek*, 126-29. 그러나 다른 학자들은 용법이나 의미에 의거하여 부정사를 설명한다. Robertson, *A Grammar of the Greek New Testament*, 1156-95; BDF, §196-211.

13) Wallace, *Greek Grammar Beyond the Basics*, 609.

14) Wallace, *Greek Grammar Beyond the Basics*, 609; Burton, *Syntax of the Moods and Tenses in New Testament Greek*, 146-55(§364-91).

용됨), 5) 주어, 6) 직접 목적어(매우 드물게 사용됨), 7) 간접 목적어, 8) 동격(apposition), 9) 설명적 보족어(epexegetical), 10) 명령의 의미로(매우 드물게 사용됨), 11) 절대적으로(매우 드물게 사용됨)

또한 다양한 불변화사들과 결합되어 나타나는 부정사들이 있는데, 신약성경에서는 다음과 같은 형태들이 나타난다:

1) πρίν (ἤ)+부정사 : '~전에', 연속적인 시간을 표현하기 위해서만 사용된다(마 1:18; 26:34; 막 14:30, 72; 눅 22:61; 요 4:49; 8:58; 14:29; 행 2:20; 7:2 등).
2) ὡς+부정사 : 목적이나 결과를 표현하기 위해서 사용된다(히 7:9 등).
3) ὥστε+부정사 : 주로 결과를 표현하지만 매우 드물게 목적을 나타내기도 한다(막 9:26; 눅 12:1; 계 5:5 등).

2. 관착 부정사(Articular Infinitives)

관사 없이 사용되는 부정사에 비해 신약성경에는 관착 부정사가 총 314회 나타나는데, 이 가운데에 대략 3분의 2가 전치사의 지배를 받는 것들이다.[15] 전치사의 지배를 받지 않는 관착 부정사는 관사의 격에 따라서 대략 다음과 같은 의미를 가진다:

1) 주격 관사(τό)가 붙은 부정사(주어나 동격[매우 드물게]으로 사용됨), 2) 대격 관사(τό)가 붙은 부정사(직접 목적어나 동격으로 사용됨), 3) 속격 관사(τοῦ)가 붙은 부정사(목적, 결과, 이유, 동격, 설명적 보족어 등으로 사용됨), 4) 여격 관사(τῷ)가 붙은 부정사(고린도후서 2장 13절이 유

15) Wallace, *Greek Grammar Beyond the Basics*, 610.

일한 예이며, 이유 또는 동시적 시간[contemporaneous time]을 나타내는 것으로 해석할 수 있음)

이에 반해 전치사의 지배를 받는 관착 부정사는 다음과 대략 다음과 같은 의미를 가진다:[16]

1) διὰ τό+부정사 : 이유를 나타내거나 동시성을 나타낸다.
2) εἰς τό+부정사 : 목적이나 결과를 나타내며 매우 드물게 설명적 보족어로 사용되기도 한다.
3) ἐν τῷ+부정사 : 드물게 결과를 나타내기도 하지만, 주로 동시적 시간이나 수단을 나타낸다.
4) μετὰ τό+부정사 : 선행 시간(antecedent time)을 나타낸다.
5) πρὸς τό+부정사 : 목적이나 결과를 나타낸다.

그러나 이는 다분히 형식적이고 대략적인 분류일 뿐, 신약성경에 나타나는 다채로운 용례들을 설명하지는 못한다. 그리고 동일한 형식이라도 문맥에 따라 다른 어감을 담아낸다. 각 용례들을 실제 쓰임에 따라 파악해야 하는 이유다. 아래에서는 '품사'를 기준으로 신약성경에서 쓰이는 부정사의 용례들을 일별해 보자.

III. 명사처럼 쓰일 경우

전술한 바와 같이, 부정사는 동사와 명사의 일부 특징들을 공유한다. 신약성경에서 동사적 명사인 부정사의 명사적 특징이 강조되어 사용되는 경우는 크게 다음과 같이 세 가지로 분류할 수

16) Wallace, *Greek Grammar Beyond the Basics*, 610-11.

있다: 주어, 목적어, 동격. 이를 차례로 살펴보면 아래와 같다.

1. 주어로 사용되는 부정사

신약성경에서 부정사나 부정사 구는 종종 문장 내에서 주동사(통상 εἰμί 등 계사[繫辭, copula]로 쓰이는 동사)의 주어(subject)로 사용된다.[17] 이 경우 부정사는 관사를 가질 수도 있고 그렇지 않을 수도 있다. 하지만 전치사와 함께 사용되지는 않는다.

이러한 용법의 부정사는 δεῖ (it is necessary), ἔξεστι (it is permitted, proper), δοκεῖ (it seems) 따위의 비인칭 동사들(impersonal verbs)[18]이나 형용사(δυνατός, ἄξιος, ἱκανος 등)와 함께 쓰이거나, "ἐστιν+형용사(δυνατόν ἐστιν [it is possible], ἀρεστόν ἐστιν [it is desirable] 등)," "εἰμί+명사(ὥρα ἐστιν [it is time to], καιρός ἐστιν [it is the time to] 등)" 등의 구조로 자주 쓰인다.[19]

예를 들어 마가복음 9장 45절의 καλόν ἐστίν σε **εἰσελθεῖν** (εἰσέρχομαι [to go into]의 부정과거, 중간태, 부정사) εἰς τὴν ζωὴν χωλὸν ἢ τοὺς δύο πόδας ἔχοντα βληθῆναι εἰς τὴν γέενναν는 "장애인으로 생명으로 들어가는 것이 두 발을 가지고 게엔나에 던져지는 것보다 낫다"라는 뜻으로서, 여기에서 부정사 εἰσελθεῖν은 동사 ἐστίν의 주어로 쓰였다.

빌립보서 3장 1절의 τὰ αὐτὰ **γράφειν** (γράφω [to write]의 현재, 능동태,

---

17) McKay, *A New Syntax of the Verb*, 56(§6.1.3); Burton, *Syntax of the Moods and Tenses in New Testament Greek*, 153(§384).

18) Porter, *Idioms of the Greek New Testament*, 195. 비인칭 동사란 규정된 주어(definite subject)가 제시되지 않는 동사를 말한다. 비인칭 동사의 용법에 대해서는 Moule, *An Idiom Book of New Testament Greek*, 28을 참조하라.

19) BDF, §393; Robertson, *A Grammar of the Greek New Testament*, 1058.

부정사) ὑμῖν ἐμοὶ μὲν οὐκ ὀκνηρόν은 "너희들에게 같은 것들을 쓰는 것이 내게 번거롭지 않다"라는 뜻으로서, 여기에서 부정사 γράφειν은 동사적 형용사인 ὀκνηρόν의 의미상의 주어로 쓰였다. 이 예들에서 부정사는 모두 주동사의 주어로 사용되었다.
요한복음 4장 4절의 **ἔδει** δὲ αὐτὸν **διέρχεσθαι** (διέρχομαι [to go through]의 현재, 중간태, 부정사) διὰ τῆς Σαμαρείας는 "그(예수)는 사마리아를 통과하여 가야할 필요가 있었다(즉, 가야했다)"라는 뜻으로서, 여기에서 부정사 διέρχεσθαι는 비인칭 동사인 ἔδει의 의미상의 주어로 쓰였다.
로마서 13장 11절의 **ὥρα** ἤδη ὑμᾶς ἐξ ὕπνου **ἐγερθῆναι** (ἐγείρω [to raise up]의 부정과거, 수동태, 부정사)는 "이미 너희가 잠으로부터 일으킴을 받을 때다"라는 뜻으로서, 여기서는 부정사 ἐγερθῆναι가 주어로 쓰인 명사 ὥρα와 동격으로 쓰였다(마 3:15; 12:12; 막 3:4; 9:5; 눅 18:25; 20:22; 행 15:28; 고전 7:9; 고후 11:30; 12:1; 갈 4:18; 빌 1:21; 살전 4:3; 히 10:31; 약 1:27; 벧후 2:21; 계 20:3 등도 참조).

이 경우 부정사의 의미상의 주어는 통상 대격으로 표현된다. 이는 비인칭 동사의 경우도 마찬가지이다. 즉 위의 예에서 보는 바와 같이, 부정사 διέρχεσθαι의 의미상의 주어는 αὐτόν이며, 이는 주어로 사용된 대격(subject accusative)이다.

신약성경에는 특이하게도 γίνομαι(to become) 동사가 비인칭으로 쓰일 때 부정사가 함께 나오기도 하는데, 이 경우도 부정사는 주어로 쓰인 것이다. 이는 주로 복음서 서사에 나오며, 특히 누가-행전에서 자주 쓰인다.[20]

예를 들어 마가복음 2장 23절의 ἐγένετο αὐτὸν ἐν τοῖς σάββασιν **παραπορεύεσθαι** (παραπορεύομαι [to go, pass by]의 현재, 중간태, 부정사) διὰ

20) McKay, *A New Syntax of the Verb*, 57(§6.1.5-6).

τῶν σπορίμων은 "그가 안식일에 밀밭 사이를 지나가고 있었다"라는 뜻으로서, 여기에서 ἐγένετο는 비인칭 동사로 쓰였으며 "~하는 일이 있었다"(it happened) 정도의 의미이다. 이러한 용법의 ἐγένετο는 이어지는 사건을 강조하기 위해서 사용되는데, 여기에서 부정사 παραπορεύεσθαι는 ἐγένετο의 의미상의 주어로 쓰였다.
갈라디아서 6장 14절의 ἐμοὶ δὲ μὴ **γένοιτο καυχᾶσθαι** (καυχάομαι [to boast]의 현재, 중간태, 분사) εἰ μὴ ἐν τῷ σραυρῷ τοῦ κυρίου ἡμῶν Ἰησοῦ Χριστοῦ는 "우리 주 예수 그리스도의 십자가 이외에는 내게 자랑이 되지 않기를!"이라는 뜻으로서, 여기서도 부정사 καυχᾶσθαι가 비인칭으로 쓰인 γένοιτο의 의미상의 주어 노릇을 한다(행 9:37; 10:25; 22:6, 17 등도 참조).

그런데 종종 비인칭 동사가 인칭 구조를 형성하기도 한다. 이 경우 부정사의 주어가 주동사의 주어와 동일하여 주격으로 제시되는 구조가 나타나기도 한다.[21)]

예를 들어 사도행전 17장 18절의 ξένων δαιμονίων **δοκεῖ** καταγγελεὺς **εἶναι** (εἰμί [to be]의 현재, 능동태, 부정사)는 "그는 이방 신들을 전하는 자로 여김을 받고 있다"라는 뜻이다. 이 문장의 구조상 부정사 εἶναι를 비인칭 동사인 δοκεῖ(it seems)의 주어라고 생각할 수 있는데, 동시에 부정사의 의미상의 주어는 숨은 주어로 표현된 '그'(he)이다. 이 경우는 부정사의 주어가 대격으로 나타나지 않는다(갈 2:9; 약 1:26 등도 참조).

2. 직접 목적어로 사용되는 부정사

부정사나 부정사 구(句)는 경우에 따라 문장 내에서 주동사의

---

21) Burton, *Syntax of the Moods and Tenses*, 153(§385).

직접 목적어(direct object)로 사용되기도 한다. 그러나 다음 장에서 살펴볼 간접 화법의 예들을 제외하면 이는 극히 드문 경우에만 나타난다.[22] 주어로 사용되는 부정사와 마찬가지로 이 경우에도 부정사는 관사를 가질 수도 있고 그렇지 않을 수도 있으나(통상은 관사 없이 쓰임), 전치사와 함께 사용되지는 않는다.

예를 들어 또한 고린도후서 8장 11절의 νυνὶ δὲ καὶ **τὸ ποιῆσαι** (ποιέω [to do]의 부정과거, 능동태, 부정사) ἐπιτελέσατε는 "그러나 이제 행하기도 성취하라!"라는 뜻으로서, 여기에서 부정사 ποιῆσαι는 주동사인 ἐπιτελέσατε의 직접 목적어로 쓰였다(요 5:26; 빌 2:6, 13; 4:10 등도 참조).

3. 동격으로 사용되는 부정사

여타의 명사 상당어구와 마찬가지로 부정사도 명사나 대명사, 또는 명사적으로 사용되는 형용사 등의 동격으로 사용될 수 있다.[23] 이러한 용법의 부정사는 신약성경에서 상대적으로 자주 나타난다.

---

22) 엄밀히 말해서 간접화법은 직접 목적어의 하위 범주다. Wallace, *Greek Grammar Beyond the Basics*, 601.

23) 동격으로 사용되는 부정사와 아래에서 설명될 설명적 보족어로 사용되는 부정사(epexegetical infinitive)를 서로 혼동할 수 있다. 아래에서 설명하겠지만, 설명적 보족어로 사용되는 부정사는 그 부정사와 연결되는 명사(또는 명사 상당어구)를 '설명'하는 것이고, 동격은 그것을 '규정'하는 것이다. 이러한 의미에서 동격으로 사용되는 부정사가 설명적 보족어로 사용되는 부정사에 비해 더 명사적이라고 할 수 있다. 월레스는 부정사 앞에 '즉'(namely)이라는 말을 넣어 보면 구별이 용이하다고 제안한다. Wallace, *Greek Grammar Beyond the Basics*, 606.

예를 들어 데살로니가전서 4장 3절의 τοῦτο γάρ ἐστιν θέλημα τοῦ θεοῦ, ὁ ἁγιασμὸς ὑμῶν, **ἀπέχεσθαι** (ἀπέχω [to be distant]의 현재, 중간태, 부정사) ὑμᾶς ἀπὸ τῆς πορνείας는 "왜냐하면 너희들의 거룩함, 즉 너희가 음란함으로부터 멀어지는 것, 바로 이것이 하나님의 뜻이기 때문이다"라는 뜻으로서, 여기에서 부정사 ἀπέχεσθαι는 앞에 나오는 ὁ ἁγιασμός와 내용적으로 동격의 의미다.

또한 빌립보서 1장 29절의 ὑμῖν ἐχαρίσθη τὸ ὑπὲρ Χριστοῦ, οὐ μόνον τὸ εἰς αὐτὸν **πιστεύειν** (πιστεύω [to believe]의 현재, 능동태, 부정사) ἀλλὰ καὶ τὸ ὑπὲρ αὐτοῦ **πάσχειν** (πάσχω [to suffer]의 현재, 능동태, 부정사)은 "왜냐하면 그리스도를 위하는 것, 즉 다만 그를 믿을 뿐 아니라 그를 위해 고난도 받는 것은 여러분에게 은혜로 주어진 것이다"라는 뜻이다. 이 경우 부정사는 앞서 언급된 명사 상당어구(τὸ ὑπὲρ Χριστοῦ)의 동격으로 사용되었다(행 3:18; 9:15; 15:20, 29; 24:15; 롬 14:13; 15:23; 고전 7:25; 딛 2:2; 약 1:27; 계 2:14 등도 참조).

속격 관사와 함께 쓰이는 부정사 가운데 일부도 동격으로 쓰인 용례로 분류할 수 있다.[24)]

예를 들어 누가복음 17장 1절의 ἀνενδεκτόν ἐστιν **τοῦ** τὰ σκάνδαλα μὴ **ἐλθεῖν** (ἔρχομαι [to go, come]의 부정과거, 능동태, 부정사)은 "실족하게 하는 일이 없을 수는 없다"라는 뜻으로서, 여기에서 부정사 μὴ ἐλθεῖν은 ἀνενδεκτόν와 동격으로 쓰였다(행 10:25; 27:1; 고전 16:4 등도 참조).

---

24) Porter, *Idioms of the Greek New Testament*, 196. 하지만 이 용례들은 주어로 쓰였다고 볼 수도 있다. Moule, *An Idiom Book of New Testament Greek*, 129. 또한 여기에서 쓰인 속격 관사 τοῦ를 '탈격적 속격'(ablatival genitive)이라고 설명하는 McKay, *A New Syntax of the Verb*, 59(§6.1.8)도 참고하라.

22. 부정사의 구문론 II

III. 동사처럼 쓰이는 경우

부정사는 동사적 명사인 까닭에 당연히 동사의 특성에 충실하게 쓰일 수도 있다. 신약성경에서 이렇게 활용되는 부정사의 용례들은 아래와 같다.

1. 주동사처럼 쓰이는 부정사

신약성경에는 부정사가 별도의 주동사 없이 단독으로 쓰여 문장의 주동사 노릇을 하는 경우가 종종 나타난다.

먼저 부정사가 명령법 대신 사용되어 주동사의 역할을 할 때가 있다. 즉 신약성경 몇몇 단락에서는 부정사가 지시나 명령, 또는 그와 유사한 의미를 나타내는 별도의 주동사 없이 독립적으로 사용되기도 하는데, 이 경우 부정사는 명령의 의미로 쓰인 주동사로 분류할 수 있다.[1)]

예를 들어 로마서 12장 15절의 **χαίρειν** (χαίρω [to rejoice]의 현재, 능동태, 부정사) μετὰ χαιρόντων, κλαίειν (κλαίω [to weep]의 현재, 능동태, 부정사) μετὰ κλαιόντων은 "즐거워하는 자들과 함께 즐거워하고 우는 자들과 함께 울라"라는 뜻으로서, 여기에서 부정사 χαίρειν과 κλαίειν은 주동사 노릇을 하며 명령의 의미로 쓰였다.
빌립보서 3장 16절의 πλὴν εἰς ὃ ἐφθάσαμεν, τῷ αὐτῷ **στοιχεῖν** (στοιχέω [to walk orderly]의 현재, 능동태, 부정사)는 "오직 우리는 거기에 이르렀으므로, 동일하게 행하라"라는 뜻으로서, 여기에서도 부정사 στοιχεῖν은 명령의 의미로 쓰인 주동사 노릇을 한다.

이와 유사하게 부정사는 명령법 주동사에 이어져서 해당 동사의 의미를 확장시키거나 보충해 주기도 한다.

예를 들어 누가복음 9장 3절의 μηδὲν αἴρετε εἰς τὴν ὁδόν, μήτε ῥάβδον μήτε πήραν μήτε ἄρτον μήτε ἀργύριον μήτε ἀνὰ δύο χιτῶνας **ἔχειν** (ἔχω [to have]의 현재, 능동태, 부정사)는 "여행을 위하여 아무 것도 가지지 말라. 즉 지팡이나 배낭이나 양식이나 돈이나 두 벌 옷도 가지지 말라"는 뜻으로서, 여기에서 부정사 ἔχειν은 주동사로 쓰인 것은 아니지만 명령법으로 사용된 주동사에 이어져서 그 주동사의 의미를 보충하는 또 다른(또는 구체적인) 명령의 의미를 전달한다(행 23:23-24; 딛 2:1-10 등도 참조).

특정 형식의 본문(서신의 서두)에서도 부정사가 주동사 없이 쓰이는데, 앞선 용례들과 달리 이 경우는 부정사가 주동사 노릇을 한다기보다 본래 쓰여야 할 λέγω, ἐπιστέλλω 따위의 주동사가 생략

---

1) BDF, §389; Moule, *An Idiom Book of New Testament Greek*, 126; Wallace, *Greek Grammar Beyond the Basics*, 608; Porter, *Idioms of the Greek New Testament*, 201-202; Burton, *Syntax of the Moods and Tenses*, 146(§364).

된 것으로 볼 수 있다.[2)]

예를 들어 야고보서 1장 1절의 Ἰάκωβος θεοῦ καὶ κυρίου Ἰησοῦ Χριστοῦ δοῦλος ταῖς δώδωκα φυλαῖς ταῖς ἐν τῇ διασπορᾷ **χαίρειν** (χαίρω [to rejoice]의 현재, 능동태, 부정사)은 "하나님과 예수 그리스도의 종 야고보는 흩어져 있는 열 두 지파에게 문안합니다"라는 뜻으로서, 여기에서 부정사인 χαίρειν은 주동사로 쓰인 것이 아니라 ἐπιστέλλω (to send a letter) 등의 동사가 생략되면서 남은 형태다(행 15:23; 23:26 등도 참조). 바울의 편지나 요한계시록 등 다른 서신에서는 생략된 부정사 형태가 아니라 χάρις ὑμῖν (καὶ εἰρήνη)이라는 형식이 쓰인다.

불변화사 ὡς 다음에 이른 바 '절대적으로' 쓰이는 부정사는 고전 헬라어에서 제법 자주 쓰이던 방식이지만, 신약성경에는 오직 히브리서에 단 한 번만 나타난다.[3)]

즉 히브리서 7장 9절의 καὶ ὡς ἔπος **εἰπεῖν** (λέγω [to say, speak]의 부정과거, 능동태, 부정사), δι' Ἀβραὰμ καὶ Λευὶ ὁ δεκάτας λαμβάνων δεδεκάτωται는 "심지어 십일조를 받았던 레위도 아브라함을 통하여 십일조를 바쳤다고까지 말할 수 있다"라는 뜻으로서, 여기에서 부정사 εἰπεῖν은 불변화사 ὡς 다음에 쓰여 '말하자면' 정도의 의미로 쓰였다.
참고로 요한계시록 12장 7절의 ἐγένετο πόλεμος ἐν τῷ οὐρανῷ, ὁ Μιχαὴλ καὶ οἱ ἄγγελοι αὐτοῦ **τοῦ πολεμῆσαι** (πολεμέω [to wage war]의 부정과

---

2) BDF, §389, 480(5). Burton, *Syntax of the Moods and Tenses*, 154(§388). 하지만 명령의 뜻으로 쓰인 주동사로 볼 수도 있다. Moule, *An Idiom Book of New Testament Greek*, 126; Robertson, *A Grammar of the Greek New Testament*, 1092.

3) BDF, §391a; McKay, *A New Syntax of the Verb*, 60(§6.1.11); Robertson, *A Grammar of the Greek New Testament*, 1093.

거, 능동태, 부정사) μετὰ τοῦ δράκοντος. καὶ ὁ δράκων ἐπολέμησεν καὶ οἱ ἄγγελοι αὐτοῦ는 "하늘에서 전투가 있었다－미가엘과 그의 천사들이 용과 더불어 싸우는 것이었다－그리고 용과 그의 천사들도 전투를 벌였다"라는 뜻으로서, 여기에서 부정사가 포함된 ὁ Μιχαὴλ καὶ οἱ ἄγγελοι αὐτοῦ **τοῦ πολεμῆσαι** μετὰ τοῦ δράκοντος라는 문장은 일종의 삽입문처럼 쓰였다.[4)]

2. 설명적 보족어 역할을 하는 부정사(epexegetic Infinitive)

부정사는 명사나 형용사의 함의를 명확하게 하거나, 부연하거나 규정하기 위해서 설명적 보족어의 역할을 할 때도 있다. 그러나 이렇게 사용되는 부정사는 용법은 단정하기가 쉽지 않다. 실제로 설명적 보족어로 사용되는 부정사와 결과를 나타내는 부정사 사이의 경계는 매우 모호하고 유동적이다.[5)]

예를 들어 사도행전 15장 10절의 τί πειράζετε τὸν θεὸν **ἐπιθεῖναι** (ἐπιτίθημι [to lay upon]의 부정과거, 능동태, 부정사) ζυγὸν ἐπὶ τὸν τράχηλον τῶν μαθητῶν은 "왜 너희들은 제자들의 목에 멍에를 지워서 하나님을 시험하느냐?"라는 뜻이다. 여기에서 부정사 ἐπιθεῖναι는 πειράζετε('시험하다')라는 주동사의 의미를 보충적으로 설명함으로써 시험의 구체적인 방식을 밝혀준다.
히브리서 5장 5절의 ὁ Χριστός οὐχ ἑαυτὸν ἐδόξασεν γενηθῆναι (γίνομαι [to become]의 부정과거, 수동태, 부정사) ἀρχιερέα는 "그리스도는 대제사장이 되심으로써 스스로를 영화롭게 하지 않으셨다"라는 뜻으로서, 여

4) Robertson, *A Grammar of the Greek New Testament*, 1093.
5) Moule, *An Idiom Book of New Testament Greek*, 127.

기에서 부정사 γενηθῆναι는 주동사의 의미를 보충해 주는 역할을 한다 (고전 7:25; 눅 1:54, 72, 73, 79; 엡 4:22 등도 참조).

전술한 바와 같이, 설명적 보족어로 쓰이는 경우와 결과적인 의미로 쓰이는 부정사나 동격으로 쓰이는 부정사들 사이의 경계선은 "너무 얇아서" 명확한 구별이 불가능할 때가 잦다.[6]

3. 간접화법에서 사용되는 부정사

간접화법에서 사용되는 부정사는 인지(perception)나 의사소통(communication)을 표현하는 동사들(예컨대, δοκέω [to think, believe], ἐρωτάω [to ask, request], κελεύω [to command, order], κρίνω [to separate, distinguish, think, judge], λέγω [to say, tell], νομίζω [to think, suppose, believe], παραγγέλλω [to give orders, command, instruct], παρακαλέω [to summon, invite, call to one's side] 등) 다음에 사용되는 것들이다.[7] 이 경우 통상 주동사가 간접화법을 도입하며, 이어지는 간접화법에서 부정사가 주동사 역할을 하는 구조를 형성하게 된다.[8] 이러한 용법의 부정사는 신약성경에서 매우 자주 등장한다.

예를 들어 마가복음 12장 18절의 ἔρχονται σαδδουκαῖοι πρὸς αὐτόν, οἵτινες λέγουσιν ἀνάστασιν μὴ **εἶναι** (εἰμί [to be]의 현재, 능동태, 부정사)는 "사두개인들이 그에게 왔다. 그들은 부활이 없다고 말하는 자들이

---

6) Moule, *An Idiom Book of New Testament Greek*, 127.

7) McKay, *A New Syntax of the Verb*, 58(§6.1.7); Burton, *Syntax of the Moods and Tenses*, 154(§390); Wallace, *Greek Grammar Beyond the Basics*, 603.

8) Wallace, *Greek Grammar Beyond the Basics*, 603.

었다"라는 뜻이다. 여기에서 ἀνάστασιν μὴ εἶναι는 분사 λέγουσιν의 목적어 역할을 하는 부정사 구(句)로서 간접화법을 이룬다.

유다서 3절의 'Ἀγαπητοί, πᾶσαν σπουδὴν ποιούμενος γράφειν ὑμῖν περὶ τῆς κοινῆς ἡμῶν σωτηρίας ἀνάγκην ἔσχον γράψαι ὑμῖν παρακαλῶν **ἐπαγωνίζεσθαι** (ἐπαγωνίζομαι [to contend]의 현재, 중간태, 부정사) τῇ ἅπαξ παραδοθείσῃ τοῖς ἁγίοις πίστει는 "사랑하는 자들아, 우리의 공통의 구원에 관하여 편지하려고 갖은 애를 쓰고 있던 차에, 너희에게 편지하여 성도들에게 단번에 주어진 믿음을 위해서 경주하라고 권해야 할 필요가 생겼다"라는 뜻으로서, 여기에서 부정사 ἐπαγωνίζεσθαι는 분사 παρακαλῶν이 이끄는 간접화법의 주동사 역할을 한다(마 8:18; 막 5:17; 8:29; 눅 8:18; 22:24; 요 4:40; 16:2; 21:25; 행 3:3; 롬 12:1; 고전 2:2; 3:18; 갈 6:3; 딛 2:6; 히 11:5; 약 2:14; 벧전 2:11; 계 2:9 등도 참조).

IV. 부사처럼 쓰이는 경우

부사적으로 사용되는 부정사는 대략 다음과 같은 여섯 가지 의미로 사용된다: 목적(purpose), 결과(result), 시간(time), 원인(cause), 수단(means), 보충(complementary). 이러한 용법의 부정사는 일정한 형식을 취하여 그 뜻을 분명히 하는 경우도 있지만, 대체적으로 형식과 무관하다. 다시 말해, 이러한 용법의 부정사는 관사 없이 쓰이는 부정사, 관착 부정사, 전치사와 함께 쓰이는 부정사 등의 형식과 상관없이, 문맥에 따라 비교적 유연하게 해석해야 한다.

1. 목적을 표현하는 경우

이러한 용법으로 사용되는 부정사는 의미상 설명적 보족어로 쓰이는 부정사의 일종으로서,[9] 주동사의 동작이나 상태의 목적 또는 목표를 나타낸다. 목적의 의미로 사용되는 부정사는 부정사의 가장 일반적인 용법 가운데 하나이며, 경우에 따라 결과를 나타내는 부정사와 구별이 용이하지 않다. 그러나 단순한 형태로 사용되는 경우 외에 'τοῦ+부정사', 'εἰς τό+부정사', 'πρός τό+부정사' 형태로 사용되어 목적의 의미를 더욱 분명히 하기도 한다.[10]

> 예를 들어, 마태복음 5장 17절의 μὴ νομίσητε ὅτι ἦλθον **καταλῦσαι** (καταλύω [to destroy]의 부정과거, 능동태, 부정사) τὸν νόμον ἢ τοὺς προφήτας는 "내가 율법이나 선지자들을 폐하기 위해서 온 줄로 생각하지 말라"는 뜻으로서, 부정사 καταλῦσαι는 목적의 의미로 쓰였다.
> 에베소서 6장 11절의 ἐνδύσασθε τὴν πανοπλίαν τοῦ θεοῦ **πρὸς τὸ δύνασθαι** (δύναμαι [to be able]의 현재, 중간태, 부정사) ὑμᾶς στῆναι는 "너희가 설 수 있도록 하나님의 전신갑주를 입어라"라는 뜻으로서, 부정사 δύνασθαι는 목적의 의미로 쓰였다(마 6:1; 27:31; 막 14:55; 눅 4:16; 22:31; 요 1:33; 행 3:2; 롬 4:11; 살전 2:12; 약 3:3; 벧전 3:7 등도 참조).

2. 결과를 표현하는 경우

이러한 용법으로 사용되는 부정사는 주동사에 의해서 야기된 결과를 나타낸다. 목적을 나타내는 부정사가 주동사의 의도에 관

9) Robertson, *A Grammar of the Greek New Testament*, 1087.

10) 매우 드물긴 하지만 경우에 따라 결과를 나타내는 'ὥστε / ὡς+부정사' 형태가 목적을 나타내기 위해서 사용되기도 한다. 그러나 목적을 나타낸다고 분류되는 'ὥστε / ὡς+부정사' 형태들 대부분은 결과를 나타내는 것으로 해석될 여지가 있으므로 분명한 구별이 용이하지 않다.

심이 있다면 결과를 나타내는 부정사는 주동사의 '효과'(effect)에 관심이 있다는 점에서 두 용법은 서로 구별된다고 할 수 있다.[11] 목적을 나타내는 부정사와 마찬가지로 결과를 나타내는 부정사는 단순한 형태로 사용되는 경우 외에 'τοῦ+부정사', 'εἰς τό+부정사', 'ὥστε+부정사' 등의 형태로 사용되어 결과의 의미를 더욱 분명히 하기도 한다.[12]

예를 들어 누가복음 5장 7절의 ἔπλησαν ἀμφότερα τὰ πλοῖα **ὥστε βυθίζεσθαι** (βυθίζω [to sink]의 현재, 수동태, 부정사) αὐτά는 "그것들(물고기들)이 두 배를 가득 채워서 (그 결과) 배들이 가라앉았다"라는 뜻으로서,[13] 여기에서 ὥστε βυθίζεσθαι는 (의도하지 않은) 결과를 나타낸다. 고린도전서 13장 2절의 ἐὰν ἔχω πᾶσαν τὴν πίστιν **ὥστε ὄρη μεθιστάναι** (μεθίστημι [to remove]의 현재, 능동태, 부정사)는 "만일 내가 모든 믿음이 있어서 (그 결과) 산들을 옮긴다면"이라는 뜻으로서, 여기에서도 ὥστε … μεθιστάναι는 결과를 표현한다(마 13:22; 막 1:45; 3:20; 롬 1:20, 24; 7:3; 엡 6:19; 살전 2:16; 히 6:10; 계 2:20 등도 참조).

---

11) 하지만 두 용법 사이에 명확한 경계선을 긋는 것은 결코 쉽지 않다. "구별을 짓는 선은, 아예 사라져버리지는 않는다 하더라도, 종종 극히 희미하다" Robertson, *A Grammar of the Greek New Testament*, 1089. 또한 Burton, *Syntax of the Moods and Tenses*, 148(§370[d]); Wallace, *Greek Grammar Beyond the Basics*, 592; Porter, *Idioms of the Greek New Testament*, 199의 논의를 보라.

12) 결과를 나타내는 부정사의 가장 일반적인 형태는 'ὥστε+부정사'이며, 매우 드물긴 하지만 경우에 따라 결과를 나타내는 'ἐν τῷ+ 부정사', 'ὡς+부정사' 형태가 목적을 나타내기 위해서 사용되기도 한다.

13) 이 본문은 결과를 나타내는 부정사와 목적을 나타내는 부정사의 차이를 잘 보여준다. 두 배는 가라앉을 의도(목적)가 없었지만, 물고기로 가득 차게 되어 결과적으로 가라앉기 시작했다. Wallace, *Greek Grammar Beyond the Basics*, 593.

3. 시간을 표현하는 경우

부정사는 그 자체로 시간적인 의미가 없다. 하지만 다양한 전치사와 함께 쓰여 부정사의 동작과 주동사의 동작 사이의 시간적인 관계를 나타낸다.14) 주동사의 동작을 기준으로 할 때, 시간을 나타내는 부정사는 '이전', '같은 시간', '이후'라는 세 가지 시간적 관계를 보여준다.15) 또한 이러한 용법의 부정사는 주동사를 기점으로 시간적 전후 관계를 나타내는 전치사와 함께 사용되기 때문에 비교적 구별이 용이하다: 'μετὰ τό+부정사'(~한 후에), 'ἐν τῷ+부정사'(~할 때에), 'πρὸ τοῦ, πρίν, 또는 πρίν ἤ+부정사'(~하기 전에).

예를 들어 마태복음 26장 32절의 **μετὰ δὲ τὸ ἐγερθῆναί** (ἐγείρω [to raise up]의 부정과거, 수동태, 부정사) με προάξω ὑμᾶς εἰς τὴν Γαλιλαίαν은 "내가 일으킴을 받은 후에 너희들보다 먼저 갈릴리로 갈 것이다"라는 뜻이다(막 1:14; 14:28; 눅 12:5; 22:20; 행 1:3; 7:4; 10:41; 고전 11:25; 히 10:26 등도 참조).

마태복음 13장 4절의 **ἐν τῷ σπείρειν** (σπείρω [to saw]의 현재, 능동태, 부정사) αὐτὸν ἃ μὲν ἔπεσεν παρὰ τὴν ὁδόν은 "그가 씨를 뿌릴 때에, 어떤 것들은 길 위에 떨어졌다"라는 뜻이다(막 4:4; 눅 1:8; 3:21; 17:11; 행 2:1; 8:6; 11:15; 롬 3:4; 히 3:15 등도 참조).

마가복음 14장 30절의 **πρὶν ἢ** δὶς ἀλέκτορα **φωνῆσαι** (φωνέω [to call]의 부정과거, 능동태, 부정사) τρίς με ἀπαρνήσῃ는 "닭이 두 번 울기 전에, 네가 나를 세 번 부인할 것이다"라는 뜻이다(마 6:8; 눅 2:21; 22:15; 요 1:48; 4:49; 8:58; 13:19; 행 2:20; 갈 2:12 등도 참조).

---

14) Robertson, *A Grammar of the Greek New Testament*, 1091. 이러한 구조 자체가 부정사에 시간적인 의미가 내재되어 있지 않다는 증거다. Porter, *Idioms of the Greek New Testament*, 201.

15) Wallace, *Greek Grammar Beyond the Basics*, 594-96.

4. 원인을 표현하는 경우

이러한 용법으로 사용되는 부정사는 주동사의 행동에 대한 이유를 나타낸다. 원인을 나타내는 부정사는 '왜'라는 질문에 대한 답변이라고 이해될 수 있는데, 목적을 나타내는 부정사와는 달리 원인을 나타내는 부정사는 동작의 이유나 근거를 되돌아보는 방식의 답변이다.[16] 원인을 나타내는 부정사는 주로 'διὰ τό+부정사'의 형태로 사용되며(30회 이상), 드물게 'τοῦ+부정사'의 형태로 쓰이기도 한다. 이러한 용법의 부정사는 누가-행전에서 매우 일반적으로 사용되는 반면 신약의 다른 곳에서는 잘 사용되지 않는다.

예를 들어 사도행전 4장 1-2절의 οἱ Σαδδουκαῖοι διαπονούμενοι **διὰ τὸ διδάσκειν** (διδάσκω [to teach]의 현재, 능동태, 부정사) αὐτοὺς τὸν λαὸν은 "사두개인들은 그들[사도들]이 백성을 가르쳤기 때문에 싫어하였다"라는 뜻이다.
마가복음 4장 6절의 **διὰ τὸ μὴ ἔχειν** (ἔχω [to have]의 현재, 능동태, 부정사) ῥίζαν ἐξηράνθη는 "뿌리가 없기 때문에 말라버렸다"라는 뜻이다.
고린도후서 2장 13절의 οὐκ ἔσχηκα ἄνεσιν τῷ πνεύματί μου **τῷ μὴ εὑρεῖν** (εὑρίσχω [to have]의 부정과거, 능동태, 부정사) με Τίτον은 "나는 디도를 찾지 못했기 때문에, 마음에 안식을 갖지 못했다"라는 뜻으로서, 이 구절은 부정사가 전치사 없이 원인이나 이유의 의미로 쓰이는 유일한 예이다[17](마 13:5, 6; 눅 2:4; 6:48; 8:6; 9:7; 19:11; 행 12:20; 18:2; 빌 1:7; 약 4:2 등도 참조).

---

16) Wallace, *Greek Grammar Beyond the Basics*, 596.

17) Robertson, *A Grammar of the Greek New Testament*, 1091; Porter, *Idioms of the Greek New Testament*, 200.

5. 수단을 표현하는 경우

이러한 용법으로 사용되는 부정사는 주동사의 동작이 이루어지는 방식을 나타낸다. 어떤 의미에서 이러한 용법의 부정사는 설명적 보족어 역할을 하는 부정사라고 불릴 수도 있지만, 동작이 이루어지는 방식을 보여준다는 의미에서 수단을 나타내는 부정사로 이해할 수 있다.[18] 이러한 용법의 부정사는 거의 항상 'evn tw/| +부정사'의 형태로 사용되며, 신약에 나타나는 예들도 극히 드물다.

예를 들어 사도행전 3장 26절의 ὁ θεὸς … ἀπέστειλεν αὐτὸν εὐλογοῦντα ὑμᾶς **ἐν τῷ ἀποστρέφειν** (ἀποστρέφω [to turn]의 현재, 능동태, 부정사) ἕκαστον ἀπὸ τῶν πονηριῶν ὑμῶν은 "하나님께서는 그를 보내셔서 여러분들 각자를 여러분의 악함으로부터 돌아서게 하심으로써 너희에게 복을 주셨다"라는 뜻이다(행 4:29-30; 롬 15:13; 히 2:8 등도 참조).

6. 보충적인 의미로

부정사는 이른 바 '조동사'와 함께 매우 자주 사용되며, 주동사의 의미를 완결시키는 역할을 한다. 이러한 용법으로 사용되는 부정사는 통상 보충적인 부정사를 취하는 동사들인 ἄρχομαι (to begin), βούλομαι (to wish, willing), δύναμαι (to be able), ἐπιτρέπω (to allow, permit), ζητέω (to seek), θέλω (to want), μέλλω (to be about to), ὀφείλω (must) 등과 함께 쓰인다. 보충적인 의미로 사용되는 부정사의 또

18) Wallace, *Greek Grammar Beyond the Basics*, 597-98.

하나의 특징은 여타의 부정사가 의미상의 주어로 대격을 취하는 반면 보충적인 의미의 부정사는 주격 주어(nominative subject)와 함께 사용된다는 점이다.[19]

예를 들어 누가복음 19장 47절의 οἱ γραμματεῖς **ἐζήτουν** αὐτὸν ἀπολέσαι (ἀπόλλυμι [to destroy]의 부정과거, 능동태, 부정사)는 "서기관들이 그[예수]를 죽이려고 찾았다"라는 뜻으로서, 여기에서 부정사 ἀπολέσαι의 주어는 대격인 αὐτόν이 아니라 οἱ γραμματεῖς이다.

그러나 부정사의 의미상의 주어가 필요할 경우에는 대격이 사용되기도 한다.

예를 들어 빌립보서 1장 12절의 **γινώσκειν** (γινώσκω [to know]의 현재, 능동태, 부정사) δὲ **ὑμᾶς βούλομαι**는 "나는 너희들이 알기를 원한다"('너희를 알고 싶다'가 아니라)라는 뜻으로서, 여기에서 부정사 γινώσκειν의 의미상의 주어는 ὑμᾶς이며, 부정사 γινώσκειν은 주동사 βούλομαι의 의미를 보충해 주는 역할을 한다(마 6:24; 12:1; 막 2:19; 10:28; 15:31; 눅 1:22; 4:42; 13:24; 요 13:5; 행 15:1; 롬 8:13; 고전 10:13; 고후 3:1; 갈 3:21; 딤전 2:12; 딤후 3:15; 히 1:14; 벧전 5:1 요1 3:9 등도 참조).

부정사는 동사뿐만 아니라, 형용사나 부사의 의미를 보충하기도 한다.[20]

예를 들어 마가복음 1장 7절의 οὗ οὐκ εἰμὶ **ἱκανὸς** κύψας **λῦσαι** (λύω [to loose]의 부정과거, 능동태, 부정사) τὸν ἱμάντα τῶν ὑποδημάτων αὐτοῦ는

19) Wallace, *Greek Grammar Beyond the Basics*, 599.
20) Burton, *Syntax of the Moods and Tenses*, 151(§376).

"나는 허리를 굽혀서 그의 신발의 끈도 풀 수도 없다"라는 뜻으로서, 여기에서 부정사 λῦσαι는 형용사 ἱκανός의 의미를 보충한다(눅 14:31; 고후 12:14; 딤후 2:2; 계 4:11 등도 참조).

V. 부정사의 주어

마지막으로 부정사의 의미상의 주어에 관해서 첨언할 필요가 있다. 특별한 언급이 없는 한 부정사의 주어와 주동사의 주어는 동일하다. 이에 반해 의미상의 주어가 별도로 필요할 경우는 통상 대격이 사용된다. 하지만 한 문장에 부정사와 연결되는 대격이 두 개 등장하고, 두 대격 가운데 어느 것을 의미상의 주어로 간주해도 문장의 뜻이 통하는 경우, 해석적인 난점이 발생한다.

이 문제와 관련하여, 리드(J.T. Reed)는 최근의 연구를 통해서 두 개의 대격이 쓰이는 부정사 구문에서는 압도적인 비율로 의미상의 주어가 목적어보다 앞에 나온다는 것을 보여주었다.[21)]

앞서 예로 든 고린도후서 2장 13절의 οὐκ ἔσχηκα ἄνεσιν τῷ πνεύματί μου **τῷ μὴ εὑρεῖν** (εὑρίσκω [to have]의 부정과거, 능동태, 부정사) **με Τίτον τὸν ἀδελφόν μου**은 "나는 나의 형제 디도를 찾지 못했기 때문에, 마음에 안식을 갖지 못했다"라는 뜻으로서, 이 구절에는 부정사 다음에 대격이 두 개(με Τίτον τὸν ἀδελφόν) 이어진다. 하지만 부정사 εὑρεῖν의 의미상의 주어는 앞에 나오는 με이며, 뒤에 나오는 Τίτον τὸν ἀδελφόν은 부정사의 직접 목적어다(고전 7:10-11도 참조).

---

21) J.T. Reed, "The Infinitive with Two Substantival Accusatives: An Ambiguous Construction?," *NovT* 33 (1991), 1-27. Porter, *Idioms of the Greek New Testament*, 203에서 재인용.

물론 이러한 원칙을 따르지 않는 경우들도 있으나, 이 중에 상당수는 합리적인 설명이 가능하다.[22] 즉, 두 번째 대격이 의미상의 주어인 예들 가운데 일부는 앞의 대격이 의문대명사이거나, 강조를 위해서 어순을 바꾼 경우들이다.

예를 들어 마가복음 8장 27절의 **τίνα με** λέγουσιν οἱ ἄνθρωποι εἶναι;는 "사람들이 나를 누구라고 하느냐?"라는 뜻으로서, 두 번째 나오는 대격인 με가 부정사 εἶναι의 의미상의 주어지만, 앞의 대격이 의문대명사로서 문두(文頭)에 나온 경우이다(마 16:13; 막 8:29; 눅 9:18, 20; 요 1:48[강조를 위해 어순을 바꿈]; 행 2:12; 13:25; 17:20 등도 참조).

이러한 규칙은 일부 뜻이 모호한 구절들의 의미를 결정하는 데 적지 않은 도움이 된다.

예를 들어 빌립보서 1장 7절의 διὰ τὸ **ἔχειν με** ἐν τῇ καρδίᾳ **ὑμᾶς**는 앞에 나오는 대격을 부정사 ἔχειν의 의미상의 주어로 보아 "내가 너희를 마음속에 두고 있기 때문에"라고 해석할 수도 있고, 뒤에 나오는 대격을 의미상의 주어로 보아 "너희가 나를 마음속에 두고 있기 때문에"라고 해석할 수도 있다.[23] 하지만 위의 규칙을 적용하면 전자의 해석이 옳다고 판단할 수 있다.

---

22) Porter, *Idioms of the Greek New Testament*, 203.

23) 예컨대, 해석적인 난해함을 피력하는 G.F. Hawthorne, *Philippians* (WBC 43; Waco: Word Books, 1983), 22-23을 보라.

23. 간접화법

이번 장에서는 간접화법(indirect discourse)에 쓰이는 여러 가지 법에 대해서 살펴보고자 한다.[1] 특히 국내에서 유통되는 영어권(원서나 번역서를 막론하고) 문법서들이 대체로 설명 목적상 영어와 헬라어를 비교하는 방식으로 이 부분을 설명하는 탓에, 두 언어 모두에 익숙하지 않은 국내 독자들에게는 다소간에 혼란이 야기된다. 따라서 간략하게나마 정리할 필요가 있다.

헬라어에서 '보다', '말하다,' '믿다,' '알다,' '인지하다' 따위의 인식을 표현하는 동사는 인식 대상을 직접 목적어로 취하는 타동사인데, 이때 인물이나 사물, 사태나 상황 외에 '보고된 말'(reported

1) 우리말 문법에는 문장 속의 문장을 '안김'과 '안음'으로 설명하는데, 한 문장이 그 속에 다른 문장을 한 성분으로 안고 있을 때 그것을 안은 문장이라고 한다. 또한 한 문장이 큰 문장의 한 성분으로 안겨 있는 것을 절(節)-'안긴 문장'-이라고 하는데, 명사절, 서술절, 관형절, 부사절, 인용절 등이 있으며, 간접화법은 인용절의 하나로 문법적으로는 '인용절로 안긴 문장'이라는 범주에 속한다. 우리말에서 인용절은 주어진 문장에 조사 '라고, 고'가 붙어서 이루어지며, 이때 인용절은 인용된 문장에 붙은 조사 '라고, 고'까지이다. 흥미로운 것은 영어나 헬라어가 이러한 인용문을 목적절로 보는 반면, 우리말은 대체적으로 부사절의 일종으로 본다는 점이다. 남기심·고영근, 『표준국어문법론』, 385, 395.

speech)이나 '사상'(thought)을 목적어로 삼을 수도 있다.2) 이 경우 누군가의 말이나 생각을 인용하게 되는데 이 때 인용되는 말이나 생각이 아무런 문법적 변화를 거치지 않고 고스란히 직접 인용될 수도 있고, 인식을 표현하는 문장의 입장에 따라 일정한 문법적 변화를 거친 후 간접적으로 인용될 수도 있다. 이처럼 일단 한 번 언설된 말이나 생각은 차후에 재차 인용되면서 직접인용(direct quotation)이나 간접인용(indirect quotation)의 형태를 취한다.

예컨대 누군가 "내가 갈게"라고 말한 것을 직접 인용한다면, "그는 '내가 갈게'라고 말했다"가 될 테지만, 이를 간접적으로 인용하면 "그는 자기가 갈 것이라고 말했다"가 된다. 이와 같이 어떤 문장이나 생각을 간접적으로 인용할 경우, 본래 진술은 그 문장이 포함되는 문장의 구조에 따라 시제, 인칭 등에 있어서 일정한 문법적 변화를 거치게 된다('내가→자기가', '갈게→갈 것' 등).

따라서 어떤 문장을 간접 인용할 경우 기존 문장이 새로운 문장 안으로 인용될 때 각 문장 성분들이 어떤 변화를 거치게 되는지에 각별한 주의를 기울여야 한다. 명령이나 약속, 소망 등을 간접적으로 인용할 수도 있지만, 신약성경에서 간접화법은 주로 '간접적인 확언'(indirect assertions)이나 '간접 의문문'(indirect questions)에 국한되어 사용된다.3)

하지만 우리말 독자들의 경우, 실제 헬라어 문장을 이해하는데 있어서 이러한 상황이 결정적인 영향을 미치는 것은 아니다. 본문의 의미를 이해하기 위해서라면 대부분의 경우 본래의 직접

2) Burton, *Syntax of the Moods and Tenses*, 130.

3) Burton, *Syntax of the Moods and Tenses*, 131; Moule, *An Idiom Book of New Testament Greek*, 153; Wallace, *Greek Grammar Beyond the Basics*, 456.

화법을 재구성할 필요가 전혀 없을뿐더러, 번역을 할 때에도 간접화법의 경우는 우리말과 헬라어의 어법에 큰 차이가 없기 때문이다. 다만 영어권 독자들이 헬라어 문장을 영어로 번역할 경우 시제에 주의해야 하므로, 영어권 문법서들이 이 부분을 상대적으로 길게 다루는 편이다.

예를 들어 마가복음 2장 1절의 ἠκούσθη **ὅτι** ἐν οἴκῳ **ἐστίν**은 "그가 집에 **있다는** 소문이 들렸다"라는 뜻으로서, 이것을 우리말로 옮기는 데 있어서는 시제에 아무런 변화를 줄 필요가 없다. 즉 주동사가 부정과거 시제-형태라고 해서 간접적으로 인용되는 문장의 동사를 우리말의 과거 시제('있었다')로 바꿀 필요가 없다는 말이다. 하지만 이를 영어로 옮기게 되면, 문자적으로 'He is'인 ἐστίν을 직접화법으로 표현할 때 채용했을 시제-형태인 ἦν의 의미, 즉 'He was'로 바꾸어 "It was heard that he *was* at home"로 번역해야 한다.

I. 간접화법의 표현 방식

헬라어의 간접화법이 라틴어나 영어와 다른 하나의 중요한 점은 인용되는 본래 문장의 시제가 간접화법에서도 그대로 유지된다는 점이다.[4] 이는 인용문이 포함되는 주문장의 시제가 1차 시

4) Moule, *An Idiom Book of New Testament Greek*, 153; Burton, *Syntax of the Moods and Tenses*, 132; Wallace, *Greek Grammar Beyond the Basics*, 457; Machen and McCartney, *New Testament Greek for Beginners*, 187; Robertson, *A Grammar of the Greek New Testament*, 1039. 우리말에서도 보고자의 관점에 따라 인칭이 변화되기는 하지만 영어에서처럼 시제가 변화되지는 않는다. 예컨대 "우리는 그가 옳지 않은 일을 한다고 판단했다"라거나 "아가씨는 내가 저 별들의 이름을 다 아느냐고 물었다" 등을 통해 본

제건 2차 시제건 별다른 차이가 없다. 영어의 경우 간접인용문은 보고자의 관점을 반영하여 본래 문장의 시제, 법, 인칭 등을 변경하게 된다. 예컨대 "He said 'I will see the Lord'"라는 직접화법을 간접화법으로 바꿀 경우 "He said that he would see the Lord"가 된다.

이와는 달리 헬라어에서는 어떤 문장이 다른 문장 안에서 간접인용될 경우에 본래 문장의 시제와 법은 그대로 유지된다.[5] 헬라어에서 직접화법과 간접화법의 차이는 단지 간접화법에서 동사의 인칭이 보고자의 관점에 의거하여 바뀐다는 점뿐이다.

> 예를 들어 간접화법인 εἶπεν **ὅτι βλέπει** (βλέπω [to see]의 현재, 능동태, 직설법, 3인칭, 단수) τὸν ἀπόστολον이라는 문장에서 βλέπει는 현재 시제 3인칭인데, 이 문장의 이면에 놓인 본래 문장이 βλέπω (βλέπω [to see]의 현재, 능동태, 직설법, 1인칭, 단수) τὸν ἀπόστολον이기 때문에 보고자의 관점에 의거하여 동사의 인칭만 1인칭에서 3인칭으로 변경하고 시제와 법은 그대로 유지한다. 우리말에서도 직접화법인 "**나는** 사도를 **본다**"를 과거 시제의 간접화법으로 바꾸려면, 본래 문장의 시제는 유지한 채 인칭만 적절하게 변경하여 "그는 **자기가** 사도를 **본다고** 말했다"로 표현할 수 있다. 그러나 이를 영어로 옮기면 "He said that he *saw* the apostle"이 된다.

래 문장의 시제가 인용문에서도 그대로 유지됨을 알 수 있다. 남기심·고영근 공저, 『표준국어문법론』, 395.

5) 인용문이 포함된 문장의 주동사가 현재나 미래의 시간을 나타내는 1차 시제(현재, 현재완료, 미래)인 경우, 본래 문장의 법과 시제는 간접화법으로 인용된 문장에서도 그대로 유지된다. 인용문이 포함된 문장의 주동사가 과거 시점을 표현하는 2차 시제(부정과거, 미완료, 과거완료)인 경우 대체로 본래 문장의 법과 시제가 그대로 유지되지만, 누가 저작의 경우 시제는 유지되지만 직설법이나 가정법이 기원법으로 변경되는 예가 나타나기도 한다(행 25:16 등). Burton, *Syntax of the Moods and Tenses*, 132-33.

이런 탓에 인식이나 의사소통을 표현하는 동사들 다음에 이어지는 내용이 직접 인용된 것인지 간접적으로 인용된 것인지를 정가하기 애매할 때가 있다. 둘 사이를 구별해 주는 구문상의 특징은 인용되는 내용의 이러저러한 요소들이 주문장에 문법적으로 어울리게 조율된 후 포함되었느냐 여부이다.[6)]

> 예를 들어 마가복음 1장 37절의 λέγουσιν **αὐτῷ** ὅτι πάντες ζητοῦσίν **σε**는 "그들은 그에게 '모든 사람들이 당신을 찾고 있다'고 말했다"라는 뜻으로서, 여기에서 이하는 직접 인용문이다. 만일 간접인용이었다면 2인칭 목적어인 σε가 3인칭인 목적어인 αὐτόν으로 바뀌었을 것이다.

헬라어에서 간접적인 확언을 표현하는 방식은 크게 다음과 같은 세 가지이다[7)]:

1) ὅτι-절
2) 부정사와 의미상의 주어인 대격 (대)명사
3) '인지'(perceiving) 등의 의미를 지닌 동사의 목적어와 그에 상응하는 분사

그리고 간접 의문문은 εἰ나 여타 의문사로 시작된다.[8)] 이 중에서 ὅτι-의 형태가 가장 흔하게 나타나며, 부정사와 대격의 형태도 적지 않게 사용된다. 그러나 분사 형태의 간접화법은 그리 자주 사용되지 않는다. 이들 용법을 상세히 살펴보면 다음과 같다.

---

6) Porter, *Idioms of the Greek New Testament*, 269-70.
7) Burton, *Syntax of the Moods and Tenses*, 131.
8) Burton, *Syntax of the Moods and Tenses*, 132.

II. ὅτι-절

간접 화법에서 사용되는 ὅτι-는 인용문을 표현하는 한 방법으로서 인식(perception)을 표현하는 동사 다음에 이어지는 직접 목적어의 특별한 용법이다.[9] 직접 인용문을 도입하는 '인용의 ὅτι'(ὅτι *recitativum*)와는 달리, 간접화법을 이끄는 ὅτι는 본래의 말이나 생각을 '보고된 형태'(a reported form)로 재진술할 때 사용한다.[10]

예를 들어 마태복음 2장 23절의 πληρωθῇ τὸ ῥηθὲν διὰ τῶν προφητῶν **ὅτι** Ναζωραῖος **κληθήσεται** (καλέω [to call]의 미래, 수동태, 직설법, 3인칭, 단수)는 "나사렛인으로 불릴 것이라는 선지자들을 통한 말씀이 성취되었다"라는 뜻으로 ὅτι는 구약 인용문을 간접화법 형태로 이끌고 있다. 예를 들어 마태복음 5장 17절의 μὴ νομίσητε **ὅτι** **ἦλθον** (ἔρχομαι [to come]의 부정과거, 능동태, 직설법, 3인칭, 단수) καταλῦσαι τὸν νόμον ἢ τοὺς προφήτας는 "내가 율법이나 선지자를 폐하러 왔다고 생각하지 말라"라는 뜻으로서, ὅτι-절 이하는 예수를 반대하는 적대자들의 관점, 즉 "예수는 율법이나 선지자를 폐하러 왔다"는 생각을 요약하여 인용한다. 사도행전 4장 13절의 θεωροῦντες δὲ τὴν τοῦ Πέτρου παρρησίαν καὶ Ἰωάννου καὶ καταλαβόμενοι **ὅτι** ἄνθρωποι ἀγράμματοί εἰσιν καὶ ἰδιῶται, **ἐθαύμαζον** (θαυμάζω [to marvel, wonder at]의 미완료, 능동태, 직설법, 3인칭, 복수) ἐπεγίνωσκόν τε αὐτοὺς **ὅτι** σὺν τῷ Ἰησοῦ **ἦσαν** (εἰμί [to be]의 미완료, 능동태, 직설법, 3인칭, 복수)는 "그들은 베드로와 요한이 담대하게 말하는 것을 보면서 그들이 배우지 않은 범인(凡人)이라고 여겼으나 그들이 예수와 함께 있었다는 것을 알아보고 놀랐다"라는 뜻으로, 두 개의 ὅτι 모두 간접 화법을 이끌고 있다.

---

9) Wallace, *Greek Grammar Beyond the Basics*, 456.

10) Porter, *Idioms of the Greek New Testament*, 271-72; McKay, *A New Syntax of the Verb*, 101(§12.4).

위의 예에서 인용절을 안고 있는 문장의 주동사가 과거 시점을 표현하는 미완료 시제-형태(ἐθαύμαζον)이므로 첫 번째 ὅτι-절을 영어로 옮기면 "they were"가 되고 두 번째 ὅτι-절을 영어로 옮기면 "they had been"이 되겠지만, 헬라어 시제는 그대로 유지된다는 점에 주목하라(마 2:16; 20:10; 막 2:1; 눅 8:47; 요 4:1; 5:15; 행 4:13; 몬 21; 요1 2:18; 계 12:13 등도 참조).

이러한 구문에서는 접속사 가 직/간접 인용문을 이끄는지, 이유를 나타내는지를 주의 깊게 살펴야 하며, 인용문을 이끈다면 직접 인용인지 간접 인용인지를 파악하기 위해 인용된 문장이 문법적인 조율을 거쳤는지 여부도 면밀히 살펴야 한다.

III. 간접 의문문을 이끄는 εἰ-절

또한 "εἰ+직설법"이나 "의문대명사+직설법/가정법"은 간접 의문문을 이끌기도 한다.[11)]

예를 들어 사도행전 10장 25절의 ἐπυνθάνοντο **εἰ** Σίμων ὁ ἐπικαλούμενος Πέτρος ἐνθάδε **ξενίζεται** (βλέπω [to see]의 현재, 능동태, 직설법, 3인칭, 단수)는 "그들은 베드로라고 불리는 시몬이 여기에 머물고 있는지 물었다"라는 뜻이다(아래의 막 15:44와 비교).[12)]

---

11) Wallace, *Greek Grammar Beyond the Basics*, 478; Porter, *Idioms of the Greek New Testament*, 274-75. 상세한 형식들과 각 형식들 사이의 의미 차이에 관하여는 McKay, *A New Syntax of the Verb*, 105-112(§13.1-4)를 보라.

12) Εἰ는 직접 인용문을 이끌 수도 있으며 '여기'(here)라는 뜻의 ἐνθάδε가 간접 화법에는 어울리지 않는다는 점에서 이 문장을 직접 인용문으로 볼 수도 있다. Moule, *An Idiom Book of New Testament Greek*, 154.

마가복음 9장 6절의 οὐ γὰρ ᾔδει **τί ἀποκριθῇ** (ἀποκρίνομαι [to answer]의 부정과거, 수동태, 가정법, 3인칭, 단수)는 "왜냐하면 그는 무슨 대답을 해야 할지 알지 못했기 때문이다"라는 뜻으로서, 여기서는 간접화법을 위해서 의문사+가정법 구문이 사용되었다.

경우에 따라 εἰ는 의문문이 아니라 간접적으로 인용된 평서문을 이끌기도 한다.

예를 들어 마가복음 15장 44절의 ὁ δὲ Πιλᾶτος ἐθαύμασεν **εἰ** ἤδη **τέθνηκεν** (θνῄσκω [to die]의 현재완료, 능동태, 직설법, 3인칭, 단수)은 "그러나 빌라도는 그가 벌써 죽었는지 의아하게 여겼다"라는 뜻으로서, 여기에서 εἰ는 의문문은 아니지만 간접적으로 인용된 평서문을 이끈다. 하지만 곧바로 이어지는 … ἐπηρώτησεν αὐτὸν **εἰ** πάλαι **ἀπέθανεν** (ἀποθνῄσκω [to die]의 부정과거, 능동태, 직설법, 3인칭, 단수)은 "그에게 그가 죽은지 오래되었는지 여부를 물었다"라는 뜻으로서, εἰ가 간접의문문을 이끈다(마 16:18; 눅 5:14; 요 11:13 등도 참조).

간접 의문문의 경우 대체적으로 본래 문장의 시제와 법이 유지되지만 보다 잠정적이고 섬세한 어감을 표현하기 위해서 기원법이 사용되기도 한다.[13)]

예를 들어 사도행전 25장 20절의 ἔλεγον **εἰ βούλοιτο** (βούλομαι [to wish]의 현재, 중간태, 기원법, 3인칭, 단수) πορεύεσθαι εἰς Ἱεροσόλυμα는 "나는 그가 예루살렘에 올라갈 의향이 있는지 물었다"라는 뜻으로 기원법 βούλοιτο는 직설법인 βούλεται보다 잠정적인 상황을 표현한다.

---

13) Moule, *An Idiom Book of New Testament Greek*, 154; Porter, *Idioms of the Greek New Testament*, 273.

IV. 부정사와 대격

고전 헬라어에서 부정사는 '보다'(to see), '말하다'(to tell, say), '믿다'(to believe), '알다'(to know), '인지하다'(to recognize) 등 인식을 표현하는 동사들의 보충어(complement), 즉 인식이나 의사소통의 구체적인 내용을 나타내기 위해서 자주 사용되었다.[14] 신약성경에서도 이러한 형식이 완전히 사라진 것은 아니지만 주로 간접화법을 이끄는 ὅτι-절로 표현되고,[15] 간접화법을 나타내는 부정사는 누가, 바울, 히브리서 저자 등 문학적인 문체를 사용하는 저자들의 글에서 주로 나타난다(위의 부정사의 용법에 관한 설명도 보라).[16]

이 경우 부정사의 의미상의 주어가 주동사의 주어와 동일할 경우는 별도로 주어를 표기하지 않지만, 주동사의 주어와 다를 경우 대격 (대)명사를 사용한다.

예를 들어 마가복음 12장 18절의 οἵτινες λέγουσιν ἀνάστασιν μὴ **εἶναι** (εἰμί [to be]의 현재, 능동태, 부정사)는 "그들은 부활이 없다고 말하는 자들이다"라는 뜻이다. 여기서 대격명사인 ἀνάστασιν은 부정사의 의미상의 주어 노릇을 하며, 둘 사이에는 의미상 주어-동사 관계가 성립한다. 사도행전 28장 6절의 ἔλεγον αὐτὸν **εἶναι** (εἰμί [to be]의 현재, 능동태, 부정사) **θεόν**는 "그들은 그가 신이라고 말했다"라는 뜻이다.

---

14) Robertson, *A Grammar of the Greek New Testament*, 1032.

15) Robertson, *A Grammar of the Greek New Testament*, 1036. 실제로 신약성경의 선언적인 문장(declarative sentences)에는 간접화법보다는 직접화법이 상대적으로 더 자주 나타난다. 또한 직접 인용문에서는 ὅτι가 사용되기도 하고 생략되기도 한다. 그러므로 인용문 앞에 ὅτι가 나타난다고 해서 이를 간접화법의 증거로 보기에는 무리가 따른다. Burton, *Syntax of the Moods and Tenses*, 134.

16) BDF, §396.

로마서 2장 18절의 πέποιθάς τε σεαυτὸν **ὁδηγὸν εἶναι** (εἰμί [to be]의 현재, 능동태, 부정사) **τυφλῶν**는 "너는 스스로 맹인을 인도하는 자라고 자부한다"라는 뜻이다(눅 20:6; 23:23; 행 14:19; 21:4; 25:11; 롬 1:13; 2:19; 약 1:26 등도 참조).

V. 간접화법을 표현하는 분사

동사의 목적어 역할을 하는 명사와 연결되는 분사가 간접 화법을 표현하기도 한다. 그러나 신약성경에서 이런 용법으로 쓰이는 분사는 부정사와 마찬가지로 ὅτι-절로 대체되는 경향을 보여준다.

예를 들어 요한1서 4장 2절의 πᾶν πνεῦμα ὃ ὁμολογεῖ Ἰησοῦν Χριστὸν ἐν σαρκὶ **ἐληλυθότα** (βλέπω [to see]의 현재, 능동태, 직설법, 3인칭, 단수) ἐκ τοῦ θεοῦ ἐστιν는 "예수 그리스도가 육체로 임하셨다는 것을 고백하는 모든 영을 하나님으로부터 온 것이다"라는 뜻이다(마 1:18; 눅 4:23; 행 7:12; 8:23 등도 참조).

24. 문장 구조

이번 장에서는 헬라어의 문체적 성격을 간략하게 살펴고자 한다. 앞서 살펴본 바와 같이, 신약성경 헬라어는 대체적으로 헬레니즘 시대 헬라어의 한 지류(支流)로서, '셈어적 성격'과 '그리스도인들의 경험'이 반영된 위상어라고 할 수 있다.[1] 따라서 신약성경 헬라어만의 독특성을 감안한다면 신약성경 헬라어를 세속적인 코이네 헬라어와 등치시키는 것은 위험하겠지만, 전반적으로 봤을 때 신약성경 헬라어는 코이네 헬라어의 문체적 특징을 공유한다. 따라서 이번 장에서는 신약성경 헬라어의 문체적 특징 중에 주의를 기울여야 할 몇 가지 특별한 '문장 구조'(sentence structure)를 살펴보도록 하겠다. 코이네 헬라어는 문장 구조에 있어서 고전 헬라어에 비해 다음과 같은 몇 가지 특징을 보여준다.[2]

1) 고전 헬라어의 복잡한 문장들을 대신하여 더 짧고 간명한 문장들이 사용된다.

1) Moule, *An Idiom Book of New Testament Greek*, 3-4.

2) McKay, *A New Syntax of the Verb*, 1-6(§1.1-7); Wallace, *Greek Grammar Beyond the Basics*, 19; Zerwick, S.J., *Biblical Greek*, 161-64(§480-494).

2) 고전 헬라어에 비해 불변화사(particles)와 접속사(conjunctions)가 덜 사용되며, 이 중 일부는 고전 헬라어에서 각기 다른 불변화사나 접속사가 담당했던 여러 기능을 한꺼번에 수행하기도 한다.
3) 병행 구문(parataxis, 대등절)이 증가하고 종속 구문(hypotaxis, 복문[複文])이 감소한다.
4) 간접 화법보다는 직접 화법이 선호된다.

이 시대의 헬라어는 고전 헬라어에 비해서 전반적으로 '간소화' 되었다고 할 수 있겠다. 그러나 이러한 변화에도 불구하고 코이네 헬라어 역시 고전 헬라어의 기본적인 문장 구조의 틀을 크게 벗어나지 않기 때문에, 신약성경에도 '접속사 생략'(asyndeton), '미문(美文)'(period), '파격 구문'(anacoluthon) 등 고전 헬라어에서 발견되는 특별한 문장 구조들이 종종 발견된다. 이를 간략하게 살펴보면 다음과 같다.

I. 접속사 생략

일찍이 아리스토텔레스(Aristotle)는 헬라어에서 문장을 연결시키는 방식에는 두 가지 상반되는 문체가 사용된다고 설명한 바가 있다(『수사학』, 3.9p. 1409a 24ff.). 그 중 하나는 '연속적(εἰρομένη)이고 간결한(κατεστραμμένη) 방식'이고, 다른 하나는 '완전문 혹은 도미문(掉尾文, 병렬식 구조를 이룬 요소들이 열거된 다음, 마지막에 주요 내용을 두어 핵심을 진술을 하는 문장) 방식'(the periodic, ἐν περιόδοις, in a way around)이다. 연속적인 방식은 고대 산문체나 민예적인 코이네 헬라어와 같은 소박하고 자유로운 산문체의 특징이다. 이렇듯 연속적이고 간결한 문체는 연속적인 각 문장이 비교적 느슨하게 연결되어 있어서 예상 가능한 결론으로 자연스럽게 이어지지 않으며, 평범하고 비전문적인 문체로서 신약성경의 경우 서사문에 주로 쓰인다. 가장 대표적인 본문은 마가복음인데, 마가복음에는 자체적으로 완결된 한 문장 다음에 통상 접속사 καί로 연결된 두 번째, 세 번째 문장 등이 단조롭게 이어지곤 한다.[3)]

이와 더불어 신약성경에는 분사 구문, ὅτι-절, 관계사절(relative clause)이나 다채로운 종속절 등을 사용한 연속적인 문장들도 자주 사용된다. 반면 도미문(掉尾文) 방식은 '예술적으로 발전된 산문체'의 특징으로서 데모스테네스(Demosthenes)나 투키디데스(Thucydides)와 같은 저자들이 보여주는 문체상의 특징이다. 예언서에서 가끔 도미문 방식을 사용하고 있긴 하지만, 사실 구약성경의 서사도 신약성경과 마찬가지로 연속적인 방식을 따른다.[4)]

이외에 일반적으로는 잘 쓰이지 않지만 아무런 접속사 없이 병행 구문이 이어지기도 하며, 신약성경에도 이러한 문체가 제한적으로 나타난다.

예를 들어 마태복음 5장 24절의 **ὕπαγε** πρῶτον **διαλλάγηθι** τῷ ἀδελφῷ σου("먼저 가서 너의 형제와 화해하라")에는 두 개의 명령형 동사(ὕπαγε, διαλλάγηθι)가 별도의 접속사 없이 연속적으로 등장한다.
마가복음 14장 42절의 **ἐγείρεσθε ἄγωμεν·** ἰδοὺ ὁ παραδιδούς με ἤγγικεν("일어나라. 가자. 보라, 나를 넘겨주는 자가 가까이 왔다")도 마찬가지이

3) 그러나 마가복음 문체를 고전 헬라어와 비교하여 설명하는 경우도 있다. 예컨대, Voelz, *Mark 1:1-8:26*, 2-24를 보라. 무엇보다 마가의 문학성이 그의 문체에 달린 것은 아니다.

4) Robertson, *A Grammar of the Greek New Testament*, 432; BDF, § 458.

다(롬 1:29-31 등도 참조).

이는 개별 단어나 개념 사이에 나타나기도 하지만, 정동사를 가진 종속문 대신에 나타나기도 하고 절이나 문장, 심지어 단락이 별도의 접속사 없이 병렬적으로 이어지기도 한다.[5] 하지만 문학적인 견지에서 보자면, 이러한 접속사 생략법은 서사적 긴장감이나 속도감을 높일 수 있는 장점이 있다.[6]

예를 들어 마가복음 6장 22절의 εἶπεν ὁ βασιλεὺς τῷ κορασίῳ· αἴτησόν με ὃ ἐὰν θέλῃς καὶ δώσω σοι는 "왕이 그 소녀에게 말했다. '네가 원하는 것이라면 무엇이든 구하라. 너에게 주겠노라'"라는 뜻으로서, 여기서는 καί 등의 접속사가 문두에 쓰이지 않았다. 마가는 접속사를 생략함으로써 '말하다'라는 동사를 강조하고 이로써 헤롯의 성적인 흥분 상태를 부각시킨다[7](막 1:24; 2:8-9; 8:1; 9:43; 10:28; 12:14 등도 참조).

II. 미문

미문(美文), 즉 다수의 절(clause)이나 구(phrase)가 하나의 균형 잡힌 통일성을 이루는 문장은 신약성경에 거의 나타나지 않는다. 하지만 위대한 그리스 작가의 문장과 유사한 미사여구가 가끔 나타나기도 한다. 이러한 미사여구의 특징은 몇 개의 전제절과 종속절이 이어지거나 해당 절의 각 요소들이 균형 잡힌 대구를 형성하거나 긴 목록이나 연설 등이 열정적이고 탁월한 결론으로 맺

5) BDF, §460-63.

6) Voelz, *Mark 1:1-8:26*, 4, 각주 11을 보라.

7) Marcus, 『마가복음 I』, 664.

어질 때 나타난다.[8] 예컨대 이른 바 '믿음의 장'이라고 불리는 히브리서 11장의 결론격인 12장 1-2절은 전체가 매우 잘 짜인 미사여구다. 미사여구 자체가 매우 고상한 문체에 속하기 때문에, 신약성경 가운데 가장 유려한 문체를 보여주는 히브리서에 가장 자주 나타난다.[9] 미사여구는 분명 단어나 문장들의 구성으로 보아 예술적 산문체로 간주되어야 한다.

그러나 바울은 고린도후서 11장 6절(ἰδιώτης τῷ λόγῳ, "말에 있어서는 부족하다")에서 피력한 대로, 사려 깊은 문체가 요구하는 대로 인위적인 문장을 애써 만들려고 하지는 않는다. 바울서신이 전반적으로 매우 웅변적이고 설득력이 있음에도, 예술적인 미사여구는 발견되지 않으며, 외려 다소 거친 삽입어구나 파격 구문이 적지 않게 나타난다.[10]

누가저작에서는 복음서 서문(1:1-4)과 사도행전 15장 24-26절의 사도회의 결과를 전하는 편지의 도입부가 매우 아름다운 미사여구지만, 다른 곳에서는 미사여구가 나타나지 않으며, 사도행전의 서문은 미사여구라기보다는 매우 잘 짜인 복문(複文)일 따름이다.[11]

III. 파격 구문

문법적으로 정상적인 문장은 통상 두 가지 방식으로 파격(破格)된다.[12] 하나는 '삽입문'으로서, 이는 문법적으로 독립적인 내용이

8) BDF, §464.
9) BDF, §464.
10) BDF, §464.
11) BDF, §464.

문장 한 가운데로 끼어드는 것이다. 신약성경에서는 의외로 이러한 삽입문이 바울서신에 심심찮게 나타난다.

예를 들어 로마서 1장 13절의 οὐ θέλω δὲ ὑμᾶς ἀγνοεῖν, ἀδελφοί, ὅτι πολλάκις προεθέμην ἐλθεῖν πρὸς ὑμᾶς, **καὶ ἐκωλύθην ἄχρι τοῦ δεῦρο**, ἵνα τινὰ καρπὸν σχῶ καὶ ἐν ὑμῖν은 "나는 너희 안에서도 어떤 열매를 얻기 위해서 너희들에게 가고자 누차 계획했다는 것－그러나 이제까지 방해를 받았다－을 너희가 알지 못하기를 원치 않는다"라는 뜻으로서, 여기에서 καὶ ἐκωλύθην ἄχρι τοῦ δεῦρο는 문장 한 가운데에 끼어들어 문장의 흐름을 방해하는 삽입문이다(고후 8:3; 눅 18:41 등도 참조).

다른 하나는 '파격 구문'(anacoluthon, ἀνακόλουθον[부정어인 ἀ-와 '뒤따르다'라는 뜻의 ἀκολουθέω가 결합된 말])으로서, 이는 본래 예상되는 문장 구조를 완결 짓지 못하는 것이다. 따라서 파격 구문은 일반적으로 예술적인 산문체의 견지에서 볼 때 옳지 못한 문장으로 간주되어야 한다.

가장 단순한 형태의 파격 구문은 '견인'(attraction)으로서, 선행사를 필요로 하는 관계사 절이 이어질 때 선행하는 격이 이에 동화되는 현상이다.

예를 들어 고린도전서 12장 17절의 μή τινα **ὧν**(관계대명사 남성 복수 속격) ἀπέσταλκα πρὸς ὑμᾶς, δι' αὐτοῦ ἐπλεονέκτησα ὑμᾶς;는 "내[바울]가 너희에게 파송한 자들 가운데 어느 누구를 통해서 너희로부터 이익을 얻은 적이 있는가?"라는 뜻으로서, 여기에 나타나는 관계대명사 ὧν은 속격 대명사인 τούτων과 동사 ἀπέσταλκα의 목적어 역할을 하는 대격 관

---

12) BDF, §458.

계대명사 οὕς의 결합으로 봐야한다. 그러나 τούτων은 이어지는 관계대명사에 동화되어 단순히 ὧν만 남은 파격 구문이다.

분사 구문이 문장의 나머지 부분과 자연스럽게 연결되지 못한 채 미완성인 상태로 문장이 종결되거나, 삽입된 문장이나 종속절, 관계사절 이후에 본래 문장이 문법적으로 올바르게 완결되지 않는 경우도 있다.[13)]

예를 들어 베드로후서 1장 17-18절의 **λαβὼν γὰρ παρὰ θεοῦ πατρὸς τιμὴν καὶ δόξαν** … καὶ ταύτην τὴν φωνὴν ἡμεῖς ἠκούσαμεν …은 "[그는 '너는 내 사랑하는 아들이다…'라는 음성을 들으면서] 아버지 하나님으로부터 존귀와 영광을 받았는데 … 그리고 우리도 그 소리를 들었다"라는 뜻으로서, 여기에서 문두의 분사 구문(λαβὼν γὰρ παρὰ θεοῦ πατρὸς τιμὴν καὶ δόξαν)은 새로운 문장이 시작되면서 문장의 나머지 부분과 연결되지 못한 채 미완성 상태로 남겨져 있다(마 7:9; 막 2:28; 7:3; 눅 11:11f.; 12:8; 행 24:5f.; 롬 16:25-27; 고전 9:15; 갈 2:6; 엡 3:8 등도 참조).

그 외에 명사나 대명사, 분사 등이 문장 구조에서 소외되거나(마 12:36 등), 논조를 벗어나거나(요 5:44 등), 접속사가 생략되는 등의 파격구문이 종종 나타난다.[14)]

예를 들어 마태복음 12장 36절의 λέγω δὲ ὑμῖν ὅτι **πᾶν ῥῆμα ἀργὸν** ὅ λαλήσουσιν οἱ ἄνθρωποι ἀποδώσουσιν περὶ αὐτοῦ λόγον ἐν ἡμέρᾳ κρίσεως는 "그러나 나는 너희에게 말한다. 그들이 하게 될 모든 부주의

13) Robertson, *A Grammar of the Greek New Testament*, 437-39.

14) Robertson, *A Grammar of the Greek New Testament*, 439-40.

한 말들을, 사람들은 심판의 날에 그에 대해서 했던 말을 해명해야 할 것이다"라는 뜻으로서, 여기에서 문두의 πᾶν ῥῆμα ἀργόν는 나머지 문장으로부터 소외되어 있다.

정동사 대신 사용되는 분사나 부정사도 일종의 파격구문이다. 앞서 설명했듯이, 신약성경에는 오히려 정동사가 잘 어울릴 만한 곳에 분사나 부정사가 사용되는 예가 더러 있는데, 이렇게 쓰이는 분사나 부정사는 정동사처럼 해석하는 것이 자연스럽다(앞의 해당 설명들을 보라).

참고문헌

(*) 표시가 붙은 책은 헬라어 문법서다.

김영근 편. 『언어철학』. 단계 이규호 전집 제3권. 서울: 연세대학교 출판부, 2005.

남기심, 고영근 공저. 『표준국어문법론』. 서울: 탑출판사, 2011.

남영신. 『국어 한무릎공부』. 서울: 성안당, 2005.

박시현. 『함께 하는 언어학입문』. 서울: 한국외국어대학교출판부, 2006.

장동수. 『헬라어 문법: 어형론과 문장론』. 서울: 요단, 1999.(*)

장성민. "마가의 태(態) 사용 방식 연구." 『신약논단』 24/1(2017): 1-35.

Barth, M. *Ephesians: Translation and Commentary on Chapters 1-3 and 4-6*, 2 vols. Garden City: Doubleday, 1974.

Best, E. *A Critical and Exegetical Commentary on Ephesians*. ICC. Edinburgh: T&T Clark, 1998.

Bibliotheca Augustana (www.hs-augsburg.de/~harsch/graeca/Chronologia/ S_ante02/ DionysiosThrax/dio_tech.html#13, 9월 10일에 마지막으로 검색).

Black, D.A. "Some Dissenting Notes on R. Stein's The Synoptic Problems and Markan 'Errors'." *FN* 1 (1988): 96.

Blass, F. and A. Debrunner/Robert W. Funk. trans. and rev. *A Greek Grammar of the New Testament and Other Early Christian Literature*. Chicago: The

University of Chicago Press, 1961.(*)

Boyer, J.L. "Second Class Conditions in NT Greek." *GTJ* 3 (1982), 81-88.

______. "Third (and Fourth) Class Conditions." *GTJ* 3 (1982), 163-75.

______. "First Class Conditions: What do They Mean?" *GTJ* 2 (1981): 75-114.

Bratcher, R.G. and Nida, E.A. *A Handbook on the Gospel of Mark*. New York: United Bible Society, 1961.

Brown, R.E. *The Epistles of John*. New York: Doubleday, 1982.

______. *The Gospel according to John I-XII*. AB29; New York: Doubleday, 1966.

Brugmann, K. *Griechische Grammatik*. II.i: *Lautlehre, Stammbildungs und Flexionslehre, Syntax*. Munich: C.H. Beck, 1885, [4]1913.(*)

Burton, E.W. *Syntax of the Moods and Tenses in New Testament Greek*. Edinburgh: T&T Clark, 1889.(*)

Buth, R. "Mark's Use of the Historical Present." *Notes on Translations* 65 (1977): 7-13.

Callow, K. *Discourse Considerations in Translating the Word of God*. Grand Rapids: Zondervan, 1974.

Campbell, C.R. *Advances in the Study of Greek: New Insights for Reading the New Testament*. Grand Rapids: Zondervan, 2015.

______. *Basics of Verbal Aspect in Biblical Greek*. Grand Rapids: Zondervan, 2008.(*)

______. *Verbal Aspect and Non-Indicative Verbs: Further Soundings in the Greek of the New Testament*. Studies in Biblical Greek 15. New York: Peter Lang, 2008.(*)

______. *Verbal Aspect, the Indicative Mood, and Narrative: Soundings in the Greek of the New Testament*. Studies in Biblical Greek 13. New York: Peter Lang, 2007.(*)

Caragounis, C.C. *The Development of Greek and the New Testament: Morphology, Syntax, Phonology, and Textual Transmission*. Grand Rapids: Baker Academic, 2006.

Carson, D.A. *Exegetical Fallacies*. Grand Rapids: Baker, 1996.

______. "An Introduction to the Porter/Fanning Debate." *Biblical Greek Language and Linguistics: Open Questions in Current Research*. Edited by Porter, S.E. and Carson, D.A. JSNTSup. 80. Sheffield: Sheffield Academic, 1993): 18-25.

Comrie, B. *Aspect: An Introduction to the Study of Verbal Aspect and Related Problems*. Cambridge Textbooks in Linguistics. Cambridge: Cambridge University Press, 1976.

Curtius, G. *Erläuterungen zu meiner griechischen Schulgrammatik*. Prague: F. Tempsky, 1863.(*)

______./Abbott, E. trans. *Elucidations of the Student's Greek Grammar*. London: John Murray, 1875.(*)

Daube, D. "Appended Note: Participle and Imperative in 1 Peter." Selwyn, E.G. *The First Epistle of St Peter*. London: Macmillan, 1947: 467-88.

Decker, R.J. *Temporal Deixis of the Greek Verb in the Gospel of Mark with Reference to Verbal Aspect*. Studies in Biblical Greek 10. New York: Peter Lang, 2001.

de Saussure, F./Bally, C. and Sechehaye, A. eds. *Cours de linguistique générale*. Lausanne-Paris, 1916.

______./최승언 역. 『일반언어학 강의』. 서울: 민음사, 2006.

Duff, J. *The Elements of New Testament Greek*, 3rd ed. Cambridge: Cambridge University Press, 2005.(*)

Evans, T.V. *Verbal Syntax in the Greek Pentateuch: Natural Greek Usage and Hebrew Interference*. Oxford: Oxford University Press, 2001.

Fanning, B.M. *Verbal Aspect in New Testament*. Oxford Theological Monographs. Oxford: Clarendon Press, 1990.(*)

Farrar, F.W. *A Brief Greek Syntax*, Longmans & Co., 1867.(*)

Focant, C./Keylock, R. trans. *The Gospel according to Mark: A Commentary*. Eugene: Pickwick Publications, 2012.

Furnish, V.P. *II Corinthians*. AB 35A. New York: Doubleday, 1984.

Gildersleeve, B.L. *Syntax of Classical Greek, from Homer to Demosthenes*, vol. 1: *The Syntax of the Simple Sentence Embracing the Doctrine of the Moods and Tenses*. London: Forgotten Book, 2018.(*)

______. *Notes on Stahl's Syntax of Greek Verb*. Baltimore: Johns Hopkins Press, 1909.

Gnilka, J. *Das Evangelium nach Markus(Mk 1-8,26)*. EKK II/1. Köln: Neukirchener Verlag, 1978.

Goodwin, W.W. *Syntax of the Moods and Tenses of the Greek Verb*. Ancient Language Resources. Eugene: Wipf and Stock Publishers, 1889.(*)

______. *A Greek Grammar*. Eugene: Wipf & Stock, 2003[1892].(*)

Harris, M.J. "Preposition and Theology in the Greek New Testament." *Appendix of New International Dictionary of New Testament Theology*, vol. 3 ed. by Brown, Collin. Grand Rapids: The Zondervan Corporation, 1992: 1193-94.

Hawthorne, G.F. *Philippians*. WBC 43. Waco: Word Books, 1983.

Isachenko, A.V. *Grammaticheskij Stroj Russkogo Jazyka v. Sopostavvlenii so Slovatskim, Morfologija* II. Bratislava: The Slovak Academy of Sciences Press, 1960.

Jannaris, N.A. *A Historical Greek Grammar: Chiefly of the Attic Dialect as Written and Spoken from Classical Antiquity Down to the Present Time Founded Upon the Popular Greek*. London: MacMillan, 1897.(*)

Jeremias, J./허혁 역. 『예수의 비유』. 왜관: 분도출판사, 1974.

Jeremias, J. *New Testament Theology*. New York: Scribner's, 1971.

Kuhn, T. *The Structure of Scientific Revolutions*, 2nd ed. Chicago: University of Chicago Press, 1970.

Lamb, G.E. "Verbal Aspect, Aktionsart, and the Greek New Testament: The Approaches of Constantine R. Campbell and Stanley E. Porter." *Presbyterion* 43(2017): 95-130.

Liddell, H.G. and Scott, R. *A Greek-English Lexicon*. Oxford: Oxford University Press, 1968.

Longacre, R.E. "Discourse Peak as Zone of Turbulence." *Beyond the Sentence: Discourse and Sentential Form*. Edited by Wirth, J.R. Ann Arbor: Karona, 1985.

Louw, J.P. "How Do Words Mean－If They Do?" *FN* 4 (1991): 125-42.

______. *Semantics of New Testament Greek*. Atlanta, Georgia: Scholars Press, 1982.

Louw, J.P. and Nida, E.A. *Lexical Semantics of the Greek New Testament*. SBL Resources for Biblical Study 25. Atlanta, Georgia: Scholars Press, 1992.

______. *Greek-English Lexicon of the New Testament Based on Semantic Domains*, 2 vols. Broadway: United Bible Society, 1989.

Lyons, J. *Semantics*, vol. 2. Cambridge: Cambridge University Press, 1977.

Machen, J.G. and McCartney, D.G. *New Testament Greek for Beginners*. 2nd ed. New Jersey: Pearson Education, 2004.(*)

Marcus, J./류호영, 장성민 공역. 『마가복음 I』. 서울: CLC, 2016.

______./장성민 역. 『마가복음 II』. 서울: CLC, 2017.

Marshall, I.H. *The Epistles of John*. NICNT. Grand Rapids: Eerdmans Publishing Company, 1978.

Mathewson, D.L. "The Abused Present." *BBR* 23/3 (2013): 343-63.

McKay, K.L. "Observations on the Epistolary Aorist in 2 Corinthians," *NovT* 37/2(1995): 154-58.

______. *A New Syntax of the Verb in New Testament Greek: An Aspectual Approach*. Studies in Biblical Greek 5. New York: Peter Lang, 1994.(*)

______. "Time and Aspect in New Testament Greek." *NovT* 34(1992): 209-28.

______. "On the Perfect and Other Aspects in New Testament Greek." 23/4 (1981): 289-329.

______. "Aspect in Imperatival Constructions in NT Greek." *NovT* 27 (1985): 201-26.

______. *Greek Grammar for Students: A Concise Grammar of Classical Attic with Special Reference to Aspect in the Verb*. Canberra: Australian National University, 1974.(*)

______. "Syntax in Exegesis," *Tyndale Bulletin* 23 (1972) 39-57.

______. "The Use of the Ancient Greek Perfect Down to the End of the Second Century." *BICS* 12(1965): 1-21.

Merkle, B.L. "The Abused Aspect: Neglecting the Influence of a Verb's

Lexical Meaning on Tense-Form Choice." *BBR* 26/1(2016): 57-74.

Metzger, B.M. *A Textual Commentary on the Greek New Testament*, 2nd ed. Stuttgart: German Bible Society, 1994.

Mounce, W.D. *Basics of Biblical Greek Grammar*, 3rd ed. Grand Rapids: Zondervan, 2009.(*)

Moule, C.F.D. *An Idiom Book of New Testament Greek*. 2nd ed.New York: Cambridge University Press, 1959, repr. 1994.(*)

Moulton, J.H. *A Grammar of New Testament Greek*, vol. I, *Prolegomena*. Edinburgh: T.&T. Clark, 1908.(*)

Moulton, J.H. and Milligan, G. *The Vocabulary of the Greek Testament: Illustrated from the Papyri and Other Non-Literary Sources*. Grand Rapids: Eerdmans, 1930.

Nolland, J. *Luke 9:21-18:34*. WBC 35B; Texas: Word Books, 1993.

Olsen, M.B. *A Semantic and Pragmatic Model of Lexical and Grammatical Aspect*. Outstanding Dissertations in Linguistics. New York: Garland, 1997.

Osburn, "C.D. The Historical Present in Mark as a Text-Critical Criterion," *Bib* 64(1983): 486-500.

Peter, C. and Turner, M. *Linguistics & Biblical Interpretation*. Downers Grove: Harper & Row, 1989.

Picirilli, Robert E. "Order and Relative Time in the Participles of the Greek New Testament." JETS 57/1 (2014): 99-110.

______. "Time and Order in the Circumstantial Participles of Mark and Luke." *Bulletin for Biblical Research* 17/2 (2007): 241-59.

______. "The Meaning of the Tenses in New Testament Greek: Where Are We?" *JETS* 48/3(2005):

Porter, S.E. "The Perfect Tense-Form and Stative Aspect: The Meaning of the Greek Perfect Tense-Form in the Greek Verbal System." *Linguistic Analysis of the Greek New Testament: Studies in Tools, Methods and Practice*. Grand Rapids: Baker Academic, 2015: 195-215.

______. "The Ideational Metafuction and Register." *Linguistic Analysis of the Greek New Testament: Studies in Tools, Methods and Practice*. Grand Rapids: Baker Academic, 2015: 145-58.

______. "Time and Order in Participles of Mark and Luke: A Response to Robert Picirilli." *Bulletin for Biblical Research*." 17/2 (2007): 261-67.

______. "Tense Terminology and Greek Language Study: A Linguistic Re-Evaluation." *Studies in the New Testament: Theory and Practice*. New York: Peter Lang, 1996: 39-48.

______. "The Greek of the New Testament as A Disputed Area of Research." *Studies in the Greek New Testament: Theory and Practice*. New York: Peter Langm 1996: 75-99.

______. "Vague Verbs, Periphrastics, and Matthew 16:19." *Studies in the Greek New Testament: Theory and Practice*. New York: Peter Lang, 1996: 103-23.

______. *Idioms of the Greek New Testament*, 2nd ed. Biblical Language 2: Greek. Sheffield: Sheffield Academic Press, 1994.(*)

______. "Ἴστε γινώσκοντες in Ephesians 5:5: Does Chiasm Solve a Problem?" *ZNW* 81(1990): 270-76.

______. *Verbal Aspect in the Greek of the New Testament with Reference to Tense and Mood*. Studies in Biblical Greek 1. New York: Peter Lang, 1989.(*)

______. "Studying Ancient Languages from a Modern Linguistic Perspective: Essential Terms and Terminology." *FN* 2(1989): 142-72.

______. "그리스어 문법과 구문론." McKnight, S. and Osborne, G.R. 편/송일 옮김. 『현대 신약성서 연구』. 서울: 새물결플러스, 2018: 147-95.

Porter, S.E. and Reed, J.T. "Greek Grammar Since BDF: A Retrospective and Prospective Analysis." *FN* 4 (1991): 143-64.

Pryke, E.J. *Redactional Style in the Marcan Gospel*. SNTSMS 33. Cambridge: Cambridge University Press, 1978.

Reed, J.T. "The Infinitive with Two Substantival Accusatives: An Ambiguous Construction?" *NovT* 33 (1991): 1-27.

Reed, J.T. and Reese, R.A. "Verbal Aspect, Discourse Prominence, and the Letter of Jude." *FN* 9 (1996): 181-99.

Robert, R.H. *Mark*. BECNT. Grand Rapids: Baker Academic, 2008.

Robertson, A.T. *A Short Grammar of the Greek N.T.* 1912.(*)

______. *A Grammar of the Greek New Testament in the Light of Historical Research*. Nashiville: Broadman Press, 1934.(*)

Robins, R.H./박수영 옮김. 『언어학의 사상사』. 서울: 도서출판 역락, 2004.

______./강범모 옮김. 『언어학의 역사: 스토아학파로부터 촘스키까지』. 서울: 한국문화사, 2007.

Sampson, G. *Schools of Linguistics*. Stanford: Stanford University Press, 1980.

Smalley, S.S. *1, 2, 3 John*. WBC 51. Waco: Word Books, 1984.

Smith, C.R. "Errant Aorist Interpreters." *GTJ* 2(1981): 205-26.

Smyth, H.W. *Greek Grammar*. Harvard University Press, 1920.(*)

Stagg, F. "The Abused Aorist." *JBL* 92(1971), 222-31.

Stevens, C. "Markedness, Prominence, and the Pauline Imperfect Tense-Form: Testing the Binary and Tripartite Planes of Discourse Models." *Convertsations with the Biblical World* 34 (2014): 171-202.

Turner, N. *Syntax*. vol. 3 of *A Grammar of NT Greek*, by Moulton, J.H. Edinburgh: T&T Clark, 1963.(*)

Thayer, J. *Thayer's Greek-English Lexicon of the New Testament*, 4th ed. Peabody: Hendrickson Publishers, 1896, 2009[reprint].

Uhlig, G. ed., *Dionysius Thrax*. Grammatici Graeci I,1. Lipsiae, 1883.

Voelz, J.W. *Mark 1:1-8:26*. Concordia Commentary. Saint Louis: Concordia Publishing House, 2013.

Wallace, Daniel B. *Greek Grammar Beyond the Basics*. Michigan: Grand Rapids, 1996.(*)

______. "The Myth about the Meaning of First Class Conditions in Greek" (https://bible.org/article/myth-about-meaning-first-class-conditions-greek, 2018. 9. 10에 마지막으로 검색함).

Winer, G.B./Moulton, W.F. trans. and ed. *A Treatise on the Grammar of New Testament*, 3rd. ed. Edinburgh: T.&T. Clark, 1882.(*)

Witherington III, Ben. *Conflict & Community in Corinth: A Socio-Rhetorical Commentary on 1 and 2 Corinthians*. Grand Rapids: Eerdmans Publishing Company, 1995.

Zerwick S.J., Maximilian/Joseph Smith S.J. trans. *Biblical Greek*. Scripta Pontificii Instituti Biblici. Roma: Editrice Pontificio Biblico, 1963.(*)

성구색인

* 괄호 안의 숫자는 쪽수임

누가복음

사도행전

한국성서학연구소는
종교개혁의 신학전통을 이어받아
다양한 성서해석 때문에 갈등을 겪는 한국교회를
하나님의 말씀 위에 바로 세우기 위하여 일하고 있습니다.
한국교회가 안고 있는 현실 문제에 대한 성서적이고
올바른 신학적 해석을 제시함으로써 이 땅의 문화가
그리스도의 이름 아래 세워질 때까지
이 일을 계속해 나가겠습니다.

최근의 현대 언어학의 논의를 반영한

중급 신약성경 헬라어 문법

초판 1쇄 인쇄　2018년 9월 21일
초판 1쇄 발행　2018년 9월 28일
지 은 이　장성민
펴 낸 이　이연옥
펴 낸 곳　도서출판 한국성서학
서울 종로구 율곡로 190 여전도회관 1106호
TEL. 02-766-5220, FAX. 02-744-7046
출판등록　제1-1286호(1991.12.21)
총　판　도서출판 두란노(TEL. 749-1059 / FAX. 749-3705)
ISBN 89-86015-98-0 93230

책값 15,000원